Aprendiz de cozinheiro

Bob Spitz

Aprendiz de cozinheiro
Separar, viajar e... cozinhar na França e na Itália

Tradução:
Roberto Franco Valente

Revisão técnica:
Daniela Narciso Pacheco
Professora dos cursos de Gastronomia,
Senac e Universidade Anhembi Morumbi, SP

Para Becky Aikman, que traz todos os ingredientes corretos

Título original:
The Saucier's Apprentice
(One Long Strange Trip through the Great Cooking Schools of Europe)

Tradução autorizada da primeira edição americana, publicada em 2008
por W.W. Norton & Company, Inc., de Nova York, Estados Unidos

Copyright © 2008, Bob Spitz

Copyright da edição brasileira © 2010:
Jorge Zahar Editor Ltda.
rua México 31 sobreloja | 20031-144 Rio de Janeiro, RJ
tel (21) 2108-0808 | fax (21) 2108-0800
editora@zahar.com.br | www.zahar.com.br

Todos os direitos reservados.
A reprodução não autorizada desta publicação, no todo
ou em parte, constitui violação de direitos autorais. (Lei 9.610/98)

Grafia atualizada respeitando o novo Acordo Ortográfico da Língua Portuguesa

Preparação: Ana Julia Cury | Revisão: Eduardo Farias, Sandra Mager
Projeto gráfico: Carolina Falcão | Capa: Bruna Benvegnù
Foto da capa: © Jonathan Kantor

CIP-Brasil. Catalogação na fonte
Sindicato Nacional dos Editores de Livros, RJ

S747s   Spitz, Bob
      Aprendiz de cozinheiro: separar, viajar e... cozinhar na França e na Itália/Bob
Spitz; tradução Roberto Franco Valente; revisão técnica Daniela Narciso Pacheco. –
Rio de Janeiro: Zahar, 2010.

      Tradução de: The saucier's apprentice: (one long strange trip through the great
cooking schools of Europe)
      ISBN 978-85-378-0264-9

      1. Gastronomia. 2. Culinária europeia. 3. Escolas de gastronomia – Europa. I.
Título.

CDD: 641.013
CDU: 64.013

10-2301

Sumário

Lista de receitas 7

Prólogo 9

1. Rue du Lac 27

2. Beaune e o Luberon 81

3. O Mediterrâneo 122

4. La maison avec la péniche 149

5. Paris 189

6. Fraternité 241

7. A torre dos guelfos 264

8. A vida perfeita 306

Epílogo 347

Breves palavras finais 353

Agradecimentos 356

Lista de receitas

Salmão *en papillote* com legumes braseados   57

Peras cozidas ao vinho do Porto   60

Caldo de galinha de Bob Ash   66

Biscotti celestiais   76

Tatin aux cèpes   107

Base para suflê doce   110

Sopa de abobrinhas do Mediterrâneo   128

Gratinado de batatas ao caldo de lagostins   137

Tabule com abobrinhas, hortelã e ovos cozidos   146

Ameixas ao Armagnac   160

Figos em calda   162

Foie gras au torchon   170

Magret ao molho de dois vinhos   174

Suflê de batatas   184

Frutos do mar *à l'armoricaine*   206

Tarte Tatin ao estragão   232

Fricassê de frango ao curry   245

Gnocchi   271

Molho de manteiga de sálvia   273

Molho de carne toscano   287

Composa di calamari su crosta di patate   300

Ravióli de aspargos verdes com manteiga trufada   317

Molho de tomate-cereja e manjericão   318

Fagotino di zucchini   339

Arancini   345

Prólogo

É UM MILAGRE QUE QUALQUER UM DE NÓS tenha sobrevivido àqueles jantares de sexta-feira.

Eram eventos para pouca gente, calorosos e improvisados – ou pelo menos tinham começado assim, nos tempos que antecederam minha Grande Odisseia. Toda semana eu convidava um animado grupo de amigos, produzíamos algumas iguarias usando tudo que nos parecesse inofensivo no freezer e, lá pelas dez da noite, com uma quantidade de vinho suficiente para amaciar a carne de um pônei galês, a atmosfera na cozinha cheia e enfumaçada parecia propícia a pegar fogo. Minha cozinha era um cômodo desgastado pelo tempo, escuro e abafado, com janelas de tela esfarrapada que davam para um riacho. Mas era alegre quando estava cheia de gente. Aquecidos pela luz trêmula do candelabro, nós nos comprimíamos ao redor de uma mesa de pinho toda manchada, daquelas de fazenda, que parecia não ter nenhuma consideração pelos cotovelos. O clima de informalidade era ótimo. Todo mundo cooperava e mantinha o trânsito fluindo entre o fogão e as cadeiras. Ninguém se incomodava com a bagunça e as colisões. Passavam-se os pratos de mão em mão com imperturbável displicência. Eu ficava preocupado com possíveis choques aéreos, e os desastres estavam sempre prestes a acontecer. Por outro lado, comíamos com uma avidez desesperada, tagarelando feito gralhas até tarde da noite.

Todos os infortúnios do mundo eram resolvidos naqueles jantares: a pena de morte, a questão israelense-palestina, o polêmico juiz Clarence Thomas e o que mais surgisse. Deixávamos o gabinete do governo no chinelo. Certa noite, quando o item seguinte da nossa pauta seria a crise da democracia, alguém – acho que foi Craig – cometeu a imprudência de dizer: "Cara, essa comida estava muito boa." Aquela frase, de certa forma, provocou um distúrbio no meu cérebro, que o traduziu como: "Você é um cozinheiro maravilhoso." E nunca mais as coisas foram as mesmas.

A partir dali, até terça ou quarta-feira no máximo, eu já tinha planejado o cardápio, com todas as características de um jantar de luxo: três pratos no mínimo, mais uma tábua de queijos, e em seguida a sobremesa. Uma seleção de vinhos passou a ser feita com todo o cuidado, como se fossem verdadeiras pérolas, para corresponderem adequadamente a cada prato. Todo o resto – a eutanásia, a questão dos curdos, até mesmo a última corrida ao Oscar – parecia sem importância em comparação com aquilo. Os jantares tomaram conta da minha vida. As quintas-feiras eram passadas ao volante do carro, esquadrinhando a cidade atrás de mercearias e ervas frescas. Às sextas, ficava preso na cozinha, onde, lá pelo meio-dia, a bancada da pia fazia pensar num desses horripilantes laboratórios forenses. A tensão ia aumentando à medida que eu corria para terminar os preparativos, de forma que quando os convidados chegavam eu já estava completamente enlouquecido. "Quem está se lixando para a pesquisa com células-tronco?", eu gritava esganiçado, puxando com a colher uma fileira de fios soltos de açafrão, parecendo cocaína. "Esse *flageolet* está danado de bom, provem!"

As coisas tinham obviamente saído do controle.

Claro, toda aquela minha histeria não surpreendia ninguém que vivesse no raio de um quilômetro dali. Havia já vários meses que eu parecia envolto por uma nuvem de ódio, feito esses personagens atacados por abelhas dos desenhos animados. Era possível até ver a fumaça negra rodopiar à minha volta. Os amigos mais próximos temiam que eu acabasse me desintegrando. As causas desse comportamento eram bastante claras: num espaço de tempo relativamente curto, eu terminara um projeto de livro que se estendera por oito anos e fora muito difícil – uma biografia dos Beatles que me deixara quase na indigência – e, para piorar as coisas, havia decidido fugir de Nova York, cidade que por 30 anos me seduzira como a um amante. Tinha completado 50 anos (pelo menos, no papel...). Um casamento de 14 anos chegara ao fim, e ainda se degenerara num amargo divórcio, depois do qual me envolvi numa relação com outra mulher... Mas estou antecipando a história.

Para escapar daquela perturbação constante, me refugiei na cozinha. Lá, no meio de facas e picadores de gelo, me sentia de certo modo mais seguro. Reanimado pelo barulho dos mercados, tentava resolver minhas

Prólogo

frustrações retalhando, fatiando, cortando em cubinhos e ralando com o mesmo tipo de vigor que se emprega, digamos, no jihad internacional. E ficava murmurando coisas enquanto trabalhava, num diabólico complemento às investidas físicas. A lâmina da faca de chef, ao bater na madeira, dava o ritmo de fundo, acompanhado por ladainhas interiores – *ela podia ter sorrido, uma vez ou outra... ter me dado um abraço... isso não iria matá-la* – que reforçavam a minha fossa. Se é verdade que a arte imita a vida, então o que eu fazia com os lombos de porco e os escalopes de vitela era o mesmo que o destino estava fazendo comigo.

Os jantares em si, porém, ofereciam algo a que eu podia me agarrar. Durante aquelas horas preciosas em que trabalhava sobre uma sinfonia de panelas borbulhantes, nada mais importava. Havia sempre, em meio àquilo tudo, uma mistura qualquer cozinhando, tosca, porém extravagante: paleta de cordeiro laqueada com um luxuoso molho de *pinot noir*, salpicada de groselhas pretas; ou robalo enrolado em *prosciutto* sobre uma camada de *salsa verde*. Eu recortava as receitas de revistas de luxo cujas fotos tinham me seduzido, levando-me a acreditar que qualquer bípede saudável poderia seguir aquelas instruções e reproduzir com perfeição um prato que provavelmente teria exigido semanas, senão meses, para ser realizado por um pelotão de cozinheiros profissionais. Entretanto, na página escrita, pelo menos para mim, a criação parecia exigir tanto quanto qualquer quebra-cabeça infantil. Afinal, que dificuldade poderia haver em misturar umas colheradas de manteiga, saltear echalotas, acrescentar um ramo de ervas frescas e deglaçar uma assadeira com caldo de galinha ou conhaque? Não era preciso ser um astro de rodeio para saber enrolar e amarrar um rosbife, ou um cirurgião para tirar as espinhas de um robalo. Nada havia ali que um escritor decadente, falido, ex-metropolitano, já de meia-idade, divorciado, mulherengo, não pudesse realizar na cozinha, caso seguisse corretamente as instruções.

Muito antes de servir para disfarçar minha raiva, cozinhar já me motivava. Desde os dez anos, eu era um apaixonado por aquilo. Tomava posse da cozinha da família e lá ficava experimentando receitas, misturando ingredientes como um cientista maluco – não foram poucos os empadões de frango que explodiram na minha cara. Sem dúvida, algumas coisas que eu cozinhava poderiam ser consideradas armas de destruição em massa. Mas aprendi a fazer escalopes de vitela e personalizei uma receita de *steak au poivre* acrescentando conhaque e molho inglês à gordura na frigideira. Durante um longo tempo servi à minha família uma coisa chamada Frango Divino, copiada do rótulo de uma sopa Campbell. As instruções eram tão fáceis que pareciam brincadeira de criança: jogar duas colheres de sopa de mostarda Dijon e uma lata de creme de cogumelos sobre os peitos de frango, polvilhar a parte de cima com uma mistura de cheddar ralado e farinha de rosca. Não tinha nada demais, não exigia técnicas de corte sofisticadas ou infusões de ervas, mas naqueles dias nós servíamos o prato como se fosse um verdadeiro *foie gras*.

Nos anos seguintes, meus talentos culinários tiveram uma pequena melhora – triunfo do entusiasmo sobre a finesse. Como escritor, passei tempo demais sozinho, curvado diante do computador, produzindo textos de rotina exageradamente temperados por advérbios. Quase por acaso, cozinhar tornou-se uma espécie de relaxamento diário, depois de minha cabeça ter funcionado o dia inteiro. Era um meio de expressão diferente, mais físico. Depois do trabalho, em vez de ir à academia (que eu já deveria estar frequentando há muito tempo), me exercitava em torno do fogão. Bem que mereço créditos pelo esforço. Trabalhava os meus bifes, em vez dos bíceps, fazia levantamento de tortas, e nada era capaz de elevar tanto o meu ritmo cardíaco quanto um perfeito *crème anglaise*. Enquanto isso, aprendia centenas de receitas, todas registradas de forma abreviada, e continuei servindo-as com inesgotável petulância. Quando as coisas já estavam de fato cozinhando, eu me enchia de alegria. Punha uma música qualquer, dançava no balcão com um batedor de ovos e de vez em quando agarrava minha filha Lily para dançarmos um suingue entre o fogão e a mesa.

Tudo o que eu cozinhava ficava assim – agradável o suficiente, ainda que sem alma. Mas não importava que faltasse emoção ou estilo à minha comida. Meus amigos adoravam comer, e embora eu nem sempre percebesse, eles

Prólogo

gostavam mesmo era de serem alimentados e festejados, por mais que isso significasse suportar uma série de experiências minhas no fogão, com resultados muitas vezes mais bonitos que saborosos. Transformamos aquilo num ritual. Todas as sextas-feiras à noite, eles iam chegando na hora habitual, maravilhados por terem sido convidados; maravilhados de se reencontrarem; maravilhados porque eu mandara tudo às favas; maravilhados porque me dedicara a pensar o cardápio, apesar do histórico duvidoso. Sentia-me cercado pela aprovação de todos, e isso me fez mergulhar de cabeça.

Um dia, sonhando com orgias gastronômicas, me deparei com uma receita de bacalhau grelhado na seção de culinária do *New York Times*. Na mesma hora me animei. Havia um toque de sensualidade na maneira como o prato era apresentado. O que me fascinava era aquela dolorosa simplicidade: nada mais que um pequenino filé em forma de sela, recoberto por um ramalhete de tomilho retorcido, parecendo perdido e desolado sobre uma grelha de cobre. Sem molho, sem verduras, tão inocente e provocante quanto a ninfeta da casa ao lado. Será que é normal olhar para uma posta de peixe como se fosse a coelhinha da *Playboy*? Duvido. De qualquer modo, resolvi servir aquela pequena iguaria como prato principal na sexta seguinte.

No entanto, jamais me ocorrera que uma refeição deveria ser um exercício de minimalismo. Meus amigos gostavam de comer de forma equilibrada, ou pelo menos era o que diziam, e eu estava decidido a não desapontá-los. Mas não estava ali para alimentar estômagos tímidos. Nada me entediava mais do que comida com pouco tempero. O bacalhau, por outro lado, me dava oportunidade de me exibir com ingredientes simples, do dia a dia, e de me redimir – na semana anterior, sentindo-me extravagante, eu preparara às pressas uma peça inteira de rosbife, e ele passara tanto do ponto que serviria mais a propósitos geológicos que culinários. Meus convidados agiram com uma delicadeza bem-intencionada, mas ficaram empurrando a carne pelas beiradas do prato até terem cãibras no braço. O ragu de grão-de-bico rendeu gases suficientes para solucionar os problemas de combustível do país. Ninguém sequer tocou na sobremesa, um pequeno e minguado suflê que mais tarde foi lançado na lata de lixo como um míssil Scud.

A simplicidade daquele bacalhau grelhado me encorajou. Em lugar da complicada preparação de cremes ou caldos aromáticos para fazer molhos de peixe, aquele filé triunfava por sua própria essência. Lendo a receita, imaginei que seria moleza. Tudo o que precisava era lavar e secar alguns filés antes de temperá-los de ambos os lados com sal e pimenta. Depois tinha de fritá-los, com a pele voltada para baixo, numa grande frigideira com uma colher rasa de óleo de amendoim. Isso durante três minutos, apenas o tempo necessário para tostar a pele. Após alguns minutos no forno, a panela deveria receber dois cubos de manteiga, para regar o peixe até ele ficar completamente cozido. Em resumo, era isso. Sem dúvida meus amigos iriam aprovar o acompanhamento de escarola *sautée* e batatinhas cozidas.

Phyllis, pelo menos, raramente deixava alguma coisa no prato. Uma mulher de aparência saudável, com olhos amáveis e um sorriso de raposa, ela comia com um prazer encantadoramente nervoso, que resultava de sua criação no Bronx, onde a sobrevivência do mais forte dependia de derrotar os irmãos à mesa. Embora de lá para cá ela já tivesse progredido como corretora de ações, um prato cheio sempre representava alguma coisa extra, um luxo, algo indevido. "Não, não, é muito!", protestava ela enquanto eu levava os pratos à mesa, e implorava para que lhe servisse "metade daquilo" – quantidade para uma criança. Sua comida sempre sumia no mesmo instante do prato, e ela ficava louca para repetir.

"Ora, Phyllis", objetava Craig, com uma daquelas expressões entre o espanto e o desgosto. "Não quero ficar ouvindo você reclamar amanhã por causa do estômago!"

Todas as semanas era a mesma coisa. Essa rotina, suponho, era catártica. Como numa velha esquete de humor, eles desempenhavam aqueles papéis tão bem e com tanta frequência que já conhecíamos até as pausas e os gestos que fariam.

O papel de homem sério ajustava-se perfeitamente a Craig. Ele era pálido, atarracado, da mesma altura que Phyllis, com traços achatados do Meio-Oeste que o deixavam parecido com um diácono, o que era um equívoco. Debaixo daquela superfície polida espreitava um ex-fuzileiro

Prólogo

naval com um currículo pesado trazido dos anos 60: Vietnã, drogas, Harleys e o diabo, contribuindo para um acervo de histórias verdadeiramente épico. O papo de Craig poderia durar mais que uma ópera, com histórias estranhas sobre a eficiência do diesel como combustível, ou os padrões matemáticos do voo dos pássaros, ou... enfim, uma dessas coisas esquisitas, mas fascinantes. Ele era fanático por precisão e pontualidade. Se o jantar estava marcado para as sete, o automóvel de Phyllis e Craig estacionava na esquina precisamente às seis horas, 59 minutos e 30 segundos, e no instante em que o relógio batia as sete horas eles passavam esbaforidos pela porta.

Carolyn, por outro lado, estava sempre atrasada.

Naquele dia, parecia que eu estava esperando por ela há horas, embora provavelmente ela tivesse chegado apenas alguns minutos depois dos outros convidados. Continuei na cozinha, em vez de ir recebê-la.

Depois de um tempo, enfiei a cabeça pela porta da sala. "Que bom que chegou a tempo", disse, rindo como um tolo para demonstrar que estava brincando. Ela me lançou um olhar impassível. Craig tirou seu casaco e ela me entregou um buquê de peônias rosa-claras, enrolado num cone de papel, antes de se voltar para as outras pessoas e afastar-se de mim.

Pus as flores no meio da bagunça do balcão. Eu tinha esperanças de que Carolyn me ajudasse com o jantar, e até telefonara para ela mais cedo, para ter certeza de que estaria disponível. "Chego o mais cedo que puder", foi a resposta, um tanto vaga.

"Estamos tomando um *pinot grigio*", eu disse, segurando uma garrafa aberta da bebida favorita de Carolyn.

"Vou tomar vodca", declarou ela. Lançou-me um sorrisinho rápido, talvez não planejado, e a impulsividade daquilo fez meu coração dar um pulo.

Carolyn era uma mulher elegante e charmosa, mais ou menos da minha idade, mas parecendo anos mais jovem. Tinha um sorriso adorável, que revelava um tímido dente desviando-se ligeiramente dos outros, como num protesto contra toda aquela perfeição. Algumas vezes eu a vira usando um terninho, e admirara a maneira como a roupa caía nela, mas quase sempre, como naquela noite, Carolyn vestia jeans e uma blusa de linho branco, com uma echarpe diáfana de cores pastéis lançada casualmente em torno do pescoço.

Havia um ano e meio que eu estava apaixonado por Carolyn. Nos conhecemos por acaso, logo depois do fim do meu casamento, e fiquei completamente caído aos seus pés. Esperta e intuitiva, culta e bem-informada, ela era capaz de me cativar durante horas com sua conversa – conversa de adulto, à qual eu tanto aspirava enquanto me adaptava à vida de pai solteiro. Mas ela também era difícil, difícil como cálculo matemático, e eu nunca fui bom nessa disciplina.

Logo ela voltou distraída até a cozinha, trazendo uma pequena jarra, dessas em que cabe apenas a quantidade de água necessária para misturar num coquetel, e começou a enchê-la com as flores. O arranjo ficou um pouco selvagem, mas lindo. Carolyn era absolutamente dramática.

Parada do outro lado do balcão, falava sem me olhar – as flores é que mereciam sua atenção. Fiz de conta que estava ocupado desfolhando um ramo de tomilho.

"Espero que você não esteja preparando de novo algo muito extravagante", disse ela. "Meu estômago não aguenta esses molhos muito picantes."

"Não se preocupe. Teremos filé de bacalhau."

Ela franziu os lábios, enquanto remexia nas flores, mas pude perceber, por um abrandamento da sua expressão, que gostara. "Ah! Bem, isso parece ótimo", disse com uma voz cheia de alívio, até mesmo... calorosa? "Contanto que você não encha o bacalhau de manteiga. Peixe não precisa ser tão *gorduroso.*"

Eu quis explicar que a manteiga era para trazer uma maciez sutil ao prato, mantendo o bacalhau umedecido e suave a ponto de derreter. Mas Carolyn era o maior desafio para um cozinheiro ambicioso. Para ela, as refeições eram uma necessidade, não uma fonte de prazer. Como costumava dizer aos amigos, poderia se satisfazer com "uma fatia de queijo". Havia muitas falhas nessa lógica, mas se pudesse convencer Carolyn, poderia me considerar um verdadeiro chef.

Esperei que ela saísse da cozinha para voltar ao peixe. O jantar ficaria pronto em mais alguns minutos, mas não queria ninguém me apressando,

Prólogo

olhando por cima do meu ombro. Cozinhar, para mim, não era um esporte que admitia espectadores. Precisava me concentrar em cada receita para produzir um prato bem-acabado. Além disso, estava longe de ser um artista na cozinha. Ninguém precisava me ver apanhando uma fatia de cordeiro do chão, tirando com o dedo uma casquinha de ovo de um molho... ou estancando um machucado.

De novo sozinho, enquanto o cozimento ia chegando ao ponto máximo, tive minha costumeira crise de confiança culinária. Sou louco por ter trabalhado feito um escravo desse jeito o dia inteiro, pensei. Sou louco de gastar todo esse tempo e dinheiro nos mercados, sem saber como as coisas vão sair. Então soltei um longo suspiro e me inclinei levemente onde estava, olhando a mesa posta de maneira tão bonita, o pôr do sol de cor violeta pela janela, as velas tremeluzindo como num santuário. Do lado de fora da porta de tela, os grilos juntavam-se num coral.

Para me sentir mais solto, tinha bebido um pouco – um pouco mais do que devia. Durante o trabalho de preparação, no fim da tarde, tinha esvaziado dois copos de vinho, e depois, com o indesculpável atraso de Carolyn, um terceiro. Nessas condições, senti que me elevava acima de uma intimidade coletiva, como um anjo numa tela de Chagal, e a cozinha começou a balançar ao meu redor.

Desde o divórcio, pensei comigo mesmo, o mundo se transformara numa experiência de alto risco. Havia me sentido seguro com minha família por um longo tempo. Minha esposa, nossa filha e eu costumávamos nos reunir ao redor da mesa de jantar, comendo, rindo e dividindo nossas experiências do dia, e agora, quando sentia saudade dos confortos do cotidiano familiar, sempre lembrava daquela cena. De vez em quando, num estado de espírito sentimental, folheava meus livros de culinária, associando diferentes receitas a jantares que eu fizera ou tivera intenção de fazer para elas: *coq au vin, boeuf Bourguignon, fajitas*, peixe-espada com manga e molho de feijão-preto. Agora eu estava solto no vazio, testando cada novo degrau, como alguém que pode escorregar e cair. Me sentia à deriva, perdido, desajeitado. Recuperar minha base emocional requeria coragem, e naquele momento eu estava muito para baixo. Carolyn percebeu isso, e receio que tenha considerado uma fraqueza.

Pelo menos minha filha me dava força. Na maioria das noites eu cozinhava para Lily, e na maioria das manhãs mandava-a para o colégio com uma merendeira cheia das sobras do jantar – os momentos mais agradáveis do meu dia. Com apenas 11 anos, Lily era o ideal de um chef, disposta a experimentar todas as minhas excêntricas criações. Ela foi a única criança que vi atacar com destemido prazer *escargots* ao alho, um *foie gras* chamuscado ou uma dúzia de ostras cruas. Muitas vezes me senti solitário, só nós dois ali. Com Carolyn, tinha esperanças de poder recriar aquele sonho de uma família intacta ao redor da mesa de jantar – ou, pelo menos, de realizar aquele jantar perfeito –, mas temia não conseguir reunir tudo aquilo. Parecia que eu estava ansioso demais, sem pensar com clareza suficiente para alcançar aqueles objetivos.

Passaram-se alguns minutos até me sentir capaz de retomar os preparativos, começando então a trabalhar de forma mais decidida. Tudo tinha de se juntar, de fluir, numa bela orquestração. As receitas foram colocadas sobre o balcão, como a partitura de uma sinfonia, cada prato sendo um movimento próprio. As batatas cozidas no vapor estavam quase no ponto; a escarola, amolecida com azeite de oliva, estava quase murchando; uma salada de broto de rúcula com beterrabas cozidas e fatias de pera precisava de ajustes; o vinho – um Chablis de safra recente, suando sobre um descanso de mesa – continuava fechado; uma baguete de pão fermentado esperava que a fatiassem. Mais importante que todo o resto, o peixe deveria chegar ao fogão precisamente no momento certo, para que pudesse cozinhar e ser servido *à la minute*, ainda com o barulhinho da fritura.

Tudo pairava no ponto de equilíbrio. Alguns pratos pareciam perfeitos, outros necessitavam apenas de um último retoque. O fogão, quente e repleto, com todas as bocas acesas no máximo, ficava mais fácil de manejar à medida que minha confiança crescia.

Nossa amiga Lynn entrou apressada, trazendo debaixo de um braço mais uma garrafa de *pinot grigio*, e no outro um presente muito bem embrulhado. Ela deixou o embrulho deslizar sobre a mesa e tomou conta do cenário enquanto se esforçava para abrir a garrafa.

Prólogo

"Desculpe, me atrasei", disse com a respiração ofegante. Olhei para o brilho do vinho cor de palha borbulhando em seu copo. "Mas felizmente Carolyn estava aqui para ajudá-lo. Nossa, está parecendo maravilhoso. Deve ter dado tanto trabalho. Deve ter sido uma dose e tanto para vocês dois!"

Não tive coragem de contradizê-la. "Será que você podia dizer a ela para vir aqui um instante?", pedi. "Tem um procedimento que está exigindo uma opinião de especialista."

Um silêncio curioso vinha da sala. Finalmente, Craig exclamou: "Estão precisando de ajuda aí?"

Depois de um longo momento, Carolyn surgiu por trás de mim. "Já conversei além da conta sobre questões imobiliárias", disse.

Passei-lhe os pratos: "Você se incomoda de esquentar estes para mim? Se você os colocar entre as pernas..."

"Engraçadinho", respondeu ela tentando ocultar um sorriso.

Enquanto ela dispunha os pratos sobre a grade do forno, como uma sequência de cartas de baralho, eu recobria os filés com ramos de tomilho e os arrumava simetricamente na frigideira. "Sabe, seria muito legal se você pudesse ficar aqui até a comida ser servida", eu disse, acrescentando: "Um apoio moral seria muito útil nesse momento."

"Você parece estar se saindo muito bem sozinho." Seu tom mostrava que ela estava decidida a acreditar naquilo. "E, de qualquer modo, trata-se do *seu* jantar. Seja ele grande ou íntimo, simples ou chamativo, você está fazendo o que gosta. Seria muito cruel privá-lo da glória."

"Você está me atribuindo uma motivação meio escusa, não acha?"

"Não me interprete mal. É preciso força para absorver toda essa sua energia. Você nem se dá conta disso. Você tinha que se ver numa sexta-feira à noite, no meio de todas essas extravagâncias, e experimentar a sensação de estar do outro lado. Seria uma verdadeira revelação."

"Ninguém mais parece se incomodar."

"Porque iriam perder o ticket alimentação", respondeu ela. Percebendo que suas palavras haviam sido ferinas, pisou no freio. "Você sabe como eles gostam da sua comida. Todo mundo gosta de vir aqui."

"Todo mundo menos você, ao que parece."

"Agora você está *realmente* me interpretando mal." Com um muxoxo calculado ela tomou um gole do meu vinho, esperando que isso me distraísse o suficiente para dar novo rumo à conversa.

Resolvi ajudá-la a sair do impasse: "Você tem muita coragem de vir aqui tão linda esta noite." Uma luz errante descia do lustre e dançava sobre o seu nariz, revelando um pálido triângulo de sardas, pequeninas como grãos de pólen.

"Deve ser essa luz."

"Ou isso, ou, como em *O retrato de Dorian Gray*."

"Você obviamente já bebeu demais." Ela pegou meu copo de vinho e delicadamente colocou-o numa prateleira alta, fora do meu alcance. "Talvez seja para amenizar todo esse trabalho."

"O que quer dizer com isso?"

"Você sabe. Tudo *isso*. Todo esse melodrama."

Carolyn começou a passear os olhos pelo aposento a esmo, como se fizesse um silencioso inventário, demorando-se em alguns ingredientes que logo iriam para o fogão, examinando a arrumação sofisticada da mesa, a jarra de gargalo comprido e os porta-guardanapos pintados à mão. Encolheu-se ao notar uns talos secos de lavanda, deixados ali desde o jantar da semana anterior, e que eu misturara com alguns ramos de pinheiro para fazer um centro de mesa. Dependendo da luz, ele parecia saído ou de uma revista de luxo ou de um filme B. Balançou quase imperceptivelmente a cabeça. "Por que é que tem sempre que se dar tanto trabalho? Você insiste em exagerar."

"É porque eu gosto de cozinhar – de cozinhar para você. E adoro estar com meus amigos aqui."

"É só comida. Ninguém está se importando se ela é sofisticada ou não. Você podia servir..."

"Uma fatia de queijo. Eu sei. Já ouvi isso antes."

"Eu não ia dizer isso", respondeu ela, sua expressão revelando que eu acertara o alvo. "Você poderia servir hambúrgueres, e todos ficariam encantados da mesma maneira."

Prólogo

"Nós vamos ter que pedir hambúrgueres se eu não conseguir preparar este peixe", disse, virando para o outro lado. "Será que você se importa de arrumar a salada enquanto isso?"

Carolyn derramou sobre a alface algumas colheradas de molho vinagrete simples, enquanto eu chamuscava o bacalhau numa grelha preaquecida e o deslizava para o interior do forno. Normalmente, a cozinha se enchia de fumaça dos pedaços queimados e da gordura agarrada à frigideira, mas naquela noite somente um perfume suave e úmido parecia ocupar o ambiente. Há muito a se dizer em favor do comedimento, e o aroma na cozinha parecia estar cantando louvores a isso.

"Tem sal demais neste molho", disse Carolyn, fazendo uns barulhinhos rápidos com os lábios e a língua depois de provar o vinagrete.

"Pronto", disse eu, retirando um pouco de salada da tigela e colocando-a sobre um prato. "Basta pôr mais azeite e vinagre e botar perto do seu lugar na mesa." Tirei as tampinhas de duas garrafas de água com gás. "Você pode chamar a turma para a mesa? Chegou a hora do show!"

A cozinha da casa que eu alugava desde o divórcio era bastante confortável para viver com minha filha. Mas com cinco adultos desfilando pela estreita passagem até a mesa no fundo, ficava parecendo o metrô na hora do rush. Havia um pequeno fogão elétrico com bocas em ângulos esquisitos e uma parede de armários de compensado com portas que se abriam sozinhas nas horas mais inoportunas. Era difícil se mexer no pouco espaço que sobrava. Lynn e Phyllis se espremeram para passar por mim em frente ao fogão, cada uma segurando dois copos de vinho acima da cabeça; quase derrubaram tudo sobre Craig, que estava agachado junto do freezer colocando gelo num copo. Meu cachorro, Wink, estava deitado no chão, como sempre. Carolyn hesitou um instante à porta, como se estivesse decidindo se iria ou não se juntar a nós. Pareceu-me ainda mais linda e serena, emoldurada pelo batente. Fui até ela e a puxei contra mim. "Vamos nos divertir", cochichei, beijando de leve seu rosto.

"O seu peixe vai queimar", disse ela.

Aquilo não parecia ir nada bem. Entretanto, havia uma atmosfera de intimidade e de boas promessas. Meus amigos já estavam absorvidos pelas conversas, de bom humor e animados com a refeição que eu estava preparando.

Sentia-me satisfeito de ter me dedicado tanto àquele jantar. Eram pratos ambiciosos, embora propositadamente despretensiosos – as batatinhas decoradas com especiarias provençais, a escarola com uma fragrância e um verde tão intensos como o gramado do outro lado da rua. Quando os filés de bacalhau saíram do forno, borbulhando em seu caldo e enchendo a cozinha com o odor de tomilho e de mar, era impossível, em tais circunstâncias, dar espaço para más vibrações.

Nem franzi a testa quando Carolyn declarou: "Não vou querer batatas."

Os pratos iam passando no sentido horário, primeiro para Lynn, que servia a salada e uma generosa pitada de pimenta ralada. Os talheres elevaram-se sobre os pratos: que bela cena, pensei.

Começando a comer, com apetite, Craig irrompeu num monólogo sobre o retorno à glória da Berlim contemporânea, enquanto o Chablis ia passando rapidamente de mão em mão.

Em momentos como aquele, costumava me desligar das conversas para me deixar impregnar pelo sabor da experiência. De um lado, havia o alívio. Tinham sido tantos os detalhes, planejados e cumpridos, que me emocionava com o prazer de uma realização como aquela. Mas às vezes o resultado me deixava com uma sensação mais para melancólica, depressiva. Bebi um pouco de água com gás, esperando a fome aparecer, enquanto à minha volta as cabeças acenavam ao ritmo da ladainha de Craig: sei-sei, hum-hum, entendi. Concordei uma ou duas vezes, em solidariedade, mas minha mente deslizava para um terreno mais pessoal.

Desde o ano-novo, quando terminara meu livro sobre os Beatles, vinha vagando feito cachorro perdido, só lendo, cozinhando para os amigos e dando longos passeios pela praia. Quer dizer: sem fazer nada, num *dolce far niente*, como dizem os italianos. As coisas tinham sido, no mínimo, agridoces. Em certo aspecto, estava comemorando: o livro afinal ficara pronto. Mas eu mal começava a compreender a transição pela qual estava passando, enfrentando o preço a pagar pelo terrível desgaste do meu casamento e os temores e a excitação por ter de começar tudo de novo. Meus amigos

Prólogo 23

captavam apenas alguns relances desse tenebroso drama doméstico, do qual ainda não me recuperara. Tinha sido forçado a olhar de forma dura para mim mesmo, a fim de reavaliar minha capacidade como escritor e meu lugar no planeta.

Enfrente o desconhecido... mas todas essas mudanças ao mesmo tempo pareciam demais para um homem absorver.

E onde é que Carolyn entrava nisso tudo? Sua inteligência e beleza pareciam uma dádiva, o antídoto perfeito. Mas um relacionamento precisava crescer, atingir com leveza a etapa seguinte, e não havia nada de leve entre nós.

Eu esperava que ela dissesse alguma coisa sobre a comida. O prato de Phyllis estava quase vazio. Em vez de pedir mais, ela parecia contentar-se em pegar uns bocadinhos do prato de Craig, enquanto ele discorria sobre a vida dos cafés ao longo da Nollendorfplatz. Foi Lynn quem primeiro fez uma avaliação.

"Vamos tirar o chapéu para o chef!", disse, erguendo o copo em minha direção. "Está tudo delicioso."

"Como sempre", concordou Phyllis.

"E eu, como sempre, andei também tagarelando demais", desculpou-se Craig. De forma cerimoniosa, pegou um garfo e levou um susto diante das evidências da fome de Phyllis: o peixe devastado, uns fragmentos de escarola e os restos de uma batata. "Nossa Mãe! Parece que um furacão passou por aqui!"

Carolyn acompanhava a cena como se estivesse num teatro, com uma expressão cautelosa. "Está tudo bem aí?", perguntei-lhe, como se faz com um novo conhecido.

"Tudo bem."

"Porque parece que você não tocou em nada. Fiquei aqui pensando se estava mesmo tudo bem."

"Eu poderia lhe fazer a mesma pergunta", respondeu ela, com um sinal para o meu prato.

Continuei a encará-la fixamente, sem desviar daqueles olhos de um azul prateado, abalado diante do interminável mistério que continuava a me atrair. Distraído, coloquei um pedaço de peixe na boca.

Meu coração ficou arruinado pela segunda vez naquela noite. Já na primeira garfada percebi que meu jantar podia ser tudo, menos um triunfo. Era óbvio que o bacalhau cozinhara demais. Em algum momento da etapa final, a gordura desaparecera, levando junto aquela consistência suave, salgadinha e úmida que transforma o peixe numa iguaria celestial. Era incrível, mas aquele bacalhau estava com o mesmo gosto de qualquer outro peixe. Não havia nada nele que pudesse ser excitante ou sensual. Isso não quer dizer que ele não estivesse satisfatório, mas sempre *odiei* as coisas satisfatórias, queria algo mais, algo que me fizesse gritar *"Cacete!"* quando levasse um pedaço à boca. Aquele bacalhau precisava de algo mais, talvez alho-poró refogado até amolecer, um caldo encorpado e uma ou duas borrifadas de vermute seco. Ou talvez o certo fosse jogá-lo de vez pela janela, com patrocínio da minha espátula Rubbermaid.

"Mas isto está uma delícia!", exclamou Craig, levantando os olhos do prato um minuto. "O sabor é extraordinário. Você se superou, meu amigo. Merece o meu aplauso."

Lutando para manter a expressão impassível, espetei no garfo um pouco de escarola *sautée* e caí numa desolação ainda mais tenebrosa. As folhas, que antes eram de um verde lindo, deixavam agora na boca um sabor levemente metálico, e a consistência estava totalmente errada. O ideal era que tivessem conservado sua forma, o que teria revelado uma doçura concentrada. Em vez disso, estavam flácidas e encharcadas.

"Gostei principalmente da alface cozida", prosseguiu Craig, para ajudar.

"Escarola", balbuciei. "Desculpem, mas elas deviam ter saído do fogão muito antes."

"Ora, estão ótimas", disse Carolyn, suspirando. "Por que você tem sempre que encontrar algum erro em tudo o que faz?"

"Deviam estar crocantes, é isso. Teriam outro sabor, se tivessem sido cozidas da forma correta."

"Ninguém nota a diferença."

"*Eu* noto. E noto que o peixe cozinhou demais, e que as batatas estão insossas. Encontrei erros o suficiente para você?" Não lhe dei chance para responder. "O problema é o seguinte: eu *adoro* comer bem. Adoro os ingredientes, o processo, os cheiros, o paladar das coisas. Mas, assim como na música, todas as notas têm que estar certas. Não se pode ir dando um jeitinho aqui e ali." De repente, minha voz ficou duas oitavas acima do normal. "Não podemos fazer concessões. Não podemos nos contentar com 'ótimo' ou 'bom o suficiente'. Eu quero que o peixe derreta na boca, que a escarola fique macia e as batatas saborosas. Um pouquinho menos que isso e já me sinto ludibriado."

O cachorro começou a se esgueirar para fora de mansinho.

"Bom, certamente seu entusiasmo é admirável", disse Carolyn. Os outros baixaram os olhos, meio constrangidos.

Meu entusiasmo seguiu a direção do meu apetite, ou seja, sumiu. Carolyn, entretanto, começou a comer. Observei-a devorando o bacalhau com verdadeira determinação, e me dei conta de que não havia mais nada a fazer para expressar meus sentimentos. Tanto nosso relacionamento quanto minha capacidade de cozinhar estavam no mesmo triste ponto: como poderiam estar bem se eu não entendia nada sobre eles? Minha paixão por Carolyn era profunda e irracional. Quanto à cozinha, eu tinha esperanças de que seria mais fácil de dominar. Talvez não fosse tarde demais para conquistar aquela paixão, ou pelo menos reduzi-la a uma espécie de talento tangível. Talvez eu devesse pensar pequeno, começar por aprender a cozinhar, deixando o resto de lado por enquanto.

Pensando sobre o jantar que tivera intenção de fazer, me senti angustiado com o que acabara de servir. Percebi um processo de preparo desajeitado em todos os pratos. Não havia nada de imaginativo neles, nada especial. Era evidente que eu não sabia muita coisa sobre cozinhar. Sentia uma necessidade urgente de me expressar na cozinha, porém me limitava a executar as receitas, esperando que todas dessem certo no final. Não importava quão boas elas fossem, ou quão precisas estivessem as descrições e instruções de preparo – me dei conta de que era preciso acrescentar algo de mim mesmo, alguma coisa simples e provavelmente indescritível, o que significava que teria de desenvolver versatilidade suficiente para poder confiar nos meus instintos.

Confessei muitas dessas ideias aos meus amigos enquanto eles se serviam de mais salada. O mais triste de tudo, admiti, era que precisava aprender a cozinhar, a cozinhar de verdade, captar os mistérios e a magia associados ao processo. "Nada como esse peixe de botequim que está nos pratos de vocês. É preciso mais que uma faca excepcional e panelas caras para preparar uma comida deliciosa. Preciso aprender o que um chef deve saber, quais os segredos da cozinha realmente extraordinária." Evitando o olhar de Carolyn, completei: "Além do mais, preciso me afastar um pouco. Preciso recolocar minha vida nos trilhos."

Todos ficaram em silêncio, na expectativa. Eu dera uma guinada e pegara uma estrada cheia de francoatiradores e minas terrestres. Do outro lado da mesa, os contornos suaves do rosto de Carolyn mudaram de forma, depois se contraíram enquanto ela se concentrava em servir mais vinho. "Parece que você está se encaminhando para uma crise de meia-idade", declarou ela sem levantar os olhos.

"Quem sabe você deveria comprar novos acessórios da Cuisinart?", sugeriu Lynn. "Vi eles à venda na Bed, Bath & Beyond."

Craig foi mais generoso: "Ou passar algumas semanas num bangalô, sem telefone e com uma pilha de livros. Não é isso o bastante para recarregar as velhas baterias?"

"Algo assim", concordei.

Na verdade, sabia o que deveria ser feito, já vinha sonhando com isso há muito tempo. Tivera outras ocupações e preocupações nos últimos oito anos, mas agora parecia o momento perfeito para empreender minha odisseia, seguir meu coração. Com alguma sorte, isso poderia ajudar a colocar o relacionamento com Carolyn num bom caminho.

"Estou de partida", anunciei. "Vou para a Europa, aprender a cozinhar."

A declaração pareceu a todos um absurdo. Nem mesmo o cachorro acreditou.

1. Rue du Lac

SE EXISTE ALGO EM QUE ACREDITO, é no seguinte: a vida não é uma simples fatia de queijo. Podem perguntar a qualquer sujeito com mais de 40 anos e ele dirá a mesma coisa. A vida é uma tremenda festa. Tudo o que vem antes dos 40 é básico, como um simples hambúrguer: um lugar onde morar, um emprego, futebol pela TV, sexo... Mas, cara, é só ultrapassar o limite dos 40, e o que era hambúrguer vira apenas um monte de carne moída. A certa altura, você passa a querer o que há de melhor. Se eu não tivesse agido assim, ainda estaria me debatendo na cozinha daquele bangalô em Connecticut, recortando receitas. Pelo menos, foi essa a conclusão a que cheguei durante o voo interminável para Milão. A Alitália reservou meu lugar na janela, e quando o avião inclinou-se sobre o Mont Blanc, tentei me concentrar nas coisas que agora passavam a ser importantes para mim.

Vocês poderiam perguntar como fui parar ali. Da última vez que me viram, eu estava em casa cozinhando para os amigos. De repente, estou num avião com destino à Itália. Não foi preciso muita coisa para dar a partida. Quanto mais eu pensava naquilo, mais me parecia que uma fuga seria o tônico ideal para as frustrações da meia-idade. Da minha meia-idade, quero dizer – uma cena tirada de *Antes só do que malcasado*. Três ou quatro meses em turnê gastronômica pela Europa, trabalhando em cozinhas fabulosas, exercitando-me ao lado dos maiores chefs – no início parecia uma loucura, uma fantasia totalmente sem controle. Desde muito tempo vinha sonhando com uma aventura desse tipo. De uma hora para outra, aquilo passou a fazer todo sentido. O momento tinha chegado, alguma coisa me dizia que seria agora ou nunca. Sim, queria aprender a cozinhar, mas esse objetivo tão bem-elaborado estava atrelado a uma busca mais básica por um antídoto espiritual para a vida moderna, um estímulo para a alma. Os anos anteriores tinham sido um pesadelo. Mesmo assim, conseguira sobreviver e reinventar minha vida. Então, uma viagem pelas escolas de culinária da Europa não seria tanto uma rota de escape, mas uma exploração – da vida, de novas oportunidades, de paixões e desejos fora de lugar.

A busca da paixão. Isso parece o título de um artigo da *Esquire*: o que vem a ser a paixão, como consegui-la, o que fazer com ela quando a sentimos. A maioria dos homens da minha idade ainda fica obcecada por essa questão. Vivem procurando coisas que possam tornar sua vida especial, alguma coisa extra, um algo a mais. Conheci gente que sai em busca de não sei quantas obsessões malucas, como um monomotor Cessna, uma tatuagem cafona, aquela mulher-troféu de 24 anos... Hoje, muitos dispõem de luxo e renda suficientes para saírem no encalço de suas fantasias, de um modo que nossos pais jamais puderam fazer. De certa forma, com tudo o mais desmoronando à minha volta, a única paixão que eu ainda tinha certeza de possuir era a de cozinhar.

Adoro fazer comida. Isso me deixa feliz, me dá prazer, é uma fonte de criatividade. É muito difícil resistir a um fogão. A urgência de me expressar, de preparar um prato altamente saboroso, é o máximo – e, quando sai tudo de acordo com o planejado, fico excitado como um adolescente. Vinte anos antes, um cara que admitisse isso teria sido tratado como um excêntrico. Mas, em algum ponto do caminho, cozinhar tornou-se uma busca bacana. Talvez uma aventura culinária pudesse me ajudar a esclarecer minha situação.

Contudo, o passageiro sentado ao meu lado no voo da Alitália não encarava as coisas da mesma maneira. Discretamente, testei minha teoria com ele – Dan, um representante da Fiat a caminho de Turim –, que declarou ter certeza de que as escolas de culinária europeias eram a versão da Interpol para o Programa de Proteção a Testemunhas.

"Onde é que você acha que eles esconderam Ratko Mladic?", perguntou, erguendo os olhos do best-seller que estava lendo. "Bote um cara desses numa cozinha de restaurante e nunca ninguém vai encontrá-lo."

Presságios costumam ser poderosos. Qualquer pessoa com a mente saudável ia considerar aquela maluquice como um aviso dos deuses, e ficaria ansiando pelo próximo voo de volta para casa. No fim das contas, aquela história não foi um incentivo suficiente, mas o latejar na minha mão deveria ter me convencido: dois dias antes de embarcar, eu caíra e me apoiara exatamente sobre a mão direita – aquela que a gente usa para retalhar, cortar em cubinhos, fatiar. O resultado foram dois ossinhos quebrados e dedos inchados até ficarem do tamanho de um mamão papaia. Isso tornava aulas de culinária algo beirando o absurdo. Engessar estava fora de questão. Entre um caminhão de bagagens e a parafernália essencial da cozinha, meus membros já estavam comprometidos até a medula. Decidido a fugir do Destino, ignorei os dois maus presságios. Simplesmente agradeci ao meu companheiro de voo por seus insights e até apertei sua mão.

Só mesmo um Armagedon seria capaz de impedir minha aventura. Em pouco menos de um mês, trabalhando febrilmente, conseguira organizar um itinerário bem impressionante, que começava no norte da Itália, passava pela França e retornava à Itália, para um último drinque. Havia 18 escolas de culinária onde eu poderia fazer o que se chama de estágio ou internato para aprender as artes básicas dos mestres, 18 cozinhas gloriosas onde exercitar minhas fantasias, sem medo de pôr um filé de bacalhau duro no prato de algum convidado desprevenido. Seria extremamente instrutivo. Além disso, iria viver o momento mais incrível da minha vida, segundo meu amigo Sandy D'Amato, um dos melhores chefs dos Estados Unidos e dono do restaurante Sanford, em Milwaukee. "As escolas de culinária são os Club Meds de hoje em dia", me disse ele durante uma pausa no trabalho. "Imagine só o tipo de gente que você irá encontrar durante a viagem, para não falar da grande quantidade de mulheres solteiras e cheias de tesão." Imagens de Gauguin no Taiti começaram a dançar na minha cabeça, logo ofuscadas pela luz fria das cozinhas, onde mulheres de ombros largos e parecendo ter mais bigode do que eu se recurvavam para supervisionar os ingredientes. De qualquer modo, finalmente convencera Carolyn a me acompanhar.

No início, ela parecera relutante. Acho que suas palavras exatas foram: "Você deve estar maluco." Disse-me que o tipo de viagem que eu propunha era só para sonhadores e diletantes, e que de qualquer forma aquele não era o seu tipo de fantasia. Além disso, havia outros problemas: ela não falava comigo havia mais de duas semanas, detestava cozinhar e a perspectiva de passar três meses viajando em minha companhia – e de, "Deus me livre!", dividirmos o mesmo quarto – a deixava completamente desestabilizada. Travamos uma verdadeira batalha de esgrima durante dias, sem chegar a nenhuma solução. Por fim, num esforço para evitar um confronto de fato, ela fugiu para Nantucket, escondendo-se ali com alguns amigos até que eu tivesse, sem sombra de dúvida, deixado o país.

Ferido pela nossa falta de capacidade para o compromisso, não estava preparado para receber seu telefonema, alguns dias antes da partida.

"Vou com você!", exclamou ela, em meio a muitos ruídos e interrupções no sinal do celular. Com a maior cautela, evitei dar uma resposta na mesma hora, para o caso de ter compreendido mal suas palavras. ...*Vou!* ...*Você!* ...*Vou com você!* Será que meu ouvido estava me pregando alguma peça? Uma coisa era certa: sua armadura rachara. Pude detectar certo entusiasmo, em lugar da habitual reserva cautelosa.

Tirei um peso do peito.

Ela só precisara de algum tempo para colocar os sentimentos em ordem. "Fiquei pensando durante dias, e me dei conta de que essa era a viagem da minha vida", disse ela. "Se eu não fosse com você, com certeza iria lamentar para sempre." *E...?* "Imagine: vamos ser só nós dois. Nosso próprio mundo particular. Era exatamente disso que estávamos precisando."

Enquanto o avião taxiava na direção do terminal de Milan Malpensa, eu refletia sobre toda aquela excitação de Carolyn, e também sobre a minha própria. Só podia conjecturar sobre o que poderia ter feito Carolyn chegar àquela decisão. Nada vinha fácil para ela, a não ser a solidão. De certa forma, parecia que eu quebrara sua segurança, e isso pode tê-la irritado. A exposição a tornava instável, tão imprevisível quanto o clima.

Nesse meio-tempo, ela passara vários dias na praia, curvada sobre mapas, traçando a nossa rota pelos três meses seguintes. No papel, a viagem parecia idílica: uma jornada de trem sobre os Alpes, de Milão até Lyon, e depois ainda mais longe, até a Borgonha, a região rural da Provença, Nice, Bordeaux, Paris e Cannes, uma cidade após a outra, antes de

Rue du Lac 31

partir rumo ao sul da Itália. Os detalhes faziam a sua cabeça dar voltas. "Nunca serei capaz de fazer minhas malas a tempo", suspirou. "Mas vai você na frente. Vai cozinhando, vai botando a mão na massa, que depois o encontro em Nice."

Havia mais alguma coisa no ar, e foi necessário um certo esforço para fazer ela falar. *Eu não posso... Esqueça... Olha, não dê importância...* Sua risadinha era uma cortina de fumaça. Depois de dar voltas e voltas, acabou se abrindo. "Acabei de falar no telefone com minha mãe", confessou, "e, acredite ou não, ela me encorajou a ir com você. Só ficou preocupada com uma coisa. Ela disse: 'Agora, por favor, não vão os dois fugir e se casar na Europa.'"

Assim, eram grandes as minhas esperanças quanto a Carolyn, mas eu já sentia saudades da outra mulher da minha vida – a que gostava da minha comida. Lily e eu já tínhamos suportado outras separações antes, nas minhas viagens a trabalho. Agora estava acontecendo de novo, só que desta vez seriam alguns meses. Em meio a muitas lágrimas, combinamos de manter contato o tempo todo. Sempre leal, ela declarou que não via a hora de experimentar minhas novas receitas.

O ITINERÁRIO PLANEJADO TINHA ENCAIXADO CERTINHO. À medida que fuçava sites dedicados à arte culinária, o circuito de escolas de cozinha ia se materializando nos lugares mais exóticos da Europa Ocidental. Havia dezenas de programas entre os quais escolher: um tipo em que as aulas eram dadas para grupos de entusiastas com interesses afins; outros em que eu poderia combinar aulas particulares com grandes professores, em suas próprias casas. Usando contatos que fizera como correspondente de revistas, também consegui algumas aulas particulares com importantes chefs, em restaurantes fabulosos como o Arpège, em Paris, e o Moulin des Mougins, perto de Nice. Ficava com água na boca diante dos sites que promoviam uma verdadeira orgia de *cuisines* e cardápios fantasticamente sedutores. "Junte-se a nós para cinco divertidos dias cozinhando, bem no interior da Provença..." "A nossa casa de fazenda, do século XVIII, aconchegada em meio a um bosque de oliveiras, oferece uma cozinha esplendidamente equipada..." "Cozinha autenticamente regional, desenvolvida e passada de geração em geração, instalada numa *villa* toscana restaurada..." "Chefs de ponta." "Instruções práticas e personalizadas, dadas por um virtuose destacado pelo guia Michelin..." "Cozinhe com confiança e paixão para a sua família e seus amigos..." "Quando voltar para casa, será capaz de reproduzir o que aprendeu aqui com facilidade e estilo..."

As imagens que acompanhavam os textos beiravam a obscenidade. Uns pudinzinhos gordos tremelicavam em pires antigos, caçarolas borbulhavam como o Vesúvio, mexilhões nadavam numa quantidade de manteiga suficiente para entupir o oleoduto do Alasca. Uma mulher, em verdadeiro êxtase, enfiava na boca um talo grosso e suculento de aspargo, com uma finesse que deixaria qualquer atriz pornô impressionada. Aquilo era pornografia virtual de alto nível.

Os sedutores atrativos e guloseimas tornavam a escolha difícil: tudo era cercado de um esplendor romântico, com contornos meio indefinidos. Vários sites exibiam grupos de belos casais bronzeados, segurando taças de vinho, suspensos numa varanda à luz de velas. Ou num piquenique, espalhados sobre a grama alta, banhados numa luz de verão capaz de levar um poeta às lágrimas. Um link me levou até um refúgio montanhoso acima de Mikonos, onde os rolinhos de folha de uva, ou *dolmades*, pareciam charutos cubanos. Com tamanha variedade, como poderia limitar minha odisseia culinária a apenas um daqueles pedaços do mundo? Queria ir a todos os cantos, e resolvi ir parando aqui e ali por toda a Europa Ocidental, mergulhando numa escola fabulosa daquelas atrás da outra.

Eu sabia que minha abordagem não era nada ortodoxa. Existem outras maneiras de se aprender a cozinhar. Poderia ter ficado num lugar só, e frequentado um curso longo, do nível básico ao avançado. Mas queria experimentar os melhores. Desejava ter acesso às criações dos grandes chefs. Sabia que meu plano poderia se tornar uma loucura. Iria me arriscar a passar por situações bem estranhas, alguns fiascos, algumas personalidades mirabolantes e cheias de melindres: afinal de contas, eram chefs. Quando desse certo, porém, seria maravilhoso, uma

Rue du Lac 33

experiência verdadeiramente transformadora. Quem precisava disso mais do que eu?

"Você deveria se concentrar na França e na Itália", propôs Sandy D'Amato. "Os dois pilares da cozinha ocidental."

Aquilo soou um tanto provinciano, partindo de um chef de nível internacional. Defendi algumas paradas na Espanha, na Grécia e em Portugal, para não mencionar Japão, China e Índia, onde as especiarias exóticas desafiavam até mesmo os cozinheiros mais experientes. "Não se pode começar um kebab de carneiro sem curry", disse eu.

"Pode ser", respondeu Sandy. "Mas é preciso se concentrar na forma de cozinhar. Comece pelo básico. Os franceses e italianos possuem tanto uma alta *cuisine* quanto uma culinária camponesa, no que diferem do resto da Europa, onde se cozinha apenas de uma forma genérica. Seus fundamentos básicos para a construção dos sabores são semelhantes, e os estilos de vida são complementares e interligados. Além do mais, seus chefs compartilham relações – e rivalidades – íntimas, que datam de várias gerações."

Os italianos, como vim a saber, reivindicavam o mérito pela importância da cozinha francesa. Conta a lenda que Catarina de Médici, personagem de tão vasta influência, levara consigo seus cozinheiros e o *maître pâtissier* de Florença para a corte de Henrique II, partindo do princípio de que a comida na França não era sofisticada, sendo até mesmo intragável. Quando as cozinhas francesas começaram a se encher de delícias florentinas tais como manteiga e trufas, os súditos de Catarina não tiveram outra opção senão adotar aquela *haute cuisine*. E é por isso que muitos italianos acreditam até hoje que os franceses comem, basicamente, comida italiana.

Não tinha a menor intenção de me meter nessa briga, mas a verdade é que os aspectos intercambiáveis das duas cozinhas eram absolutamente intrigantes. Mesmo depois de todos os anos passados sobre a tábua de cortar, era incapaz de diferenciar um *mirepoix* do seu ancestral *soffritto*, precisando de orientação para não estragar outro *ragoût* (ou, dependendo do caso, *ragú*: nunca consegui ter certeza).

França e Itália: desde a infância eu era apaixonado por esses dois países, e depois de adulto continuei ligado a eles. Não havia ali um único costume – a não ser, talvez, o hábito das mulheres de não depilarem as axilas – que não me deixasse encantado. Nos últimos 20 anos, jamais passei um ano sequer sem alguma espécie de peregrinação por lá, quer se tratasse de viagem de férias ou de algum fim de semana maluco de comilança desenfreada pelos restaurantes. Meu francês era bastante decente, eu pensava. Como parte dos preparativos para a viagem, comprei um daqueles cursos em CD que prometia me tornar fluente em italiano em 30 dias. Aquilo poderia até funcionar, na condição de que os chefs limitassem as conversas a frases do tipo *"Buon giorno,* Carlo. A tarde está linda. A que horas sai o ônibus para Livorno?"* Sem problemas, a gente acharia um jeito de se comunicar. Enquanto isso, decorava alguns termos mais importantes, como sal, azeite extravirgem, torniquete e ressuscitador.

Sempre acreditei que tudo na França e na Itália é mais intenso e romântico que em qualquer outro lugar que eu conheça, ou pelo qual me interesse. É claro, não sou o único com essa opinião. Muita gente já disse a mesma coisa, talvez até de maneira mais expressiva. Observar as pessoas, sentado num café a céu aberto, francês ou italiano, é como estar num teatro. Todos têm certa elegância ruidosa, impossível de ignorar. A comida lá é mais rica, mais deliciosa, mais viva. As flores-do-campo parecem mais vívidas, sua essência almiscarada tão inebriante quanto um drinque bemfeito. Se você tropeça ali, se sente mais idiota do que, por exemplo, em Londres, e quando se levanta, é para voar mais alto que em qualquer outra parte. Também não existe lugar onde as paixões sejam mais ardentes, o que significa que uma desilusão amorosa ali é mais cruel e trágica do que jamais se poderia imaginar.

Podia apostar que a mágica da França e da Itália agiria sobre Carolyn, lançando um feitiço dourado sobre a nossa relação. Por isso, pareceu sem sentido, ou masoquista, pegar sozinho um trem para cruzar os Alpes. Aquele pequeno desvio tinha sido planejado especificamente como um afrodisíaco, para colocar Carolyn no espírito da coisa. Sem ela, aqueles panoramas de tirar o fôlego seriam simples montanhas e árvores. Então,

Rue du Lac

comprei uma passagem no próximo aviãozinho saindo de Milão e cheguei a Lyon antes do anoitecer.

Não escolhera aquele como o ponto inicial da minha aventura por acaso. A maioria das cidades onde se encontram escolas de culinária tem algum laço crucial com a *cuisine*: um restaurante três estrelas, um mercado, um produto agrícola especial, uma Torre Eiffel... Mas só Lyon se declara a capital da gastronomia francesa. As montanhas dos arredores estão simplesmente infestadas de locais para comer: uma porção de restaurantes pioneiros e de bistrôs de primeira classe, além da versão regional dos restaurantes de comida caseira, os chamados *bouchons*, que servem pratos excelentes de especialidades lionesas, tão amanteigadas que fariam parar o coração de um homem antes mesmo da sobremesa.

E, é claro, há Paul Bocuse. Dizem que o chamado Chef do Século raramente fica em seu restaurante na beira da estrada hoje em dia, embora ainda produza a comida mais inspirada deste lado do Equador. Uma vez jantei com ele em Nova York, e Bocuse se comportou de forma tão falsa e desagradável que jurei jamais pôr novamente na boca alguma coisa feita por ele. Bom, mas fizera um juramento desse tipo quando George W. foi eleito presidente, e ainda não tinha me mudado para uma cabana nas montanhas da Terra do Fogo... Fiquei pensando se deveria reservar uma mesa *chez* Bocuse. Se é só lá que se pode degustar uma *quenelle mousseline* ou uma *tête de veau bourgeoise* como elas devem realmente ser feitas, então teria de engolir o orgulho e ligar imediatamente para garantir lugar.

Bocuse se tornara um guru em Lyon. E duas das mais conhecidas regiões vinícolas francesas – Beaujolais, ao norte, e Côtes du Rhône, ao sul, ambas a pouca distância – davam suas bênçãos à cidade. Não havia motivo para alguém interessado em comida, comida levada a sério, pôr o dedão do pé nem um ínfimo milímetro fora dos limites da cidade. Aparentemente, o mercado aberto se estendia por vários quilômetros, apinhado de gente escolhendo legumes maravilhosos pelas barracas; gordos *saucissons*; galinhas grandes como bebês assando nos espetos; montanhas de azeitonas enrugadas; queijos cujo nome nunca ouvira; isso para não falar da imensa variedade de especialidades locais que não podem ser encontradas em outras regiões, muito menos numa loja de conveniências.

A tradição da culinária lionesa é tão antiga quanto a herança romana, ainda presente nas margens dos dois grandes rios navegáveis que atravessam a cidade. No ano 43 a.C., César ordenara a construção no lugar onde convergiam o Ródano (Rhône, em francês) e o Saône, formando uma espécie de ampulheta, cheia de energia e luz. Chamara-a *Lugdunum*, e investira nela toda a capacidade romana de previsão e praticidade, estimulando um desenvolvimento rápido: estradas funcionais, uma série de aquedutos e pontes e um anfiteatro onde presumivelmente os leões jantavam, assim como os imperadores.

A atmosfera de antiguidade em Lyon é evidente às margens dos rios, principalmente à noite, quando os castelos, palácios e catedrais lançam seus reflexos brilhantes sobre a superfície cor de ardósia da água. O romantismo e a beleza da paisagem noturna constituem um verdadeiro ímã para as centenas de pessoas que passeiam nas margens dos rios, com uma formalidade que evoca o passado glorioso do lugar. Sábado à noite, quando cheguei e saí para uma caminhada, as calçadas estavam cheias de casais em lenta e solene procissão. Parecia o cenário de um filme, e fiquei pensando, com um pouquinho de imaginação, que Paris deveria ser assim nos anos 30, antes que a perturbação das luzes e da tecnologia chegasse por lá.

Na manhã seguinte, fui diretamente à Velha Lyon, o *quartier* medieval situado na margem oeste do Saône, conservado como nos tempos em que Agripa o designara como ponto de partida das principais estradas romanas por toda a Gália. Já estivera ali duas vezes, e desde então sonhara muito com aquele lugar. Tudo estava exatamente como eu lembrava: pitoresco e encantado. Senti meu humor melhorar bastante. Os contornos naturais do *quartier* faziam-no parecer quase uma miniatura, limitado pela vertente posterior do monte Fouvière, uma elevação íngreme que surgia como uma escultura inacabada por cima das róseas construções avarandadas. Abaixo de toda aquela extensão, uma miscelânea de estreitas ruas calçadas de pedra, uma espremida sobre a outra, precipitava-se em direção a

Rue du Lac

amplas praças antes de mais uma vez se distanciarem, tortuosas, tal como esses confusos terminais nos aeroportos de hoje. Por causa das fachadas apertadas, as ruas se rendiam a uma torrente de sombras em constante mudança, me fazendo pensar naqueles filmes antigos de monstros. Mas quando o sol começava a se erguer sobre as torres da moderna Lyon, um brilhante fulgor ofuscava todas aquelas teias de aranha, com a mais cega indiferença.

Aos domingos, o *quartier* dormia até tarde, recoberto pela sombra. Aquela abafada manhã de agosto já estava um tanto desconfortável. Os restaurantes se protegiam com toldos até bem depois das dez, e as ruas permaneciam quase desertas. Uma brigada de gatos vadios patrulhava as sarjetas, em busca de migalhas, enquanto acima deles uma formação de pombos fazia sentinela nas bordas das marquises, esperando a sua vez.

Eu tinha marcado encontro com um conhecido para um brunch na rue St.-Jean, logo depois da catedral gótica. Ainda me restavam algumas horas antes de partir rumo a Borgonha, onde ficava a minha primeira escola de culinária, e uma refeição lionesa me pareceu a melhor forma de passar o tempo.

David era como esses expatriados que viajam de carona pela Europa, depois da faculdade, e acabam nunca mais voltando para casa. Havia uma longa e triste história de um pai tirânico, que eu não estava preparado para escutar. Nesse meio-tempo, ele criara para si uma identidade nova, que nada tinha a ver com sua família – ou com seu país. Alto, com o cabelo desalinhado, perdera até aquele reluzente excesso de peso característico dos turistas americanos, os quais agora o consideravam, com certo desprezo, mais um daqueles franceses desconcertantes.

Levando uma vida extremamente precária em Lyon, David sobrevivia ensinando inglês numa universidade local e, como convém a professores de certa idade e autoestima, se apaixonara por uma das alunas.

Lucy era o tipo da francesa que eu idealizara desde a adolescência: elegante, os seios altos, sensual e extremamente segura de si, com uma barriguinha de fora que pareceria anunciar: especialmente reformatada para a tela da sua televisão. Filha de um cozinheiro de brigada local, era uma estudante explodindo de tanto viço, qualidade que o olhar guloso de David tornava ainda mais evidente. Eu tinha a impressão de que ela se divertia com ele, mas que aquilo não duraria muito tempo. Pelo menos seu inglês era bom, o que significava que David havia feito um bom trabalho.

"Bocuse é um bosta", disse ela, quando sugeri um lugar para irmos comer. "Ele não sabe cozinhar sem *une papillote.*"

"*Embrulho de papel*", corrigiu David, usando o termo em inglês.

"Exatamente. Foi o que eu disse."

Lucy estava decidida a ir a um bistrô na Velha Lyon onde, segundo ela, o café da manhã nos proporcionaria uma experiência inesquecível. "A gente pode saborear *huîtres* com vinho branco, e depois algo maior como prato principal, algo do mar."

David ficou cor de cera. "Eu não poderia pôr uma coisa dessas na boca agora, Lucy", disse ele, olhando para o relógio, que marcava pouco mais de dez da manhã. "Que tal mais tarde?"

"Mas esse é o desjejum *perfeito!*", insistiu ela, com um jeitinho mimado. "Aposto como Bob é mais corajoso."

De fato, ostras sempre configuram uma sugestão celestial, não importa a que horas. Eram poucas as coisas capazes de me dar água na boca só à menção do nome. "Mas é agosto", suspirei, "e já está fazendo quase 30 graus. E se a gente engolir logo uma garrafa de soda cáustica?"

"Qual é o problema? Ah, vocês americanos são tão... como é que se diz mesmo? *Chats.*"

Isso poderia ser interpretado de duas formas. Eu estava apostando em "mariquinhas", mas David deixou para lá. Ele decidiu brigar só pelo que vale a pena, pensei com admiração, enquanto Lucy nos conduzia até a outra esquina, parecendo uma mulher da vida com dois excitados clientes.

O restaurante era uma típica *boîte* lionesa, do tipo que serve vísceras malcheirosas com orgulho, mas que tem sempre uma seleção de pratos mais amenos para os turistas. Havia um pequeno bar, com cinco ou seis bancos sob um mural dos Champs Elysées. A pintura já estava amarelada de tanta fumaça e terrivelmente fora de moda, mas isso não tinha a menor importância, já que ninguém, exceto a família dos donos, se sentava na

Rue du Lac 39

parte de dentro. Fomos para uma das mesas na calçada, bem na esquina, e ficamos esperando que um garçom impassível terminasse pacientemente de rearrumar as filas de cadeiras. Parecia que éramos invisíveis. Não havia mais ninguém ali, mas havíamos perturbado sua rotina chegando tão cedo, e a punição era sermos ignorados.

Eu estava faminto. Minha última refeição fora no voo de Nova York, sem contar um ataque no meio da noite ao frigobar do hotel, que saqueara numa tentativa de aplacar a fome. Mas acima de tudo (e de um grande cansaço), tinha uma terrível necessidade de algo que me satisfizesse, de algo simples, honesto e inesquecível, para inaugurar minha odisseia gastronômica. Claro, se aquele garçom fizesse algum esforço para perceber nossa presença.

"Bouge ton boule", disse Lucy baixinho, olhando inexpressivamente para a toalha da mesa, como se estivesse falando consigo.

Olhei para David e ele sorriu antes de traduzir. Literalmente, *bouge ton boule* quer dizer "mexa tua bunda". Mas a frase correta, segundo ele, deveria ser *bouge tes fesses*. "Sabe, nos Estados Unidos", explicou, "a gente tem uma bunda só. Mas os franceses – como são seres superiores – têm duas: a esquerda e a direita. Assim, a única forma de expressar isso corretamente é usando o plural: *tes*." Mesmo assim, garantiu Lucy, dizer *bouge ton boule* era uma forma menos convencional de falar.

Quando achou que era a hora, o garçom veio arrastando as suas *fesses*, as duas, até a nossa mesa, depois de ajeitar um quadro-negro sobre uma cadeira vazia. O prato especial do dia era *cabillaud en papillote*, bacalhau em papel-manteiga, o que parecia promissor e razoavelmente seguro. David encomendou-o para nós três, tomando o cuidado de incluir uma entrada para deixar a namorada animada.

Enquanto Lucy engolia dúzias de ostras de Belon, nós apenas erguíamos os ombros, admirados. Ela possuía uma técnica própria, invejável, prendendo cada um daqueles moluscos escorregadios na ponta dos dentes e puxando-os delicadamente, e em seguida envolvendo-os com a língua, num movimento circular de sucção. Aquela menina era meio gaivota, pensei. Ou certamente algo fora do normal.

Como se lesse meus pensamentos, David disse: "Estou te falando, cara, você devia passar um bom tempo em Lyon. Além do enxame de turistas nas ruas todo fim de semana, tem muita coisa aqui pra te manter distraído. Lucy tem um grupo de amigas de arrasar. Acredite em mim, isso pode mudar a sua vida."

Observando Lucy com seu rosto de gatinha curvada sobre a comida como uma criança, pensei que um incentivo desses não poderia estar mais longe da minha mente. Ela era uma menina atraente, sem dúvida, mas não superava em nada Carolyn, cujo ar de camafeu tornava a juventude de Lucy algo de menor importância. E suas amigas tinham o mesmo apelo para mim que um bolo de arroz. Tomei cuidado para não deixar isso ficar evidente. A última coisa que queria era ferir os sentimentos de alguém. Em vez disso, agradeci a David pelo convite, mas tentei explicar por que seria impossível para mim, por algum tempo, me deter num mesmo lugar.

Naquela primeira manhã na França, eu estava cheio de expectativas, mas já houvera vezes, tenho de admitir, em que uma oferta daquelas teria me tentado. A vontade de desaparecer em outro país, de me reinventar, era poderosa, principalmente à noite, quando a insegurança parecia me espreitar das sombras. Com o coração batendo forte, tinha certeza de que todos os aspectos da minha vida, mesmo o mais insignificante, eram uma situação sem saída. Quando isso acontecia, só pensava na súbita queda livre da minha conta bancária, na pressão daquele interminável processo de divórcio, nos editores esmurrando a minha porta exigindo o texto que há tanto esperavam; na incapacidade de Carolyn para se entregar – todas essas terríveis responsabilidades e obrigações pulsavam pelo meu corpo até que só a perspectiva de fugir de tudo aquilo me permitia dormir. Eu fechava a porta atrás de mim e subia num avião, com apenas uma muda de roupa e um velho exemplar estropiado de *The Way We Live Now*, de Trollope, para me distrair. Havia sempre sereias como Lucy naqueles cenários. E jantares intermináveis em *villas* fantásticas.

Ocorreu-me que talvez o sonho tivesse tido peso na minha decisão, com as escolas de culinária preenchendo o lugar daqueles encontros amorosos perfeitos que nunca chegavam.

Rue du Lac 41

"Não sei, cara", disse David, quando estavam chegando nossos pratos. "Parece que você precisa se divertir um pouco. Todas essas aulas vão só estressar você, ainda que de outra forma. E aí quanto tempo vai levar até você querer escapar disso também? Duas semanas? *Quatro?* Olha, quando se encher disso tudo, sabe que pode voltar pra cá e se instalar no meu sofá."

Senti pena, mas não disse nada a David, que parecia perceber o que eu havia atravessado e desejava ajudar. Mas ele também tinha as suas mágoas para enfrentar, e elas obstruíam sua capacidade de julgamento. Ele supôs que éramos camaradas na mesma guerra, sobreviventes da catástrofe de uma vida que agora necessitava de um novo começo, em um novo lugar, com uma nova coleção de sonhos. Supôs que uma mulher jovem e gostosa poderia curar todos os meus males. Mas não me compreendera bem. Eu não estava fugindo do passado, nem tampouco do coração. Queria saber cozinhar, mas também queria Carolyn junto de mim.

"Sabe?", continuou ele, mudando subitamente de tom. "Talvez essa possa se transformar numa refeição instrutiva pra você. Esperamos que ela lhe forneça algum parâmetro para comparar com outros. A cozinha lionesa está um ponto acima de tudo o que você vai comer em outras regiões da França, como os *cassoulets* de Bordeaux, tão característicos."

Ele não podia estar se referindo à refeição diante de nós. Estava lindamente preparada, embora diferente de qualquer coisa que normalmente saía de uma cozinha lionesa típica. O *papillote*, por exemplo, era de papel-alumínio, em vez de papel-manteiga, e os legumes pareciam vindos diretamente de algum jardim do Oriente Médio: uma espécie de vinagrete adocicado de grão-de-bico com pimentões assados e dentes de alho inteiros, nadando numa infusão de azeite de oliva e cominho. Comecei a tirar a fina camada de pele presa ao peixe, porém David e Lucy o devoraram avidamente com pele e tudo. Os franceses comem tudo: olhos, ossos, dedos, tudo. Fiquei meio que esperando eles comerem o alumínio também, mas ou não o notaram ou o deixaram para lá.

"Isso vai compensar aquela comida horrorosa do avião", disse Lucy, olhando com aprovação para o meu prato vazio.

Achei o peixe bastante satisfatório, e o *pastis* que bebemos como acompanhamento foi uma cura completa para todas as minhas chatices. Uma fatia de Comté bem fresco – o queijo duro francês que se pode encontrar por toda parte – agiu como um estimulante na minha língua. Senti que meu corpo retornava à vida.

Conversamos até quase três da tarde, discutindo minha odisseia pelas escolas de culinária com um humor tão vivo e refrescante quanto o vinho *rosé* que bebericávamos. O tempo era marcado pelo olhar cortante do garçom. Eu poderia afirmar que por trás daquele ar de interesse, David e Lucy pensavam que eu estava investindo contra moinhos de vento.

"Você é a própria encarnação do gourmet galopante", disse David, lutando para conter o riso. "Com minhas desculpas a Graham Kerr, claro."*

"Talvez depois você possa fazer alguma coisa a respeito da comida *chez* Bocuse", disse Lucy.

Todos rimos com vontade, enquanto o garçom entregava a conta com um floreio exagerado. Olhares inquietos foram trocados entre os meus amigos, que ficaram aliviados quando coloquei meu cartão de crédito sobre a mesa.

"Você tem que voltar aqui e cozinhar para nós, depois que tiver assistido às aulas", prosseguiu Lucy. "Estaremos muito interessados em descobrir o que você aprendeu. Não é sempre que uma *ville* como Lyon recebe um chef treinado em cozinhas tão importantes. Será um grande acontecimento pra nós."

Levei alguns instantes até me dar conta de que ela estava me gozando. Mas, considerando tudo, talvez eu merecesse isso. Num lugar como Lyon, o aprendizado culinário correspondia a um verdadeiro sacerdócio. E eu precisava me precaver para não levar a coisa demasiadamente a sério.

"Podem contar com isso", assegurei. "Daqui a seis meses vou fazer pra vocês o melhor cachorro-quente com chili que vocês já provaram."

★ ★ ★

---

* Uma personalidade do mundo da culinária, Graham Kerr nasceu em Londres em 1934 e ficou famoso por seu programa de TV *The Galloping Gourmet*. (N.T.)

Rue du Lac

NOS FINS DE TARDE QUENTES DE DOMINGO, quando começa a anoitecer, dois tipos de gente costumam perambular pela praça Bellecour, em Lyon: os graduados com louvor pela escola de assaltantes local e suas vítimas potenciais. Eu me destacava a ponto de parecer o garoto propaganda destas últimas enquanto, tomado de calafrios, penetrava na praça escura, arrastando uma valise muito pesada e com uma bolsa a tiracolo, de cuja abertura superior reluzia um laptop novinho. Eu tinha recebido instruções bem claras: meu contato da Robert Ash Cookery School iria me encontrar ao pé da estátua de Luís XIV, um bronze maciço representando o Rei Sol num traje de batalha esplêndido e montado sobre um cavalo.

Quando cheguei, a praça estava assustadoramente deserta. Em casa, no conforto do meu sofá, me parecera que os guias de viagens estavam exagerando o seu esplendor, ao qualificá-la como um dos melhores lugares de toda a França para se observar as pessoas; agora, o vazio magnífico da Bellecour inspirava em mim um embrulho no estômago, o que me pegou de surpresa. A praça era um lugar lindo, não havia dúvida, com três lados contornados por construções lembrando fortalezas, com fachadas em estilo clássico. No chão, um tapete de cascalho cor de coral dava ao ambiente uma cordialidade rústica. A estátua ficava sobre uma plataforma com vários níveis, perto da entrada do metrô. Dos seus degraus eu podia ficar de olho e procurar identificar os predadores.

A primeira hora transcorreu sem incidentes. Tudo estava de fato escuro e tranquilo. De onde eu me localizava naquele momento, de frente para a cidade, a vista do outro lado do rio desfazia qualquer sentimento de antiguidade. A Lyon moderna colocava-se contra o céu do poente, como Oz, com suas milhares de luzes tremeluzindo em janelas distantes. Mas era um esplendor sossegado, diferente dos incansáveis horizontes de neon das cidades – da City – da minha terra. Não havia trilha sonora de fundo, nenhum pulso latejando, a não ser o tímido ruído do cascalho, nas proximidades. Nenhum perigo à vista, entretanto, enquanto os casais atravessavam com simplicidade a praça, como fantasmas na escuridão, indo e vindo dos bistrôs da vizinhança.

O único momento assustador aconteceu mais tarde, quando um homem de ar macilento, vestindo jeans e tênis, avançou das sombras e tropeçou em minha direção. Seu cabelo parecia bombril gasto, e as sobrancelhas espessas lembravam grandes insetos peludos. Permaneci absolutamente quieto, a mão apertando a bolsa a tiracolo, a mente zunindo em todas as direções, como faz qualquer vítima que se dê ao respeito. No meu pânico, quase não reparei quando ele disse meu nome. "Espero não ter demorado muito", desculpou-se, indo pegar minha valise.

Ergui o braço para detê-lo, mas me contive a tempo, fazendo parecer que apenas estendia a mão para cumprimentá-lo.

Seu nome era Roger Pring, um inglês que pronunciava o sobrenome com a mesma entonação estridente com que seus conterrâneos dizem *prawn*. Gostei dele logo de cara. Era amável e estranho, parecendo um grande urso de brinquedo – feito o roqueiro Jerry Garcia, pensei, mas sem aquele olhar doidão. Enquanto caminhávamos em direção a uma van estacionada, perguntei: "Você é aluno ou professor de culinária?"

"Sou assistente geral, falso *sommelier*, pau pra toda obra, além de limpador de bosta", disse ele depressa, como se aquilo já fosse ensaiado.

Enquanto Roger acomodava meu material no porta-malas, uma mulher dentro da van abriu espaço para mim, na parte de trás. Seu nome era Helen, outra inglesa, talvez alguns anos mais velha que eu, com uma pele escura e uma elegância que pareciam vindas de algum lugar entre a Grécia e o Egito. Apresentou-se como uma admiradora de longa data da comida feita pelo chef. Não pude evitar a surpresa ao saber que ela estava inscrita no programa.

Ela parecia quase cansada de ter aulas de culinária. "Receio não ser muito hábil nas coisinhas básicas", confessou.

"Não tem com o que se preocupar", eu disse. "Estamos todos no mesmo barco." Observei seu rosto num relance, e percebi um estremecimento de incerteza. "Mesmo assim, você sente muita vontade de aprender?"

Um sorriso nervoso surgiu-lhe nos cantos da boca. "Acho que sou melhor como observadora", respondeu. "Além disso, na realidade não sou membro genuíno desta equipe. Minha situação é mais de convidada do que aluna."

Rue du Lac

Não estava certo sobre o que ela queria dizer, mas ao nos dirigirmos para o sul pela *autoroute*, o carro sacudindo de Lyon à Borgonha, um forte presságio tomou conta de mim, enquanto Roger e Helen davam risadas de episódios de menor importância acontecidos na escola de cozinheiros. O carro se encheu de observações que se misturavam e sobrepunham. Pelo que consegui captar, havia muitas providências de última hora sendo ainda resolvidas, entre as quais a comida para o cardápio de amanhã, reservas de quartos e, também, falta de bicos de gás no que os ingleses chamavam de *cooker*, e que eu compreendi ser o fogão. Parecia que eles estavam agindo com cautela nesse processo.

"É a primeira turma da temporada?", perguntei com inocência, tentando ocultar minha preocupação.

"A primeira?", repetiu Roger. "Ah... sim, é, decididamente... pode-se dizer isso." E lançou um olhar rápido e divertido a Helen.

"É a primeira", disse ela com um sorriso pálido, "de todas."

Levei algum tempo até me dar conta de que não se tratava de uma brincadeira. Então aquele era o esforço inaugural, um teste para ver se deslanchavam a Robert Ash Cookery School. Em algum lugar, lá no fundo da minha memória, pude ouvir Donald O'Connor exclamando: "E aí, galera, não seria incrível se a gente pudesse montar um show?" Senti o coração afundar. Como pude cometer um erro tão colossal? O site da escola dava a impressão de que se tratava de um negócio bem-estabelecido; descrevia o chef como uma figura eminente, e o maravilhoso espaço da cozinha – ou melhor, a *"cozinha principal*, só para as aulas", o que me deixara infinitamente impressionado – como sendo "equipado segundo um alto padrão, com todas as ferramentas da *haute cuisine*". Havia imagens maravilhosas de comidas e de aulas anteriores que, como eu viria a saber mais tarde, eram de outra escola de culinária, em outro país. Com a voz mais tranquila possível, perguntei: "Quantos alunos vão estar lá, além de mim?"

Depois de uma pausa demorada, Roger respondeu: "Temo que seja só você por enquanto, amigo. Mas isso não será nenhum problema. Nós convidamos alguns amigos de Londres para ocupar as outras cadeiras. Vai ser muito divertido."

Diversão não fazia parte da minha lista de vantagens. Diversão é esquiar em Vail. Ou percorrer as barraquinhas dos mercados de pulgas do interior. Uma escola de culinária deve ensinar o domínio da técnica e da disciplina; ser talvez artística, e mesmo um pouquinho filosófica. Divertida apenas no sentido de que podemos nos alimentar literalmente de nossos erros.

Fiquei ali, envolvido pelo silêncio geral, tentando organizar meus sentimentos. Certos motivos haviam me levado a escolher aquela escola para dar início à minha odisseia. As montanhas da Borgonha ocupam um lugar muito especial no meu coração. Anos atrás, atravessei-as de bicicleta, bebendo tanto aquela beleza antiga quanto o melhor dos seus vinhos. Eu não estava nem um pouco preparado para aquela experiência. A paisagem ao redor daquela teia de estradas, diferente de qualquer outra que já vira, com as cores mais inebriantes e intensas: os verdes mais verdes, os amarelos mais amarelos, com campos cultivados de cor púrpura, marrom e vermelha, costurados como uma grande colcha de retalhos estendida sobre a cama. As montanhas que mergulhavam em direção às terras planas estavam cobertas de vinhas retorcidas. E a cozinha da região pertencia a uma categoria única. Eu, um errante a me deparar com aquele tesouro inesperado, me fartara da exuberante comida caseira em cozinhas típicas da Borgonha, os ensopados de carne e os *coqs au vin*; os grossos cortes de carne de gado *charolais* embebidos em encorpados molhos de vinho, engrossados com cebolas, cogumelos e bacon; as fatias de *jambon persillé*; os *escargots* grandes e redondos ao alho e óleo.

Pareceu apropriado começar por ali. A comida seria direta, honesta, nada daquelas preparações longas e elaboradas que tanto complicam a culinária francesa. Eu ficaria mais seguro aprendendo a fazer reduções de molhos e patês, e suflês, após uma semana ou duas treinando o básico. E ainda por cima, Robert Ash era inglês, o que significava que eu poderia relaxar durante as instruções, sem precisar transpor a barreira da língua. Meu francês era bastante razoável, embora não fosse excelente. Ter de traduzir cada exercício iria atrasar muito as coisas e me deixar exausto. E o

Rue du Lac 47

próprio Ash parecia ser uma personalidade maravilhosa. O site descrevia-o como *"chef-patron* do lendário e premiado Blythe Road Restaurant, em Londres". O lugar não me dizia nada, mas gostei do som de *chef-patron*, e também da ideia de estar homenageando um mestre.

Rezei como um condenado para que ele já tivesse ensinado culinária antes.

Roger me garantiu que Ash era o máximo, mesmo, mas não fiquei tão certo disso. Estava me vendo como uma cobaia para aqueles aspirantes a cozinheiros, "chef Ash e seus capangas".

Me senti melhor quando saímos da autoestrada e penetramos por uma rua do campo, flanqueada por fazendas e vinhedos. De ambos os lados, a terra parecia escondida bem no fundo. Passeei os olhos semicerrados pela escuridão, para a noite sem formas. Foi só depois de certo esforço que pude ver de relance uma aldeia. Para além da cadeia de montanhas, os topos das árvores recortavam-se contra a luz prateada da lua; se não fosse assim, seria difícil discernir muita coisa apenas com o feixe de luz dos faróis. Minhas lembranças, exatamente como eram, teriam de preencher as lacunas. Na última vez em que estivera ali, a colheita da uva – a *vendange* – havia encerrado pouco antes. Era outono, logo depois que as árvores começaram a se colorir, e havia um leve corre-corre, enquanto uma dezena de fazendeiros apressavam-se de vinhedo em vinhedo, com a mesma preocupação obstinada dos cobradores de impostos. A luz do sol atravessava as videiras com caules cor de mel, e um perfume de vinho, ligeiramente ácido e pungente, pairava sobre todas as coisas. Havia tanto para absorver... Eu me casara pouco tempo antes, e estava difícil conciliar todos os pensamentos e sentimentos com aquele exagero de beleza. A partir daquele momento, uma coisa ficou clara: meu coração não pertencia mais apenas à mulher ao meu lado, mas também àquela paisagem gloriosa.

Eu estava recordando tudo isso enquanto o carro rodava, ultrapassava o desvio para Villefranche-sur-Saône e outras pequenas aldeias de esqui, escondidas atrás das montanhas do Beaujolais. Pela janela aberta, o ar da noite entrava frio e espesso, com um odor almiscarado de turfa que sugeria eternidade. Meu ânimo continuava subindo, a cada quilômetro.

"Você vai adorar esse lugar", disse Roger, e eu não podia senão concordar com ele, enquanto atravessávamos o cruzamento, em Les Massonnays, e virávamos numa rua de cascalho, além de uma guarita onde se lia RUE DU LAC.

Claro, não se podia ver o lago através da espessura das árvores, mas eu podia sentir a sua presença. A casa, entretanto, estava banhada em luz. Longe de ser uma casa nobre de fazenda, do século XII, como prometia o representante da escola, era uma modesta construção de estuque, enfeitada com toldos azuis e cercada por um fosso de jardins que pareciam estar todos em flor. Sua aparência, pelo que pude ver, irradiava um cuidado burguês. Um homem de meia-idade, com rosto amável, abriu a porta, e de repente eu me encontrei numa cozinha luminosa e ventilada, em cujas prateleiras estavam talvez duas dúzias de sacolas de mercado cheias, quase estourando. "Desculpe a bagunça", disse o homem, Paul, conduzindo-nos até uma sala de estar agradável. "Bob acabou de chegar do Carrefour, e ainda não tivemos tempo de tirar tudo das sacolas."

"Mas vocês saíram há quatro horas", exclamou Roger, enfiando a mão numa das sacolas.

"Na verdade, cinco. Não que isso tenha importância. Você precisava vê-lo. Bob ficou feito criança em loja de doce, parando maravilhado diante das melancias e berinjelas. 'Olha essa erva-doce! Veja o cheiro deste *époisse!*' Eu não conseguia tirá-lo de lá. Se o mercado não tivesse fechado, ainda estaríamos lá comprando."

Me instalei numa poltrona macia e tirei o casaco. "Ele está aqui? Gostaria muito de conhecê-lo", disse, dando uma olhada em torno, em busca de um possível suspeito.

Hoje não vai ser possível, me disseram; de qualquer modo, não hoje à noite. O chef Ash se recolhera, depois daquela verdadeira provação, descansando para a aula de amanhã. Passou pela minha cabeça que ele poderia estar em algum lugar relendo o manual *Como ensinar culinária.*

Rue du Lac 49

NÃO CONSEGUI DESCANSAR NADA DURANTE TODA A NOITE. Os canos antigos, debaixo das pranchas do assoalho, resfolegavam numa frequência tão grave e rouca que pareciam alguém roncando no quarto ao lado. As descargas dos banheiros jorravam em som estéreo. De algum ponto naquela casa aconchegante, chegava uma cantiga de tique-taques, talvez de um relógio ou de algum radioamador querendo fazer contato. Evidentemente, nada disso podia se comparar com a confusão na minha cabeça. Falavam nos meus ouvidos todas as personagens que transitaram pela minha vida, com seus conselhos e advertências, suas queixas, exigências, opiniões, ultimatos, e até mesmo as *receitas* que o dr. Freud lhes teria sugerido, tanto para o sucesso quanto para o fracasso. Por várias horas a insônia percorreu todo o meu corpo, nervo por nervo.

Ninguém estava ainda de pé quando me arrastei para fora da cama, em algum momento antes do dia raiar. A casa estava fria, mofada pela umidade rural. Dei um pequeno passeio pela pequena aldeia medieval – um punhado de casas decrépitas – e ao redor do lago, onde alguns pescadores mais ávidos já tinham lançado suas linhas na água, esperando surpreender as presas. Enquanto caminhava, a manhã me fez reviver. O ar frio era renovador e cheio com uma fragrância de relva que me deliciava as narinas. Quando voltei, meia hora mais tarde, a cozinha estava em total agitação.

"A gente achou que você tinha resolvido voltar de carona para Lyon", disse uma moreninha frágil e pálida, com uma espécie de delicadeza setecentista à la Gainsborough, e que se apresentou como Susie Hands-Wicks. Era de um subúrbio vizinho ao do chef, em Londres. Ela e o marido, Paul, haviam oferecido seu tempo de férias para dar assistência ao lançamento da escola de culinária. "Roger está desconfiado de que você se decepcionou com o lugar."

"De jeito nenhum", menti.

"Neste caso, posso jurar que não vai se decepcionar com a comida. Bob faz a melhor galinha-d'angola que já provei. E o seu *confit* de pato…", dizia ela, enquanto tocava o coração como numa bênção sagrada, "seu *confit* de pato é um pequeno milagre. A gente fecha os olhos e sonha que está comendo…"

"Confit de pato."

A voz vinha de trás de mim, e me voltei para ver um homem alto, de ombros largos, com uma certa rechonchudez colegial que ele tentava disfarçar, a testa coberta de gotas de suor. Tinha um tufo impressionante de cabelos grisalhos, parecendo armados de laquê, o que dava a impressão de que ele era um desses astros de grupos vocais dos anos 50, em circuito *revival*. Acima do bolso do casaco branco de chef, bordado à mão, lia-se *Robert Ash*. Ele agarrou a minha mão quebrada com tal firmeza que aquilo parecia um aviso sobre como seria nosso relacionamento professor-aluno.

"Não acredite em nada do que Susie diz", disse ele afetado, lançando um olhar rápido e profissional sobre as verduras que ela cortava. "Ela é paga para dizer essas coisas. Enquanto isso, dê só uma olhada na cintura fininha dela. É mãe de dois adolescentes. Parece que ela andou ingerindo comida muito saborosa nos últimos dias?"

Susie girou os olhos para o alto e tocou-lhe a manga do casaco.

Um ar preocupado fixou-se na expressão de Ash. Curvando-se sobre a tábua de cortar, disse: "Um pouquinho mais fino, tá querida?"

Aquele cuidado com o detalhe me tranquilizou um pouco. À primeira vista, devo reconhecer que sua aparência não me fora muito inspiradora. Ash parecia muito moço para que o considerassem *chef-patron*, e mais ainda para merecer a distinção de ser chamado mestre, embora certamente já tivesse encarado uma boa cota de fogões pelo mundo afora. E parecia ter um espírito disperso, que o fazia distrair-se dos rigores da culinária francesa. Olhei com uma espécie de pressentimento para seu rosto rosado, debochado, imaginando se não haveria alguma desculpa para ir embora uns dias antes. A última coisa que precisava era perder tempo estudando com um cara que seria apenas tão bom, ou tecnicamente criativo, quanto eu próprio.

Estavam todos em meio aos preparativos para o nosso almoço ao qual, segundo me informaram, começaríamos a nos dedicar para valer durante a aula da manhã. Nesse meio-tempo, Roger – que segundo vim a saber era o dono daquela casa da rue du Lac e estava deixando seu amigo Ash usá-la como escola – me recrutou para uma busca por croissants

Rue du Lac 51

na cidade vizinha. A perspectiva daqueles pãezinhos assados há pouco era uma indulgência pela qual estava ansiando, porém as *pâtisseries* de Pontanevaux e Les Maisons Blanches estavam fechadas quando chegamos lá. Aparentemente, segunda-feira era o dia de folga do padeiro. As baguetes de supermercado já pairavam sobre o nosso futuro, quando de repente nos deparamos com uma *pâtisserie* escondida em Crèche-sur-Saône. Na principal praça da cidade, sentimos o odor loucamente suave da manteiga, e seguimos por uma rua lateral, onde acabamos encontrando a padaria.

O local estava cheio de gente tão desesperada quanto nós, atrás da refeição matinal. Quando chegou nossa vez, Roger pediu meia dúzia de *bressans*, uns pãezinhos peculiares em forma de seio, e cujo nome vem da cidade de Bresse. São mais pesados que os brioches e feitos de milho. A mulher idosa por trás do balcão os empurrou com a espátula de forno diretamente sobre as mãos de Roger, o que deu início a um número de malabarismo muito desajeitado. "Merda!", explodiu ele, empurrando os pães sobre a vitrine. "Ela só pode ter acabado de tirar eles do forno."

A mulher nos observava, divertida. O olhar que Roger lhe direcionou beirava o de um homicida. Ela lhe estendeu uma sacola, e por um instante temi que ele pudesse atacá-la. Depois de empurrar os pães para a sacola, ele apanhou mais algumas baguetes e pagou. "Muito obrigado", disse, voltando o rosto para fora, enquanto murmurava: "Velhinha descarada."

Para atenuar o trauma de Roger, dividimos um *bressan* quentinho no carro, comendo cada metade talvez depressa demais, conscientes de que jamais havíamos apreciado um pão tão compacto e cremoso. Chegava a derramar manteiga. Seguiu-se um breve debate, no qual juramos que não iríamos atacar mais um, embora tenha havido um momento em que só mesmo algemas poderiam nos impedir de abrir a sacola outra vez. Baixamos os vidros das janelas, para ver se isso desencorajava a tentação. Mesmo assim, o cheiro de padaria nos acompanhou por todo o regresso, fazendo meu estômago dar voltas de tanta fome.

Quando viramos para seguir pela rue du Lac, fiz um comentário sobre a posição incomum da casa. A propriedade, a menos de mil metros do Saône, ficava sobranceira a um pequeno lago, no outro lado. Tinha-se dali um panorama completo das montanhas de Beaujolais: a Fleurie surgia a leste, com a sua crista ocidental inclinando-se delicadamente sobre os vinhedos de St. Amour; e a linha de árvores, a oeste, graças a um vento obstinado, deixava expostas as montanhas de Chenas. Mesmo sem precisar olhar, eu sabia que os fundos da casa davam para o tão apregoado solo de Pouilly-Fuissé, cujas uvas haviam regado muitas festas minhas. Nada disso, claro, estava visível quando cheguei. Mas, à luz do dia, pude ver os remanescentes das formações de rochas desmoronadas sobre os quais a casa agora se sustentava, altaneira.

Roger explicou que ela fora abandonada em 1986 por um abatedor de porcos de Mâcon, que ficou meio maluco, tentou matar a mulher, e acabou indo à falência durante sua defesa no julgamento. "Segundo a antiquíssima tradição inglesa, compramos a casa dos seus credores", disse ele.

Construída em 1820, e restaurada por Roger e sua esposa, Sarah, a casa era aconchegante, com os quartos retangulares situados em declive, com protetores e sancas de madeira cor de abricó, e no chão velhas lajes irregulares de terracota. Os corredores no andar de cima eram ladeados por filas de quartos simples, monásticos. Era animadora a forma como a casa atraía os raios amarelo-limão do sol, em todos os momentos do dia. Adjacentes à sala de estar, portas holandesas abriam-se para um pátio que foi um dos oásis mais relaxantes que jamais vi, com uma piscina cheia de reflexos e algumas espreguiçadeiras, e também trepadeiras entremeadas com videiras cor de laranja pendendo das treliças. Se o vento soprasse para ali, e se a gente prestasse bastante atenção, era possível escutar o lento movimento na superfície do lago, ou pelo menos um ruído que se poderia com razão interpretar como sendo da água.

A cozinha era ampla, com um soalho de madeira axadrezada e duas janelas acima da pia que se abriam para um agradável jardinzinho, e depois um lago. Uma coleção de materiais de cozinha de cair o queixo retinia pelos altos armários. Havia uma leve simetria subjacente àquilo tudo, que parecia sob medida para se cozinhar. Quando nos sentamos para o café, percebi, após um exame ligeiro ao redor, que a sala ainda ia ser testada.

Rue du Lac 53

As prateleiras ainda brilhavam, a pia era de uma brancura imaculada. O fogão (ou será que devo dizer o *cooker*?) parecia recém-saído da embalagem.

Robert Ash fazia um verdadeiro rebuliço na cozinha enquanto nós comíamos os *bressans*. No momento em que o café da manhã terminou, ele já havia dividido a sala em diferentes estações de trabalho. Tábuas de cortar e outros instrumentos estavam dispostos junto de cada posição, que ficava próxima o suficiente das outras, de modo que Helen, Susie e eu pudéssemos observar o trabalho um do outro, mas sem colidir. (Paul e Roger se contentavam em ficar perambulando, em vez de cozinhar.) Tigelas cheias de ervas perfumadas jaziam sobre um tripé, no centro, e dentro da pia estava um troço de metal em forma de funil que eu jamais vira antes. Todos nós recebemos um avental branco translúcido e um caderno de anotações azul no qual poderíamos rabiscar nossas receitas. Como um regente distribuindo a partitura para a orquestra, Ash distribuiu um grosso maço de instruções para a sessão seguinte.

"Bom", disse ele, esfregando as mãos no avental. "A gente tem de começar já, se quisermos ter o almoço pronto antes da uma."

O cardápio era bastante ambicioso. Se eu estava lendo certo, íamos produzir uma salada de endívias e amêndoas cozidas, guarnecida com bacon, abacate e queijo *feta*, seguida por aquele velho esteio da culinária lionesa, o salmão assado *en papillote*, com legumes braseados. Depois, uma sobremesa de peras cozidas ao vinho do Porto. Para mim, pareceu uma forma maravilhosa de começar o trabalho. Estávamos animados como crianças na volta às aulas, quando tudo é novo e as salas limpíssimas parecem o cenário de uma pintura de Norman Rockwell.

Se nosso objetivo fosse apenas o almoço, poderíamos passar voando pelos preparativos, mas Robert Ash, como ficou claro, era quase um maníaco obcecado quando se tratava de culinária, de *ensinar* culinária, e desde o começo a carga de trabalho foi maior do que qualquer um de nós havia imaginado.

Nossa primeira tarefa foi criar um "molho da casa" que, segundo Robert, se tornaria a assinatura do cozinheiro, para ser usado não só em saladas, mas também como base para quase todo tipo de prato, quente ou frio. Quando preparados conscienciosamente, os molhos se metamorfoseiam em marinadas, aperitivos, *jus* ou temperos. Naturalmente, isso exigia certos elementos básicos: um bom e fragrante azeite de oliva, um vinagre de vinho tinto, meia colher de chá de grãos de mostarda moídos e muito sal (demais até, para o meu gosto). Quanto à pimenta, o chef exigia que usássemos a variedade branca, mais forte, em tudo, por motivos sobretudo de ordem estética, junto com um pouquinho de açúcar para equilibrar a acidez. Embora ainda não estivéssemos totalmente acostumados um com o outro, decidimos exercer nossa independência em um ato de rebeldia coletiva, incluindo um punhado de echalotas picadas, bem misturadas com framboesas para emprestar uma coloração decadente à mistura.

Parece que Ash não gostou muito. Olhou desconfiado para o molho, como se poderia fazer com um convidado que aparece de monóculo e gravata-borboleta. As echalotas não o incomodavam, mas o rosa cremoso lhe parecia muito afetado, sem dignidade. E fazia o molho engrossar demais. Lançou pouco menos de duas colheres de chá sobre uma montanha de endívias, depois usou os dedos para amassá-las, cobrindo cada folha.

Helen torceu o nariz diante daquele procedimento selvagem. Em vez de seguir o exemplo, misturou sua porção usando duas colheres, batendo-as na tigela de metal como castanholas. Sem dizer uma palavra, Ash tirou-lhe das mãos as duas colheres, lançou-as na pia e ficou observando enquanto ela mergulhava os dedos no caldo com a maior relutância.

"De agora em diante", anunciou Ash, "colocaremos a mão na massa, literalmente. Estamos trabalhando com comida aqui, e isso significa que teremos de tocá-la, cheirá-la, prová-la. Esta cozinha não é lugar para melindres. Confiem em mim. Se vocês manejarem os ingredientes com timidez, isso vai ficar evidente no resultado final. Agora, vamos arregaçar as mangas e dar a partida."

Aquela repreensão diplomática atingiu Helen diretamente. Depois de ele demonstrar como obter o sumo do limão e como separar ovos através dos dedos, em vez de por métodos mais convencionais, ela se apressou

Rue du Lac 55

a imitá-lo, cooperativa, mas ostensivamente lavando as mãos depois de cada procedimento. Helen sabia levar as coisas numa boa, assim como Susie, que dispunha de bons instintos domésticos para as coisas práticas, eficientes e necessárias. Eu as havia tachado como duas sérias estudantes de graduação inglesas que, renunciando a qualquer ambição, haviam se contentado, com prazer, com papéis coadjuvantes na vida. Fossem elas menos simpáticas ou fizessem parte de um grupo maior, provavelmente não teria me aproximado de nenhuma das duas. Entretanto, nossa disposição muito próxima na cozinha foi uma desculpa para apreciar a atraente leveza delas. Ambas tinham um certo estilo, certa amabilidade inconsciente que abrandava o peso da formalidade.

A longa aula matinal, com Roger fazendo comentários meio deslocados, deu a todos uma chance de avaliar a administração do tempo, considerando o vertiginoso programa do Chef. Nós quatro trabalhamos como loucos, em constante movimentação. Fizemos uma grande salada e depois começamos os preparativos para o *confit* de pato, que se estenderiam por três dias, necessitando de ajustes diários. Depois do chá, Bob nos apresentou duas metades inteiras de um salmão selvagem que dariam, pensei, para alimentar toda uma frota francesa, e explicou que iríamos usar cada polegada do peixe, para diversos pratos diferentes.

Adoro salmão, mas o tipo que consumia em casa, na maioria das vezes, era de criação comercial, pálido, com um sabor indicando apenas muito ao longe suas origens marinhas. Estes bichinhos de agora anunciavam seu pedigree muito antes de chegarem à mesa. O cheiro era de peixe de verdade, salgado o suficiente para lembrar a última maré baixa do meiodia, deixando nas narinas um levíssimo toque adocicado. Se não estivesse de óculos, juraria que eram tingidos, pois exibiam um laranja-cenoura intenso, com faixas vermelhas e ondulações prateadas. Pareciam sedosos depois que os lavamos, elásticos ao toque, não como esses peixes que se encolhem como uma mangueira de borracha.

Bob cortou seis filés, cada um com uma espessura de mais ou menos dois centímetros e meio, das partes mais gordas do peixe, que foram reservadas para o almoço do dia seguinte. Fomos instruídos a retirar a pele de uma outra parte, segurando o rabo com os dedos e fazendo no peixe uma pequena incisão, e depois simplesmente empurrando a faca num ângulo de 30 graus na abertura entre a carne e a pele finíssima. Como mágica, os dois lados se separaram, sem resíduo quase algum em cada um. (Comecei a organizar uma lista de coisas que deveria fazer tão logo retornasse à minha casa, e a primeira delas era: afiar as facas.) Cortamos aquelas metades em postas de um centímetro e as colocamos em camadas numa terrina de pirex, para um antepasto de ceviche de salmão (Bob dizia *sah-vitch*) curado com uma marinada de frutos cítricos. Sem desperdiçar nada, envolvemos as beiradas da cauda numa grossa camada de sal, açúcar e endro, para o gravlax que seria servido alguns dias depois, juntamente com uma maionese de mostarda ao mel com endro.

Enquanto preparávamos essas receitas, o chef interrompia o tempo todo com uma verdadeira fartura de macetes técnicos. Por exemplo, muito mais tarde, ao preparar o ceviche, Bob me mostrou um belíssimo adorno de flores para ressaltar a apresentação. Achamos um pepino com um formato lindo, retiramos a casca de ponta a ponta, depois o cortamos no sentido longitudinal e tiramos as sementes. Em seguida, dividimos cada metade em meias-luas finas como papel, sobrepostas no centro da bandeja para criar uma forma de flor impressionista, antes de montar o peixe por cima. O verde-claro e o laranja faziam um contraste impressionante, tornando o prato uma verdadeira obra de arte.

Esse tipo de receita costuma permanecer conosco para sempre, como uma opção conveniente em situações críticas. Podemos fazê-la sem esforço, sem muito planejamento, sabendo que tudo ficará perfeito como um sanduíche de geleia e pasta de amendoim, e com muito mais originalidade.

O salmão *en papillote*, entretanto, foi uma revelação. Sem levar em conta o incrível ambiente, ele mais ou menos justificou toda aquela experiência de ensino culinário – e isso, por mais difícil que seja de acreditar, no meu primeiro dia fora da toca. Fora justamente isso que planejara. Parabenizei a mim mesmo por ter vindo parar ali. Minhas fantasias começavam a ganhar forma. Várias vezes fizera esse prato em casa, mas meus

Rue du Lac

preparativos comparavam-se a um desastre automobilístico. Roger, que pairava em volta como um inspetor de seguros enquanto cozinhávamos, acertou no alvo quando disse: "Você parece que está só jogando tudo num envelope de papel, depois botando no forno, e *bang, bang, bang!*" Em casa, meu salmão não era sequer tão elegante. Eu usava papel-alumínio para fazer o *papillote*, e juntava qualquer verdura mais exótica que estivesse sobrando pela cozinha. Se o aipo estava perto de estragar, eu o fatiava e o enfiava no prato. Uma lata de ervilhas deixada ali desde o século passado? Claro, por que não? Uma vez cheguei mesmo a usar uns pimentões assados, de péssima aparência, que encontrei flutuando numa jarra com um líquido amarelo-enxofre. Quando dobrei e fechei as bordas do alumínio, parecia haver uma bomba escondida ali.

A versão de Robert Ash carregava consigo toda a elegância que um prato desses deve apresentar, ao ser encomendado em algum excelente restaurante. Há almas corajosas que nem pestanejam diante da regra de Robert de colocar diante de um convidado aquele saco estufado ainda fechado, cortando-o solenemente para todos verem ao mesmo tempo como ficou. Uma proeza dessas demandava muita coragem, se fôssemos pensar nos desastres que eu já ocasionara, mas por todas as evidências baseadas em nossos esforços, ela não deixou de produzir um prazer sensual. Requeria um pouco mais de esforço que aquelas minhas tentativas letais, mas o resultado valeu a pena:

Salmão en papillote com legumes braseados

4 colheres de sopa de manteiga

½ xícara de cenouras raladas

½ xícara de alhos-poró ralados (só a parte branca)

½ xícara de cebola roxa, cortada em julienne

½ xícara de cogumelos, cortados em julienne

2 colheres de chá de estragão fresco picado

4 folhas de papel-manteiga cortadas em círculos de 35cm de diâmetro

azeite de oliva

600g de postas frescas de salmão, cortadas em 12 partes iguais

sal e pimenta-branca

12 folhas de estragão

4 nacos (de 1 a 1½ colher de sopa cada) de manteiga

4 colheres de sopa de vinho branco seco

4 colheres de sopa de caldo de galinha

4 colheres de sopa de echalotas picadas finamente

Derreta a manteiga numa frigideira e acrescente os legumes com o estragão picado. Salteie delicadamente, até amolecer. Faça isso com antecedência e deixe de lado para que esfrie, impedindo que os vegetais rasguem o papel.

Aqueça previamente o forno para atingir 250°C ou mais.

Pincele os círculos de papel com azeite e dobre-os ao meio. Abra as folhas e coloque um quarto dos legumes na meia-lua da frente de cada disco, depois coloque três pedaços de peixe por cima, num ângulo de 45 graus em relação à dobra. Tempere ambos os lados do salmão com sal e pimenta. Comprima uma folha de estragão sobre cada posta de peixe, acrescente um naco de manteiga, uma colher de sopa de vinho branco, e uma colher de sopa de caldo de galinha, e a seguir salpique uma colher de sopa de echalotas picadas. Feche as partes do papel juntando-as na parte de cima e dobrando de leve as beiradas – fazendo uma dobra de 1cm e depois dobrando novamente um pouco mais acima, apertando bem para fechar, e repetindo o processo até lacrar completamente.

Distribua as partes, bem espalhadas, em uma assadeira, e deixe assar por 4 a 5 minutos, ou até inchar. Sirva imediatamente abrindo o papel na mesa. (Muito vapor sairá ao abrir o *papillote*, por isso é preciso cuidado.)

A receita serve 4 pessoas.

* * *

Rue du Lac 59

Mas como, em nome de Deus – você irá perguntar –, é possível medir um naco de manteiga? Responder a isso com precisão é impossível. Bob apenas ia cortando os pedaços da barra de manteiga, avaliando-os como de bom tamanho. A meus olhos, em média, as porções seriam mais ou menos do tamanho de um pequeno punho fechado. Um naco razoável de manteiga derrete pela porção inteira, camada após camada, soltando um fio ricamente aromatizado que se destaca na saborosa combinação de ingredientes, competindo pela atenção.

A grande coisa desta receita é a sua eficiência: ela pode ser preparada com antecedência, e deslizada para dentro do fogão pouco antes de as pessoas estarem desdobrando os guardanapos, à mesa. Bob nos encorajava a improvisar: Susie acrescentou caldo de peixe, em vez de caldo de galinha, e um pouco de xerez seco. Eu substituí uma das postas de salmão por dois camarões, para variar. E Bob informou que o tamboril e até o linguado gigante davam grandes resultados. Enquanto isso, passamos a nos concentrar nos outros pratos, já em diversos estágios de andamento, e nos dedicamos à sobremesa.

Trabalhamos tanto naquela manhã – praticamente o mais rápido que minha mente poderia acompanhar – que quando o chef anunciou a hora do almoço, pareceu mais uma trégua que uma recompensa.

Todos se reuniram em torno de uma mesa de piquenique, na varanda, que fora arrumada por Paul. Cercado por um lindo jardim, aquele local era extremamente agradável. O sol cobria nossos rostos e sentíamos o forte aroma de flores de laranjeira tragado pelo calor, enquanto a voz de Carole King nos oferecia uma serenata por meio de alto-falantes ocultos. Fiquei com a impressão de que aquele grupo de amigos tinha o hábito frequente de se reunir para comer. Tudo girava em torno da cozinha de Robert Ash, mas o seu virtuosismo, em vez de envaidecê-lo, tinha um efeito muito íntimo e acolhedor. Era um ato de generosidade deles me incluir naquela familiaridade alegre, considerando-se que eu os conhecera menos de 24 horas antes.

Paul, em especial, me pareceu um sujeito bacana. Era aquele homem de meia-idade que sempre aparecia nos filmes de mistério britânicos que passam na TV, o cara que mora sozinho num bangalô em Midlands, que usa macacão, fuma cachimbo, talvez crie pombos, e que de repente escuta um vizinho confessar o assassinato da mulher. Era inspetor de profissão, e se apresentou a mim como sendo o *sous-plongeur* (sendo Roger o principal lavador de pratos), um leigo na cozinha, "apenas um comedor", como deixou claro, e pronto para enfrentar o mais horroroso trabalho, contanto que depois pudesse se deliciar com a comida de Bob Ash. "Esperei semanas para desfrutar deste almoço, mesmo que seja um bando de amadores que o estejam preparando", exclamou ele, entregando os pontos.

Roger propôs um brinde: "Aos nossos valorosos chefs na cozinha. E que Deus tenha piedade de nós!"

A refeição, por nosso próprio mérito, tinha sido muito bem-sucedida, e ao terminarmos ficamos todos esfregando no prato aquele pão crocante da padaria de Crêche-sur-Saône. Não consigo lembrar agora quantos vinhos diferentes nós provamos naquele almoço, num interminável suprimento de garrafas dos melhores produtores da região, inclusive um extraordinário moscatel doce de Beaumes-de-Venise, que veio acompanhando uma tábua carregada de queijos especiais. Quando chegamos à sobremesa, só pude remexer com fastio a gorda pera Anjou mergulhada com indolência numa mistura de especiarias e vinho do Porto. Pareceria ofensivo deixá-la no prato, depois de todo o trabalho que deu para prepará-la.

PERAS COZIDAS AO VINHO DO PORTO

6 peras Anjou sem casca
3 ou 4 cravos
1 garrafa de 750ml de Porto barato
4 ramos de canela
pimenta moída, uma pitada generosa
açúcar, para dar gosto
ramos de cerefólio (ou salsinha), para decorar

Rue du Lac 61

Escolha peras gostosas e bonitas, com a base bem larga, para que possam ficar em pé na panela. Se não, corte uma pequena fatia do fundo, para se assegurar que elas ficarão eretas. A cerca de 1cm da parte superior, faça uma pequena incisão horizontal com uma faca, tomando cuidado para não cortar completamente a pera, para que ela possa ter o miolo retirado sem sair a parte de cima.

Depois imprima um círculo com o descaroçador no fundo de cada pera, e o empurre sempre mais fundo, até chegar à incisão, quando o miolo poderá ser retirado.

Escolha uma panela suficientemente grande para caber todas as 6 peras, e também suficientemente pequena para que elas fiquem bem juntinhas. (Se for necessário, acrescente mais uma no centro da panela.) Adicione a garrafa de Porto e as especiarias, e cubra com água bastante para que a parte superior e o talo das peras permaneçam secos. (Se houver um vinho tinto aberto por perto, utilize-o também.) Deixe ferver e reduza para fogo lento, até as peras ficarem tenras.

Remova as peras da panela e deixe o líquido ferver, reduzindo-o até que sua consistência fique em ponto de calda. Depois derrame-o sobre as peras. (Acrescente uma ou duas colheres de sopa de açúcar se a redução não estiver suficientemente doce.) Derrame sobre as peras a redução de Porto, enrole um pequeno ramo de cerefólio em cada talo como decoração e sirva quente.

Esta sobremesa serve 6 pessoas.

Depois da sobremesa, fui tirar um cochilo merecido no andar de cima. Todos os outros, exceto o chef, saíram animados para participar de uma degustação de vinhos num castelo das proximidades, onde, como depois contaram, após muitos lamentos alegando indisposição, beberam mais vinho e comeram ainda mais. Será que alguém adivinha com que sonhei durante aquele intervalo? Pode-se presumir que o sonho envolvia pelo menos três tipos de antiácidos e Carolyn, vestida com muito pouca modéstia.

Mesmo entorpecido como estava pela comida e a bebida, consegui dormir bem. O almoço fermentava em meu estômago como um teste nuclear subterrâneo, e eu continuava sem notícias de Carolyn desde que chegara à Europa. Fui conferir meus e-mails no computador de Roger e voltei decepcionado. Ela estava ocupada demais fazendo as malas ou compras para a viagem. Então, enviei um e-mail a Lily com uma descrição de tudo o que aprendera até agora, embora tivéssemos falado por telefone algumas horas antes.

Perto das quatro horas, ouvi um rebuliço lá embaixo, na cozinha escura, e fiquei surpreso ao ver Bob saqueando os armários como um quati faminto. Quando me avistou zanzando por ali, me passou um copo de vinho, exclamando: "Vamos partir para a ação. Temos um jantar para preparar."

Isto foi um maravilhoso golpe de sorte: apenas o chef e eu, ali na cozinha! O programa designava como cardápio daquela noite galinha-d'angola com *pancetta*, num molho de cogumelos *cèpe*, e ofereci meus préstimos, como um escravo obediente. Nenhum tipo de náusea poderia me privar daquela verdadeira aula de anatomia, bem ao meu alcance. Ash me ensinou a forma correta de se remover o peito de uma ave: começa-se por uma incisão na pele, acima do peito, e gradualmente vamos soltando a carne do osso, afundando a faca, que deve estar muito afiada, com golpes delicados, a fim de separar o tecido conjuntivo. Feito isso, recorta-se parte da asa, e depois segue-se pela articulação até a sua cavidade, cortando fora o ossinho da sorte, antes de remover toda a peça. Foi muito mais fácil do que eu esperava, e me proporcionou dividendos. Por muitos anos eu havia observado os açougueiros do mercadinho desmontarem as aves com vários cortes rápidos de suas facas, e ficava admirado de ver como eles conseguiam fazer desaparecer as sobras, como o mágico David Copperfield. Em seguida, Ash quase me derrubou quando fui jogar as sobras na lata do lixo.

"Ficou maluco?", exclamou, enquanto protegia os detritos como se fossem um verdadeiro tesouro. "Isto aqui nos dá o começo de um belíssimo caldo." Ele enrolou o resto da galinha em papel de açougue e o pôs de

Rue du Lac 63

volta na geladeira. Depois curvou-se sobre o lixo, examinando-o com ferocidade, para se certificar de que eu não havia jogado fora outros preciosos restos. "Tudo aqui se recicla. Não se joga nada fora antes de aproveitarmos o máximo que pudermos."

Antes de partir efetivamente para o fogão, Ash bateu palmas com força, como um mestre severo, e me empurrou até a porta: "Você poderia ir até o carro, por favor, e colocar o *Pet Sounds*?"

Segundo uma longa tradição na sua cozinha, os trabalhos preparativos costumavam acontecer ao ritmo dos Beach Boys. Enquanto eu aumentava o volume, Bob se afastou do fogão para dedilhar alguns acordes de "Wouldn't it be nice" no piano de parede da sala de jantar. Tocava com o mesmo talento que tinha para cozinhar: confiante, gracioso, se bem que meio sentimental, com uma bela economia de estilo que ofuscava quaisquer incongruências.

"Foi esse álbum que mudou a minha vida", disse ele, retornando a sua *mise-en-place* com um prazer quase pós-orgásmico. "Não falha nunca. Esses solos e harmonias incríveis de Brian Wilson me dão uma energia!"

Só protestei por dentro, lembrando que para a maioria dos músicos aquele álbum fora, efetivamente, um Santo Graal. Certa vez Paul McCartney me disse que seu objetivo, no *Sgt. Pepper's*, tinha sido produzir algo tão instigante em termos musicais quanto o *Pet Sounds*. Mas para ser franco, a maior parte desse álbum me entediava absurdamente. À medida que "Wouldn't it be nice" deu lugar a "Don't talk", e depois a "Let's go away for awhile", não pude mais segurar a língua e reclamei daquelas músicas lamurientas entre uma pérola e outra. Isso estimulou Ash ainda mais, e ficamos às turras por todo o resto da aula de culinária, falando sobre o que mais tem importância na vida: comida e rock'n'roll.

Até o fim da tarde, desenvolvemos uma relação de companheirismo: éramos exatamente da mesma idade e tínhamos passado a maior parte dos anos 70 a serviço do rock'n'roll: Ash tocando guitarra com Jimmy Ruffin e Ricky Wakeman, eu com Bruce Springsteen. "Desde os meus 18 anos tocava numa banda que acompanhava artistas americanos, grupos que tinham tido um único sucesso e que vinham se apresentar na Inglaterra sem os músicos de suas próprias bandas", disse ele, aludindo a Martha Reeves, Doris Troy e Desmond Dekker, só para citar alguns. Tocar lhe dava novo vigor e proporcionava um ganho decente, com liberdade para sair em busca de outras fantasias. Quando perguntei por que havia desistido, apenas deu de ombros, daquele jeito cansado que só outro músico compreende.

A comida – a boa comida – jamais entrara na equação. Estar na estrada, com aquelas horas todas perdidas, indo de cidade em cidade, de show em show, de um cenário maluco para outro, significava que não havia tempo, e nem mesmo a vontade de fazer uma refeição decente. A gente vivia numa dieta rigorosa de fast-food, com os mais insossos sanduíches engolidos de qualquer jeito, ao sair da cidade, depois de uma noite inteira num drive-in, ou com aquele saquinho de batatas fritas que alguém esqueceu no carro. Eram os tempos antes das limusines e da MTV, quando a vida nas estradas parecia mais uma longa marcha forçada.

"A comida só surgiu mais tarde", disse Ash. Ele tinha cozinhado quando criança, assim como eu também, mas nada de muito sério. E as tentativas culinárias de sua mãe beiravam o crime. Ela era capaz de pegar uma peça esplêndida de carne, por exemplo, uma bela e lisa costela, e transformá-la num verdadeiro escudo antimísseis. "E foi por isso que comecei a cozinhar por minha conta. Descobri que podia fazer *qualquer coisa* melhor do que mamãe."

Ele aprendeu a cozinhar sozinho, mas o que queria era ganhar experiência e dominar algumas receitas criativas, de modo que sua própria família nunca tivesse de sofrer a miséria gastronômica que ele conhecera na infância.

Ao chegar à fase dos 30 anos, entretanto, essa estratégia pareceu sair dos trilhos. Ele assistiu a algumas aulas de culinária, nas horas vagas, no intervalo das turnês para promover o álbum *Gospel*, de Rick Wakeman. "Eu estava me tornando um aventureiro, muito longe de ser apenas um chef doméstico", disse ele. "Meus filhos, ainda crianças na época, costumavam ficar sentados em bancos altos e me observavam rechear aves com *pancetta* e amoras." Sua esposa, Jackie, o inscreveu no Concurso Château Mouton-Rothschild para cozinheiros amadores, do *Observer*. Bob preparou

Rue du Lac 65

uma peça de carne de quatro costelas fatiadas em molho de coentro com mariscos em manteiga de *escargot*, e obteve o primeiro lugar. "Achei que eles estavam brincando", disse.

Mas não estavam. O *Observer* o enviou para fazer um estágio na Borgonha com o excêntrico Claude Chambert, que lhe ensinou a pensar como um verdadeiro chef. Depois ele expandiu essa experiência em aprendizados em diversos bistrôs elegantes, até tornar-se *chef de cuisine* no Blythe Road Restaurant, que se encontrava na crista da onda do renascimento culinário londrino.

"Eu me sinto crescer na desordem de uma cozinha de restaurante", disse ele, enquanto me dava instruções de como aparar harmoniosamente os peitos das galinhas, para que ficassem idênticos, tanto quanto pétalas. "Aquilo nunca para: seis ou oito horas de absoluto caos. Pra mim, é como o rock'n'roll. Existe um ritmo ali que nos captura e toma conta do nosso corpo. A música de fundo é aquela gritaria ininterrupta, que não é raiva, mas sim todo mundo gritando, de todas as direções. E então, de repente, tudo acabou, e numa fração de segundo a gente já está tomando uma cerveja."

Pude perceber a intensidade maníaca que se difundia por Bob quando ele cozinhava. Manejava a faca como uma fiel e estropiada guitarra Strat, segurando o cabo como se estivesse tocando um blues. Seus dedos pareciam salsichas gorduchas, dificilmente o que se esperaria de um guitarrista virtuoso, mas ele os empregava com muita segurança. Quando cozinhava, não tinha aquela linguagem corporal elegante que meu amigo Sandy D'Amato demonstrava diante do fogão. Não havia nenhuma agilidade ou finesse, nenhuma expressão de treinamento formal. Seu conhecimento – tal como sua performance na guitarra, tenho certeza – vinha das ruas.

Mas ele era bom, danado de bom, o equivalente na cozinha a um artista marginal. Adorei sua abordagem, seu senso em misturar ritmicamente o blefe e o palpite, que caracteriza toda cozinha de fato magnífica. Apaixonado por todas as coisas dotadas de sabor, trabalhava com uma paixão desenfreada que parecia genuína, mesmo agora, depois de todas aquelas noites alimentando prontamente centenas de estrangeiros impacientes.

Eu já sabia o suficiente para não ficar interrompendo com perguntas enquanto juntávamos os ingredientes para um molho de *cèpes*. Mas não podia evitar umas espiadelas para seus dedos gorduchos enquanto ele ia descascando uma cebola. Ele deslizava suavemente a lâmina da faca, para frente e para trás, sobre a superfície escorregadia da cebola, de uma forma totalmente oposta à minha técnica selvagem de fatiar. Seus olhos castanhos cintilaram quando percebeu que eu tentava imitar seus movimentos.

"Olhe. Experimente desse jeito", disse. Até ali, a minha mão doente latejava, mas ele segurou por trás o meu braço e o guiou em firmes movimentos de serra, formando um leve arco. "Você deve cortar *através* da cebola, pressionando apenas de leve, e deixar a faca conduzi-lo através da polpa. Picar, que é o que faremos depois, é um processo totalmente diferente."

Enquanto o molho apurava em fogo baixo, começamos a fazer um caldo de galinha que evoluiria em várias etapas nos dias subsequentes. Sempre desejara fazer o meu próprio caldo, algo impregnado por toneladas de um sabor poderoso de galinha, mas ficava desesperado diante de todo o alvoroço exigido no processo. Bob, com aquele jeito improvisador, tornava tudo uma questão simples, sem sofrimento. Usou no caldo tudo aquilo em que pudesse pôr as mãos: as carcaças das galinhas-d'angola, os ossinhos deixados nas bandejas do jantar, as asas, os pescoços, pés, partes não comestíveis, tudo, enfim, que pudesse tornar mais rico o sabor. "Não acredito em caldos *artesanais*", explicou, articulando a palavra do mesmo jeito que George W. dizia *liberal*. "Meu propósito é produzir um sabor caseiro e honesto, para ser admirado como se fosse uma iguaria."

Caldo de galinha de Bob Ash

Aqueça previamente o forno a 220 graus.

Asse duas carcaças de galinha, ou de qualquer outra ave, até que fiquem douradas. Derrame um pouco de vinho branco sobre a assadeira, raspando as partes douradas, e transfira tudo para uma tigela. Agora derrame um pouco de água sobre a assadeira, e depois transfira também esse conteúdo para a tigela.

Corte 3 cebolas em quatro partes cada uma (com a casca) e frite numa caçarola, em duas colheres de sopa de óleo vegetal, juntamente com 2 alhos-porós finos, 2 cenouras e 2 talos de aipo, tudo cortado em fatias de pouco mais de 1cm. Acrescente um punhado de talos de salsinha (sem as folhas), e duas folhas de louro. Quando os legumes amolecerem, junte as carcaças e o líquido que foi derramado sobre elas; cubra com água (cerca de 3/4 partes).

Leve tudo à fervura em fogo brando, com a caçarola tampada, por 2 a 3 horas, removendo de vez em quando a gordura da superfície com uma escumadeira. Tempere com sal a gosto.

Esta receita produz 2 litros de caldo.

"Amanhã, vamos separar os ossos num escorredor, e depois passar tudo numa *chinoise* (uma peneira cônica fina – a tal coisa em forma de funil que eu já vira dentro da pia) antes de despejar o caldo pronto na frigideira", declarou Bob.

Peguei uma concha de sopa e provei. Era exatamente o que ele havia prometido: nada de extraordinário, mas simplesmente honesto e delicioso, forte, bem temperado, com um aroma de carne assada.

"Está melhor do que aquela coisa enlatada que vocês comem lá nos Estados Unidos?", perguntou ele, com um sorrisinho afetado.

Admiti que sim. Ele riu de orelha a orelha, equilibrando uma porção de pratos fumegantes sobre meus braços, como os pombos em cima dos turistas da praça São Marcos.

"Vamos levar logo esses pratos para a mesa, antes que os nossos amigos pensem que a gente está de sacanagem aqui."

Aposto que isso nunca passou pela cabeça de ninguém.

O JANTAR FOI ALEGRE E ENGRAÇADO. Aconteceu na parte de fora da casa, na varanda de lajes de pedra, e foi lento e preguiçoso. Os pratos incríveis iam chegando acompanhados de risadas prolongadas. Comemos muito bem: grossas fatias de *foie gras* selado em *gelée* de vinho do Porto, seguidas pela galinha-d'angola cozida até uma rósea perfeição e mergulhada em molho de cogumelos. A seleção de queijos ficara ainda mais extensa, desde o almoço. Escolhi com muita parcimônia, sentindo uma onda de protesto dentro de mim, porém sabendo também que talvez jamais experimentasse de novo tamanho luxo. Depois surgiram as guitarras, e Ash percorreu o que parecia todo o songbook de Bob Dylan, cantando joias já esquecidas como "Hollis Brown" e "With God on our side". Tocou com precisão, com um brilho decidido e fluente, embora um tanto apressado, com Paul dedilhando travesso mais atrás. Juntei-me a eles em algumas canções, até minha mão machucada não aguentar mais.

Do outro lado da sala, Susie e Helen se harmonizavam no provocante refrão de "I shall be released". Havia uma emoção palpável quando elas cantavam "any day now, any day now...". Minha voz, alta e forte, irrompeu no meio, com toda a esperança que a letra transmitia, mas já passavam das duas da madrugada e eu estava há horas sem dormir.

⋆ ⋆ ⋆

Como sempre, depois de uma farra até altas horas, havia um preço a pagar. Normalmente, no cotidiano da minha casa, esse preço significava começar o dia absurdamente cedo, limpando todas as evidências da bagunça, dando um passeio com o cachorro em volta do quarteirão, providenciando o café da manhã da minha filha, respondendo a algum e-mail urgente, tudo isso enquanto tentava cuidar dos efeitos do pouco mas tão precioso sono. Em consequência disso, meus sonhos compunham-se de episódios turbulentos e cheios de ansiedade. Naquela noite na Borgonha, sonhei que estava na beira de um penhasco, olhando de um ponto mais elevado para um campo de terras recentemente lavradas. Abaixo, dois namorados que cuidavam da colheita me chamaram, perguntando o que eu preferia: erva-de-gatos ou tomilho. Estava a ponto de sugerir meimendro quando, a meu lado, surgiu um garçom que exigia em francês o pagamento da conta.

Rue du Lac

Pisquei duas vezes para o relógio na escrivaninha do quarto. Não era possível: já passava muito das nove da manhã, muito mais tarde do que estava habituado a acordar nos últimos oito anos. Lembro que suspirei, resignado, mas durante o café fui vencido pelas circunstâncias. Era a primeira vez, nas minhas mais recentes lembranças, que eu não tinha ninguém além de mim com quem me preocupar. Nenhuma obrigação, nenhuma responsabilidade, nenhuma tarefa. As crises que asfixiavam meu bem-estar pareciam localizar-se a um oceano de distância. Ao me separar delas, estava recuperando algo, uma humanidade particular que se perdera na confusão, embora sofresse de saudades de minha filha, a qual jamais se afastou dos meus pensamentos. Aquele dia era como um sonho. Uma sensação extremamente estranha, libertadora, mas que também, sob outro aspecto, me enchia de solidão.

Fiquei impressionado com a calma da minha reação. Nunca me sentira dependente de alguém numa relação, mas exultava com a companhia que uma boa mulher pode oferecer. Sentia um conforto inegável ao compartilhar meus dias, meu trabalho, meu coração com alguém que apreciasse a minha forma de funcionar. Nesse sentido, o casamento era uma coisa boa para mim. Estabelecia uma intimidade na qual podia me afundar: uma estrutura a realizar sozinho, durante a faina diária, sabendo que por meio do sexo, da conversa ou apenas da proximidade a minha companheira fazia sempre parte da configuração.

Durante um longuíssimo tempo, aquilo constituíra a base da minha vida e proporcionara a ela um exagerado sentimento de serenidade. Mas qualquer casamento é uma aposta, e apostei uma boa quantia no meu, esperando que as chances pendessem a meu favor. Quando identifiquei o blefe, já era tarde no jogo.

Tudo isso se fundiu em minha cabeça, enquanto descia para o café da manhã. Era difícil estar sozinho ali, tentando me libertar, como já disse, mas também desnorteado, desnorteado como nunca.

Bob estava impaciente para ver as coisas andando. Estivera se ocupando de pequenas coisas ao redor da cozinha, fingindo estar trabalhando num robalo, mas com a atenção claramente voltada para nossa atividade social. Por debaixo do seu sorriso podia-se ver algum desprazer.

"Alguém aí está querendo mais uma xícara de café antes de começarmos?", perguntou ele, com os olhos agudos como dardos, em contraste com a cordialidade pálida da manhã.

Ninguém se atreveu a mais que lamber os beiços.

Para organizar o almoço, começamos por examinar o progresso das nossas duas preparações de salmão, hibernando na geladeira. Tanto o gravlax quanto o ceviche estavam como se esperava. Sem nem sequer o tempo de um soluço, demos início a uma *dauphinoise* de batatas e alho-poró para o jantar. Eu nunca usara antes um mandoline, um instrumento apavorante, parecendo duas guilhotinas, apenas um pouco mais mortíferas e acessíveis. Bob fez uma demonstração de como usá-lo antes de deixar que cada um de nós cortasse uma pilha de batatas em fatias perfeitamente iguais. À primeira vista, aquilo não me pareceu nada demais, mesmo com a minha mão inchada, mas acabei deixando uns pedaços da minha pele grudados na lâmina lustrosa. Ash balançou a cabeça diante da minha expressão espantada de dor, dizendo: "Belo toque, companheiro. Isso poderá engrossar o molho, e ajudar a chegar no ponto." Então me ensinou como usar o instrumento sem perigo, enrolando um pano de prato no tubérculo.

Também preparamos uma *tarte Tatin*, que eu já fizera dezenas de vezes em casa, embora os resultados não fossem nada espetaculares. Não estou bem certo de onde consegui a receita, mas as maçãs, embora estivessem bem caramelizadas, sempre se desintegravam na panela, ou então era como se tivessem sido jogadas ali ao acaso. E a massa desmoronava toda. A mesma coisa aconteceu quando tentei fazer com peras. Não importa como fizesse as minhas tortas, meus convidados sempre bradavam *Oooohs* e *Aaaahs*, mas era só porque o cheiro era celestial e eles jamais haviam tentado algo tão ousado em casa. No fundo, acho que eles teriam reagido da mesma maneira diante de torradas queimadas. Mas esta *tarte Tatin* tinha uma espécie de simetria arquitetônica, e a crosta da massa, com flocos de manteiga, era realmente deliciosa. A *pâte sucreé* se assentava confortavelmente à torta, e quando começou o cozimento a massa amanteigada foi se curvando sobre as maçãs, de forma que o contorno de cada pedaço sobressaía na crosta. Era aquele tipo de *tarte Tatin* que ficava exposta nos balcões da Fauchon, com uma forma perfeita, absolutamente impecável, e apenas uma fina camada de calda marrom mantendo toda aquela louca estrutura no lugar.

Havia muitos outros detalhes exigindo nossa atenção. Meia hora antes do almoço, não havíamos ainda iniciado o prato principal. Mesmo assim, Bob nos preveniu contra ficar conferindo o relógio. Propôs fazermos salmão ligeiramente grelhado com espinafre em *beurre blanc* de limão, prato que não requeria mais que alguns minutos de preparo. Levava uma quantidade de manteiga verdadeiramente obscena, que me pareceu ser um tablete inteiro – Bob chamava de uma "tora" – lançada ali no último instante para engrossar o molho. Quando deixei escapar um suspiro bastante audível, Ash reagiu com uma frase que com certeza ouviu pela primeira vez ao começar o treinamento na França: "Olhe, se você vai fazer um molho de manteiga, é melhor ter manteiga nele."

Tenho de admitir que engoli tudo até a última gota, com uma grossa casca de pão. Hoje só em pensar fico enjoado, mas na época me pareceu uma delícia. E nunca esquecerei do aspecto daquela iguaria pronta sobre a bandeja. Servido na varanda, tendo como sobremesa uma pegajosa fatia de *tarte Tatin* e uma taça de Banyuls, o almoço foi mesmo digno do livro dos recordes.

"É sempre assim?", perguntei a Susie, enquanto Paul e Roger limpavam a cozinha. Tínhamos puxado duas cadeiras de lona para a beira de um pequeno lago cheio de musgo, junto da casa.

"Você está querendo se referir à impressão de que todos nós aqui estamos comendo para apressar a chegada ao túmulo? Pelo visto, Bob pensa que o nosso corpo pode suportar todo esse tipo de guloseimas. Mas francamente, estou me sentindo como um ganso desses que os franceses entopem de comida para fazer o *foie gras*."

"O nome desse procedimento é *gavé*", expliquei, "e é por isso que em Paris a gente sempre ouve alguém dizer depois do jantar: *'Je suis gavé'*, para dizer que se sentem empanturrados."

Trocamos aquele tipo de sorriso constrangido que as pessoas esboçam depois de soltarem um grito num filme de terror.

"Será que pegaria mal pedir um antiácido?", sugeri.

"Sim, seria grosseiro, ou no mínimo muito arriscado", respondeu ela. "Acho que Bob iria tomar como algo pessoal. Quando recusei um pouco de creme de leite, você devia ver o olhar que ele me deu. Foi como se houvessem zombado dele."

Enquanto Susie e eu permanecíamos sentados ao sol do fim de tarde tentando evitar o coma pela glutonaria, acabamos desenvolvendo certa intimidade peculiar às pessoas que se encontram em viagem pelo exterior. Primeiro falamos só bobagens, mas com o passar do tempo o papo mudou para minha situação em casa – desde o trauma emocional deixado pelo divórcio até a atual queda de braço com Carolyn.

Susie também tinha os seus conflitos. "Tenho uma amiga", disse ela lentamente, "que me disse outro dia: 'Vou largar meu marido.' Fiquei chocada. Eles pareciam tão felizes juntos, e depois de tanto tempo casados... 'Eu sei', disse ela, 'mas odeio o meu trabalho, odeio o tédio da minha vida, e realmente não sinto mais nenhuma paixão pelo meu marido. E ele é a única coisa que posso mudar imediatamente.'" Antes de prosseguir, deu uma olhada por cima do ombro, para a janela aberta da cozinha onde Paul, num surto de energia, espanava água alegremente na pia. Tomou um longo e reflexivo gole de um Kir feito com vinho local de Mâcon. Quando ergueu novamente os olhos, as lágrimas haviam corrido pelos cantos. "Não posso nem te dizer como é triste essa época da vida. A maioria de nós criou os filhos e, de repente, eles se foram, ou para um ano de viagens antes da faculdade ou para a própria faculdade, e nossos maridos têm o emprego. E aqui estou eu, chegando aos 50, sem nada para fazer o dia inteiro. Durante 22 anos fiz o trabalho de casa, arrumei a vida de todos, cozinhei... e agora tudo se foi. Assim, tenho que reinventar minha vida inteira, e acho isso muito cruel."

"Você fala como se, em algum ponto do percurso, devesse ter tomado outra direção", disse eu.

"São os fatos, apenas. Não estou me queixando de nada. Ao passo que você..." Ela me olhou de um jeito mais compreensivo que contestador.

Rue du Lac

"Você tem a chance de começar tudo de novo. Vá por mim, meu amigo, em cavalo dado não se olham os dentes."

Susie recuperou a alegria durante os preparativos para o jantar, e parecia com muita vontade de cozinhar. Percebendo sua atitude inicialmente pensativa, Bob atenuou o ambiente dedilhando três grandes sucessos de Jimmy Webb no piano: "P.F. Sloan", "Do what you want to do" e a velha "MacArthur Park". Roger preparou Bellinis, e nos pusemos a trabalhar num petisco que fora alvo de muitas discussões.

Mais cedo tínhamos feito uma visita a uma *fromagerie* no mercado de Bourg-en-Bresse. Era uma barraca incrível, com uma seleção daquelas que levou Charles de Gaulle a se perguntar: "Como é possível dirigir um país com 400 tipos de queijo?" Entre outras coisas, um Camembert *premier cru* atraiu nossa atenção, uma coisinha ligeiramente inchada, com adoráveis alças emergindo dos lados de uma caixa de madeira fina. Bob decidiu comprar um para assar na própria embalagem, mas quando o dono da barraca, que sabia alguma coisa de inglês, ouviu a palavra *assar*, seus olhos chisparam e o rosto mirrado, de faces encovadas, se zangou.

"Que se dane", disse Bob bruscamente, eliminando qualquer necessidade de tradução. "É um prato europeu moderno, que todos os restaurantes mais chiques oferecem, mas que os franceses desaprovam totalmente. Cacete! Você vai ver o que a gente vai fazer."

Mais tarde, já de volta à casa, fez alguns cortes no Camembert e derramou sobre ele um pouco de vinho Aligoté, para que se infiltrasse na parte superior. Alargando cada corte com o dedo, recheou-os com um pouco de tomilho fresco, tampou novamente a caixa e a pôs para assar por alguns minutos, a uma temperatura de 220 graus. "A caixa vai queimar", informou ele, "mas vocês têm que ficar vigiando para que o queijo não cozinhe: ele deve apenas assar. Depois a gente o leva para a mesa e mergulha o pão dentro."

Quando ficou pronto, escavei um grande e gotejante pedaço que, depois de soprar muito sem resultado algum, enfiei inteiro na boca, da melhor forma que pude. Estava quente, mas não quente demais, e tinha um sabor picante, de nozes, complementado pelas ervas. Nem precisa dizer, era inacreditavelmente gostoso. Nós todos procuramos comer apenas uns poucos pedaços, a fim de deixar satisfeito o nosso obstinado chef, mas quando Helen o viu rompendo o selo de outra caixa de madeira, ela cambaleou comicamente em direção à porta, gemendo: "Chamem a polícia! Ele está querendo nos matar!"

Ninguém precisou nos lembrar que estava chegando a hora do jantar. Demos os últimos retoques nas etapas finais de diversos pratos, nos quais estivéramos trabalhando desde o começo: o gravlax e o ceviche, seguidos do *confit* de pato, de derreter na boca, colocado sobre um leito de purê de batatas ao alho e mais espinafre, desta vez salteado na manteiga, com echalotas e bacon. E mais outro prato ainda veio aterrissar sobre a mesa repleta: uma travessa comprida e funda, cheia de fatias amolecidas e ligeiramente queimadas de legumes grelhados do Mediterrâneo, nadando em molho à romana.

Não foi surpresa para ninguém que nosso apetite definhasse, depois de toda aquela carga do almoço. Bob foi o primeiro a desistir, afastando seu prato após algumas mordidas à guisa de desculpa, e logo cada um de nós seguiu seu exemplo, bons soldados que éramos, até o fim. Sem grande dificuldade, fizemos com que ele desistisse de uma sobremesa muito saborosa, que estava esfriando no peitoril da janela.

Foi tudo o que pudemos fazer, só para nos arrastarmos até as poltronas da sala de estar, onde largamos âncora, impotentes diante de um sonolento cansaço, para outra sessão musical. Bob nos conduziu através de uma agradável miscelânea da banda Lovin' Spoonful e depois partiu para algumas daquelas canções de pub horrorosas, tais como "I'm Henry the Eighth I am", que só os ingleses aguentam cantar. Não pude evitar expressar meu desagrado com relação àquela excitação constrangedora deles. "Vamos ouvir 'Winchester Cathedral'", rugi. E depois, cada um por sua vez, todos me fizeram explicar por que motivo os americanos viajam como se fossem guerreiros mongóis. Expressaram várias opiniões ferozes sobre a Casa Branca de Bush e sobre o futebol europeu. Havia muito que não me sentia assim, tão relaxado, discutindo aquelas questões. Aquilo me proporcionou um sentimento especial de calor humano e de satisfação, estar sentado ali com pessoas aparentemente tão descomplicadas e carinhosas.

No dia seguinte, Ash foi ainda mais duro conosco, dobrando as receitas para que preparássemos três ou quatro entradas e igual número de aperitivos para cada refeição. Ele não tinha uma natureza ruim, porém havia certa fúria corrosiva no seu ritmo, e nós todos voávamos pela cozinha como um enxame de vespas.

Me senti revigorado, atarantado na verdade, tentando alcançar o ritmo frenético de Bob. Querendo estudá-lo e, no entanto, temendo com isso me atrasar e ser surpreendido, me permiti apenas uns breves relances em sua direção, vendo-o dar voltas ao redor da tábua de cortar, realizando todos os rituais do cotidiano. Era tranquilizador o modo como ele aproximava bastante o nariz da tábua, quase tocando a madeira, emitindo uns resmungos, e dando umas cheiradas para ver se não estaria usando para a massa algo que já fora usado para o peixe. Seu corpo expressava segurança, os braços e os quadris se moviam com sincronia, os olhos presos numa concentração total, e uma implícita consciência dos outros trabalhando a seu lado. Suas mãos, firmes como as de um cirurgião, surgiam em todos os lugares ao mesmo tempo. Por mais que tentasse, era impossível imitá-lo. Eu fazia os mesmos movimentos instintivos, mas não tinha nada da sua postura. Meus dedos pulsavam com uma energia verdadeiramente indignada.

"Mais devagar, calma", murmurou ele, quando eu cortava em tirinhas um pequeno bulbo de erva-doce. "Você precisa cortar todas as tirinhas do mesmo tamanho, para que cozinhem de forma equilibrada. Agora, jogue esse bulbo no lixo e apanhe outro, mas faça direito."

Assamos três sobremesas diferentes no resto daquela manhã. Imediatamente reivindiquei a receita do *crème brûlée* para mim, deixando para Helen os *biscotti* e para Susie, a *mousse au chocolat*. Sempre desejara fazer um *crème brûlée*, e a coisa acabou se mostrando mais fácil do que eu esperava: na verdade, nada mais do que preparar um creme de confeiteiro básico, o *crème anglaise*, e depois cozinhar segundo as instruções de Bob: "Só até começar a endurecer, mas que ainda balance." O creme se firmaria mais depois de um breve intervalo na geladeira.

O truque consistia em produzir uma boa crosta queimada com um maçarico de cozinha, e perdi muitos pelos do punho ao tentar executar a proeza.

Quanto aos *biscotti*, normalmente eu acabava dando os que fazia para meu cachorro. Os que já experimentara até ali eram quase tão divertidos quanto os biscoitos *zwiebacks* que os bebês gostam tanto de morder para coçar os dentes. Se o jantar foi bom, parece loucura estragar uma refeição tão memorável servindo biscoitos praticamente petrificados. Segundo o costume, mergulhá-los em *vin santo* ou num pouco de *marc* certamente melhora o sabor, mas prefiro degustar a bebida sem qualquer sedimento, e também sem a possibilidade de quebrar um dente no processo.

É claro, toda a minha intolerância pelos *biscotti* fugiu pela janela depois que provei uma das belezinhas feitas por Helen. Estavam tão gostosos, tão doces e crocantes, cheios de nozes e de frutas que lhes davam uma consistência fácil de mastigar, sem perder a necessária dureza. Agora fico sempre querendo *biscotti* para encerrar alguma refeição perfeita, e os sirvo regularmente, junto com café, usando a receita simples de Bob.

BISCOTTI CELESTIAIS

¼ de xícara de cada: uvas-passas brancas, damascos secos, ameixas secas
¼ de xícara de cada: amêndoas inteiras, avelãs, pistaches
casca de 1 limão, em pedaços
1 xícara de farinha de trigo
1 xícara de açúcar de confeiteiro
1½ colher de chá de fermento
2 ovos grandes

Aqueça previamente o forno a 180 graus. Corte as frutas em pedaços graúdos, deixando as nozes inteiras, e misture com a casca de limão. Numa grande tigela, misture completamente a farinha, o açúcar e o fermento. Em outra tigela, bata os ovos e depois derrame-os lentamente, gota a gota, sobre a farinha, até a mistura ficar ainda um pouco seca, sem estar totalmente unida. (Retire parte dos ovos se a massa começar a se parecer com massa de torta; caso contrário, ela ficará muito úmida.) Depois acrescente as frutas, as nozes e a casca de limão até ela se tornar pesada e pegajosa.

Despeje o conteúdo sobre uma superfície coberta de farinha, divida em 3 partes iguais e, com as mãos enfarinhadas, enrole cada parte com o formato de salsichas de uns 20cm, mantendo nas extremidades a mesma espessura. Coloque sobre fôrma de silicone ou outra, coberta com papel-alumínio ou papel-manteiga, e asse por 25 a 30 minutos, até os rolos ficarem firmes e dourados. Retire do forno e reduza o calor para 130 graus, deixando que o forno esfrie por cinco minutos. Numa tábua de corte, fatie os "troncos" em pedaços de 1,5cm e leve-os de volta ao forno, para assar por mais 15 minutos.

Esta receita rende cerca de duas dúzias de biscoitos.

Os *biscotti* podem ser guardados por várias semanas num pote, desde que não hermeticamente. Lily adora comê-los com um copo de leite frio, mas parece que até ela foi vista mergulhando furtivamente um deles num escuro cálice de vinho do Porto.

Eles foram servidos depois do jantar daquela noite, que se revelou ser o nosso banquete de despedida. Tinha havido discussões sobre o que deveríamos preparar. Havíamos comprado uma galinha em Bourg-en-Bresse, porém Roger nos lembrou dos três robalos pelos quais havíamos pago a colossal quantia de 65 euros. Isso merecia ser considerado, pelo simples fato de que o frescor dos peixes acaba mais rápido que um bilhete de estacionamento em Nova York.

"Olhe bem para essas belezas", disse Bob, dispondo-as dramaticamente sobre o balcão. "Os olhos ainda estão brilhantes e escuros, e as guelras, bonitas e cor-de-rosa. Se passar mais um dia, elas ficarão parecidas com a Courtney Love." Ele aproximou uma delas do rosto, e inspirou com força. "Elas têm cheiro de mar, também, que é o melhor sinal de que ainda estão frescas. E o mais importante: já está na hora de vocês aprenderem a cortar um peixe em filés. Vocês não terão nada a ver com a cozinha se não tiverem um pouco desse conhecimento."

Por uma série de razões não fiz faculdade de medicina, e eviscerar um peixe me lembrou particularmente uma delas. Só alguém muito perverso pode gostar de enfiar a mão dentro de uma barriga cheia de coisas moles e puxar para fora os órgãos, como se fossem ervas daninhas num jardim. Havia um disco do tamanho de uma moeda, coberto por um líquido preto, que larguei mais depressa do que se fosse um escorpião. Um punhado de órgãos pastosos foram cortados fora da cavidade, e por um momento pensei que seguiria o caminho de um tira novato em sua primeira visita ao necrotério.

Em comparação com aquilo, cortar o rabo e as nadadeiras era brincadeira de criança. Bob nos mandara fazer uma incisão ao longo da espinha dorsal, com a ponta da faca, e deslizar a lâmina por todo o comprimento do peixe, dos dois lados, guiando-nos pelo osso, até os filés se soltarem limpos. "Agora vocês devem apará-los, para que fiquem elegantes", disse ele. "Vocês não vão querer botar na bandeja uns filés esfarrapados." Baixei os olhos para a confusão que havia feito. Os meus certamente não teriam agradado a sra. Paul.

Depois disso, fizemos um caldo com as espinhas do peixe, alguns legumes, vinho branco e limão. Sempre pensei que fazer um *fumet* de peixe fosse muito difícil e demorado, mas segundo Bob, era possível fazê-lo em exatos 20 minutos. "Do contrário", explicou, "vocês estarão fazendo pasta". E ele estava certo. Menos de meia hora depois, tínhamos feito um rico e aromático caldo, como base para o molho de creme de erva-doce que acompanharia o robalo.

A receita nos recomendava cozinhar os filés de maneira simples, salteando-os numa panela antiaderente por cerca de um minuto, com a pele voltada para baixo, enquanto se pressionava o filé com um pano de prato para impedi-lo de se retrair. Em outra panela, salteamos as minhas ervas-doces cortadas em julienne, junto com echalotas e alho picados, cobrindo depois com vinho branco, e deixando o líquido engrossar até ficar com

Rue du Lac

consistência de calda. Quando só restou na panela mais ou menos uma colher de sopa de líquido, recobrimos tudo com caldo de peixe, e reduzimos pela metade, antes de adicionar meio litro de nata, e uma tampinha de Pernod, para dar aquele cheirinho de anis.

Se os robalos soubessem de antemão a emulsão na qual eles seriam servidos, posso garantir que teriam lutado para alcançar o anzol. O molho de manteiga e creme ficou tão espesso quanto um merengue de bolo. A erva-doce parecia tão suave e perfumada quanto uma flor-de-lis. A cada pedaço, minha boca mergulhava numa espécie de estado de choque palatal.

O último bocado de peixe ficou no meu garfo. Eu sabia que devia comê-lo, mas fiquei preocupado que, depois que o fizesse, não restaria nenhuma evidência daquela perfeição, nada para distinguir aquele jantar, naquela noite. Fiquei olhando-o, com aquele orgulho da posse.

"Quer que o embrulhe pra você?", perguntou Roger, lá da extremidade da mesa.

Pisquei de brincadeira para ele, e segurei o garfo. Enquanto todos observavam, deixei-o pousar sobre a minha língua, e depois sorri em êxtase, provocando ruidosos aplausos. Por um instante, me arrependi. Mas quase imediatamente me dei conta de como era especial aquela situação.

"Você já provou coisa mais gostosa?", perguntou Helen.

"Nunca. Nunca, em toda a minha vida. Isto foi o máximo."

Conversamos até depois das duas da madrugada, esvaziando três garrafas de vinho que, segundo a opinião de todos, estava admirável. A bebida provocou uma reação fora do comum, e lembro de me haver dirigido a meus novos amigos com uma afeição surpreendente, inteiramente sincera, e também respondida com alegria, depois do que cada um de nós foi para seu quarto, um a um, sem se dar conta de que aquela poderia ser a nossa última noite juntos.

Roger, o último a ir se deitar, ficou de pé ao lado do interruptor esperando algum sinal de que eu também estava pronto para subir, mas simplesmente balancei a cabeça e me afundei mais na poltrona. No escuro, a sala encheu-se da luz do luar.

Fiquei lá, sentado calmamente no escuro, por dez, talvez 15 minutos, até que a agitação de passos, nos quartos de cima, foi desaparecendo. No silêncio envolvente, fui tomado por um sentimento de saudade, enquanto cerrava os olhos diante da infinita perspectiva da noite. Eu me sentia cheio de energia, sossegado pelo vinho, relaxado. Uma tremenda promessa se gravou em mim, vinda da noite. Tudo estivera em seus devidos lugares: a comida, as pessoas, a magia da Borgonha... Engraçado como as coisas tinham acontecido, murmurei sozinho. A combinação dos elementos se juntara numa harmonia perfeita.

Robert Ash se revelara um homem que discretamente ansiava pela perfeição, o que constituía o modelo ideal para um aspirante a chef, como eu. Ele tinha uma boa intuição e o tom exato do paladar, um instinto natural, não cultivado, para os sabores e o toque correto quando se tratava de comida. Mais do que qualquer coisa, tinha a paciência de transmitir tudo aquilo para nós, e de uma maneira absolutamente compreensível. Havia artifícios e técnicas – secretas – que ele nos ensinou, e que vou usar pelo resto da minha vida. Tenho de reconhecer seu mérito. Eu não esperava que fosse assim, mas a paixão dele por ensinar acabou se tornando marcante. Ele realizou um trabalho extraordinário, trabalho de um verdadeiro *chef-patron*.

Foi tudo exatamente como prometera Roger. Ele era mesmo o cara.

2. Beaune e o Luberon

CHEGANDO A BEAUNE, depois do estágio na rue du Lac, ficou claro para mim que comidas e companhias maravilhosas nem sempre se juntam com facilidade. Durante a maior parte daquela semana, eu executara as típicas receitas sofisticadas das melhores cozinhas europeias. Um homem guiara minha mão, me encorajara, enchera meu estômago – enquanto se divertia com minha escandalosa falta de finesse. Robert Ash simplesmente adorava esse absurdo que é ensinar culinária a um diletante. Insistia que isso lhe dava uma satisfação enorme, embora não fosse diferente, suponho, de treinar um cachorro para apanhar um objeto. De qualquer forma, sua satisfação me pareceu verdadeira. E quando ele me levou até a estação de trens em Mâcon, havia um quê de triunfo em seu olhar.

Já em Beaune, capital da região vinícola da Côte d'Or, na Borgonha, não tive a sorte de encontrar uma acolhida tão calorosa. Um amigo de Louis Jadot, o grande *negociant* de vinhos, me descolara um estágio com o chef do Jardin des Remparts. Quando cheguei à sua porta, porém, aquele senhor me encarou com um olhar feroz, e quis saber onde eu havia cozinhado antes.

"Bem", respondi com um sorriso tênue, tentando desarmá-lo e ao mesmo tempo apelando para seus sentimentos generosos, aparentemente adormecidos, "na verdade, só na minha casa mesmo."

Ele continuou bloqueando minha entrada no restaurante, fingindo não entender nenhuma palavra do meu estropiado francês. Seus olhos semicerraram-se até se tornarem duas meias-luas escuras, muito negras e duras, por sob o toque branco de chef.

"Vim aqui para aprender", disse, fazendo um gesto idiota com a mão ao meu redor. Só para o caso de ele, talvez, ter esquecido, mencionei nosso amigo comum.

À menção daquele nome, uma das suas sobrancelhas se arqueou ao máximo. "Ah, sim", ele parecia estar dizendo, "preciso ter uma palavrinha com esse... amigo."

Ele se curvou até bem perto do meu rosto e baixou a voz até quase um sussurro: "Se por acaso o senhor não sabe, *M'sieur*, isto aqui é um estabelecimento de alta culinária. A creche, acho que fica do outro lado da cidade."

De volta ao hotel, me esforcei para salvar a situação dando vários telefonemas, numa tentativa extrema de localizar algum outro orientador que fosse mais simpático. Um dos diretores do Jadot conhecia um restaurante na praça Malmedin, que com certeza iria cooperar num caso assim, tão simples. "O chef é um verdadeiro artista", disse ele, "mas devo preveni-lo: ele é louco."

No fim das contas, só pude comprovar a segunda parte daquela afirmação. O chef, um homem com jeito de urso, empunhando um cutelo de açougueiro e parecendo recém-saído de alguma agência de seleção de atores, e a quem eu estava totalmente disposto a adorar, correu atrás de mim até metade da rua, gritando: *"Não quero nenhum safado americano perto da minha cozinha!"*

Pelo canto do olho, vi brilhar a lâmina do cutelo logo acima do meu ombro e, sem hesitar, acelerei. Por sorte, os franceses fumam como condenados, e ele finalmente desistiu depois de urrar alguns impropérios na minha direção.

A origem daquele seu ódio era perturbadora, e ainda mais o motivo de tanta fúria. O fato de eu ser um novato e não ter nada a fazer na sua cozinha poderia estar bem óbvio. Mas aquele antiamericanismo era um problema que eu não previra. Ainda estava vivendo de acordo com a concepção posterior ao 11 de Setembro, bastante fugaz, de que o mundo inteiro queria ser americano. Temos de nos perguntar, nesse aspecto, como pude ser tão bobo. Seis meses antes, a facção direitista do Congresso censurara os franceses por não se juntarem à loucura no Iraque, e decidira que dali em diante as batatas fritas, conhecidas em inglês como *french fries*, passariam a ser chamadas de "batatinhas da liberdade", ou *freedom fries*. (Esses franceses vão ver só!) Para piorar tudo ainda mais, metera na cabeça dos seus simpatizantes boçais que deveriam jogar os vinhos Bordeaux pela latrina. Na eventualidade de ninguém haver percebido isso, a imprensa fizera o favor de fotografar toda aquela loucura. Isso coincidira com uma campanha para desestimular americanos a passarem férias na França, enquanto Bush e seus alegres bandos incendiários nunca perdiam uma chance de desvalorizarem a cultura francesa. Por que a gente simplesmente não bombardeou Paris, já que estávamos nessa?

Nada me havia preparado para aquele retrocesso. Em qualquer lugar aonde fosse, uma nuvem de estranhamento ficava pairando no ar. Normalmente os franceses eram bondosos o bastante para não abordarem a questão, mas era possível notar suas expressões sombrias. Uma coisa estava bem clara, ali: se alguém se pusesse no caminho de algum americano brigão e impulsivo, haveria de pagar bem caro. Com toda certeza, minha experiência em Beaune deixou ainda mais evidente esse estranhamento.

Em vez de me transferir para outro território mais amigável, passei a noite em Beaune, resolvido a ir, no dia seguinte, visitar o mercado dos sábados de manhã, famoso por sua fartura. Ali haveria de consumar minha adoração pelas linguiças curadas ao ar livre. O plano era perambular pela praça Carnot, indo de barraca em barraca para provar as *tranches*, finas como papel, de funcho, *cèpe*, pato, tomilho, vinho ou morcilha, tudo cheio de bocados de gordura que derretiam na boca. Apesar do ataque ao meu colesterol, já alto, eu queria provar de tudo. O único problema era o horário restrito de funcionamento do mercado. "Fica aberto das sete às 11", me avisou a recepcionista do hotel, "mas chegue lá antes das nove, que é a hora em que os turistas começam a invadir. Antes disso, tudo é...", ela deu um beijo nas pontas dos dedos e o lançou no ar.

Já se tinham passado quase 20 anos desde a minha última visita àquele lugar, mas, no momento em que pus o pé no interior daquelas muralhas, soube exatamente onde me encontrava. Beaune é aquele tipo de cidade aconchegante, cada rua a nos empurrar sempre mais para frente, dentro do seu abraço. Não existem esplanadas, nem zonas mais perigosas, nem sequer um bairro chinês. As muralhas que contornam o antigo bairro medieval parecem protegê-lo do tempo.

Os visitantes acabam seduzidos pelo invejável débito da cidade com o passado. As ruas irregulares e os portais estão cheios de história. As construções se curvam umas sobre as outras, como heróis mutilados de guerra. A qualquer momento eu esperava ver mosqueteiros com as espadas em riste arremessando-se numa esquina de pedras arredondadas, ou por uma das passagens escuras que se comunicam como tentáculos por todo o *quartier*. Infelizmente, são multidões que chegam ali, todos parecendo ter descoberto ao mesmo tempo a etiqueta Nike. Quando Napoleão prometeu que empurraria o inimigo para além das fronteiras, não pensou nesse tipo de seita lamentável. É uma vergonha não haver regulamentos contra todos esses tênis e casacões de nylon que enxameiam pelos ônibus de turismo, envoltos numa verdadeira nuvem de perfume.

Para não dizer que tudo foi péssimo, todos logo se encaminharam para um ponto turístico eminentemente nobre. Ao contrário de outros lugarejos da Côte d'Or, Beaune não foi construída ao redor de uma igreja solitária. O centro das atenções, que fica logo depois da place de la Halle, é o espantoso Hôtel-Dieu, situado numa praça no centro turístico da cidade. A construção, mais conhecida como Hospice de Beaune, foi erguida em 1443 por Nicolas Rolin, chanceler do duque de Borgonha, e que considerava a obra o seu bilhete de entrada para o céu. Se bastasse uma primeira impressão, seria fácil defender a sua boa ação de construir um complexo hospitalar para os pobres. Mas generosidade era coisa que não integrava as virtudes de Rolin. Ele era um déspota por natureza, o tipo consumado do vilão que a França sempre produziu tão bem, e o hotel acabou se tornando o seu próprio instrumento de martírio. Construído para ser a derradeira parada terrena dos pobres e desesperados, acabou abrigando justamente aqueles cujas terras Rolin ajudara a pilhar, depois da Guerra dos Cem Anos. Nem Luís XI pudera se conter, ao ouvir falar do projeto, comentando: "É muito justo que um homem que já tornou tanta gente pobre na sua vida deva agora criar um asilo para essa gente se abrigar antes de morrer."

Maldades à parte, isso não diminui a beleza terrível daquela obra-prima da arquitetura. Decidi me sentar num café do outro lado da praça, fascinado pela imensa arcada do teto de madeira, sobre a qual uma epidemia de pombos tomava banho de sol. Nada havia de simples naquele desenho magnífico. O estilo dos artesãos locais se manifesta na interseção das telhas, em forma de diamantes e pintadas de verde, preto, marrom e dourado, reluzindo como joias ao sol do Mediterrâneo.

"Alguém deve ter tomado um *petit blanc* com ácido, quando esse telhado foi erguido", comentou uma mulher que bebia vinho na mesa à minha frente.

Ela semicerrava os olhos para melhor examinar o desenho caleidoscópico, protegendo-os do brilho do sol com a mão. Quando finalmente olhou em minha direção, a cor dos seus olhos me deixou espantado. Eram de um cinza-pálido impressionante, entremeado de listras verdes, como no trabalho minucioso de algum retratista flamengo. Emoldurados por uma basta cabeleira cigana, castanho-escura, aqueles olhos tinham um efeito sobrenatural. E ela tirava partido deles: encarando, sorrindo, fumando, serena.

"No que será que eles estariam pensando?", perguntei, me esforçando para não desviar os olhos.

"É uma história bem antiga. Algum funcionário do depósito de madeira local convenceu um mestre de obras a livrá-lo de uma carga de ladrilhos."

"Chegados fresquinhos de um barco da Mesopotâmia", disse eu. "Só que acho que não havia barcos que chegassem da Mesopotâmia."

Ela me sorriu com os olhos, que brilhavam como se recebessem energia de algum gerador oculto. "Nesse caso, a Mesopotâmia era o Dardanelos", disse me dando trela.

Que sorte a minha: Olívia era uma professora de Illinois – professora de história mais exatamente – e tinha muito mais que um simples conhecimento do Império Otomano. Um dos seus tios-avós até mesmo morrera em Galípoli. Com o fim do verão e os dois filhos na colônia de férias, ela procurava superar um divórcio recente viajando pela Europa. Um amigo se juntara a ela na maior parte da viagem, porém nas duas últimas semanas estava sozinha. Na verdade, acabava de chegar a Beaune, vindo de Rouen, o que significa que percorrera um longo caminho. "Estava tudo bastante sombrio, mas passar um tempo sozinha foi essencial", disse ela. "Fico só tentando imaginar o que me reserva o futuro."

Aquele refrão já era familiar. Parece que havia centenas de americanos, por todo o continente, tentando resolver o mesmo problema. Por todos os lugares onde passei, havia pessoas atraentes, maduras, que vagueavam sem rumo ou sentavam-se sozinhas pelos cafés, com o peso da preocupação estampado no rosto. Era possível localizar facilmente os que tentavam superar um relacionamento acabado. Pareciam esperançosos de uma recuperação estimulante, e precisavam se esforçar para ocultar a solidão e o isolamento. Não importa o quanto persistissem, o resultado seria sempre o mesmo: a desilusão. Bastava que passassem uma noite sozinhos e as consequências eram terríveis.

É claro, de alguma forma eu sofria dos mesmos males. Alguns anos antes, apenas, me sentira satisfeito, firme, imune às turbulências. Ninguém me preparou para uma mudança naquele arranjo – a ponto de aos 40 anos, ou 45, ou 50, ainda estar tentando descobrir o que poderia me reservar o futuro. Parecia inconcebível que um dia, já nos meus 50 anos, eu fosse acordar e descobrir que as coisas não tinham acontecido segundo o planejado. Agora, de repente, estava ali, sozinho na Europa, avaliando com o olhar a bela estrangeira que se encontrava no mesmo bote salva-vidas começando a fazer água.

Não pude deixar de pensar nos que nos qualificam como um tipo de raça.

"Só que também somos seres humanos", disse Olívia, diante de uma salada de fatias de *magret* defumado, salpicada de linguiças de pato e um *concassé* de tomates. Naturalmente, tínhamos sido levados a jantar juntos no La Cibollette, um pequeno bistrô que ocupava a calçada da rue de Lorraine, à sombra do que uma mulher dali descrevera como o "nosso pequeno Arco do Triunfo". "Além disso", prosseguiu Olívia, "a gente não se casa para a vida toda, como os pinguins."

Podia ser, pensei, mas um comportamento como esse era capaz de provocar efeitos colaterais adversos. Só agora as consequências se tornavam claras para mim.

A aparência pitoresca do restaurante era forçada, pouco natural. As duas pequenas salas tinham recebido uma camada de verniz provinciano: paredes caiadas de branco, uma série de antiguidades disparatadas, velhas vigas de madeira bem baixas no teto, certamente vindas de outra casa, muito mais antiga que aquela. O soalho de madeira estava muito estragado, ou então assim parecia graças ao decorador detalhista. Por outro lado, pelo que pude perceber, o local era um negócio de família: o pai cozinhava e a mulher recebia ordens, enquanto a filha servia os clientes e administrava uma casa sempre lotada.

A pequena cozinha parecia estar aquém das necessidades do bistrô. Dividimos pratos borgonheses especiais daquele dia, recomendados pela atendente – alguns miolos na chapa, e iscas de codorna ligeiramente grelhadas, marinadas num balsâmico fundo deglaçado, ácido e picante –, e depois a galinha de Bresse preparada à moda do chef, cozida em molho de mostarda em grãos, que chegou numa grande caçarola de barro, atraindo aqueles olhares que as modelos costumam receber nos desfiles de maiô. Aquilo era tudo o que uma galinha devia ser, com um sabor substancial e rico, porém simples, sem qualquer pretensão. E quando o chef mandou umas batatas gratinadas borbulhando em gordura de bacon, com cheiro de alecrim e alho, seria realmente difícil manifestar qualquer objeção àquela forma de cozinhar.

Fazia bem comer uma refeição bem-feita, que não fora preparada por mim. O mesmo se poderia dizer da companhia daquela mulher, por quem eu sentia uma forte atração física. Olívia era esperta, deliciosamente inteligente e, ao que tudo indicava, parecia muito a fim: era uma flor prestes a desabrochar. O aspecto sexual daquela equação nos levou diretamente para o seu hotel, onde vivemos uma cena que parecia ter saído diretamente do Manual do Amante Solteiro.

Durante todo o percurso de volta, ficamos falando coisas ensaiadas. Conversamos educadamente sobre os nossos itinerários, sobre a dificuldade de se enviar vinhos para os Estados Unidos e de como seria divertido nos encontrarmos em Nice, no final do verão. Mas no fim nos surpreendemos encarando um ao outro e soltando estranhos suspiros, com aqueles inevitáveis olhares de quem está em busca de algo. Meu coração batia feito um tambor. Aquilo era muito estranho para mim. Sempre fui um homem devotado à família, marido dedicado, sem nenhum propósito em relação a outras mulheres, e muito menos o de voltar a namorar. Me sentia numa total confusão. A fala seguinte de Olívia deveria ser "Você gostaria de subir?" Mas, enquanto nos demorávamos diante da porta, um lento sorriso artificial contraiu-lhe os cantos da boca.

"Hoje à noite não vai acontecer nada, não é?"

Balancei a cabeça com tristeza. "Não, receio que não", admiti.

"Eu também achei isso. Me dei conta durante o café." Ela baixou os olhos para a chave do quarto, em sua mão. "Você está apaixonado, não é?"

"É. Estou", respondi, imaginando se sorrir seria exagerado. "Provavelmente é algo unilateral, mas já que fui tão longe, quero ver se vai funcionar."

"Talvez você só precisasse de uma proposta melhor", disse ela sugestivamente. "Uma noite fora poderia lhe dar alguma clareza."

"Clareza seria uma coisa ótima, se eu não estivesse me sentindo como o Mickey Mouse", respondi, e certa confusão nublou aquele seu extraordinário sorriso. Paramos de falar e saímos da frente da porta, para que outro casal pudesse entrar. Depois que eles passaram, apoiei a mão na parede e continuei: "Quando eu era garoto, havia um desenho muito conhecido do Mickey, em que ele se via diante de um dilema ético. Não lembro qual era exatamente, mas seja como for, o Pateta então pipocava em cima do seu ombro, como um anjo, aconselhando-o a fazer a coisa certa. Mas depois ele aparecia sobre o outro ombro, só que desta vez tinha chifres e segurava um tridente. 'Vai em frente', dizia, 'leve ela lá pra cima. O que é que você está esperando, seu cabeça-dura?'"

"Eu me lembro desse desenho", assentiu Olívia, sorrindo. Cruzou os braços sobre o peito, e sua mão roçou a minha sem querer. Enrubescendo

Beaune e o Luberon

por um instante, recuei. "Então, qual dos dois Patetas apareceu aqui esta noite?", perguntou ela.

"Infelizmente, foi o virtuoso." Estendi a mão, num gesto que me pareceu bem esquisito. "A noite foi maravilhosa. Você foi uma excelente companhia."

Caminhei para o meu hotel, nem satisfeito, nem desapontado. O céu estava inundado de luzes brilhantes, e não me dava proteção alguma. De ambos os lados da rua, os terraços dos cafés estavam cheios de turistas, agitados, falando muito alto, e que nem deram pela minha passagem. Me senti profundamente sozinho. A química entre Olívia e eu fora bem real, e não tive dúvidas de que uma noite com ela teria sido memorável, livre de todas as tensões que existem entre amantes de longa data. Mas de certo modo, fiquei aliviado com o resultado. O desejo é uma coisa instigante, como todos sabem, mas deve ser conquistado aos poucos. Em busca de uma inspiração, procurei no computador alguma mensagem de Carolyn, mas não havia nada. Entretanto, um e-mail automático me avisou que o avião dela já estava a caminho.

Na manhã seguinte, cheguei cedo ao mercado, quando os vendedores ainda estavam descarregando as carroças. A coisa era exatamente como eu ouvira dizer: a quantidade de linguiças era de fato constrangedora, entremeadas com legumes recém-colhidos e o costumeiro bazar africano de artigos de couro. Me senti nas alturas. Para onde me voltasse, viam-se compridas guirlandas de *saucissons* curados ao relento, dependuradas em ganchos. Para mim, o sabor da linguiça ainda era um tanto exótico. Minha mãe administrava uma casa de comida kosher, o que significava que a carne de porco e todos os seus derivados estavam banidos das nossas bocas. Claro, quando parti para a faculdade tudo isso mudou. Provar um *cassoulet* foi uma revelação: todos os meus pecaminosos impulsos corporais vieram rapidamente à tona. Não podia manter as mãos distantes da *porchetta* recheada de tomilho e alho amassado. Minhas pizzas queimavam sob montanhas de linguiça com erva-doce. Eu era louco principalmente pelo *saucisson de ménage*, carne moída de porco em pedaços graúdos e depois fatiada à mão, recheada com cubos de gordura e grãos de pimenta inteiros, e muitas vezes temperada com brandy. Se eu pudesse imaginar um jeito de comer aquilo com flocos de arroz, não teria hesitado um só instante. Os amigos comentavam que eu estava recuperando o tempo perdido, e talvez tivessem razão, mas passada apenas uma parte daquela manhã, em Beaune, já começara a sofrer de uma grave overdose de linguiças.

A culpa foi de um homem de macacão, com o rosto anguloso, que ficava empurrando fatias das suas linguiças para todos que olhassem para ele. Mostrava-se muito eficiente com a multidão, como esses vendedores de móveis usados, que enquanto acertam com um cliente já estão de olho em mais dois. Da terceira vez que passei na sua barraca, ele me reconheceu como o cara que só queria comer de graça. Depois de abrir um pacote novo de linguiças de pato, passou por mim sem oferecer uma prova sequer. Eu tinha de comprar alguma coisa, se quisesse permanecer naquele círculo.

"*Je voudrais...*" Hesitei um instante, sem saber qual escolher.

Ele chegou perto e parou bem na minha frente. "*Votre choix, M'sieur?*" Olhando-me ameaçadoramente, apontou com a faca um local à minha esquerda, onde uma variedade de linguiças descansava sobre uma prancha de madeira.

Sem encontrar as palavras certas, apontei para uma linguiça rústica, simples e honesta, que era a preferida dos camponeses da região. Pelo olhar dele, posso afirmar que ficou satisfeito. Era como chegar a alguma importante cafeteria e, desprezando o de avelã e o capuccino, pedir só uma xícara do grão da casa: "Puro." Até um ínfimo pedaço daquela linguiça custava caríssimo: 12 euros. Comprei logo, também, uma baguete e uma nectarina, e me sentei num banco ali perto para devorar meu butim.

Comi como uma criança indulgente. A carne, tal como esperava, podia ser tudo, exceto rústica. Era simples, saborosa, exatamente como eu estava com vontade de comer. Mas passado um momento, chegou um ponto em que não consegui pôr mais outro pedaço na boca. A carne de porco era absurdamente gorda, e havia alguma coisa a mais ali, alguma coisa diferente naquela linguiça, que afetou o meu apetite.

Distraidamente, passei os olhos pela praça pavimentada de pedras redondas, alcançando o outro lado da rua, impregnada de história antiga, como os deuses a deixaram. Figuras amorfas entravam e saíam do enquadramento. Levei alguns minutos até conseguir focalizar tudo. Olívia estava sentada no café, usando um suéter verde-limão sobre leggings pretas, o rosto voltado para o alto. Ela apontava para o teto do Hospice de Beaune. Sua outra mão deslizou pela mesa até onde um homem de olhos inexpressivos estava sentado, fumando um cachimbo de *meerschaum*. Quase pude ler seus lábios, pintados agora de uma suave cor de ameixa, cintilando como se ela houvesse passado brilho neles. *Alguém deve ter tomado um* petit blanc *com ácido quando esse telhado foi erguido*, eles pareciam estar dizendo.

E eu sabia quase de cor o restante do roteiro.

★ ★ ★

RECEBI UM CONVITE PARA UMA ESCOLA DE CULINÁRIA em Maussane por meio de minha amiga Julie, de St.-Rémy, que conhecia uma senhora que dava aulas semiparticulares na cozinha de sua própria casa. Madame era conhecida como uma virtuose mal-humorada, uma professora totalmente *nonsense*, com um quociente de simpatia digno da Imelda Marcos. "Ela não vai chegar para você e lhe dar um abraço, nada disso", avisou Julie – coisa que não me dissuadiu de me inscrever. A oportunidade de cozinhar com uma especialista numa casa particular da Provença parecia valiosa demais para se deixar passar.

Trocamos alguns e-mails até ela se convencer de que eu levava a coisa a sério. Mais tarde, quando cheguei, soube que a internet a ajudava a se livrar das pessoas indesejáveis, como ela considerava as donas de casa suburbanas. "Costumo me comunicar várias vezes com os interessados em vir cozinhar aqui, para ter uma ideia de como eles são", me disse ela, "e assim, se a minha impressão não for boa, digo logo que não temos mais vagas." De algum modo, consegui passar por seu detector de porcarias. Não havia aulas semanais programadas para aquele mês, mas se eu aparecesse no domingo, segundo suas instruções, haveria espaço para cozinhar junto com um casal da Califórnia, que chegaria naquela mesma noite, mais tarde. "Seja bem-vindo para passar alguns dias conosco", me disse a mulher, num acesso de gentileza. "Tenho uma encantadora casa no campo, o senhor vai achar muito agradável."

Eu já sabia que a cozinha provençal combinava comigo – *la cuisine du soleil*, com sua ênfase nos ingredientes frescos, como azeitonas, tomates, anchovas, abobrinhas, e muito – quero dizer *muito* – alho. Eu não podia esperar até poder navegar em clássicos como *bouillabaisse, brandade, aïoli, daube, tapenade, ratatouille, pissaladière...* a lista era uma tentação.

A ida de carro partindo de Avignon – em direção ao sol do meio-dia – foi de arrepiar os cabelos, percorrendo um caminho sobre o áspero e escarpado Alpilles, com uma trama diabólica de zigue-zagues capaz de deixar o sujeito totalmente aterrorizado. Toda vez que eu passava por uma daquelas curvas traiçoeiras, murmurava baixinho uma oração, esperando que a lei das probabilidades me poupasse de mais um francês alucinado fazendo ultrapassagem numa curva fechada. Resolvi confiar cegamente na fé, e pisei no acelerador como se estivesse num daqueles jogos frenéticos de videogame.

Lá ia eu, para cima e para baixo, me mantendo sempre próximo ao acostamento estreito, que era a única coisa que me separava de um mergulho direto pela vertente até um profundo cânion. A vegetação era quase como a de um prado, coberta de espinheiro e de um ou outro penedo de rocha calcária, alojado no fundo do vale. Podia-se ver o calor subindo por entre as rochas, motivo pelo qual os habitantes da região se referiam ao lugar como *Val d'Enfer*. De ambos os lados, uma teia de estradas gravava-se sobre o campo estorricado. Parecia vazio e ameaçador, de forma alguma lembrando aquela luz inspiradora de Van Gogh.

Bem para a direita, as ruínas da cidadezinha de Les Baux dependuravam-se, instáveis, sobre um penhasco vertiginoso, tão pálido e ilusório quanto uma miragem do deserto, e para além dele, onde a paisagem nivelava-se em patamares cheios de videiras, um primeiro e tímido relance de Maussane me espiou por entre as árvores. Aquilo foi como um sedativo, depois de uma viagem que acabara com meus nervos. Baixei completa-

Beaune e o Luberon 93

mente os vidros do carro, deixando que a brisa seca arejasse o medo, e fixei na mente os dias que viriam em breve, quando estaria mais uma vez com Carolyn, em Nice.

Eu sentia mais profundamente a sua ausência agora, pois não havia dúvidas de que ela teria adorado Maussane. Era uma cidadezinha pacata do Luberon, da extensão de um suspiro, com lojinhas adoráveis e pequenas como caixas de fósforos, uns poucos cafés e um inequívoco ar de romance. Uma fileira de altos plátanos seguia ao longo do canal principal. Os galhos se espalhavam acima das nossas cabeças, formando uma espessa sombra verde que dava à cidade, de uma ponta à outra, a aparência de um túnel profundo. Glicínias pendiam das treliças sobre as portas das casas, e cestos de ambos os lados estavam cheios de raízes de lavanda recém-cortadas. Sua suavidade, combinada com as brisas quentes que traziam aromas de fora, dava ao lugar um perfume próprio e característico.

Percorrer a pequena Maussane tomou mais tempo do que eu esperava. Nos domingos, depois do almoço, as ruas se transformavam numa verdadeira corrida de obstáculos, e eu ia forçando o carro numa marcha arrastada. O fluxo do tráfego, depois de se passar pela praça Langier de Monblan, no centro da cidade, era uma questão de metros e de centímetros em relação aos prédios, mas as pessoas não pareciam estar com nenhuma pressa nem dispostas a, diante da súbita parada, darem peteleços no sujeito ao lado, como eu teria feito em Nova York. A qualquer momento, é claro, um ciclista podia levar os motoristas à loucura, mas aquilo não era privilégio de Maussane, visto que as bicicletas haviam se tornado uma epidemia por toda parte naquele verão. Os ciclistas se apropriavam da rua com a furiosa certeza de que a pista lhes pertencia, por direito, devido à sua nobre atividade. Mas mesmo em Maussane, todos eram vítimas da multidão de turistas estonteados. Alegres vagabundos arrastavam-se pelas calçadas lotadas de gente, andando preguiçosamente em zigue-zague, de uma galeria a outra, numa espécie de procissão sem objetivo, e a todo instante algum turista, acometido de um transe, ia lançar-se no meio do tráfego, como se os carros fossem obrigados a se desviar dele, obedientemente.

Justo quando achei que minha calma estava chegando ao fim, todo aquele engarrafamento dissolveu-se numa vastidão assombrosa de vinhedos e oliveiras, entremeados por uma ou outra *villa*, e em poucos minutos cheguei aos portões de Moulin de P.

De onde estacionara o carro, era difícil ver que tipo de lugar era aquele. Madame, com um ar levemente perturbado, me recebeu na entrada para os automóveis como se eu fosse um empregado, ou algum tipo de vadio. Sem a menor sutileza, lançou aquele tipo de olhar inquisidor, avaliando o preço do meu casaco esporte, o tamanho do carro, examinando minha valise manchada, esforçando-se para me situar na sua escala social. Seus olhos estudaram meu rosto, que mantive com uma expressão discretamente impessoal. Honestamente, não sabia o que fazer diante dela. Para ser franco, ela não correspondia absolutamente ao que eu havia esperado. Era daquele tipo de mulher bonita, que se vê muito no Upper East Side, em Manhattan, toda bem-construída e com um verniz de alta aristocracia que costuma custar muito caro. Eu poderia apostar que ela já passara bastante dos 50. Vestia-se casualmente, porém com uma elegância considerável e plena consciência da reação que provocava, como se estivesse promovendo a última coleção de alguma loja sofisticada.

Madame, como vim a saber, não dirigia propriamente uma escola de culinária. De tempos em tempos – o que acontecera daquela vez – as pessoas escreviam querendo saber como ter aulas com ela, e só aí, então, Madame as *convidava* para cozinhar *em sua companhia*, pelo que cobrava uma quantia fabulosa. Era um tipo de arranjo bastante incomum, programado apenas para quando a situação fosse conveniente, e aliás tive a impressão de que ela não cozinhava com tanta frequência assim. Era a filha mais velha de um magnata internacional do café que vivera se mudando ao redor do mundo, levando-a consigo a percorrer florestas tropicais da Indonésia e a uma sucessão de escolas francesas avançadas. Havia sempre tempo a matar em estranhas cozinhas institucionalizadas, onde ela ficava observando os movimentos como uma espectadora num set de filmagens.

"Sou uma cozinheira completamente intuitiva", declarou, sem qualquer traço de desculpas, "e os meus convidados devem me acompanhar.

Quando eu estiver pronta para ir, todos nós devemos estar prontos. Não quero saber de pés arrastando, de pausa para o cafezinho, ou de licença para ir ao banheiro." Por causa do seu estilo rígido, Madame tinha muito cuidado com as pessoas que se registravam em suas aulas. Quando eram casais, tudo bem – embora normalmente os maridos logo se chateassem depois de um ou dois dias, ficando a perambular pela casa como fantasmas. Mas ela se recusava absolutamente a admitir três mulheres solteiras, porque nunca iriam concordar entre si.

"Uma vez estiveram aqui três donas de casa da Flórida. Duas delas se juntaram, e acabei por encontrar a terceira lá na lavanderia, no andar de baixo, chorando como uma louca, só porque as outras tinham ido jantar e a deixaram sozinha. E não aceito crianças entre seis e 16 anos. Os americanos se sentem muito bem aqui, então saem por aí e largam os filhos. Tudo bem, se isto fosse um orfanato, mas da próxima vez que isso acontecer, vou mandar todas elas para um centro de adoção."

As pessoas que lhe pareciam indesejáveis eram direcionadas para Patricia Wells, cujo nome Madame pronunciava com um desprezo cheio de irritação. Tinha havido muito falatório, naquele verão, sobre a nova escola de culinária de Patricia Wells, sobre a sua localização fantástica – um retiro no alto da montanha, diante de Vaison-la-Romaine – e sobre sua famosa professora. *"Olhem, aquela mulher não sabe cozinhar!"*, exclamava Madame, os olhos lançando fagulhas. "O máximo que ela pode ser é crítica de jornal, e isso ela não era, nem mesmo quando começou a escrever suas colunas. Agora ela conseguiu fazer essa tal escola de culinária, que já começa cobrando US$4.000 por semana, e além de tudo a pessoa ainda precisa encontrar um lugar para ficar, à própria custa."

Enquanto me encaminhava para o meu quarto, no segundo andar dos fundos da casa, minha cabeça continuava rodando, e eu tentava absorver aquilo tudo. A "encantadora casa de fazenda, no campo" era um espetacular moinho antigo de aproximadamente mil metros quadrados, outrora uma beleza, mas agora seriamente danificado, com muito da sua estrutura de rocha preservada para que se pudesse ver a grandeza anterior. Madame situava a origem da construção por volta do final do século

XVII, e no decorrer dos anos a casa fora terrivelmente negligenciada. O agente que lhe vendeu o lugar achou que ela estava tirando de suas mãos um verdadeiro elefante branco. Na época, o teto estava completamente desmoronado, as paredes inúteis pareciam prestes a desabar, não restavam portas ou janelas, e o interior fora dominado por touceiras espinhentas de figueira selvagem e amora.

Mas o dinheiro – muito dinheiro – transformara aquilo num verdadeiro palácio. Não se pouparam despesas na renovação milagrosa daquela casa, que levou mais de dez anos, com a infusão do talento dos melhores artesãos franceses. Os quartos eram imensos, do tamanho daqueles estúdios de som que a gente espera encontrar em Hollywood. Eram cobertos de cima a baixo com antiguidades dignas de museus. O marido de Madame, um pobre menino urbano do Meio-Oeste que fizera fortuna com tecnologia da internet, era um colecionador incorrigível, que saía arrebanhando tudo o que atraísse sua atenção, como alguém que sente medo de perder a camisa na próxima recessão.

"Dá só uma olhada nisso", disse ele, me levando até uma estante envidraçada no corredor que dava para a sala de jantar. "Temos a coleção inteira dos Guias Michelin, desde o primeiro número, inclusive a edição em brochura da época da guerra." Ali também estavam todos os números da *Gourmet* e a coleção completa da *National Geographic*, em encadernações de couro, gravadas à mão. Várias gravuras valiosas do movimento modernista europeu pendiam das paredes, em molduras bem iluminadas. E escondidas, suponho, numa imensa adega com temperatura controlada, jaziam as centenas, talvez os milhares de garrafas de vinhos importantes que ele costumava comprar nos leilões.

Na cozinha, incrivelmente espaçosa, verdadeiros tesouros preenchiam cada centímetro de parede: cinco fogões raros de ferro, uma vitrine com mais de uma centena de estatuetas antigas, prateleiras cheias de cerâmicas preciosas, estranhas jarras antigas, centenas de livros de culinária e, numa parede, emoldurados e assinados, cardápios de todos os restaurantes classificados com três estrelas pelo Michelin, além de todos os restaurantes importantes do continente.

Beaune e o Luberon

Madame e o marido se deliciavam com as bênçãos da riqueza que de certa forma legariam à sua filha mimada. Segundo a descrição deles, a filha, de 35 anos, era uma belíssima ex-modelo, além de muitas ex-outras coisas, e que passara um ou dois anos numa verdadeira novela, rejeitando um noivo milionário, depois desprezando um pop-star, e agora matando o tempo em Miami Beach, pintando quadros e indo a festas. "Ela leva a vida de quem tem pais muito ricos", disse o pai, manifestando certa desaprovação. "Nunca se sabe, de repente vocês dois poderiam se encontrar."

Não haveria chance para isso, pensei comigo, imaginando que tipo de pesadelo a moça deveria ser. Curiosamente, não havia nenhuma fotografia dela à vista, nada que me pudesse fazer chegar a outra conclusão. A última coisa que estava me faltando na vida, agora, era uma arrasadora de corações profissional. Ela era esperada para o meio da semana, e viria acompanhada de uma amiga dos Estados Unidos que era do mesmo estilo. Frisei para mim mesmo a importância de ir embora antes que elas chegassem.

De qualquer modo, o que eu desejava naquele momento, como sempre, era jantar. Madame preparara uma refeição informal para receber os novos convidados. De sua parte, era um tipo de estratégia para poder observar como iríamos interagir. Fiquei extremamente curioso a respeito da sua culinária, imaginando, é claro, se corresponderia às minhas expectativas. Precisava mesmo de um encorajamento, depois da experiência de Beaune, algo que substituísse aquele amargo fim de semana. Algo como um antiácido, ou uma demonstração de gentileza.

Entretanto, quando nos encontrávamos na metade do jantar, vi que minhas esperanças tinham ido por água abaixo. A comida era horrível, um fricassê de coelho da região num suave molho cremoso cheio de gordos cogumelos do bosque, e aquele tipo de erva de jardim que requer uma machadinha para se poder cortar. Pela aparência apenas, poderia receber o prêmio de Miss Simpatia. O cheiro, entretanto, era muito forte, como se tivessem espalhado sálvia e tomilho por todo o aposento, e estava demasiadamente cozido e totalmente insosso, como também o arroz selvagem que foi servido junto. Olhei desamparado para o prato, sentindo que meu apetite me abandonava depois da primeira mordida.

"Esse é *exatamente* o tipo de prato que eu desejo aprender a fazer", exclamou Doug, chupando cada pedacinho de carne agarrado aos ossos, como algum guerreiro malinqué.

Doug e sua esposa, Didi, já eram veteranos do Moulin de P. Havia três verões consecutivos que iam para lá, pelo que Doug já podia cozinhar junto de Madame, aprendendo a dominar suas receitas provençais, antes de ir experimentá-las com os amigos, de volta ao subúrbio da Califórnia onde era conhecido por oferecer jantares luxuosos. Até que ponto ele tinha talento, nunca pude verificar. Sem dúvida alguma, falava muito. Recordava-se de determinados jantares que preparara, da mesma maneira que meus amigos costumavam lembrar algum baile especialmente importante. Suas descrições exageradas não me deixaram dúvidas de que Doug gostava mesmo de cozinhar.

Ele era um homem bastante grande, corpulento, de ampla ossatura, assim como um labrador superalimentado, porém locomovia-se com uma elegância surpreendente. E era bom também com as mãos, mas alguma coisa na maneira de segurar a faca parecia torná-lo perigoso. Os olhos também me deixaram nervoso, ausentando-se de repente, no meio de uma frase, como se não fosse capaz de se concentrar por muito tempo na mesma coisa.

Mas por ora, o que importava mesmo era que Doug viera ali para cozinhar. Pelo que pude concluir, nada havia de mais importante na sua mente. Falava animadamente e com muita paixão sobre os seus ensaios culinários *chez* Madame, embora eu tenha ficado com a impressão de que devia ser bem fraco na cozinha. A todo instante, Madame girava os olhos fazendo uma careta, quando ele começava a poetizar sobre determinado prato que tinham feito tempos atrás. Depois de ouvi-lo repetir o fiasco do suflê de chocolate, ela estremeceu com toda a formalidade de uma matriarca de Ibsen, murmurando: "Foi um milagre você não ter incendiado a casa inteira." Apesar de tudo, aquela era uma manifestação carinhosa, pois ambos pareciam gostar mesmo um do outro. Fiquei animado ao pensar que iria dividir o fogão com um cara tão entusiasmado assim. Mas não pude deixar de refletir sobre o que Didi ficaria fazendo.

Beaune e o Luberon

Madame dava a entender que Didi possuía tanto instinto para a cozinha quanto uma planta ornamental. Se experiência prévia fosse alguma indicação, Didi nunca tinha ido além de uma colher de chá. Instalava-se a um canto, virando as páginas das revistas, sem ler de fato, mas apenas olhando as figuras e os anúncios, o que lhe permitia manter um diálogo ininterrupto no decorrer das aulas.

"Ela nunca cala a boca!", advertiu Madame para mim, e descobri depois que ela dizia aquilo em sentido literal. Desde que atravessava a porta, Didi passava a manter um blá-blá-blá interminável, com uma vozinha de menininha do interior, concluindo cada frase num decibel mais alto que no início, sempre com um ponto de interrogação ao final. Era uma forma muito engraçada de se conversar, como se David Mamet tivesse escrito o texto para Lindsay Lohan, repetindo-o sempre e sempre, ininterruptamente, desafiando qualquer lógica. No princípio, Madame se divertiu com aquilo, e de vez em quando até a estimulava, assunto por assunto. Mas na maioria das vezes Didi oferecia um verdadeiro *one-woman show*, com histórias inúteis do *Survivor* e de sua sobrinha, de desenhos de roupas para gatos, de como trapacear no Banco Imobiliário... tudo o que lhe passasse pela cabeça.

Com o tempo, aquilo quase levou Madame à loucura. Ela até voltou a fumar depois de alguns meses de abstinência. Mas nada podia irritá-la mais do que os hábitos alimentares daquela mulher.

Assim que nos sentamos à mesa, na primeira noite, o marido de Madame fez uma apresentação solene, abrindo uma garrafa de um vinho raro da Borgonha, com uma fina camada de poeira da adega. Era um daqueles vinhos napoleônicos que jamais são postos à venda, e muito menos servidos como aperitivo. Acima do coro das nossas vozes, aos *oooohs* e *aaaahs*, ouviu-se a vozinha cantada de Didi: "Tem Coca-cola? Não, não, melhor: tem uma Coca *diet*? É, uma Coca *diet*, com *gelo*? Eu adoro gelo. Sabem, se o vinho não estiver frio o suficiente, vocês podem pôr gelo nele?"

"Oh, esqueci de comprar Coca-cola", disse Madame com uma secura sarcástica. "Que tal um copo d'água, querida? Vou adorar colocar *nele* uma pedra de gelo para você." Mas qualquer alfinetada em Didi era inútil, pois ela simplesmente seguia adiante com a mesma desenvoltura.

"Eu não *como* coelho", declarou ela, franzindo o nariz quando a caçarola passou à sua frente.

Madame ficou bastante tensa, mas não se deixou abalar. "No fogão tem um delicioso purê de couve-flor, e também muita abóbora."

"Na verdade, não sou uma mulher de *vegetal.*"

"Me faça um favor", disse Madame, enquanto completava a taça de Doug, "me lembre de pegar uns bolinhos de chocolate para sua esposa."

No final das contas, refrigerantes e uns cereais teriam sido uma boa solução ali. A comida feita por Madame, para ser franco, era fruto de muita adulação. Era simplória e pouco criativa, o que realmente não era sua culpa, uma vez que a maior parte das receitas era tirada diretamente de revistas. Eu devia ter previsto isso depois da nossa ridícula primeira aula.

Discutimos o cardápio, aquela manhã, quando íamos para o mercado. "E que tal se fizéssemos peixe grelhado com azeite de oliva e ervas?", sugeriu Doug.

"Peixe é bom", concordei, "mas é que estamos na Provença, sabe? Eu ia odiar perder meu tempo com grelhados. Será que não existe um modo de dar um toque local à coisa?"

Madame sabia exatamente como fazê-lo: a *bourride*, uma espécie de sopa rústica de peixe, usando o pescado do dia, era uma especialidade provençal, que se poderia encontrar no cardápio de quase qualquer bistrô da esquina. Eu a tomara algumas vezes, em Paris, onde normalmente são feitas com tamboril – ou *lotte*, como dizem os franceses –, e me pusera a imaginar como é que algo tão estimulante espiritualmente poderia se originar num simples prato de sopa. Nenhum de nós tinha nada contra aprender a fazer uma *bourride* decente, nem contra a oportunidade de preparar um *granité* de tomates e, como sobremesa, um *coeur à la crème*.

Quando regressamos, Doug e eu começamos a preparar o *granité*, enquanto Madame lia em voz alta uma receita detalhada tirada de um livro de culinária novo em folha. "Este acaba de chegar pelo correio", disse ela, fechando-o com um desagradável rangido da lombada. Perguntei se já

Beaune e o Luberon

havia experimentado aquela receita antes, e qualquer afetuosidade pareceu sumir da sua voz quando declarou: "Vamos experimentá-la todos juntos, se o senhor concorda."

Pelo canto do olho, percebi que Doug dirigia a Madame um sorrisinho de gato siamês, e então senti aquela pontada fria e aguda da traição. Minha reação pode parecer boba, considerando-se que nem conhecia aquele cara, mas para mim éramos colegas de uma equipe, e por isso mesmo estávamos comprometidos com uma espécie de simpatia mútua, que exigia que nos encorajássemos um ao outro. Não estava em busca de nenhuma competição absurda, e tampouco havia ali algum motivo para se promover rivalidades. De repente, me veio um gosto amargo na boca, e quando eles decidiram fazer uma pausa para o almoço, fui para o meu quarto, em vez de continuar sentado lá, me sentindo ainda mais sozinho na companhia deles.

A tarde era opressiva, pegajosa de umidade, coisa típica do Luberon, que de certa forma fica encerrado por terras que o deixam imune às brisas. Da minha janela, as oliveiras sucediam-se a perder de vista, e os galhos curvavam-se, quase lamentando-se ao peso das azeitonas *picholine*, das *verdunc* e das *gros ânes* (ou "grandes jumentos"), do tamanho de figos verdes, todas maduras. Uma densa coroa de vegetação protegia o quarto da luz do sol, pelo que me senti agradecido. Joguei um pouco de água fria no rosto e, com a maior cautela, abri meu laptop, como se estivesse abrindo um cofre cheio de tesouros.

Fiquei por algum tempo olhando fixamente para uma chamada de e-mail de Carolyn, antes de clicar nela. A chamada dizia: "Querido Bob", mas, mesmo antes de abrir, já sabia qual era o conteúdo da mensagem. *Querido Bob...* Como imaginava, seu coração tomara outro rumo, e assim ela não poderia me encontrar em Nice, nem em qualquer outro lugar. "Sei que teríamos uma temporada maravilhosa juntos, na França, mas acho que isso não seria justo com nenhum de nós dois. Minha vida está se encaminhando para outra direção..."

Nem me dei o trabalho de ler o resto. Outra direção... depois de todo aquele tempo juntos, ela nem sequer se preocupou em dizer aquilo pessoalmente. Em todo caso, senti que provavelmente ficaria melhor assim. Ultimamente, os amigos estavam insistindo para que eu seguisse meu caminho, que me salvasse. Aparentemente, todos sabiam de alguma coisa que eu desconhecia.

Mesmo assim, me senti arrasado, profundamente arrasado. Me sentei, rígido, enquanto as esperanças que vinha armazenando me abandonavam. Havia uma agitação em meu peito impossível de eliminar. Para onde fora minha tão confiável armadura emocional? Carolyn tinha sido minha amante e minha musa, e tema de uma grande parte dos meus sonhos, de modo que a onda de náusea a dar voltas no meu estômago era totalmente justificada.

Permaneci um longo tempo sentado na beira da cama. O que sentia talvez fosse ressentimento, o ressentimento de um homem em relação ao seu chefe, à sua ex – alguém que o tivesse arrastado para o pior de si. Para mim, o ressentimento é um estado mental muito instável, mas senti um grande impulso de sobrevivência. Depois de muito tempo – não estou certo quanto – meu estoque de mágoas acabou se esgotando, e me forcei a pensar na França. A França era espiritual e linda demais para que o ressentimento pudesse prevalecer, disse comigo mesmo. Tentei afastar a raiva recuperando imagens e lembranças da França que eu amava tão irracionalmente.

Procurava me convencer de que ninguém iria arruinar minha aventura. Tivera esperanças de que aquela viagem seria uma forma de me divertir com Carolyn, talvez até mais do que isso. Agora, ela se transformaria em outra coisa, mais difícil de realizar. Decidi que teria de me lançar mais fundo em algo pelo qual ainda fosse capaz de me sentir apaixonado: o universo da cozinha – em parte para me curar daquela catástrofe e para poder me resgatar. Iria lutar para criar alguma coisa verdadeiramente sublime. As experiências que me aguardavam iriam ajudar a expulsar Carolyn dos meus pensamentos. Eu não sabia se isso bastaria para afastar a solidão. Sabia que poderia voltar para casa arrastando as pernas, com um repertório de receitas excessivamente sofisticadas e sem nenhum lugar para servi-las exceto a tigela de Wink, meu fiel cãozinho. A não ser que a essa altura ele também já tivesse me passado para trás. Tudo que eu podia pensar em fazer era mergulhar de cabeça. Já me salvara antes de outros desastres culinários. Agora era chegado o momento de improvisar.

★ ★ ★

POUCO MAIS TARDE, após um período respeitável de autopiedade, desci para colaborar nos preparativos do jantar. Ninguém falou nada sobre meu sumiço, ou sobre o fato de ter passado todo o tempo da aula sem trocar mais de dez palavras com alguém. Não tinha a menor vontade de compartilhar minha vida pessoal com aquele grupo. Tolos insensíveis, pensei comigo, furioso. Deviam reparar, deviam perceber como estou me sentindo ferido...

O jantar pouco conseguiu me distrair. A *bourride* não passava de um cozido de peixe improvisado, a mesma coisa que uma vez eu fizera em casa, com bacalhau, camarão, lulas, vieiras e alguns legumes salteados, numa base aguada, sem nenhuma personalidade. Madame descartou como "absolutamente inútil" minha sugestão desalentada de fazermos um *fumet* para realçar o sabor. Não foi nenhuma surpresa que, uma vez fora da panela, ele não tivesse gosto algum. Estava faltando sal, é claro, o que era uma das regras de ouro de Bob Ash. Mas Madame me olhou com dureza quando procurei acrescentar mais que apenas uma pitada.

"Não gosto de muito sal em nada", declarou ela.

Quando ficou de costas para mim, aproveitei para jogar mais sal no caldo, e depois mais sal, e mais ainda, tentando ver se o recuperava. Parecia estar preparando uma banheira para relaxamento muscular com sal grosso. Depois que tudo se assentou, por um momento, pedi que Madame provasse. "Veja só", disse ela, "está apurando sozinho."

Quando ninguém estava olhando, joguei também uns grãos de pimenta.

Como poderia muito bem ter adivinhado, o "ingrediente secreto" dela era apenas meio litro de creme de leite adicionado logo antes de servir, para dar certa profundidade ao ensopado. Mas nem isso foi capaz de resgatá-lo de entre os mortos. Aquilo estava tão longe de uma verdadeira *bourride* quanto o chili de um *pot-au-feu*.

Consegui me arrastar pelo dia seguinte. A mesma decepção iria acontecer naquela noite, com o pernil de carneiro com ervas, que preparamos numa crosta de sal marinho. Era uma bela preparação, que fazia furor em Paris. Grande parte daquilo era puro espetáculo, evidentemente, na forma como era apresentado à mesa. Vinha diretamente do forno, parecendo um iglu, e era então quebrado ostentosamente, sendo aberto com machado e cinzel. O segredo era produzir uma concha com bastante sal. Nós usamos dois quilos de sal, misturado com clara de ovos, para conferir a ela uma consistência de *papier-mâché*. É muito importante que o assado fique completamente encoberto, para permanecer úmido. Mas depois de uma hora no forno, reparei que a concha estava se quebrando.

"Estragou", declarou Madame, e jogou a culpa do fracasso em Doug e em mim. Segundo ela, nós devíamos ter monitorado com mais cuidado o cozimento. Mas mesmo que tivéssemos feito isso, não teria resultado em muita diferença. A carne passou do ponto, ficou sem gosto e dura, como o assado de carne de peito que minha mãe fazia. (Desculpa, mãe.)

Achei muito esquisito que uma tal cozinheira, supostamente tão respeitada, pudesse trabalhar de forma tão descuidada, e os resultados me decepcionaram. Tinha esperado mais esforço, ou pelo menos um grau mais elevado de criatividade. O cenário inteiro ali carecia de eloquência. Pelo que pude saber, Madame não tivera nenhuma formação oficial como cozinheira. Para ela aquilo era um *hobby*, não uma expressão artística.

"Ela é a mediadora", respondeu Doug, quando compartilhei com ele minhas preocupações. Estávamos sentados no pátio, esvaziando uma garrafa de um Sancerre extremamente áspero, conversando em voz baixa e conspiratória. Por cima de nós, o som de uma tosse veio de uma janela aberta. "Ela fornece a casa, uma cozinha extraordinária e ingredientes sempre novos, e compartilha suas receitas favoritas."

"Se você quer saber, algumas orientações básicas não fariam nada mal."

Doug me contemplou com frieza. "Cara, você é mesmo um imbecil", disse ele, sem saber a metade da história. "Dá só uma olhada em volta.

Beaune e o Luberon

Este lugar é incrível, e a gente consegue vir para cá – ou melhor, a gente *tem o privilégio* de vir para cá e aprender a fazer comidas muito especiais. O que mais você quer?"

"Para começar, eu gostaria que a comida fosse saborosa. E adoraria receber alguns conselhos, um pouco de 'isso se faz assim, isso se faz desse jeito...' Até agora não ouvi nada que pudesse ampliar meus conhecimentos culinários." Dei uma olhada na janela, sentindo uma presença invisível pairando acima de nós. Minha voz ficou tão baixa, que esperei que Doug pudesse ler nos meus lábios: "Você estava lá quando ela preparou a salada do almoço? Pedi a Madame para mostrar como se faz um molho de salada, mas ela respondeu: 'Ah, só jogo um pouco de azeite de oliva com vinagre num potinho de plástico, e isso é o suficiente.' Droga, eu podia fazer a mesma coisa com uma garrafa de molho pronto."

Doug encolheu os ombros, relutando em concordar. "Então você deveria sugerir outra opção ao invés de se apegar a isso", disse. "Por que não procura alguma coisa no arquivo de receitas que ela tem no armário da cozinha? Quem sabe não encontra algo ali que o faça feliz?"

Não me senti muito otimista com a ideia, porém não havia nenhuma outra melhor que pudesse salvar a situação, ou, no mínimo, que transformasse o desastre total apenas num naufrágio.

Meia hora mais tarde, depois de folhear dezenas de receitas – todas bastante familiares, indicando que tinham surgido em livros de culinária que eu também possuía –, consegui juntar uma pequena lista de candidatas, que me pareceram incomuns, desafiadoras... e, além do mais, autênticas. Uma *"tarte Tatin"* de cogumelos parecia especialmente promissora. Quando consultei Madame a respeito, ela me fitou com curiosidade, como se de algum modo eu houvesse lido seus pensamentos. Sorrindo, me conduziu até a geladeira, levando-me pelo pulso, como as mães fazem com as crianças. Retirou de lá uma sacola de compras, que oscilou de maneira estranha sobre o balcão. Me olhou outra vez, para sentir o efeito, antes de rasgar e abrir a sacola. Uma cascata de cogumelos selvagens se espalhou pelo balcão, como se fossem diamantes.

A alegria que invadiu meu rosto divertiu Madame, que aproximou vários deles da luz. Só os *cèpes* eram grandes o suficiente para derrubar garrafas de boliche; os *chanterelles* eram resistentes como uma bolsa de couro; os *girolles* e os *porcini* eram carnudos o bastante para poderem ser grelhados. Eu jamais vira cogumelos tão perfeitos antes, tão opulentos e com aquela cor de bronze. Era uma pena ter de cortá-los, e acho que disse algo assim para Madame, que entretanto me assegurou que o resultado valeria a pena. Doug me lançou um certo olhar, que era seu modo de me dizer pra ficar de boca fechada.

Pelo visto, ele nunca aplicava essa mesma tática com sua mulher, ou talvez não tenha adiantado. Enquanto escovávamos restos de poeira dos cogumelos, Didi ficou olhando por cima do meu ombro, examinando a qualidade do trabalho. "Tem umas *manchinhas* naquele ali?", apontou com o dedo para uma *chanterelle*. Sem uma palavra, apanhei o acusado e poli a superfície sedosa, trincando os dentes como medida de segurança para evitar que um palavrão me escapasse. "Tem alguma coisa naquele outro, também?"

"Ainda não cheguei naquele", rebati, incapaz de disfarçar meu desagrado.

Didi não deixou de perceber. "Ah, não liga pra mim, não. Eu sempre fico por trás do Doug, vigiando tudo, tipo assim: um cara responsável pelo controle de qualidade."

"Então quem sabe Doug pode querer a sua ajuda. Mas eu não sei cozinhar desse jeito."

"Mas esse é o meu *trabalho!*", insistiu ela.

"Não, aqui não é não, filhinha! Se você não vai cozinhar, tem que ir lá para o outro lado do balcão, onde não vai atravancar o caminho. Lá do outro lado!"

Em vez de fazer isso, ela foi na pontinha dos pés até onde estava o marido e se colou às costas dele, massageando-lhe os ombros. Fazendo biquinho. Me dando aquelas *olhadelas*.

Madame, que acompanhara entusiasmada toda aquela cena, depôs sobre a mesa a sua faca de chef e disse: "Nós temos ótimos vídeos para você ver, Didi. Venha comigo. Acho que temos uma cópia de *A garota de rosa shocking*, lá no salão."

Beaune e o Luberon 107

Depois que elas saíram, Doug e eu começamos a juntar os ingredientes para a torta, cuja receita, segundo me informaram, vinha de um famoso restaurante nos arredores de Aix. Era uma mistura untuosa e compacta de cogumelos, echalotas, nozes, alho e salsa, tudo salteado na manteiga pura, e depois assada sob uma camada incrivelmente fina de massa folhada. Duvido que algum restaurante famoso fosse usar massa folhada pronta, industrializada. A nossa era comprada pronta e, ao que me pareceu, tão elegante quanto qualquer outra ao sair do forno.

Tortas de legumes costumam ser uma boa opção como acompanhamento, pelo número mínimo de ingredientes e o tempo relativamente curto de preparo. Quando era mais moço, com habilidades limitadas e menos respeito pela combinação entre sabor e textura, gostava de preparar apressadamente tortas de abobrinha crua, assadas numa fôrma de metal com furo e forrada com a massa, um pouco de mostarda Dijon, mussarela e muito alho. O aspecto visual era bonito, e também ficava muito gostoso, mas a consistência era a mesma de uma pizza dessas de grandes redes.

Esta versão parecia extrair o máximo sabor de cada ingrediente, e seria capaz de levar às lágrimas qualquer pessoa insensível. Na verdade, chorar teria sido melhor, no silêncio quase total que invadiu a cozinha. Ter dado aquela cortada em Didi, pouco antes, havia eliminado as últimas boas vibrações que sobravam. Não me atrevi a atribuir a culpa a Doug, recurvado sobre a tábua de cortar, num sofrimento atroz, os lábios cerrados. Sua linguagem corporal estava totalmente despida de elegância. Várias caixas se empilhavam sobre o balcão, com as tampas abertas, separando nossos postos de trabalho. Ele havia lançado uma barreira entre nós, me desafiando a transpô-la, e foi difícil, devido aos utensílios e ao nosso objetivo comum. Mas de alguma forma conseguimos cooperar nessa maravilha:

Tatin aux cèpes

1kg de cogumelos selvagens, limpos com ajuda de um pano úmido
3 echalotas grandes, picadas bem miudinho

2 colheres de sopa de manteiga pura (sem sal)

sal e pimenta-do-reino

¼ de xícara de salsinha, sem os talos

3 dentes de alho

⅓ de xícara de nozes bem moídas

óleo de nozes

300g de massa folhada

1 gema de ovo

Aqueça previamente o forno, a 200°C.

Corte os cogumelos em fatias finas, depois refogue-os na frigideira, juntamente com as echalotas, em duas colheres de sopa de manteiga derretida, até dourar. Se verter muito líquido, mantenha no fogo para reduzir, até que o líquido tenha evaporado. Depois tempere bem com sal e pimenta e arrume os cogumelos sobre o fundo de uma fôrma de tortas, com 23cm de diâmetro (não use as de fundo removível), untada com manteiga.

Pique bem miudinho a salsa juntamente com o alho (a isto chama-se *persillade*) e depois salpique sobre os cogumelos. Em seguida espalhe as nozes moídas e derrame sobre a mistura um pouco de óleo de nozes.

Com todo cuidado, cubra a superfície com uma camada de massa folhada, empurrando as bordas para dentro. Pincele com a gema batida e asse por 20 a 30 minutos, até a massa ficar dourada. Passe uma faca pelas beiradas, para soltar qualquer pedaço que tenha grudado na fôrma. Cuidadosamente, inverta a torta sobre o prato onde será servida. Deve ser servida quente, derramando-se por cima um fio do óleo de nozes.

Serve 6 pessoas.

Madame pouco mais fizera do que fornecer a receita, dando a ajuda que se pode esperar de qualquer motorista auxiliar num ônibus. Mas o resultado obtido acabou redimindo-a. Os primeiros pedaços daquela torta quase perfeita provocaram exclamações de surpresa em todos. A densa cobertura de echalotas caramelizadas pela manteiga combinava perfeitamente com os cinco centímetros compactos de carnudos cogumelos, que pesavam sobre a suavidade da massa. Estávamos todos, inclusive Madame, um tanto atordoados. Até Doug, agarrando uma fatia que derretia com as mãos, ergueu os olhos do prato, com um sorriso, e me fez um sinal exuberante com o polegar levantado.

Mas a alegria durou pouco.

O motivo de discórdia chegou com a sobremesa. Depois de terminarmos o prato principal, Madame distribuiu instruções impressas para um suflê de chocolate e nos pediu sugestões. Doug e eu olhamos para ela em pânico. Via de regra, os suflês constituem uma ciência exata, suas nuances são guardadas em segredo como um código de lançamento de um foguete atômico, e ninguém se atreve a se meter com aquelas receitas. Por muito menos que isso, duelos já foram travados. Para piorar as coisas, acabei sabendo que Doug se orgulhava de ser uma espécie de mestre de suflês, distinção que adquirira por conta de certos momentos periclitantes em trabalhos anteriores, na cozinha de Madame.

Ele disse: "Vamos experimentar com morangos? Seria um verdadeiro desafio."

Quase com certa perversidade, ele começou a lembrar suas outras experiências com suflês, que acabaram virando uma gororoba catastrófica. Muitos tinham sido sumariamente jogados no lixo, e eu pude perceber, pela maneira condescendente dele, que Doug não me achava capaz de enfrentar uma tarefa dessas.

"A gente tem que se concentrar. É preciso muita finesse", disse ele. "Nas noites em que preparo suflês para os amigos, nem vinho eu bebo."

Eu já consumira meia garrafa de Côtes du Rhône, e ele tinha visto. Mesmo assim, estava decidido a produzir um suflê perfeito e depois oferecê-lo à sua esposa. Madame já havia preparado uma base de suflê, o *appareil*, necessário para absorver o excesso de umidade quando se adicionam frutas ou licor. Quando estava pronto para usá-la, ela já tinha esfriado, mas a fórmula, como vim a saber depois, era de uma total simplicidade:

BASE PARA SUFLÊ DOCE

4 colheres de sopa de açúcar
¾ de xícara de leite
3 colheres de sopa de farinha de trigo
1 colher de sopa de manteiga sem sal
¼ de colher de chá de extrato de baunilha

Misture duas colheres de sopa de açúcar em ½ xícara de leite, levando à fervura numa panela média.

Misture as duas outras colheres de açúcar e a farinha numa tigela média. Adicione o restante do ¼ de leite. Pouco a pouco adicione o leite fervendo e devolva a mistura para a panela. Cozinhe em fogo médio até ferver. Prossiga com a fervura por um minuto e meio, mexendo sempre à medida que engrossa, e retire a panela do fogo.

Em seguida passe a mistura por uma peneira metálica fina, sobre uma tigela, com o auxílio de uma espátula para desmanchar os eventuais aglomerados de farinha que possam ter restado. Misture a manteiga e a baunilha.

Cubra a superfície com um filme plástico (que deve chegar até a base, para impedir que se forme uma nata por cima), e deixe esfriar em temperatura ambiente. Ponha na geladeira até que seja preciso usá-la.

O resto da preparação requeria um trabalho um tanto fantástico, para lá e para cá. Madame nos deu a sua versão do suprassumo dos suflês: peneire isto, bata aquilo, misture aqui, envolva ali, prenda o fôlego, dê três pulinhos. Era como um ritual religioso. Ela achou melhor que Doug e eu trabalhássemos individualmente, fazendo suflês separados, já que o produto final iria refletir a marca de nossa criatividade. Se quiserem saber, acho que teria sido melhor encomendar um pela internet. Eu queria cozinhar algo que de fato tivesse a chance de sair bom, não chegar à fissura do átomo.

Beaune e o Luberon

Doug lavou as mãos como um obstetra que se prepara para fazer o parto de trigêmeos. "Os ovos estão na temperatura ambiente?", perguntou, com as palmas das mãos para cima, a fim de que a Enfermeira Didi pudesse secá-las.

"Ah, por favor, vamos botar logo esses bebês pra nascer!", resmunguei comigo mesmo.

Meu ânimo aumentou, de certa forma, ao separarmos os ovos e batermos as claras com uma pitada de sal, até ficarem como picos de neve. Meia xícara de açúcar, peneirado devagar sobre a mistura, deu àquilo um brilho forte, produzindo faixas que se moviam para fora, como asas de anjos. Finalmente, os picos de neve ficaram firmes como um gel para cabelos. Observar os batedores se mexerem por dentro da mousse dava a impressão de que o poder do ar era ilimitado, e que se aquele processo continuasse por muito tempo seria possível equilibrar uma pilha de livros por cima, sem que os picos se achatassem. Fiquei tão hipnotizado com aquilo que nem demorou muito e eu já tinha um merengue.

"Vai ter que fazer de novo", disse Madame, por cima da barulheira dos aparelhos.

"Parece um desperdício..."

"Mas tem que ser. As claras dos ovos precisam ficar em picos macios, senão o calor do forno não vai expandir as bolhas de ar na massa. É isso que dá aos suflês a sua leveza maravilhosa, e que faz com que eles cresçam." Madame veio até o meu lugar e jogou minha massa no lixo. "Da próxima vez, pare de bater quando as claras começarem a crescer."

Senti meu rosto arder com aquela repreensão. Do outro lado do balcão, Doug observava a cena com um sorrisinho. Isso me deixou ressentido, enquanto limpava a tigela e começava a separar outro conjunto de ovos. Se pudesse, faria a batedeira dele queimar.

Dessa vez, prestei mais atenção ao bater os ovos, começando numa velocidade bem lenta, como se faz numa caminhada a sério, e depois aumentando, até ir a todo vapor. Quando a mistura criou uma espuma fina, deixei o sal correr entre os dedos, e observei como acontece a mágica: os picos ergueram-se do fundo espumante. Quando adicionei o açúcar, os picos tomaram aquele brilho especial e começaram a indicar estado de atenção, momento em que pisei nos freios.

Eu tinha certeza de que ninguém antes produzira picos mais suaves e firmes. Eles pareciam espuma de fazer barba, e me deu vontade de passar um pouco no rosto.

Sem esperar pela aprovação de Madame, derramei uma colher de chá de geleia de morangos sobre a base para suflê, e depois uma xícara de morangos grandes previamente limpos, desfolhados e picados, e em seguida uns pingos de baunilha. Agora vinha a parte mais ardilosa: misturar cerca de um terço das claras na base, para ficar mais leve, em seguida incorporar o restante rapidamente, mal homogeneizando o resto. Lembrei do que me disse certa vez Sandy D'Amato: que o segredo de um suflê estava na estrutura, em encontrar o equilíbrio correto entre o sabor e a textura. "Quanto mais claras você puser, menos sabor irá conseguir", declarara ele. "Se o suflê ficar estável – realmente encorpado e com sabor intenso –, então é possível acrescentar mais claras, e mesmo assim ele continuará delicioso." Era por isso que o chocolate complementava tão bem a receita, pois engrossava as claras sem sacrificar o gosto, enquanto com Grand Marnier muitas vezes a gente só conseguia sentir o sabor das claras. "É fácil fazer um suflê, depois abri-lo e derramar *crème anglaise* no meio dele", acrescentara Sandy. "Mas tudo o que sentimos realmente é o sabor do *crème anglaise*. Um verdadeiro suflê deve ser capaz de se sustentar por si mesmo."

Derramei mais uma ou duas colheres extras de geleia na minha base. Com a delicadeza de uma assistente de parto, ajudei toda aquela massa trêmula a deslizar para uma fôrma bem besuntada de manteiga, e em seguida coloquei-a num tripé, como uma bela escultura.

Dei uma olhada em Doug, que também chegara ao mesmo ponto do procedimento, só que ele batia a mistura assim como um jóquei trotando a caminho de casa. Sugeri que ele despejasse as claras com um pouquinho mais de delicadeza.

"Já fiz isso mais de mil vezes", insistiu ele, me fuzilando com o olhar.

O meu dar de ombros significou: "Faça como quiser", porém as palavras se imobilizaram em minha garganta.

Beaune e o Luberon 113

"Não! Não! *Não!*", irrompeu uma voz do outro lado do aposento. Madame surgiu excitadíssima detrás do armário. Pensei que ela estivesse vindo na minha direção, agitando muito os braços, mas apenas roçou pelo meu ombro, arrancando a espátula das mãos de Doug. "Isso que você fez é uma sopa, seu *idiota!*"

Fiquei com medo que ela lhe desse um tapa nas mãos. Em vez disso, ela ficou de costas para ele e deu de ombros, mexendo abruptamente aquela massa grudenta sem erguer os olhos, até que Doug se esgueirou dali.

"Os ovos estão em temperatura ambiente? Já fiz isso mais de mil vezes", cantava o diabinho em minha orelha.

Por um momento me senti vingado, até me dar conta de que a honra de Madame jazia em minhas mãos. Ela olhou inexpressiva para o meu suflê, assentindo quase imperceptivelmente diante daquela obra-prima. Segurando-o como se faz com um recém-nascido, ou com uma granada ativada, fui colocá-lo no forno aquecido a 220 graus.

Não sei ao certo quanto tempo permanecemos assim, mas foi um tempo considerável, talvez uns 20 minutos ou mais, sem que nenhum de nós dissesse uma palavra sequer. De minha parte, me retirara para um canto, sozinho, empurrando tudo o mais para longe. Só agora, nestes últimos meses, consigo lembrar como passei o tempo ali. Minha mente foi girando através da infinita sucessão de equívocos que estragaram a semana anterior. Beaune fora um desastre, sob qualquer ponto de vista. E Madame... bem, dificilmente ela podia corresponder às expectativas que eu tinha de um mentor na Provença. Comparando-a com Bob Ash, a experiência foi de uma total improvisação, embora talvez o suflê pudesse, até certo ponto, redimi-la. Claro, meus colegas da Califórnia poderiam ter uma opinião diferente, mas eles eram um casal bastante desagradável. E como se não fosse o suficiente, minha namorada tinha me dado um fora – por e-mail, ainda por cima.

"Quem sabe quando o suflê sair do forno eu enfio minha cabeça lá dentro", pensei, sem perceber que falara em voz alta.

"Você não vai fazer nada disso", disse uma voz zangada. Pisquei algumas vezes, e Madame olhou para mim cheia de tato, com um desconforto que ainda não vira em sua fisionomia. A preocupação parecia lhe subir pelo rosto em nuvens finas de vapor, como acontece com a chuva sobre o asfalto quente. Talvez por algum instinto maternal, ou por algo mais próximo do afeto que ela era capaz de manifestar, devo ter-lhe parecido um condenado, pois quando tentei levar a coisa na brincadeira, ela se aproximou e passou os braços ao meu redor. Aquele foi o abraço mais estranho que já recebi em toda a vida, muito parecido com uma outra vez, na minha graduação, quando a professora de Física me deu um beijo. Madame estava segurando um pano de prato, e logo o passou para mim, dando a entender que havia chegado a hora.

Obediente, fui até o forno e retirei o suflê. Os olhos dela acompanhavam minha expressão, que eu procurava manter a mais serena possível.

"O que eu acho", disse Madame, num tom significativo, "é que você atingiu o Everest, meu caro." Por alguns segundos seu rosto foi tomado pelo orgulho, antes de se fixar na sua máscara profissional. Ela não baixaria a guarda totalmente, mas eu sabia que gostava de mim de uma forma vaga e complicada.

Coloquei cuidadosamente o prato sobre o balcão e recuei para admirar a obra. O resultado exibia uma beleza como eu jamais conseguira antes. A casca esponjosa, delicada e protuberante transbordava da beira canelada da terrina e inflava numa linda coroa castanho-claro, adornada com joias feitas de pedaços de morango. Delicadamente toquei com o dedo no centro, incapaz de controlar a excitação. Ele estremeceu ao toque, e então senti que estava cremoso, como uma omelete, cheio do que os chefs franceses costumam chamar de *babouse* – ou seja: baba mesmo. Uma fenda surgiu na superfície, exalando uma névoa de calor perfumado.

"Depressa", disse Madame. "Temos de comer antes que murche."

Ela chamou os outros, insistindo para que viessem para a mesa, o que para mim não foi uma boa ideia. A seu favor, ambos não pareceram irritados com o contratempo anterior, e sorriram ao verem a imagem perfeita do meu suflê. Fiquei com pena de Doug, e disse pra ele que aquilo fora apenas sorte de iniciante. Que eu não teria capacidade psicológica para repetir aquilo para convidados de um jantar, como ele fizera. Comecei a

Beaune e o Luberon

dizer outras coisas para amaciar seu ego, porém Madame interrompeu, lembrando a todos que todo cozinheiro tinha um, ou três, ou mesmo oito desastres com suflês em seu currículo. Depende da região. Então eu vi Doug olhar para Didi e depois girar os olhos em minha direção. Ou estaria imaginando coisas? Eu não tinha saída, sentindo que havia um intenso antagonismo entre nós dois.

Olhei fixamente para o casal, até conseguir que prestassem atenção em mim. Meus olhos se contraíram em dois pontos minúsculos. Me preparei, disposto a explodir com eles. Mas consegui me conter, num breve momento de lucidez, e me dar conta do absurdo que seria dois homens adultos numa disputa de machos para saber quem fizera o suflê mais fofo.

Madame olhava cautelosamente para nós e empurrava várias porções na nossa direção ao mesmo tempo, murmurando: "Talvez isso acalme as coisas."

Deve ter parecido totalmente absurdo, considerando-se toda aquela tensão na sala, eu ter explodido em gargalhadas, um som bastante estranho que deve ter soado ameaçador pela forma exagerada como se prolongou.

Como forma de ignorar meu comportamento, Madame, Doug e Didi começaram a comer. De cabeça baixa, todos atacaram o suflê, mais por necessidade do que por desejo, sabendo que no final teriam de opinar favoravelmente. O cheiro era pecaminosamente delicioso, mas nem toquei no talher. E tampouco esperei pelos cumprimentos que viriam depois.

Enquanto os outros estavam absortos, me levantei e fui perambular pelo pátio, onde o ar estava umedecido e carregado de perfume de hibiscos. Era incrível deixar que uma disputa tão pequena assim me derrubasse. Não importava quem fosse – minha ex-esposa, uma amante, um conhecido de dois dias numa aula de culinária –, parece que agora não podia competir com ninguém que se transformasse de aliado a antagonista.

Cheio de gratidão, inspirei a noite libertadora. Do outro lado da estrada, os vinhedos pareciam se suceder infinitamente, com suas tranças camufladas à luz do luar, como exércitos à noite. Mesmo na escuridão a vista era digna de se admirar.

Semicerrando os olhos, segui um caminho entre os vinhedos que parecia indicar um ponto intermediário na subida da montanha, desaparecendo depois nas trevas, levando, como imaginei, até a beira do universo. Olhei mais intensamente ainda, com esperança de perceber o seu desenho. Depois comecei a correr.

★ ★ ★

O ALMOÇO DO DIA SEGUINTE foi como uma cena tirada de uma peça de Harold Pinter. Tínhamos passado a manhã percorrendo o mercado local de Tarascon, frequentado especialmente pela grande concentração de norte-africanos na cidade, e que por isso é cheio daqueles temperos considerados exóticos, mesmo para os padrões franceses. Tarascon não participava absolutamente da expansão dos mercados de Lyon ou de Bresse. A multidão era congestionada e intratável. As barracas, pululando de imigrantes, competiam com o tráfego que rodava pela praça principal, encobrindo a fumaça dos canos de descarga com o cheiro do açafrão e do cominho.

Mas, no final, a fumaça prevaleceu. Nossa única esperança foi seguir em direção ao rio, onde o ar renovaria nossos ânimos, ou, pelo menos, a nossa vitalidade. Diretamente do outro lado do Rhône, na cidade portuária de Beaucaire, encontramos um restaurantezinho ensebado – Au Nord Au Sud – que servia *moules frites* de 20 formas diferentes. Ficamos numa mesa no terraço, à margem do rio.

Enquanto aguardávamos a comida, debaixo de um sol escaldante de meio-dia, ninguém conversou. O cardápio foi discutido, as instruções foram dadas, mas fora isso, nada tínhamos a dizer um ao outro. Até Didi achou mais prudente desligar o conversador. A garrafa de *rosé* foi servida em silêncio.

Para agravar aquele constrangimento, pedi licença e segui uma linha tortuosa até chegar aos fundos do restaurante, na cozinha. O lugar não passava de um buraco na parede, uma salinha mínima, naquele primeiro andar de um velho prédio de escritórios, onde dois africanos sem camisa transpiravam diante de uma balbúrdia de panelas fumegantes. A pele deles era oleosa, brilhante e muito negra. Não daquela cor marrom da maior parte dos americanos, porém mais escura, como o ébano polido, que fica muito brilhante. Era um milagre como eles conseguiam se manter mais que alguns minutos naquele calor louco e brutal. Por todo o canto, onde não houvesse vapor, gordura ou lixo, havia mariscos. Empilhados em imensos sacos de cânhamo, suspensos à parede, debaixo do balcão, em tambores plásticos de azeite, e também nas prateleiras. Conchas quebradas, provavelmente já de alguns dias, espalhavam-se pelo chão.

O cheiro me atingiu com muita força, e eu me voltei. Minha náusea foi tão forte que chamou a atenção dos homens. Um deles olhou para cima e sorriu, com os dentes como um grande teclado de piano. "E aí, patrão?", disse ele, num inglês maltratado.

Sobre uma tábua imunda, ele ia cortando uma sequência de cenouras, aipos e cebolas, varrendo tudo com as costas da mão para uma velha panela de ferro. Com um chiado, um punhado de toucinho foi lançado dentro da panela, seguido de alho picado e flocos de pimenta ardida. Os mariscos vieram a seguir, juntamente com um tomate cortado e azeitonas. O homem estava no auge da batalha, no comando de um cruzeiro. Havia uma eficiência elegantemente mecânica na movimentação das suas mãos enormes: encontrando o sal, depois derramando bastante vinho branco até cobrir o conteúdo, mexer, moer a pimenta-do-reino, acrescentar a manteiga, mais manteiga, e mais ainda, inclinar a panela o suficiente para que tudo ficasse encoberto, antes de abençoar com um punhado de salsinha. Fazendo muito barulho, colocou a tampa sobre a panela e aumentou o fogo.

Por um momento, me deu fome. Não há nada melhor que uma tigela de mariscos, cozidos num caldo simples de vinho branco, com acompanhamento de batatas fritas. Se estiverem frescos, isto é, se tiverem sido recolhidos em água clara e fria, se forem limpos adequadamente e não ficarem demasiadamente cozidos – eles terão o sabor do mar. De outro modo, cheirarão a peixe e ficarão difíceis de mastigar, duros como borracha. Parece não haver meio-termo. Conheci gente capaz de comer vários quilos sem parar, até que encontram um ruim, e aí ficam anos sem querer saber de mariscos. Mas se estiverem frescos, como eu disse, e cozidos num caldo saboroso, a combinação de sabores fica imbatível.

Sou louco por *moules frites*. Lily e eu comemos sempre, depois de ficarmos procurando alguma ideia para o jantar. Percorremos toda a minha lista de receitas, sem que nada atraia a nossa atenção, até que, de repente, o rosto de Lily se ilumina e ela exclama: "Hei, pai, que tal *moules frites?*", e disparamos a rir diante do óbvio. Também é o almoço perfeito, bastante leve, porém substancial, principalmente na França, onde a preparação é uma coisa tão segura quanto a burocracia de um funeral. Teria sido tão bom que a minha curiosidade não tivesse se intrometido...

O cozinheiro recuou, encostando-se na parede, limpando um jorro de suor com as costas do braço. Suspendeu as calças, e deu aquele sorriso brilhante.

"E então, chefe?"

Balbuciei: *"Pas mal"*, o que era quase verdade. Ele havia criado aquele prato num esforço tão consistente, era realmente lindo de se ver. E instrutivo, também. Eu haveria de preparar mariscos para a minha filha exatamente daquele jeito, assim que chegasse em casa. Mas aquela cozinha, se é que se poderia chamar aquilo de cozinha, era uma confusão absolutamente indecente, e tive minhas dúvidas de que qualquer coisa vinda dali pudesse descer pela minha garganta.

Alguns minutos mais tarde, Doug devorou os seus mariscos, declarando que eram os melhores que já havia comido em toda a vida. Depois ele se serviu da minha parte, que continuava intacta na caçarola. Reclamei do calor e dos efeitos dos canos de descarga de Tarascon. Porém foi a vívida cena que presenciei por trás das cortinas que acabou completamente com meu apetite.

Fiéis à agenda de Madame, discutimos o jantar durante o longo caminho de volta. Houve algum debate sobre fazermos carne de porco assada coberta com ervas, que eu tinha visto numa revista na escrivaninha dela. Mas aquilo não pareceu um desafio para mim. Também não seria algo que eu faria de novo mais tarde. Um *ratatouille* poderia ser bom... os tradicionais berinjela, abobrinha e tomates, misturados com

Beaune e o Luberon   119

alcaparras e *herbes de Provence* – porém não era nada inesperado, nada fora do comum.

Fiquei frustrado, mas não disse nada aos outros. No entanto, aquilo deve ter ficado estampado em meu rosto. Nos últimos dias estabelecera-se um mal-estar generalizado, no qual me comportava mais ou menos como um sonâmbulo nas aulas de culinária de Madame. Não mostrava nenhum entusiasmo pelas receitas apresentadas. Fora o suflê e a torta de cogumelos, as aulas tinham sido uma perda de tempo. E isso deve ter deixado Doug extremamente irritado, ele que ficava tão excitado com elas.

"Ah! Olhem só o que o vento nos trouxe", exclamou Madame, quando o carro penetrava na entrada de sua casa.

Manobramos até o bangalô de hóspedes. Duas mulheres de saias muito curtas estavam sentadas nos degraus da frente, com as pernas esticadas e garrafas de champanhe dançando nas mãos inquietas. Pela aparência, poderiam estar na porta de alguma boate em South Beach. Bebendo diretamente no gargalo, e tagarelando como se fossem as duas únicas pessoas naquele cenário, elas nos ignoraram até sairmos do automóvel. A loura esfuziante, claro, era a filha de Madame. Era uma mulher de uma magreza pouco natural, com maquiagem demais em torno de uns olhos de quati. As apresentações foram um tanto constrangidas. Nenhuma das moças se importou em saber quem éramos, apesar das mãos que estendemos para cumprimentá-las. Elas podiam estar cansadas demais, ou embriagadas, ou então eram mesmo muito mal-educadas. Isso não importava. Madame lhes prometeu um jantar esplêndido, cortesia dos seus dois "prezados alunos", que presumi que seríamos Doug e eu, mas elas não se interessaram. No chão do pátio jaziam os restos da nossa gloriosa tábua de queijos, que tinham sido escavados e destroçados, como se dois animais os houvessem atacado. Uma faca tinha ficado espetada num pobre *chèvre*.

Olhei espantado aquela cena, me esforçando para não rir. Era triste, vulgar e inteiramente fora do contexto. Procurei não olhar para Madame, que se contorcia deliciada. Aquela mulher tão decente, que seria capaz de assassinar alguém que sequer *pensasse* em se comportar daquela maneira, se transformara numa supermãe, toda risinhos, louca para agradar. Era uma

120   *Aprendiz de cozinheiro*

transformação realmente espantosa. Desejei que a minha expressão não revelasse nada, mas estava a ponto de me romper, como uma das barreiras de Nova Orleans, caso permanecesse mais um minuto ali.

A caminho do quarto, esbarrei em Doug e Didi, que estavam a um canto afastado da sala, as cabeças muito próximas, e eu sabia perfeitamente do que falavam. Quando passei, eles ergueram os olhos e balançaram a cabeça, com ar sombrio. Fiz um gesto de assentimento, com uma piscadela.

Lá em cima, tomei uma ducha, esfregando bem o corpo todo. Em seguida abri a valise e arrumei minhas coisas, de forma lenta e metódica. Eu já havia pensado antes nas razões para uma saída às pressas. Não lamentava ir embora dali mais cedo. Não tinha sentido passar mais tempo na cozinha de Madame. E Doug poderia ter todos os holofotes voltados sobre ele.

Enquanto punha as malas no carro, começou a chover. Do outro lado, no pátio, reparei que as duas moças haviam desaparecido, mas o conteúdo das suas malas jazia numa pilha, junto à porta. Quando retornei lá dentro, para as despedidas, ninguém se mostrou surpreso com a minha partida. Doug me apertou a mão como estivesse com pena de me ver ir embora, e pelo que eu saiba esse poderia ser mesmo o caso. Mas de agora em diante, ele estaria ali por conta própria. E Madame poderia voltar a ser o tipo de professora de culinária de que ele tanto precisava.

Quando eu dava a ré no carro, Didi irrompeu pela porta da frente, correndo em minha direção, protegendo-se da chuva com um jornal. Curvou-se junto à minha janela e comprimiu um pedacinho de papel em minha mão.

"Se for lá por nossas *bandas*, isto aqui é como poderá nos *encontrar*", disse, e depois se enfiou pela janela e me deu um beijinho.

DIRIGI DEVAGAR O CARRO PELA CIDADEZINHA, até chegar às montanhas. Já que me havia esgueirado do passado, abri as janelas, deixando que o ar fresco batesse sobre mim. A chuva expulsara o calor da tarde, trazendo um excitante aroma pantanoso. O efeito era de um sonho, revigorante:

Beaune e o Luberon

livre, finalmente. Num cruzamento, antes de descer para St.-Rémy, parei um momento e olhei o vale, lá atrás, estendendo-se plano como um afresco imenso. Feixes de nuvens prateadas haviam descido sobre Maussane, impedindo-a quase completamente de ser vista. O pedaço de papel que Didi me dera estava escrito em letras grandes e redondas, com uma carinha sorridente no lugar dos pontos dos *is*, em seu nome. Isso era a cara dela, pensei.

Depois, dobrei o papel num quadradinho, e o enfiei num canto do porta-luvas, onde imagino que ainda esteja.

3. O Mediterrâneo

Naquele verão foram poucos os americanos que viajaram para a França. Embora a economia dos Estados Unidos continuasse em alta, houve uma reação violenta e previsível ao fato de Chirac não apoiar a guerra no Iraque. Pelo menos, foi assim que os comerciantes consternados contaram a história, para quem quisesse ouvir. E pelo visto, em nenhum outro lugar isso estava mais evidente do que em Nice. Por onde quer que andássemos, mas sobretudo na Promenade des Anglais – onde os garimpeiros de praia se davam os braços e caminhavam em grupo, solenemente, pela calçada que segue ao longo do Mediterrâneo –, não se ouvia falar aquele inglês estridente, que normalmente chega a perturbar a tranquilidade das ondas.

Para alguns pontos comerciais, foi como uma condenação instantânea. Várias lojas mais antigas, que dependiam do dólar do turismo, penduraram na porta uma placa de fechado até meados de agosto, incapazes de se sustentar na crise prolongada. Foram os restaurantes os que mais sofreram. Recusaram-se a reduzir os gastos, porque isso significaria que cediam à crise, mesmo que em muitas noites ficassem totalmente vazios. Os cafés e as cervejarias ao ar livre enchiam-se de alemães, sentados como estátuas ao sol, bebendo Löwenbräus e comendo pizza, desfrutando a ausência dos Aliados. Mas os restaurantes sérios, os *gastronomiques*, dos quais os alemães mesquinhos costumam fugir devido às diferenças culturais, lutavam contra todas as probabilidades para poderem sobreviver.

Eu tinha vindo a Nice com a intenção clara de cozinhar. A cidade ocupava um dos primeiros lugares na minha lista de metas, porque a comida ali era tão próxima da cozinha do dia a dia quanto se poderia esperar: cheia de virtuosismo, e bonita, sem ser muito complicada. A espetacular variedade dos peixes mediterrâneos era prodigiosa: *saint-pierre, mérou* (garoupa), *rascasses* (peixe-escorpião), robalo, *dourade, langoustes* (lagostas),

O Mediterrâneo

lotte (peixe-sapo), *rouget* (salmonete) e as minhas amadas *moules*. E também estava precisando contemplar o mar por algum tempo, a fim de clarear a mente. Decidira aprender a produzir alguma coisa verdadeiramente fabulosa. Seria esse o truque. Um novo começo. Só esse pensamento já me deixava inspirado. Uma nova receita... para tudo.

Eu tinha a promessa de uma aula particular com Bruno Söhn, o chef do novo e brilhante hotel Palais de la Méditerranée, que ocupava a invejável posição de eixo da Promenade. Pelo seu gigantesco porte e toda aquela ostentação, era possível dizer que o Palais marcava uma nova orientação para Nice, muito à maneira como o Caesar's Palace transformara o horizonte de arranha-céus de Las Vegas. Mesmo o imponente hotel Negresco já começava a demonstrar sua idade. Mas depois de nove meses, apenas, o Palais ainda estava procurando se afirmar. Falava-se que o seu restaurante, o Le Padouk, estava se esforçando demais, ou então que não estava se esforçando nada – isso dependia da fonte da informação. "Ninguém vai lá", me contou a minha amiga Lanie, que mora em Nice. Mas quando cheguei ao hotel, numa adorável noite de sábado, bem depois das dez, o salão do restaurante estava lotado de fisionomias sorridentes.

Claro, a Promenade era conhecida por abrigar lugares como aquele, espalhafatosos e caros, sem muita preocupação com a qualidade da comida. Havia sempre muita atitude ali, junto com gente muito bonita, que não ligava se estava sendo enganada. Mas o Le Padouk contava com Bruno Söhn, uma salvaguarda contra tal pretensão.

Eu já ouvira falar de Bruno Söhn por informação de boca a boca, na época em que ele devorava as estrelas do Michelin como se fossem sucrilhos. Por duas vezes obteve duas estrelas antes de completar 35 anos, o que certamente é uma façanha incrível. Mas também ficou pulando daqui para ali, começando pela Alsácia, onde nasceu, e depois Estrasburgo, Paris, Hong Kong e diversas cozinhas pela Côte d'Azur.

"Aprender, aprender sempre", me disse ele no dia seguinte, quando finalmente fomos apresentados.

Foi em meio à preparação do almoço, nos fundos da bela cozinha do Le Padouk, onde os cozinheiros voavam de lá pra cá como jogadores de polo após o intervalo. Apesar daquele redemoinho verdadeiramente louco, Söhn se mostrava muito calmo, não parecendo abalado com a minha súbita irrupção, imposta a ele pelo assessor de imprensa do hotel.

Ele me sorriu com indulgência, e quando lhe perguntei se poderia cozinhar sob sua orientação, declarou: "Primeiro, vamos comer." Mesmo antes de eu confessar que já almoçara, me acomodou em uma mesa, no *terrasse* situado por cima da entrada art déco do hotel, e que oferecia como vista o mesmo horizonte infinito do Mediterrâneo que Jacques Cousteau tanto deve ter admirado. Era uma varanda ampla, parecendo aquelas sacadas de prédios empresariais, e cuja enormidade fazia com que as pessoas se sentissem pequenas e perdidas. Viam-se pilastras homéricas, deixadas pela estrutura anterior do hotel, e somente algumas mesinhas postas, para refletir o paladar sofisticado do chef. Andorinhas-do-mar deslizavam pelo céu, imobilizadas pela força do vento, e volta e meia uma delas mergulhava de cabeça num voo perpendicular, por cima da bandeja estendida de algum garçom.

Deveria ser um almoço simples – "somente uma salada", prometera Söhn. Mas ele precisava exibir um pouco da sua produção, e por isso o almoço não foi tão simples assim, e tampouco se compôs só de "salada". Na verdade, a tigela em que esta chegou poderia acomodar perfeitamente um bebê adormecido, talvez até gêmeos.

"Só pode ser brincadeira", balbuciei, quando a colocaram na minha frente. Mexi nela com o garfo, ao que o garçom arregalou os olhos, consternado.

"O chef Söhn a criou especialmente para o senhor", disse enfático, como se quisesse me lembrar gentilmente que aquela salada não deveria ser tratada apenas como... uma salada.

Havia ingredientes demais para se poder contar, todos dispostos de maneira muito específica, tudo equilibrado com perfeição, assim como um Stonehenge comestível: grãos de cacau, lula, amêndoas sem pele, *cèpes*, abóbora verde e amarela... Na grande tradição do modernismo europeu, aquela salada expressava a visão do chef, sua forma de encarar a composição e a textura. Foi quando percebi que uma salada pode ser uma obra de arte.

"O que vai acontecer se eu mexer aí?", perguntei, admirando toda aquela arquitetura.

"Você será um americano muito feio", respondeu divertido Söhn, enquanto se aproximava. Ele alcançou um garfo do outro lado da mesa e desmanchou toda aquela composição espetacular. "Pronto. Só para o caso de você ter ficado com medo."

Fiquei perplexo quando ele me revelou ter apenas 40 anos. Parecia ter a minha idade, com a pele amarelada e uma cintura bem expandida, graças, talvez, à vida passada quase toda de um lugar para outro, sempre em cozinhas enfumaçadas. Fico impressionado como tantos chefs abrem mão de tudo para apenas cozinhar. De certa forma, é como um sacerdócio: uma vez recebido o chamado, a pessoa se dedica inteiramente à cozinha. Só recentemente percebi, pela primeira vez, toda a extensão desse compromisso, o caminho severo trilhado por quem quer que nutra esperanças de um dia dirigir seu próprio show. É uma excursão longa e solitária, que começa em torno dos 14 anos, quando o aspirante deixa sua casa para se tornar aprendiz num restaurante. Em diversas cozinhas que visitei, sempre havia um grupo de jovens *commis*, como eles são chamados lá, realizando as tarefas menores, embora essenciais, como descascar legumes, medir os ingredientes, sovar as massas, ajudar em todas as fases da preparação, enquanto não deixavam de estudar o trabalho dos cozinheiros à sua volta, sempre analisando, observando as mãos dos cozinheiros, os seus instintos, recolhendo dicas e pistas para o objetivo final. Eles trabalhavam em longos e árduos turnos, muitas vezes 18 horas por dia, interrompidos apenas pelos períodos de sono num dormitório que normalmente fica situado em cima da cozinha.

Bruno Söhn não era diferente dos outros chefs que conheci. Ele passou toda a sua adolescência aprendendo a cozinhar num pequeno restaurante de Estrasburgo onde, sem as estrelas do Michelin e tampouco outros funcionários, teve de aprender a fazer tudo, desde passar a ferro as toalhas de mesa e fazer pão, até as complicadas reduções de vinho do Porto. "Trabalhávamos até tarde da noite", lembrou ele, "fazendo comidas extremamente clássicas, *tournedos Rossini*, à moda do Escoffier, coisas do gênero."

De repente ele parou de falar, lançando um olhar fulminante para dois garçons que serviam os pratos para dois belos casais numa mesa próxima. Era possível ler nos lábios deles, enquanto apresentavam as refeições para que os clientes vissem: *"L'onglet?"*, *"Le pigeonneau?"*

Os restaurantes desse quilate tinham a obrigação de saber *quem* pediu *o quê*. Fiquei consternado, mas nada disse a Söhn, que parecia levar a coisa com serenidade. "É este o problema aqui em Nice", suspirou, passando a ponta do guardanapo pela boca. "De um modo geral, a comida não é lá muito boa, e o serviço, particularmente, é horrível. A cidade não dispõe de nenhuma estrutura para a comida *gastronomique*."

"Mas com certeza o Negresco é tão bom quanto dizem", falei, tentando parecer natural ao me referir ao seu concorrente, situado na mesma rua, um pouco abaixo. De qualquer modo, parecia injusto comparar aquele novo empreendimento com uma cozinha reverenciada há tanto tempo, e famosa por produzir nomes como Alain Ducasse, Dominique le Stanc e Alain Llorca.

Um olhar curioso passou pela fisionomia de Söhn.

"Ah, é uma pena", disse, com a voz um tanto rouca. "Mesmo uma fortaleza como o Negresco também sofre. Eles contrataram um novo chef, o terceiro este ano."

Mais tarde alguém me falou sobre a guerra que se travava entre o Le Padouk e o Negresco. Um vivia atacando a equipe do outro, e ninguém se beneficiava com isso. Agora ambos estavam aparentemente preocupados com o tipo de clientes que acompanhavam cada batalha daquela guerra culinária local.

"Mas você vai ver como se concebe a minha comida", disse cheio de confiança. "Vamos fazer algo muito especial juntos, mais para o final da tarde, uma experiência que venho testando para o cardápio."

Durante a hora seguinte, Söhn foi abrindo uma garrafa atrás da outra de um impressionante Borgonha branco, trazido da adega do hotel. Deviam estar sobre a mesa seis ou oito vinhos extraordinários: Corton, Ladoix, Montrachet, os maiores sucessos. No calor do sol do meio-dia, o álcool foi lentamente tomando posse de meu corpo.

O Mediterrâneo

Com certeza estimulado pelo vinho, fui diretamente para o meu quarto ligar para Carolyn. Já havíamos trocado alguns e-mails, mas ela não pareceu feliz ao ouvir minha voz, como aquela última taça de Rully me fizera crer. Depois de uma hora, com muita esgrima, entre avanços e recuos, surgiu uma possibilidade remota de ela ir se encontrar comigo em Paris. Ela não disse não, mas também não disse sim. Ia "pensar e resolver". Eu precisava ser paciente.

ESTAVA COMPLETAMENTE DESTRUÍDO quando apareci para trabalhar na cozinha do Palais de la Méditerranée. Me ajeitei no espelho de uma pequena pia. Felizmente, o chef Söhn parecia mais preocupado em reunir os ingredientes para a aula.

Ele tinha colocado seis ou sete tigelas pequenas com flores de abobrinha, azeitonas *niçoise*, minúsculas echalotas arroxeadas, manjerona e outras delícias absolutamente impecáveis que ele trouxera de manhã do Mercado Saleya. Depois de lavar algumas flores de abobrinha, ele se sentou num banco alto, junto do balcão, com uma garrafa de Rully gelado.

"Esta é para nós", disse Söhn, derramando o vinho numa taça, que me ofereceu com uma pequena reverência. "E isto", prosseguiu, acenando com a mão sobre as tigelas, "é para a nossa sopa".

Se eu senti algum tipo de desapontamento, não deixei transparecer. Tanto caminho percorrido, só para aprender a fazer uma sopa... Mas, é claro, chefs como Bruno Söhn não fazem uma sopa comum, com certeza não do tipo que eu costumava servir. Além disso, ele vinha trabalhando numa receita que pretendia obter uma reação emocional, do tipo água na boca, desde a primeira colherada.

"Uma refeição deve ser cheia de momentos como este", disse ele, "e deve começar imediatamente."

Söhn planejava lançar verdadeiros fogos de artifício em meio a uma explosão de ervas, temperos e sabores que, combinados com diversas texturas, pudessem transformar a sopa numa rebelião culinária.

"Olhe só para isto", disse, me puxando pela manga até a câmara de refrigeração. Pegou um prato contendo algo como um manjar branco, com a aparência e a consistência de iogurte. Olhou para aquilo com um desejo quase obsceno. "É um queijo fresco de cabra, que vou usar para um creme de abobrinha que fará parte da sopa. Comprei de uma mulher no mercado, que o tira de um latão vermelho guardado debaixo do balcão, só para os clientes especiais." Ele também me mostrou um *crème fraîche* vindo da fazenda de um amigo, na Normandia. "Viajou 1.500 quilômetros só para colocarmos meia colher de chá dele na sopa. Você nem imagina quanto custa isso."

A sopa, explicou ele, exigia tanta atenção quanto qualquer outro prato do cardápio. Esta não seria uma receita fácil de preparar, porém o resultado, segundo Söhn me garantiu, valia todo o esforço.

Sopa de abobrinhas do Mediterrâneo

½ cebola média cortada em fatias finas

2 echalotas cortadas em fatias finas

1 dente de alho picado

azeite de oliva

5 abobrinhas pequenas (cerca de ½kg)

2 xícaras de caldo de galinha

1 abobrinha (só a casca, removida em tiras com um descascador de legumes, branqueada por 2 minutos, escorrida e depois resfriada em água gelada)

1 colher de sopa de creme de leite fresco

1 pedaço pequeno de abobrinha (cerca de 8cm de comprimento) cozinhada em água e sal por 5 minutos, resfriada em água gelada, depois esmagada com garfo juntamente com sal, pimenta e uma colher de sopa de azeite de oliva. Reservar.

4 flores de abobrinha

150g de queijo fresco de cabra

O Mediterrâneo

sal kosher e pimenta-preta recém-moída

12 azeitonas *niçoise* pequenas

1 raminho de manjerona fresca

Numa panela, em fogo baixo, frite levemente as cebolas, as echalotas e o alho em três colheres de sopa de azeite de oliva até amolecerem, porém sem dourar (cerca de 5 minutos).

Corte as 5 abobrinhas em fatias de 1,5cm (não podem ser muito finas, senão a cor irá mudar durante o cozimento). Acrescente a mistura de cebola e echalotas e cozinhe até que percam a firmeza, com cuidado para que a mistura não queime. Adicione um pouco de sal e cozinhe por mais 2 minutos, num fogo muito baixo.

Acrescente o caldo de galinha e até ferver bem; reduza a chama e cozinhe em fogo muito baixo por 10 a 15 minutos, ou até as abobrinhas ficarem tenras. Acrescente sal e pimenta a gosto.

Coloque a tigela onde ficará a sopa dentro de outra tigela maior, cheia de gelo, afundando-a o máximo possível. Coloque as cascas escaldadas da abobrinha no liquidificador, acrescente metade da sopa e bata até ficarem homogêneas, como um purê. Despeje o resultado na tigela mergulhada no gelo. No liquidificador, em velocidade máxima, bata o resto do caldo e acrescente o creme de leite fresco até formar um purê de lindo tom esverdeado. Acrescente este resultado na sopa que já está na tigela gelada. Mexa vigorosamente e deixe esfriar, corrigindo o tempero durante esse processo. (Isto pode perfeitamente ser preparado com até um dia de antecedência, mantendo-se na geladeira.)

Usando um mandoline, corte em fatias finas o pequeno pedaço de abobrinha no sentido do comprimento. Cubra cada fatia com azeite de oliva, salgue levemente e deixe descansar 5 minutos para amolecer. Enrole cada pedaço de abobrinha em formato de círculo e separe-os para usar depois.

Corte as flores de abobrinha pelo meio, ao comprido, deixando os pistilos intactos numa das metades (despreze a outra metade).

Para montar e finalizar a sopa: em tigelas individuais, coloque uma concha ou duas de sopa (não é necessário muito). Ponha cerca de meia colher de sopa de queijo fresco de cabra para ficar flutuando no meio. Respingue por cima ½ colher de chá da mistura reservada de abobrinha amassada. Acrescente uma flor. Contorne o queijo e a flor com três azeitonas *niçoise* simetricamente espaçadas (elas devem ficar boiando na superfície). Adorne com fatias de abobrinha enroladas. Coloque uma folhinha de orégano entre as azeitonas e, por fim, uma gota de azeite de oliva em cada espaço disponível, como sua marca pessoal.

Serve 4 pessoas.

Primeiro, o chef Söhn demonstrou a sua versão da técnica de saltear, desmanchando uma pilha de cebolas ardidas e crocantes em uma dose de azeite de oliva da região, aquecendo-as até que as fatias finas como unhas abandonassem seu estado anterior, ficando quase esponjosas e adocicadas. Em seguida fatiou com precisão as abobrinhas, de modo que as peças ficassem com espessuras idênticas, cada uma pulando do mandoline em perfeita simetria, como verdadeiras pétalas. Depois de besuntar os dedos com uma fina camada de azeite, separou as fatias de abobrinha, finas como papel, quando necessário adicionando mais azeite para dar brilho. Fizemos várias porções, até eu bater no liquidificador a emulsão cremosa para chegar ao tom desejado.

"Você tem que esperar até surgir um tom perfeito de verde", informou Söhn, que ficara observando o liquidificador de perto e com a maior paciência, assim como um criador de pássaros no topo do monte Hood. Quando o líquido atingiu uma tonalidade que me lembrou uma bala de limão, ele desligou o aparelho com um golpe brusco.

Fiquei impressionado com a beleza da sopa quando ela veio para a mesa. A apresentação ao prato ficou magnífica, e a cor provou ser tão crucial quanto a textura e o sabor.

Foi tudo como ele prometeu: uma anarquia de sabores que explodiam na boca. A suavidade adocicada da abobrinha proporcionou um equilíbrio per-

O Mediterrâneo

feito com o sabor láctico do queijo e com a acidez defumada das cebolas, sobrecarregando o meu paladar com um sabor de vegetais recém-colhidos.

Eu já tinha feito um verdadeiro oceano de sopas encorpadas nos meus bons tempos, mas nada que se parecesse com esta. Era como algum sonho febril de inspiração francesa: cremosa, embora distinta; docemente terrena, exótica, sedutora, uma experiência que nos fazia apreciar cada colherada, o oposto de ficar chafurdando numa tigela daquele meu repertório tão... hum... bom... Jamais teria chegado àquilo sozinho; nenhuma receita de livro de culinária pode transmitir as tantas técnicas necessárias para produzir um prato tão adorável. Esta era uma verdadeira ode à eficiência das escolas de culinária. No entanto, ficou totalmente claro que o Le Padouk não fora criado para tal propósito.

Enquanto tomava minha tigela de sopa, uma agitação crescente teve início à nossa volta. A hora do jantar estava se aproximando, e os pedidos de serviço de quarto já começavam a se empilhar junto ao fogão. Podia perceber os olhares exasperados do pessoal da cozinha, aguardando as ordens do chef para marchar os pedidos e desejando que eu sumisse dali. Estava claro que a aula de culinária tinha perturbado a rotina. O chef, diga-se a seu favor, ou não percebia isso ou se recusava a prestar atenção. Crescia a tensão entre os cozinheiros, reunidos a um canto da cozinha e olhando para Söhn como Cássio e sua força armada devem ter feito com César, nos Idos de Março. Um deles se aproximou de nós, e por um momento achei que ia se mostrar grosseiro. Quando os carrinhos prateados com mantimentos começaram a chegar, teve início uma mistura de ruídos confusa, forçando o chef a olhar naquela direção.

"São como crianças", disse Söhn, com um sorriso malicioso de quem percebe as coisas, "precisam da atenção do mestre. Não parece incrível, para uma cozinha deste porte? A gente imagina que tudo deve andar com a precisão de um relógio – uma *salade*, uma omelete, um bife..." Ele balançou a cabeça e encolheu os ombros: "Talvez eu ponha você para trabalhar fazendo a sopa."

"Se tiver uma linha direta para uma fábrica de sopas enlatadas e um abridor, acho que sou a pessoa indicada", declarei.

"É, bem, você precisa praticar aquilo que lhe ensinei, mas há esperança. Há esperança."

Quando me ergui do banco, tudo estava novamente em ordem na cozinha. O chef abriu caminho numa postura decidida até o centro do cenário e, quase como num passe de mágica, os problemas pareceram se resolver por si próprios. Pensei comigo que todo circo precisa do seu mestre de picadeiro.

Às oito horas, as mesas sobre o *terrasse* já estavam quase cheias. O Le Padouk, para minha surpresa, continuava desafiando o momento difícil de Nice. De pé, à porta, vi num relance que havia apenas dois, talvez três americanos entre os clientes esperando o garçom. Os dois homens com blazers iguais, de um tom azul-marinho, que compartilhavam cheios de enlevo uma fatia de patê de pato, o eram com certeza absoluta, e também desconfiava da mulher sozinha que folheava um guia de viagens. O resto era uma mistura de franceses da região que não prestavam propriamente atenção aos *amuses-bouche*, mas os comiam às pressas, como pipoca, e giravam as taças de vinho de forma tão natural quanto minha filha poderia fazer com uma Coca-cola.

Os garçons convergiram todos ao mesmo tempo para as mesas, equilibrando as tigelas brancas de sopa entre os braços. Deixavam-nas deslizarem ruidosamente diante de cada pessoa, que olhava para dentro com desconfiança e uma expressão curiosa nos lábios. Era a minha sopa de abobrinha, é claro, apresentada com uma decoração resplandecente, uma flor amarelo vivo espiando por sobre a beirada.

Murmurei comigo mesmo: esperem só até provar, e quase sorri de triunfo. Então, antes que qualquer colher se erguesse, me virei e subi as escadas para enviar um e-mail, enquanto pensava: há esperança. Há esperança.

★ ★ ★

Seria injusto esperar mais de Bruno Söhn, apesar da sua tentativa deliberada de me dar mais algumas lições. Simplesmente havia distrações demais, e pouco espaço para ensinar adequadamente a arte culi-

O Mediterrâneo

nária, numa cozinha que servia a um hotel de tantos andares, 24 horas por dia.

Além disso, era esperado no Moulin des Mougins, um dos mais famosos restaurantes da França, situado a cerca de meia hora de carro das montanhas cheias de mansões para além de Cannes. Fora lá, quase 25 anos antes, que saboreara a minha primeira refeição gastronômica, e conservava lembranças vívidas e excitantes de me sentar a uma mesa cheia de viajantes veteranos, tentando não me comportar como o ingênuo sem educação, apanhado em verdadeiro transe de êxtase sempre que os pratos estranhos e extraordinários eram colocados à minha frente. A comida não se parecia em nada com o que já experimentara: um peixe de que nunca tinha ouvido falar; legumes totalmente diferentes dos seus equivalentes nos mercados americanos; partes de animais que nem sonhara colocar na boca, e muito menos elogiar como iguarias. Havia sorvetes de ervas, bebidas misturadas aos molhos, e os garçons que nos serviam mostravam um tipo de obsequiosidade que só vira até então em velórios.

Na época, aquele restaurante era o tesouro de Roger Vergé, cujo nome, assim como *truite au bleu*, era sinônimo de alta culinária. Vergé era uma verdadeira lenda, algo como uma personalidade mítica. Um homem muito charmoso, quase principesco, portava-se com a confiança que lhe conferia o seu grande nome. Lembro de vê-lo deslizar pelo salão de jantar, bebericando um cálice de conhaque, cumprimentando as pessoas que, como me disseram, eram embaixadores, barões e famosos atores franceses, todos tomando-lhe as mãos como se ele fosse o próprio papa. Na minha mesa havia um artista venerado internacionalmente, e quando Vergé se deteve para saudá-lo, os dois fizeram várias brincadeiras sobre a minha inexperiência, o que me fez enrubescer de vergonha.

Com os olhos baixos, balbuciei alguns *formidables* e *incroyables* – todos os *ables* apropriados que me ocorriam –, declarando à Sua Santidade que a refeição que acabara de comer havia mudado a minha vida.

"Você deve pensar nesta comida como uma outra espécie de *cheeseburguer*", disse Vergé com delicadeza, "de outro modo, qualquer experiência será algo *pretentieux*."

Era mais do que apropriado que a minha odisseia culinária me trouxesse de volta àquele lugar. Muitas vezes eu sonhara em estudar lado a lado com um mestre. Mas Vergé se aposentara pouco antes, e vendera o restaurante para Alain Llorca, discípulo do grande Alain Ducasse e uma estrela em ascensão no cenário da culinária internacional. Seria impossível alguém ignorar isso, mesmo um viajante a cem quilômetros dali. O nome de Llorca, anunciando a transferência, estava estampado em todos os outdoors das estradas, normalmente consagrados ao último filme de Gérard Depardieu. Eram vistos por toda parte naquele verão, e tratava-se uma grande novidade. Os franceses consideravam Llorca, de apenas 36 anos, como indecentemente jovem para merecer semelhante trono. Para ele, era como andar numa corda bamba. Naturalmente, os cínicos de sempre estavam todos na expectativa de uma queda espetacular. De qualquer forma, todos achavam que algo muito importante estava para acontecer. O que eu esperava era, na pior das hipóteses, um programa bem-planejado. O Moulin des Mougins pertencia à rede Relais et Château, cujos estabelecimentos ofereciam curtos períodos semanais de atividade culinária ao lado dos grandes chefs internacionais. Por uma taxa bastante razoável, qualquer pessoa interessada em boa comida podia se inscrever para uma sessão, e normalmente era recompensada participando depois de um almoço ou jantar inesquecível. O único inconveniente, como vim a saber, era que os chefs verdadeiramente grandes, os virtuoses, tinham uma reputação a preservar, de modo que a parte prática era algo que na realidade não acontecia. Eu já passara por isso em outra ocasião, em Lyon, com o amável Pierre Orsi, que só me permitiu tocar no guardanapo naquele seu distintíssimo restaurante. Me fez vestir seu dólmã de chef, deu orientações sobre a forma correta de colocar o avental, e depois me confinou por três dias num canto da cozinha, onde o seu *pâtissier* foi quem deu o show.

Infelizmente, o mesmo destino me esperava na cozinha do Mougins.

Alain Llorca era bem diferente dos outros chefs com quem eu já travara conhecimento. Evidentemente, era mais moço que todos eles, bastante alto e bonito, porém havia algo de imperioso na sua maneira de se

O *Mediterrâneo*

movimentar, algo sombrio e quase mesmo ameaçador, como se subitamente ele pudesse, sem qualquer motivo, se aproximar de mim e me dar um tapa. Era aquele seu rosto. Havia nele uma rudeza que não era vulgar, ou pouco refinada, mas sim apenas ameaçadora. Os cabelos, compridos e negros, eram penteados para trás com algum creme muito brilhante, como os dos astros de cinema. Não se via um só fio fora do lugar. Ele se vestia com calças folgadas e puídas e uma camisa de linho toda amarrotada que lhe pendia frouxa dos ombros, e era muito mais elegante que os trajes vistos em outras cozinhas. Toda aquela mística era apropriada. E transmitia a excelência que o local exigia.

O cenho franzido em sua expressão parecia confirmar que a minha presença ali era uma enorme dor de cabeça, e antes que pudesse convencê-lo de que não era bem assim, fui banido para a *pâtisserie*.

Havia seis outras pessoas ali. A maior parte muito jovem e tinha um aspecto lento, pálido; moviam-se desajeitadamente e usavam calças largas axadrezadas e sapatões, como internos de um reformatório. O pré-preparo na cozinha demandava muito, com todo o porcionamento necessário, e as pessoas mal falavam umas com as outras. Talvez considerassem isso algo impróprio. A ala dos cozinheiros, dedicados com unhas e dentes à sua subida ao comando, tratava-os como subalternos. Para eles, a sobremesa ficava em segundo plano. Mas, uma vez terminado o serviço da refeição, a equipe então entrava em ação, demonstrando um talento artístico no qual se expressava toda a precisão e meticulosidade de verdadeiros arquitetos de classe internacional.

Eles fizeram uma versão de *pêche melba* em diversas camadas com *crème brûlée* e sorvete de lichia sobre tiras de pão de ló, além de mousses geladas de torrone sobre *macaroons* de café com espuma de creme de Amareto em volta. Churros de creme com castanhas açucaradas foram servidos em potes herméticos de vidro, como as caixas de Joseph Cornell. Havia também uma coisa chamada Torre de Marfim – uma escultural compota de limão intercalada com creme de maracujá, rodelas de laranja seca e manteiga de cacau, e um sanduíche de sorvete do tamanho de uma bola de beisebol sobre uma camada de café finamente peneirado.

Passei algumas horas sem fazer nada, mas me esquivando dos demais, que corriam para lá e para cá, levando imensas tigelas de *mascarpone* e de *crème anglaise* pelo corredor, como enfermeiros num posto de emergência. Só de assistir fiquei a mil, como que entorpecido pelo açúcar. O *chef pâtissier*, J.M., um homem magro feito um poste, com os cabelos até os ombros e jeito de padre, volta e meia me lançava um sorriso tímido, como se compreendesse o meu desespero, mas na maior parte do tempo fiquei naquela ampla cozinha olhando para onde os cozinheiros se curvavam e agitavam por cima de fogões sibilantes, na esperança de que alguém me chamasse para aquele restrito clube.

Finalmente, não pude mais me controlar. Durante o almoço, enquanto Alain Llorca se encontrava fora, misturado aos convidados, me esgueirei pela cozinha principal e procurei me aproximar de um dos cozinheiros, da Grã-Bretanha, que estava curvado sobre uma dezena de fumegantes tigelas brancas.

"*Qu'est-ce que c'est, M'sieur?*", perguntei, metendo o bedelho naquela área da cozinha.

"São batatas", respondeu ele num inglês perfeito.

Didier fora aprendiz em Washington, D.C., onde, com sorte, desenvolvera uma grande admiração pelos norte-americanos. Infelizmente, aqueles sentimentos não pareciam se estender a mim. Ele sabia que não era para eu estar ali, e temia a ira de Llorca, que havia deixado aterrorizada a equipe, tanto verbalmente como de outras maneiras, durante a execução daquele almoço.

Ele deu umas olhadas significativas por cima do ombro, me espiando com desconfiança, tentando avaliar o grau de estragos que eu poderia acarretar. Apesar de tudo isso, pareceu reconhecer minha ansiedade. O tempo todo procurei manter com ele certa comunicação jovial, perguntando sobre suas experiências pelo mundo, me fazendo de bobo até obter dele a receita inteira – uma maravilhosa batata gratinada em caldo de lagostins, que era servida em tigelas individuais como acompanhamento da maioria dos pratos principais do restaurante.

O Mediterrâneo

Gratinado de batatas ao caldo de lagostins

3 cebolas cortadas em fatias finas
2 colheres de sopa de azeite de oliva
1kg de batatas jovens vermelhas
sal
3 dentes de alho finamente picados
1 colher de sopa de tomilho picado
2 xícaras de caldo de lagostins ou de galinha

Aquecer previamente o forno a 165°C.

Fazer um confit das cebolas, fritando-as levemente no azeite, até ficarem douradas. (É bom salpicar um pouco de açúcar por cima, para ajudar na caramelização.)

Descasque as batatas e corte em fatias de aproximadamente 4cm, usando um mandoline (ou, com muito cuidado, uma faca). Tempere levemente as batatas com sal. Disponha-as em camadas no fundo de tigelas ou ramekins refratários individuais. Coloque uma colher de sopa do confit de cebolas no centro, depois uma camada de fatias de batata ao redor, acomodando tudo como se fosse uma torta. Salpique o alho e tempere com sal e tomilho. Cubra com o caldo e asse por 30 a 40 minutos, ou até quando o garfo puder penetrar facilmente e se formar uma fina crosta na superfície.

Serve 8 porções individuais.

Quando acabávamos de fazer uma recapitulação da receita, Didier me agarrou de repente pelo ombro e me forçou a ficar de quatro no chão. Quando tentei me levantar, abaixou minha cabeça com uma força espantosa, até eu perceber que estava tentando me esconder. Alain Llorca tinha voltado para a cozinha, lívido e furioso. Com 50 clientes ainda aguardando nas mesas, a comida não estava saindo com a rapidez necessária. Sem dúvida, minha presença ali iria inflamar ainda mais a situação. Para minha felicidade, sua atenção foi desviada para um grupo de garçons ociosos que tagarelavam ruidosamente encostados à parede, junto a um carrinho de bebidas.

"*Merde!*", gritou, batendo um moedor de pimenta contra o balcão e quebrando-o em dois. Um copo estilhaçou sem que pudéssemos ver, entre as panelas. Com os olhos semicerrados, puxou o chefe dos garçons de entre os outros smokings, disparando veneno para todos os lados. Ambos ficaram cara a cara, latindo um para o outro; o garçom se recusava a ceder.

"Faço isso há 14 anos", rosnou ele para Llorca.

"Então faça melhor!", gritou-lhe o outro.

Resolvi olhar para cima. Os olhos de Didier latejavam de tanto medo. Sua mão livre sacudia a concha metálica contra as bordas das tigelas de sopa. Eu fora pego numa armadilha. Não tinha outra saída, e logo Llorca haveria de me descobrir ali, agachado como um gatuno qualquer. Deveria levantar e ir saindo, como se não houvesse nada errado, pensei. Melhor ainda: deveria tentar me espremer dentro do armário que ficava debaixo do balcão. Mas não o fiz, temeroso demais para me mexer.

Por cima de mim, o avental do mestre roçou pelo meu nariz quando ele partiu para conferir o que é que estava chiando no caldeirão. Pelos arredores, ecoou um "*putain!*" familiar. O que quer que estivesse cozinhando ali havia secado completamente, monopolizando a atenção de Llorca. Chamou um cozinheiro japonês ainda jovem e começou a gritar com ele, batendo com uma concha contra a caçarola de ferro, ao ritmo das suas objeções.

A um empurrãozinho persuasivo de Didier, dei uma verdadeira cambalhota para trás, me endireitando em seguida e começando a me arrastar, esfregando as mãos pelas tábuas lustrosas do assoalho. À medida que ia me deslocando em movimentos de aranha, passando por cada posto de trabalho, o respectivo cozinheiro olhava para baixo e soltava risinhos das minhas contorções, até se elevar uma notória onda de risos reprimidos ao longo do percurso. Eu sabia que se Llorca percebesse as consequências seriam muito graves. Imaginei a distância dali até a *pâtisserie*: talvez uns

O Mediterrâneo 139

três a quatro metros. Aquelas drogas de cozinhas eram grandes demais, e o calor que saía dos fornos era implacável.

De repente, Llorca se dirigiu como um foguete para o salão de jantar. Sem pensar nos riscos, pulei por cima de um barril de farinha para poder chegar ileso à *pâtisserie*. Toda a equipe da sobremesa estava à minha espera, morrendo de rir. Eles tinham acompanhado toda aquela sequência divertindo-se muito, chegando mesmo a fazer apostas sobre o resultado. Depois soube que a maioria se decepcionou quando consegui escapar.

"Isso é que é escapar por um fio", disse J.M., com um sorrisinho estranho, quando retornei ao meu posto, batendo com as mãos a sujeira das calças.

Ele parecia ser um cara amável, e eu detestava desapontá-lo por ficar puxando o saco dos chefs. Desnecessário dizer que ele não tinha a menor utilidade para mim naquela *pâtisserie*. Já estava cheio de ficar bancando a minha babá, mas foi bondoso o bastante para me deixar permanecer ali, enquanto seu grupo corria de um lado a outro executando receitas complicadas.

"Desculpe aquilo, tá? Não vai acontecer de novo", disse. "Imagino que o meu traseiro iria acabar fazendo parte da sopa."

J.M. assentiu: "Isto, na melhor das hipóteses. Pode acreditar em mim, tenho alguma experiência com esse chef."

Só pude fazer alguma ideia do que ele estava querendo dizer. A maioria dos chefs conservava um relacionamento com um *pâtissier* de talento, poucos dos quais eram criativos o bastante para saber complementar uma refeição daquele nível. Eles formavam laços complexos, quase inseparáveis, mas também havia os casos de amor e ódio, comumente ligados à intensidade dos refletores sobre o chef e da aclamação ao seu trabalho. Naturalmente, quanto maior fosse o brilho deste, menor era a ênfase na sobremesa, o que muitas vezes chegava ao ponto de implosões do ego. Llorca e J.M. tinham um entendimento mútuo, um tipo de comunicação incomum, apenas pelo contato visual, não mais do que isso. Uma olhada sugestiva pela cozinha recebia de volta um assentimento de cabeça pronunciado, seguido de uma série de atos resultantes daquilo. Era como uma linguagem de sinais. Desde que cheguei ao restaurante, eu não os vira trocar mais de duas palavras, e no entanto eles estavam sempre na mesma vibração de onda.

"Esse chef é gente boa?", perguntei, imaginando aonde isso poderia me levar.

"Espero que sim", respondeu J.M., mostrando o bordado lilás do seu nome na barra do avental. Era o mesmo sobrenome do chef.

"Ah, vocês são irmãos...", falei, incapaz de reprimir um sorriso de cordeiro.

"Já era tempo de você saber isso. Ainda bem que você não disse o que estava pensando", respondeu ele, sorrindo.

Deixei aquilo passar. Negar teria sido ingenuidade, e o que estava pensando devia estar mesmo estampado em meu rosto. Depois soube que Jean-Michel e Alain tinham cozinhado juntos desde a infância, em Cannes. De fato, foram criados no mesmo quartinho, junto com um irmão mais velho que não queria saber de cozinha. Os dois mais moços se tornaram aprendizes antes dos 16 anos, com a condição de que nunca se separassem. De certa forma, eram mesmo uma novidade: um, o chef superstar, o outro, seu equivalente nas sobremesas. Havia já quase uma década que faziam o seu show, a maior parte no Negresco, em Nice. Nos últimos oito meses estavam no Mougins, tentando preservar suas pretensões. Entretanto, começava a ocorrer a J.M. que eles tinham os olhos maiores que a barriga. O restaurante os estava consumindo, disse. Horas demais, mais do que nunca tinham imaginado, e as responsabilidades eram verdadeiramente brutais. Houve diversas críticas maliciosas, comparações demais com Vergé. As tensões se tornaram fortes o bastante para criar uma rusga no relacionamento dos irmãos. Num momento de distração, J.M. me confidenciou que talvez, passados 20 anos, fosse o momento de cada um seguir o próprio caminho. Senti crescer em mim uma simpatia quando manifestou o desejo de que isso acontecesse.

"Olhe, preciso tomar conta de uma coisa um instante", disse ele de repente. "Gostaria muito que você pudesse ajudar aqui na *pâtisserie*."

Durante uma hora, enquanto os pedidos de sobremesas chegavam ali voando – todos os 50, ao mesmo tempo – fiquei medindo enormes vasilhas

O *Mediterrâneo*

de açúcar e de glicose, tarefa particularmente detestável, que cabia ao mais inferior escravo da equipe. (O aprendiz de 15 anos do restaurante ficou maravilhado com a minha presença.) Isso significava abrir com dificuldade um barril de plástico e tirar com uma concha um xarope claro e viscoso, difícil de conter sobre a balança. Para chegar a isso, a concha tinha de passar por cima dos meus sapatos novinhos de camurça, que logo ficaram lustrosos com uma cobertura de açúcar. Toda vez que eu dava um passo, precisava arrancar a sola do chão. Era possível me ouvir atravessando a sala: *sqwanch-sqwanch-sqwanch...*

"Experimente passar agora por Alain", disse J.M. ao voltar, me dando um olhar discreto de triunfo.

É constrangedor ter de admitir que no início não fui capaz de arrumar as bolas de sorvete sem que ficassem parecendo um boneco de neve. (Se alguém me desse umas uvas, eu teria feito os olhos, o nariz e a boca.) J.M. espantou-se diante daquele meu triste esforço, com um olhar que transmitia a combinação perfeita da diversão e do sofrimento. Não existia na França um só restaurante que servisse sorvetes assim, nem mesmo o Go-Go Café, em Arles, onde os americanos faziam fila para comprar *banana split* e *milk-shake*. Os sorvetes apareciam sempre em *quenelles*, elegantes pétalas oblongas que eram obtidas passando uma colher de sopa grande sobre a superfície gelada até encher, e depois mantendo um instante as costas da colher na palma da mão, para aquecê-la o bastante e soltar o sorvete.

Os verdadeiros chefs – e isso significa quase qualquer pessoa com mãe francesa que cozinhe habitualmente em casa – nem mesmo encostam a palma da mão na colher, mas simplesmente passam as *quenelles* para frente e para trás entre duas colheres de sopa, até que pequenas quantidades ovais caiam ordenadamente sobre o prato. Observei J.M. fazer algumas girarem com grande agilidade, e depois fiquei praticando nos momentos de folga, desenvolvendo uma técnica que finalmente poderia ser aprovada numa inspeção superficial.

Mais tarde, J.M. me mandou fazer a preparação para o seu *biscuit Savarin*, um biscoito tipo champagne que serve de base para o *sorbet citron vert vanille avec sauce pamplemousse*, uma das suas sobremesas de maior sucesso. "É simples: apenas siga as instruções", disse, me entregando a versão "J.M." da Bíblia: um caderno todo amarrotado e estropiado escrito à mão, com todas as suas receitas preferidas de sobremesa.

Claro, estava tudo escrito em francês, e o que é pior, com um tipo de abreviaturas que tornava o texto quase impossível de traduzir.

"Que medida é esta?", perguntei a Stéphane DeWitt, o seu imperturbável *sous-chef*, virando o caderno para ele poder ler.

"Isso é o telefone da namorada de J.M.", respondeu ele imperturbável. "Comece pela linha logo abaixo."

O início era o mesmo que para qualquer biscoito, com uma massa de ovos e açúcar, mas como a receita estava na proporção para um restaurante, ou seja, enorme, a quantidade de cada ingrediente parecia até cômica. Com um esforço que me custou mais autocontrole do que delicadeza, medi 400 gramas de gemas de ovo (cerca de nove ovos), e depois quebrei mais uma dúzia, na mesma tigela. Procurei então por vários armários até encontrar 750 gramas de farinha de amêndoa e 60 gramas de leite em pó, misturando tudo com 850 gramas de açúcar, ajustando cada quantidade exatamente segundo a balança, tal como ouvira dizer que os farmacêuticos fazem.

Felizmente, Bob Ash me havia mostrado a forma correta de retirar os grãos de baunilha: comprimindo e arrastando o lado sem fio da faca pela superfície da vagem, a fim de amolecê-la para, depois de abri-la ao comprido, poder retirar os grãos mais facilmente. A receita exigia a polpa de três dessas preciosidades das Índias. Depois raspei a casca de quatro limões e cinco laranjas. Todos os ingredientes foram misturados numa batedeira industrial até ficarem bem combinados, para depois serem guardados por uma noite na geladeira, para o almoço do dia seguinte.

Quando a cozinha encerrou os trabalhos do almoço, depois que o último cafezinho foi servido, eu estava exausto. Já era um pouco mais que três da tarde, e ainda cumprimentando os frequentadores, Alain Llorca me aguardava na recepção.

"O que achou?", perguntou, tropeçando no inglês (que, segundo me haviam avisado, era menos que funcional).

O Mediterrâneo 143

"Aquela cena na cozinha foi mesmo selvagem", disse eu, acenando com a mão. "Uma verdadeira montanha-russa."

"*Oui*", respondeu ele, arregalando os olhos da maneira cômica dos franceses. "Volte hoje à noite para os trabalhos do jantar." Aquilo era uma ordem, não um convite. "Agora, vá para o andar de cima..." – procurou pela palavra certa e inclinou a cabeça sobre a mão para significar um cochilo – "...e dê uma trepadinha."

NA VERDADE, me *estrepei* duas vezes.

Um e-mail de Carolyn estava à minha espera. "Não há motivos para ir encontrá-lo... Nunca achei que fôssemos almas parecidas... Aproveite essa sua pequena aventura..."

Pequena?

De qualquer modo, ela estava terminando o nosso relacionamento. Mais uma vez (das outras três, eu não tinha captado a mensagem). Aquilo decidia as coisas de uma vez por todas. Passou-se uma hora, e depois duas. Eu realmente me sentia humilhado, sentado naquele delicado quartinho em cima do restaurante. Do lado de fora, a equipe começou a retornar para o trabalho da noite. Mas eu, não. Não podia sequer pensar nisso. Estava machucado demais. E, de qualquer forma, os irmãos Llorca não iriam dar pela minha falta. Em vez disso, telefonei para minha amiga Lanie, em Nice, pedindo a ela que fosse jantar comigo.

Quando saí do estacionamento do Moulin des Mougins, estava começando a chuviscar. Mesmo assim, baixei os vidros do meu pequeno Renault e inalei aquele aroma úmido da terra. Ar... Eu precisava de ar, mesmo que da pior forma possível. As luzes acabavam de se acender sobre Cannes, uma gloriosa e cintilante paisagem noturna, e a viagem pela *autoroute* me proporcionaria uma distração bem-vinda.

Assim que entrei na estrada, um carro surgiu velozmente atrás de mim. Ele tentou me ultrapassar, mas não conseguiu, recuando no último instante por causa de um caminhão que vinha a toda velocidade na direção oposta. Então ele tentou me ultrapassar pela direita, mas não havia nenhum acostamento ali, apenas uma pequena faixa de cascalho. Fazendo um zigue-zague pelo cascalho, o carro me atingiu pela direita e me empurrou na direção do caminhão. Não me lembro do impacto. Apenas de um pensamento: eu já esperava por isso.

Meu carro ficou destroçado. De algum modo, inacreditavelmente, consegui sair sem um arranhão sequer. Os culpados, um casal de franceses mais velhos, de Le Cannet, nas proximidades, insistiram para eu esperar a chegada da polícia. Estavam indignados com o acidente, como se fosse eu que o tivesse provocado. Um horror. Telefonei para Lanie para explicar por que não poderia chegar mais cedo a Nice e relatei para ela o pesadelo.

"Só me diga uma coisa", disse ela, interrompendo a minha narração. "As pessoas que bateram no seu carro: eram americanos ou franceses?"

"Franceses", respondi. "E do pior tipo."

"Então receio que o acidente foi sua culpa, meu amigo."

Provavelmente ela não estava entendendo. Eles bateram no meu carro depois de tentarem me ultrapassar *pelo acostamento*. Não havia duas possibilidades, insisti: a culpa era inteiramente deles.

"Você vai ver", disse ela, e fiquei furioso com o tom de leviandade da sua voz.

A polícia chegou pouco depois e realizou uma investigação improvisada. O casal de franceses, junto do seu Mégane quase sem um arranhão, ficava me apontando uns dedos parecidos com punhais, como se tivessem acabado de identificar algum estuprador. Quando chegou a minha vez de explicar, mostrei para os policiais um nítido conjunto de marcas de pneus no cascalho. Pelo que me dizia respeito, aquele era um caso resolvido e encerrado.

"Me deixe ver a sua carteira de motorista, por favor", disse o mais alto dos policiais.

Enquanto examinava o documento, pude ver a palavra *americain* se formar em seus lábios. "*M'sieur*, definitivamente, a culpa é do senhor."

Nada havia que pudesse dizer para mudar seu pensamento. Quando o agente de seguros apareceu na tarde seguinte, me entregou uma conta de 4.200 dólares. Um custo adicional seria apresentado depois, explicou,

O Mediterrâneo

tão logo os proprietários do Mégane entrassem com um processo pelos prejuízos.

Com aquela história abjeta da (in)justiça francesa em minha mente, não estava com cabeça para passar nem mais um dia calculando quantidades de farinha e de açúcar na *pâtisserie* do Moulin des Mougins. Tinha feito todo esse caminho para aprender a cozinhar, não para servir de lacaio, ou de escravo, ou para ficar só observando, e disse tudo isso para a adorável assistente de Llorca, Hélène. "Quem sabe o chef poderia me ensinar em particular uma das suas preparações?", sugeri.

"Talvez. Vou perguntar a ele", respondeu Hélène. Mas ela estava com aquela mesma expressão fechada que eu vira no rosto do policial.

Graças a ela, fui colocado na "Escola de Culinária Alain Llorca", cujas aulas matinais aconteciam algumas vezes por semana, no solário envidraçado do restaurante. No mesmo instante ficou evidente que o curso tinha sido batizado de modo equivocado: não havia Alain Llorca, nem tampouco uma escola de culinária. Era uma *demonstration* dada por Eric Howard, o *sous-chef,* e que vim a constatar que, na verdade, tratava-se de uma "coisa de senhoras". Meus sapatos grudentos se mostraram muito aquém de todas aquelas sapatilhas Chanel, logo que me sentei em meio a uma fila de cadeiras forradas com belíssimos brocados, junto com seis donas de casa da região. Cada um de nós recebeu seu próprio caderno de anotações, todos com a estampa *"La Cuisine du Soleil"*, e uma chique prancheta de plástico transparente para podermos escrever, caso desejássemos. Uma bela prataria encontrava-se à disposição, para provarmos os vários pratos da aula. A comida era servida em porcelana, e um garçom uniformizado permanecia atento, junto à porta, com garrafas geladas de *rosé* para degustarmos, enquanto o chef Howard demonstrava as preparações.

Aquele era um show bastante desorganizado, na maioria das vezes por minha culpa, pois ficava o tempo todo interrompendo o chef, fazendo perguntas sobre as medidas específicas de cada ingrediente. E foi muito bom ter agido assim, pois o prato que ele preparou foi um brilhante tabule, com abobrinha, hortelã e ovos cozidos, e muitas vezes recorri a ele depois, na minha cozinha. É uma receita que nunca deixa de impressionar.

Tabule com abobrinha, hortelã e ovos cozidos

3 tomates
½kg de cuscuz marroquino instantâneo (grão médio)
¼ de xícara de azeite de oliva
sal e pimenta-branca
4 ovos
2 abobrinhas médias
¾ de xícara de cebolinhas verdes picadas finamente
½ xícara de salsinha picada finamente
⅓ xícara de hortelã picada finamente
2 echalotas picadas em cubos finos
suco de 1 limão grande

Coloque água para ferver numa panela grande o bastante para cobrir os tomates. Corte em X a pele da base dos tomates, escalde-os por 30 segundos e restaure-os num banho de água gelada. Depois tire a pele e corte-os em quatro, removendo a polpa e as sementes com o dedo. Reserve.

Numa tigela média, regue o cuscuz com o azeite de oliva e coloque na geladeira por 2 a 3 horas. (O frio faz os grãos se abrirem e incharem.)

Coloque 1 litro d'água bem salgada para ferver, e em seguida derrame-a sobre o cuscuz, apenas combinando, sem mexer. Tempere ligeiramente com sal e pimenta, depois cubra com uma toalha plástica e deixe assentar por 15 minutos. Afofe o cuscuz com um garfo.

Enquanto isso, ferva uma panela d'água, acrescente os ovos e deixe-os ferver por 5 minutos. Coloque os ovos imediatamente na água gelada, para estancar o cozimento.

Descasque as abobrinhas e corte-as pela metade, no sentido do comprimento, removendo a pele e um pouco da polpa. Corte em tirinhas de 5cm. Depois corte em cubinhos (como um *mirepoix*). Corte também os tomates em cubinhos, da mesma maneira, combinan-

O Mediterrâneo 147

do-os com a abobrinha. Acrescente as cebolinhas, a salsa, a hortelã e as echalotas picadas.

Afofe o cuscuz, acrescente um pouco mais de azeite de oliva para renovar e salgue bem. Junte todos os legumes ao cuscuz e misture, depois acrescente o suco de limão. Ajuste o tempero. Refrigere até a hora de servir.

Descasque os ovos na água fria, pois estão pouco cozidos e frágeis. Cuidadosamente corte um pouco da clara de uma extremidade e inverta-os, para que possam ficar na vertical, numa tigela individual. Contorne com o tabule e seu caldo.

Serve 4 pessoas.

Havia diversas outras receitas na demonstração, mas eram extremamente complicadas, usando técnicas que exigiam anos de experiência e ingredientes que na maioria eram impossíveis de se conseguir nos Estados Unidos. Para os cannelloni *daube*, os intestinos de novilho eram algo especialmente difícil de achar – açougueiro do meu bairro leva um tempo enorme para distinguir entre agulha e chã. De qualquer maneira, minhas colegas de aula não ficaram desapontadas, pelo menos aparentemente. Acredito que elas jamais tiveram a intenção de preparar em casa nenhuma daquelas receitas. Aquilo era simplesmente uma maneira agradável de passar as manhãs, uma pausa na faina diária, com a ajuda de várias taças de *rosé*. Quando Alain Llorca surgiu de repente, no final de uma aula, parecia que Tom Jones tinha chegado, pela forma como todas o cercaram, cheias de *Oooohs!* e *Aaaahs!*, tocando as mãos dele, mexendo em seu cabelo, os olhos brilhando. Não me surpreenderia se uma delas jogasse para ele sua calcinha e a chave de casa.

"Aprendeu alguma coisa hoje?", me perguntou, quando as senhoras finalmente partiram.

"Aprendi", respondi, acenando desajeitado um maço de apontamentos, enquanto apertávamos as mãos. "Aprendi sim, embora nem tudo se refira a comida, se é que o senhor me entende", me lembrando do seu sucesso em agradar as mulheres.

Ele me lançou um olhar sombrio e inquiridor, demasiadamente sombrio, acho, a fim de sondar minha intenção. E logo se espalhou pelo seu rosto, de repente, um sorriso de irônica indulgência.

"É, nós – todos nós precisamos atender as nossas necessidades, *n'est-ce pas?*", falou ele, num inglês melhor do que eu poderia esperar.

Por mais que tentasse, não pude conter o riso. Todo o mundo, mesmo o mais extraordinário chef, tinha a sua própria versão do que significa pôr as mãos na massa.

Quanto a mim, intocado pelo amor, me sentia feliz só em poder me esgueirar dali para o meu quarto, não querendo mais competir pela atenção de quem quer que fosse. Só descansar e, se surgisse uma chance, dar uma "trepadinha".

4. La maison avec la péniche

AINDA ESTAVA ESCURO quando o trem parou na estação de Agen. Eu tinha passado a noite entortado numa poltrona reclinável vindo de Nice, em condições que lembravam aqueles transportes de soldados dos filmes sobre a Segunda Guerra Mundial. A passagem havia sido promocional. Mais cinco homens dividiram a cabine comigo, todos estrangeiros, cada qual empilhado numa plataforma de madeira, três de cada lado, como corpos num necrotério, de modo que quando chegamos à região oeste, o lugar já estava cheirando a meias de ginástica suadas.

Eu estava lendo *Night Soldiers*, um daqueles romances de espionagem emocionantes de Alan Furst, e de súbito era como se me tivessem lançado dentro da história. Minhas instruções eram explícitas: encontrar o único táxi estacionado na esquina. O motorista, Etienne, estaria dormindo. Acorde ele, me disseram. Ele estará lá esperando por você. Em seguida, dê a ele a seguinte orientação: "Por favor, me leve até Brax, Château Camont, *juste après le village, sur le canal, en face des trois couronnes.*" Se ele se mostrasse indeciso, deveria ajudá-lo lembrando que se tratava de *la maison avec la péniche.*

Como num texto de Furst, nada ali era realmente o que parecia ser. Ruas vazias, encobertas por um nevoeiro irregular. Tudo imóvel, a não ser o trem partindo ruidosamente. Apenas por sorte foi que consegui localizar o táxi, revelado numa réstia de luz momentânea. A onda de mistério que percorria as ruas me fez ficar tenso e alerta. É claro, se Furst tivesse escrito aquela cena, Etienne seria uma mulher, e no capítulo seguinte já estaríamos os dois excitados, numa banheira. Mas do jeito como as coisas se passaram, o motorista era, por baixo do boné, a cara de Ernest Borgnine, e a nossa comunicação clandestina se limitou apenas a um gutural *"oui".*

Eu não conseguia enxergar nada naquela escuridão descontínua, a não ser alguns fragmentos de paisagem, enquanto acelerávamos em direção ao campo. *La France profonde*: nem pontos de referência, nem bolinhas de pão para marcar o caminho. Havia uma teia de ruas estreitas, umas se dissolvendo nas outras, e antes que transcorresse muito tempo já atravessávamos quilômetros de fazendas veladas por toldos, e elas pareciam se esquivar da civilização. Eu podia sentir o cheiro do rio, o Garonne, em algum ponto por ali – a umidade era constante e muito forte –, e sabia que estávamos perto dos vilarejos de suas margens. Entretanto, era desconcertante estar numa região assim, tão remota da humanidade, às cinco e meia da madrugada.

Evidente que ninguém me obrigara a ir até aquele cenário estranho. Minha recompensa seria passar alguns dias sob a tutela de Kate Hill, uma das insuperáveis virtuoses da *cuisine* da Gasconha. Hill passara muitos anos ali, explorando as diferentes cozinhas do sudoeste da França, ávida por promover seus pratos clássicos e suas tradições. Desde o *confit* de pato até o *cassoulet*. O livro de Kate sobre culinária, *A Culinary Journey to Gascony*, ocupava um lugar de destaque na minha estante, embora minhas experiências com ele, como a maior parte de tudo o que cozinhara, carecessem daquela magia essencial. O *foie gras au torchon*, segundo a receita dela, fora um grande desafio para mim, até eu resolver jogar a toalha. E o *magret* flambado num jorro de Armagnac ficou apenas bom, nada mais que isso. Não fui capaz de executá-lo, apesar de toda a minha preparação fiel às orientações. Depois disso, poucas vezes voltei a abrir o livro sem evitar pensar que a pessoa que o escrevera possuía algum tipo de pacto com o lugar e com sua comida que ou era inacessível a mim, ou estava muito além das minhas possibilidades. Deve ser preciso algo muito especial, pensei comigo, talvez até algum elemento genético. Seja como for, Kate Hill conhecia os meios de capturar a magia de um prato.

"Não tem um pato que não reze para morrer em suas mãos", comentou um amigo meu que insistira para eu incluir a escola em meu itinerário.

Não foi tão fácil como parecia. Havia na internet algumas referências ao seu programa culinário, embora aparentemente todas estivessem ultrapassadas. Uma notícia colocada em seu site era ainda mais enigmática: "NADA A OFERECER NESTA TEMPORADA."

La maison avec la péniche

"Parece que ela simplesmente se retirou de cena", disse Karen Herbst, que dirige a agência The International Kitchen, representante de algumas das melhores escolas de culinária da Europa. "Eu costumava mandar gente para lá, mas achei que ela ficou meiọ perturbada, que perdeu o entusiasmo de organizar programas, o que é uma pena, porque quando se trata de ensinar a cozinhar, Kate é praticamente adorada por todos."

Uma rajada de e-mails e de chamadas telefônicas acabou conquistando uma resposta: "Venha, se desejar. Posso lhe oferecer alguns dias no final de setembro. Tem um quarto aqui, o senhor vai achar bem confortável."

Uma das coisas que mais me atraíram foi a ideia de uma visita ao oeste da França. Eu já tinha ido várias vezes ali, como acontece com a maioria dos norte-americanos que fazem peregrinação a Bordeaux, e viajara por todo canto quando era mais jovem e mais impressionável, em busca dos nobres *Châteaux* de Margaux, Pavie, Cheval Blanc, d'Yquem, La Tour, Haut Brion, todo o repertório de nomes na ponta da língua, como se fossem astros de rock. Retornara algumas vezes àquela região recentemente, mas sem o mesmo entusiasmo. Aqueles nomes ainda produziam alguma ressonância em meus ouvidos, embora não instigassem mais qualquer sentimento de familiaridade, ainda mais depois de terem vendido seus adoráveis bens a homens muito ricos, como se fossem artigos comerciais.

No entanto, sentia ter laços espirituais ali que me faltavam em outros lugares. Talvez devido à semelhança com a região onde nasci, na Pensilvânia, uma sequência de fazendas e de vilarejos pitorescos num recanto esquecido da civilização. Agen era perto o bastante de Bordeaux e de Toulouse para se poder passar a tarde a perambular por qualquer uma delas, e longe o suficiente para não atrair hordas significativas de turistas. Não havia por ali nenhuma movimentação típica desse tipo de lugarejo, nem pinturas em cavernas, e poucas ruínas dignas de nota, nada das igrejas luxuosas onde parar apenas o tempo necessário para assimilar algum afresco importante, antes de partir para a próxima atração artística do guia de turismo.

Os visitantes chegavam para mudar de ares, para passear com liberdade, procurando ficar imunes ao caos das opções, para relaxar, refletir, e comer. Se estivessem andando muito depressa, poderiam parar e saborear umas ostras pescadas aquela manhã mesmo na baía de Arcachon. Se estivessem em ritmo mais lento, talvez um *confit* de pato macio, ou um *cassoulet* borbulhante com *flageolets*, o feijão-verde francês. Esses pratos caseiros conferem à região sua marca distintiva, e a abundância da agricultura – os intermináveis quilômetros de fazendas, pomares e vinhedos – identifica seu caráter.

Já tinha ouvido todo tipo de histórias a respeito de Kate Hill, uma cozinheira americana que vivia sozinha numa barca, num lugar ermo. Uma americana, nada menos, levando ao limite extremo as suas anomalias. "Ela está fugindo de uma decepção amorosa...", dizia uma versão. "Das pressões do sucesso... da fortuna da família..." "Ela é uma desajustada... uma cigana... um verdadeiro Jim Morrison..." Todas eram versões maldosas e bobas. Susan Loomis, uma colega sua, me preveniu, dizendo que eu deveria ter muita seriedade no trabalho. "Kate cozinha como se cada dia fosse o seu último sobre a terra, e é uma corrida contra o tempo percorrer todo aquele repertório gascão", disse ela. "O senhor vai trabalhar até sua cabeça dar voltas, mas duvido que possa encontrar uma alma mais gentil em toda a Europa."

Não estava certo de que iria aprender tanto assim, enquanto seguíamos para Camont. Depois das minhas últimas experiências, as escolas de culinária tinham baixado bastante em meu conceito.

"*Les trois couronnes, M'sieur*", informou Etienne, apontando para o cartaz de um pomar das vizinhanças onde três coroas flutuavam sobre os dizeres.

Antes que eu pudesse responder, ele girou o volante para a direita e o carro se lançou fora da estrada, enveredando por uma trilha suja que parecia mergulhar numa clareira entre as árvores. O carro se precipitou para lá em meio a uma espessa névoa salina. De todos os lados, o capim alto farfalhava, batendo contra o para-brisa. "*Arrrgh!*", fiz eu, procurando algum apoio para o meu corpo aos solavancos, enquanto afundávamos

La maison avec la péniche   153

em mais um buraco, logo antes da próxima subida. De repente, quando tive certeza de que estávamos quase chegando, o Renault freou, parando num pequeno espaço de cascalho para manobras.

"*Camont, M'sieur.*"

Na clareira, mal pude perceber os contornos de um velho casarão de pedras, o qual a névoa envolvia como uma combinação por baixo do vestido de uma mulher. A meia-luz revelava uma linda fachada decadente, de pedra calcária, gasta por séculos de tempo instável, com uma pequena torre de tiro do lado e uma cortina de hera se espalhando pelas telhas vermelhas do teto. Ladeando uma porta azul, viam-se diversos vasos de plantas altas, logo após uma sebe de alfazemas. A um canto do pátio ficava o *potager*, um jardim de legumes, onde as fileiras bem-traçadas sugeriam o modesto sentido puritano de tudo o que a terra pode retribuir. Um caminho, não mais que uma vereda aberta pelos passos, penetrava na vegetação espessa, dividindo-se em várias direções, o que me fez supor que outros jardins também jaziam ocultos por trás dos arbustos ao redor.

Do outro lado do pátio, quase como uma miragem, estava a barca – a *péniche*. A princípio parecia estar escorada, como se alguém a houvesse atracado ali e deixado que enferrujasse – a versão francesa de um cemitério de automóveis nas montanhas. A embarcação era maior do que a maioria das que eu já vira navegando pelo canal, uma *tjalk* holandesa de 65 toneladas, com uma cabine branca e comprida, a coberta pintada de um forte azul-turquesa, e a casa do leme, sólida e alta, ornada de madeira de teca. Próximo à porta, pintado numa má caligrafia de cartão de visitas, estava o nome: *Julia Hoyt*.

Achei graça naquilo, me sentindo aliviado, deliciado e também tocado por aquela antiguidade emocionante vinda de um outro reino. Por trás daquele barco absurdamente colocado ali, imaginei toda uma filosofia, um estilo de vida.

Só depois que dei alguns passos em direção à proa é que avistei o canal, pequeno e estreito, cujas águas estavam baixas no momento, e que atravessava a floresta de um verde suave. Era um afluente do Garonne, feito pela mão do homem, e se estendia por 120 quilômetros, em ambas as direções. Nas margens, uma trilha de cascalho semelhante a uma trincheira continuava por pátios, cercas e sebes, passando por 21 comportas, ligando 19 vilarejos como contas de um colar.

Sentei num banco do jardim para poder assimilar tudo aquilo. A escuridão ainda pairava sobre a paisagem, como um xale de rendas. Nada se movia na casa, nem na barca, nem na água, e aquela solidão era como um sonho instável, uma quietude encantada. Aquela casa poderia ser de qualquer pessoa. Eu poderia estar invadindo e logo ser interpelado por algum fazendeiro zangado, de roupão e chinelos, ameaçando chamar a polícia. Polícia francesa: sua culpa, *M'sieur*.

O ar frio me fez pegar na valise uma jaqueta jeans, e me encolhi dentro dela. O amanhecer não estava longe. Alguém haveria de aparecer finalmente e me descobrir sentado ali, como uma estátua de jardim imprudente.

Após cerca de 20 minutos, uma luz se acendeu na cabine. Uma prancha se projetou da porta, como a língua de um dragão, e uma mulher se curvou pela abertura, silenciosa e sorridente. Um cachorro preto passou ligeiro por entre suas pernas e veio pulando em minha direção.

"Não se preocupe com o Dupont", exclamou ela, alegre. "Ele é o encarregado dos passaportes."

"Estou trazendo contrabando", confessei, acenando com uma sacola plástica toda amarrotada. A sacola estava cheia de trufas de chocolate que trouxera de Nice como um presente.

"Neste caso, terá de entregá-la às autoridades competentes. *C'est moi.*"

Kate Hill saiu do barco arrastando os pés por uma ponte entrelaçada de roseiras, o rosto suave e acolhedor, e recuou comicamente ao ver a torre formada pelas minhas malas. "O senhor vai sair em algum cruzeiro de volta ao mundo?", perguntou.

Era uma mulher alta que devia ter a minha idade, ou talvez um pouco mais. O corpo combinava com o que eu tinha imaginado sobre alguém que vivia dirigindo uma barca pelos rios: robusto e de ombros largos, embora bastante elegante em todos os outros aspectos. Kate usava o cabelo curto, num corte espetado e tingido de hena, envolto por uma bandana,

La maison avec la péniche 155

cujo nó ficava no topo da cabeça. Seu rosto também era bondoso, de uma beleza não propriamente clássica, mas agradável e caseira, com uma coloração vermelha devida à exposição ao sol. Não havia nela, ou em sua personalidade, qualquer tipo de refinamento. Era extrovertida, talvez até um tanto exagerada, e cigana o suficiente para reunir todas essas características. Carolyn teria se referido a ela, com alguma condescendência, como *uma figura*.

Kate fez café para mim na casa, que tinha sua própria história excêntrica. O lugar chamara sua atenção 14 anos antes, quando ela navegava pelo canal. A construção era uma relíquia do século XVIII, nada mais que uma ruína, com uma lareira do tamanho do centro de Cincinnati. Podia ser impossível viver ali, pensou ela na ocasião, mas dava para cozinhar até não poder mais naquele fogão. Havia uma lista de iguarias que ela morria de vontade de dominar, uma verdadeira miscelânea de vísceras, de pato e de coelho. Ao mesmo tempo, por debaixo do mato e dos arbustos havia dois acres de terra incrivelmente férteis, um solo revestido de uma camada impressionante de flores selvagens, que variavam com as estações. E a casa estava diretamente situada sobre o canal.

O dia inteiro, fisionomias indistintas passavam por ambas as margens, parando sempre para acenar, ou para descansar as pernas de todos os quilômetros percorridos. Os pastores usavam aquele caminho todas as manhãs, e de novo antes do pôr do sol, conduzindo os rebanhos para um prado verde mais acima, logo depois do canal.

"Não pude resistir", disse ela. "Toda a minha vida passei literalmente flutuando de um lugar para outro. Aqui, no interior deste pedaço de terra, havia tudo o que eu vinha procurando: o romantismo do solo, o mistério da água, a espiritualidade da comida... Tinha tudo para me prender. Era o meu Shangri-la."

Só a cozinha bastava para se querer ancorar ali. Parecia um lugar onde homens das cavernas poderiam ter assado uma perna inteira de mastodonte mas restaurado por Martha Stewart. As paredes eram de seixos redondos, adornadas com muita simplicidade, com armários e prateleiras descasados, comprados em mercados de pulgas. Uma mesa de refeitório desfigurada ocupava todo o centro. Havia um fogão, é claro, mas o principal lugar para cozinhar era a lareira, de onde os assados e as tortas saíam crocantes por causa do carvão. Era a cozinha de um chef: básica, mas com verdadeiro estilo. De fato, Rick Stein, a personalidade britânica da culinária na TV, acabara de fazer filmagens ali. E eu estava impaciente por colocar minhas mãos em tudo.

Durante um passeio pelo canal, com as suas curvas longas e pronunciadas, Kate e eu combinamos o seguinte: passaríamos três dias esmiuçando tudo o que pudéssemos da cozinha da Gasconha, visitando os mercados e as fazendas, para que eu pudesse ver a procedência de tudo, enquanto realizávamos as receitas essenciais, aquelas que definiam a região – com exceção do *cassoulet*, que nos impediria de fazer muitas outras coisas. O mercado dos sábados de manhã era em Nerac, e ali poderíamos comprar a maior parte das coisas necessárias. Ela convidara uns amigos para jantar no domingo e esperava que eu colaborasse em todos os pratos que seriam servidos.

"Vou lhe ensinar o máximo que puder, todos os meus *trucs*", disse ela suspirando, enquanto elaborava um esboço de programa. "Você não vai aprender, em dois ou três dias apenas, tudo o que se precisa saber sobre culinária. Mas vai ter uma consciência do que existe por aqui, e como aplicar isso à comida: a sensibilidade da Gasconha, que tanto contribui para a sua culinária, a rusticidade, a honestidade."

Kate adotara aquele estilo de vida para si própria, estudando as condições que definiam a sua personalidade específica: o solo, o clima, as colheitas de cada estação, que ditam a cozinha regional. "Este vale é o mais fértil de toda a França, com um clima muito parecido com o do norte da Califórnia", disse, explicando como grandes enchentes, que aconteceram durante séculos, submeteram os estuários do Garonne à inundação das suas margens, depositando ricas camadas de solo que nutriram as colheitas. "O segredo da cozinha da Gasconha é seu *terroir*."

O *terroir*. Os agricultores do oeste da França pronunciavam essa palavra com uma reverência exagerada. O *terroir* – a terra, o seu sentido do lugar, e as características que ele impõe aos seus produtos. A sua essência. Escutar isso expresso como um postulado era como ouvir os rabinos jus-

La maison avec la péniche 157

tificarem sua antiga doutrina: *porque está escrito*. Os enólogos de Bordeaux, principalmente, usavam esse termo à exaustão. "Tem *terroir?*" Ali não se chegara àquele ponto... ainda. No entanto, o *terroir* governava tudo o que no final ia parar nas mesas das famílias. É por isso que na Gasconha, onde o solo é cultivado por agricultores que medem as semanas pelos nutrientes e as estações pelos produtos da colheita, cada raio de sol e cada jato de fertilizante podem ser tão importantes quanto o ato de respirar. Em consequência disso, a Gasconha fornece a maioria dos produtos para toda a Europa Ocidental.

Caminhamos pelos limites das terras vizinhas à de Kate, onde numa centena de acres se cultivavam kiwis, maçãs, ameixas, cerejas e peras, além de legumes verdes e produtos ricos em fibra, repolhos e alfaces. Junto havia um rancho de gado, e a seguir uma criação de porcos. Kate era sempre convidada para aquelas casas, e lá ela pôde observar como as famílias cozinhavam, fazendo sua comida "de um modo rústico e simples". Foi isso que a levou para a cozinha, a fim de poder dominar as especialidades da Gasconha.

Planejamos alguns cardápios enquanto almoçávamos no Café de la Paix, um velho hotel da pequena e congestionada cidade de Bruch. Uma jovem havia comprado o estabelecimento, transformando-o numa espécie de pub para trabalhadores. A comida não era nada que justificasse uma carta para os amigos e famliares contando as novidades: ali se comia qualquer coisa posta na mesa. Na verdade, não era pela comida que o local ficava lotado ao meio-dia. Ele se enchia por causa de Sandrine, uma diabinha francesa extremamamente sexy e com uma atitude típica dos franceses para enfrentar problemas, de modo que ficava visível que era ela quem dirigia o negócio. Andava de lá para cá naquele feio salão burguês como a Miss Kitty no *saloon* do seriado *Gunsmoke*, atraindo os olhares de todos à sua passagem. Quando se curvou sobre a mesa para colocar ruidosamente uma tigela de sopa diante de Kate, tive de lutar para manter as mãos no colo.

Fiquei animado com aquela atração exacerbada por Sandrine. Acima de tudo, ela tinha a sua própria lenda. "Foi criada aqui, e depois saiu para estudar", informou Kate. "Certo dia se casou, só que voltou pra cá com uma filha e nenhum marido. Por isso, todos os rapazes aqui querem ocupar a vaga. E parece que você também, não é, meu amigo? Posso afirmar por esse ar manhoso em seu rosto."

Já tinha decidido que a minha paixão ficaria reservada exclusivamente à cozinha. Nossa programação teve início quase imediatamente depois que retornamos a Camont. Enquanto estávamos fora, o assistente de Kate, Andy Losh, um homem pálido, esbelto e barbado, com olhos fantasmagóricos, preparara a cozinha para o próximo cardápio do jantar. Diversas tábuas de cortar foram dispostas, com uma coleção de facas de cada lado. Uma variedade de legumes, colhidos diretamente do jardim, jazia sobre o balcão, junto a um Côte de Gascon já aberto – o fino vinho branco local que não tinha sido "batizado", ou *traffiqué*, como dizem os franceses, com sulfatos e açúcar. Podia-se apostar com segurança que acabaríamos a garrafa antes que a nossa entrada chegasse ao forno. Dupont se enroscou numa almofada perto da lareira e não se dignou a nos dar um segundo olhar.

"Isto foi a primeira coisa que aprendi a cozinhar aqui", disse Kate, retirando da geladeira um saco com um coelho recém-abatido.

Ai-ai-ai, pensei comigo. Parece um bichinho de estimação.

"Vou mostrar como se faz para cortá-lo, depois vamos fazer com ele um fricassê num molho de ameixas pretas, que serviremos por cima da polenta."

Sem o menor problema, ela cortou fora a cabeça, e eu senti que a minha garganta se apertava. Coloquei firmemente as mãos sobre o balcão e me curvei com todo o meu peso sobre elas, para me segurar. Frango, disse comigo. Parece exatamente um frango.

Ela empurrou a tábua em minha direção e, com um movimento do queixo, me indicou a faca. "Agora vamos cortar a parte de trás", disse, como um instrutor da escola de medicina.

Frango... frango... frango...

Levantei uma das pernas e fiz uma incisão junto ao osso, puxando-a delicadamente para mim, enquanto a faca cortava a junção do tecido e da cartilagem. A outra perna saiu com a mesma facilidade. Era a primeira

La maison avec la péniche

vez que eu realizava aquilo, e me senti um tanto orgulhoso... até me dar conta exatamente do que havia feito. Por alguma estranha razão, as pernas da frente não mereceram tanta atenção. Nós as usaríamos para dar mais sabor ao molho, juntamente com as costelas, mas não eram consideradas partes nobres que coroariam o prato. Em vez disso, nos concentramos no lombo, que dividimos em três partes iguais, em seguida temperamos e polvilhamos com farinha antes de colocar a carne para descansar.

O restante da preparação era semelhante a um *coq au vin*. Douramos uma cebola fatiada, algumas echalotes, dois dentes de alho e um punhado de *lardons*, com uma concha obscenamente cheia de gordura de pato, mantendo o fogo baixo para impedir que queimasse, até que os legumes ficassem bem caramelizados. Em seguida empurramos tudo para um lado, na caçarola, a fim de dourar ligeiramente os pedaços do coelho, o suficiente apenas para fazer com que os sucos da carne se soltassem dentro da panela.

Kate me mandou descascar e cortar cenouras e aipo em pedaços grandes. Elas foram para a caçarola, juntamente com um fornido *bouquet garni*, uma garrafa de vinho tinto encorpado (tirando-se duas taças para os cozinheiros) e dois alhos-porós cortados em rodelas de um centímetro.

"Agora vem a melhor parte da receita", declarou ela, procurando uma jarra de vidro numa prateleira alta, nas suas costas, perto das lâmpadas. Estava quase cheia de um líquido cor de âmbar escuro, e eu pude ver uma dúzia ou mais de umas bolas pretas enrugadas, do tamanho de nozes, boiando nele. Se fossem os órgãos do coelhinho, juro que partiria no próximo trem saindo de Agen. "Prove isso", disse ela, tirando uma e trazendo-a em direção à minha boca.

Existem momentos decisivos, numa formação culinária, que definem o sentido de tudo mais que virá depois: fazer um *vinaigrette*, preparar um *risotto*, fritar um bife no ponto perfeito. Eu já tinha sobrevivido a ostras e molejas de vitela, e acabara desenvolvendo uma verdadeira mania por *escargots*. Não havia nada nos manuais sobre ter que engolir olhos ou testículos de coelhinhos, ou seja lá o que fosse aquela coisa grotesca e viscosa que Kate segurava entre os dedos. Respirei fundo, convencido de que poderia fazer aquilo o mais depressa possível, sem pensar, embora estivesse também certo de que, no fundo, não seria capaz. Nem o mantra do frango poderia vir em meu socorro, desta vez. Eu ia vomitar.

Havia uma expressão de expectativa sonhadora nos lábios de Kate. De repente soltou uma forte gargalhada, como alguém que só depois percebe o sentido de uma piada. "Não me diga que você estava pensando que isso aqui era... Ha-ha-ha! Você pensou que eu ia..."

"Não sei do que você está falando", respondi, com ar inocente.

"Ah, essa é muito boa", prosseguiu ela, rindo do meu óbvio desconforto. "Olhe, não precisa ter medo de comer alguma coisa aqui contra a sua vontade. E, de qualquer modo, não faria isso logo no seu primeiro dia."

Apesar das suas garantias, ainda fiquei olhando demoradamente para aquela coisa preta.

"A você, garota!", exclamei finalmente, recebendo aquele oferecimento como uma hóstia, de uma só vez.

Não sei direito o que estava esperando, mas certamente não foi o que aconteceu. Minha boca se encheu de uma eclosão alcoólica de fruta madura, disparando cada uma das minhas papilas gustativas como se fossem fogos de artifício chineses. Aquilo era tão inesperado que me deu vontade de rir. Uma doçura concentrada emergia do álcool e fluía sobre e ao redor da minha língua. Depois vinha um gosto levemente festivo, que se amenizava até um refinado final.

"Ameixas mergulhadas em Armagnac", disse Kate, acabando com minhas especulações. "Aqui não tem um cozinheiro que não possua o seu suprimento."

Depois descobri que fazer aquilo era uma coisa muito fácil.

AMEIXAS AO ARMAGNAC

½kg de ameixas sem caroço
água para cobrir
½ xícara de açúcar
Armagnac ou brandy

La maison avec la péniche

Ferva numa panela água suficiente para cobrir as ameixas. Adicione-as e imediatamente apague o fogo. Deixe que descansem por 10 minutos naquela água, o suficiente para que inchem (se reidratem). Escorra, reservando o líquido, e guarde as ameixas num saco Ziploc para esfriarem.

Faça uma calda simples e leve, fervendo o açúcar com a água que ficou reservada. Coloque as ameixas numa jarra e acrescente a calda até ocupar metade do espaço acima das frutas. Complete com Armagnac ou brandy. As ameixas podem ficar guardadas assim por meses, ou até anos. Use quando necessário.

Nada menos que 12 ameixas foram para a panela. Depois, levamos tudo a uma boa e agitada fervura, antes de tampar a panela, deixando-a ferver em fogo baixo por uma hora e meia, para as proteínas terem chance de se juntar, de modo que a carne se tornasse tenra.

Eu já comera coelho antes, apenas por educação, e por motivos que não vale a pena mencionar. Comprar um era muito complicado, mas ali em Agen, e por todo o vale da Gasconha, eles ficavam pendurados nas vitrines, comuns como lâmpadas de Natal. É preciso se acostumar com aquela visão, principalmente com as orelhas caídas e a pele. Quem sabe não haveria um buraco neles para enfiar a mão, como nos fantoches? As probabilidades eram grandes de que ali pelas redondezas qualquer convite para jantar levaria a um saboroso coelho ensopado.

O nosso *lapin aux pruneaux* ficou, numa palavra, fabuloso. Estava espesso e suculento, com um agradável sabor antigo, permitindo que os vegetais exercessem a sua influência sem serem muito persuasivos. A polenta de Kate, umedecida pelos suaves sucos da carne reunidos no prato, servia como um contraponto levemente duro ao fricassê.

A sobremesa foi simples, porém deliciosa, e muito agradável também, depois de uma refeição tão condimentada e invernal. Kate simplesmente pôs uma fatia de Tomme maturado, o queijo da Savoia que se vê por toda parte, num prato com uma colherada de figos em calda, só isso. E foi perfeito, cada bocado do queijo acentuado pelo sabor da fruta. Adorei especialmente os figos, que Kate fizera no início da semana.

FIGOS EM CALDA

1½kg de figos roxos frescos
900g de açúcar
⅓ de xícara de água
1 vagem de baunilha
½ colher de chá de canela em pó
suco de 1 limão pequeno

Lave e seque os figos, removendo quaisquer talos (se a pele estiver muito dura, pode-se retirá-la parcialmente sem ferir as membranas).

Misture o açúcar com ⅓ de xícara de água e aqueça numa panela média, mexendo até o açúcar dissolver. Leve à fervura e deixe o xarope cozinhando até chegar a 100°C num termômetro culinário e então retire a panela do fogo. Raspe as sementes da vagem de baunilha e acrescente-as à calda de açúcar, juntamente com a canela. Junte o suco do limão e misture bem.

Acrescente os figos, um a um, fazendo-os deslizar delicadamente para o interior da panela. Cozinhe durante uma hora em fogo baixo, escumando constantemente até os figos se tornarem transparentes. Retire do fogo.

Retire os figos da calda com uma escumadeira, colocando-os em potes de conserva já preparados, distribuindo-os igualmente. (Se preferir uma geleia ao invés de figos em calda, bata-os com um mixer.) Volte a ferver a calda, derramando-a depois sobre as frutas nos potes. Refrigere. Estará pronto para o consumo em uma semana. Para um armazenamento mais longo, consultar um dos muitos guias publicados sobre os procedimentos corretos para a conserva.

Dá para cerca de três potes pequenos.

La maison avec la péniche

Provavelmente, o trabalho culinário mais intenso que realizei foi com Kate Hill, em Camont. No dia seguinte pela manhã, vasculhamos juntos o mercado de Nerac, depois do desjejum tomado em sua pequena cozinha lotada. Decidimos que, mesmo com tanta compatibilidade no fogão, nosso maior bem seria estarmos na mesma vibração. Tínhamos conseguido um equilíbrio. Poderia ser tedioso para a maioria dos cozinheiros amadores, como eu, se concentrar só em receitas de pato, como tínhamos decidido, mas eram muito poucas as chances que teria de estudar aquele tema com a meticulosidade que merecia.

A região em torno de Nerac se tornara foco da Invasão Britânica – aqueles "pagãos do norte"–, iniciada no final do século passado. Todo fim de semana chegavam novos amigos de amigos de amigos. Até os recalcitrantes franceses haviam se acostumado com o fenômeno. Com o tempo, eles acabaram encontrando um ou dois vizinhos estrangeiros que passavam a aceitar, até mesmo a convidar para um lanche. O conjunto de ruas diretamente em frente ao canal central ficou conhecido como Pequena Londres, e o mercado dos sábados de manhã era usado como o seu ponto de encontro oficial.

Acho que era uma espécie de posto avançado de Portobello Road. A maioria dos veranistas itinerantes entrava na cidade pela ponte sobre o rio Baïse, com suéteres jogados casualmente sobre os ombros. Ao cumprimentarem os amigos conterrâneos, os sotaques ecoavam como o coro de uma opereta de Gilbert & Sullivan.

Kate me induzira a um erro sobre a economia da região. O estacionamento é que parecia ser o bem mais precioso de Nerac, e não sua agricultura, e a competição por uma vaga no dia do mercado era tão feroz quanto uma partida de futebol local. Os meios-fios já vinham se enchendo desde o início da manhã, com automóveis estacionados frente contra frente, encurralados em clareiras onde não cabia nem uma *scooter*, enquanto os retardatários patrulhavam os limites externos do mercado com a vigilância de verdadeiros guerrilheiros.

Kate tinha o seu ponto reservado numa alameda ao lado da igreja. Partimos para o ataque como verdadeiros VIPs, e pegamos um atalho contornando o magnífico castelo que Henrique IV construiu para a sua amante. O soberano de Navarra deixara a sua marca na cidade. Apesar de sitiado por séculos, o castelo permanecia impressionante, as muralhas altíssimas tão imponentes e lindas como quando foram construídas. Talvez tão permanentes quanto a reputação de desonestidade do rei, que ainda estava viva em Nerac. Uma das suas vítimas adolescentes, representada numa escultura de pedra no parque, parecia cheia de desespero e inocência. "Aqui jaz Fleurette, desgraçada por Henrique IV", dizia uma inscrição sob a figura prostrada. "Ela lhe deu a vida, ele não lhe deu nem mesmo um dia."

Compramos um pato gordo inteiro e dez coxas, sem pestanejar. Depois achamos uma bela caixa de *crépinettes* – uma linguiça de carne de pato misturada com ameixas, Armagnac, ervas e ovo, envoltas em redanho de porco. Resolvemos fritar aquilo como antepasto. Segundo Kate, era uma tradição servir *crépinettes* com ostras frescas, por isso escolhemos uma dúzia dessas beldades vindas da baía de Arcachon, ali perto. Também pegamos um *foie gras* inteiro para uma terrine e toneladas de gordura de pato para o nosso *confit*.

"O pato aqui é uma questão de economia de escala", explicou Kate, enquanto percorríamos as barracas escolhendo talos vermelhos de ruibarbo para fazer várias tortas. "Essas pequenas fazendas precisavam alimentar suas próprias famílias com os produtos da *basse-cour* – do celeiro. Meus vizinhos, os Sabadini, são um exemplo perfeito. Criam gado de corte e leitões para outros produtores, tudo administrado energicamente pelo pai e o filho, enquanto a mãe e a filha cuidam dos pequenos animais, frangos e coelhos. Mas o pato, diferente desses outros pequenos animais, pode ser guardado e conservado na própria gordura por um ano inteiro."

Annette Sabadini conservava de 36 a 40 patos de uma só vez. Os patinhos nasciam na primavera, passavam o verão livres, atrás do celeiro, crescendo e se desenvolvendo, e muitas vezes no final do ano ela lhes dava alimentação forçada, para engordá-los (*gavé*) durante duas semanas, de forma que até dezembro eles estivessem prontos.

La maison avec la péniche

"E assim, ali estava um tipo de colheita que exigia muito pouco cuidado, proporcionando uma boa alimentação integral para o resto do ano, quer se fizesse *confit* ou *garbure* ou *cassoulet*. Tudo o que se precisava era tirar uma perna de pato da conserva e ser criativo. Economia de escala. *Voilà!*"

Fazer um *confit* de pato era trabalho para dois dias, por isso resolvemos começar a preparação tão logo retornássemos.

O carrilhão da igreja bateu 12 vezes. A maior parte dos agricultores começou a desmontar suas barracas, enquanto a multidão se dispersava para almoços festivos nos restaurantes ali perto, com varandas que se abriam como barcos a vapor sobre o rio. Os ingleses de rostos vermelhos invadiam esses lugares, e muitas vezes antes de chegar a primeira bandeja com comida já iniciavam aquelas cantorias horrorosas típicas dos pubs, como "Mrs. Brown" e "Two pints of lager and a packet of crisps", além de tudo o mais que mostrasse que eles eram unidos e fortes.

Kate, Andy Losh e eu nos dirigimos ao parque levando uma cesta repleta dos tesouros do mercado e uma garrafa sem rótulo do *vin du pays*, para um piquenique improvisado. Andy cortou em fatias uma linguiça rústica (feita de porco negro gascão) que compramos de um admirador de Kate chamado Kakou, em cuja camiseta verde se lia a bravata: "Aqui nós vendemos o que gostamos." Ali se encontravam as maiores ameixas que já vi, e azeitonas curadas num suave óleo de funcho, pêssegos maduros suculentos e diversos queijos, inclusive o Salers, uma variedade forte do queijo de cabra do Maciço Central, cuja casca de cinco centímetros era usada para dar sabor às sopas. Havia também uma baguete crocante e honesta como sempre, que emplastramos com uma espessa *tapenade* de alcachofra. Foi um dos almoços mais agradáveis que comi na França. Depois de beber um pouco de vinho, procurei nos bolsos um papel todo manchado de gordura e mostrei-o a Kate, algo que estivera me intrigando toda a manhã.

Era a versão de Bob Ash para o *confit* de pato que havíamos preparado na rue du Lac umas semanas antes, e eu já sabia, enquanto ela o lia, o tipo de reação que iria provocar.

Kate me olhou com gentileza. "Bem!", disse ela, "pra mim isto não significa nada, entende? É a receita de um chef de restaurante, feita para ficar parecida com um *confit*, mas receio que a única coisa familiar nela seja a perna de pato, nada mais que isso."

Tentei explicar que aquela versão de Bob respeitava todos os fundamentos franceses e, no mínimo, obtinha o máximo sabor possível do pato. Parecia bom enquanto explicava, porém Kate sacudiu a cabeça inflexível.

"Antes de tudo, iam rir desse seu argumento na Gasconha", declarou ela com um fervor sincero. "Não sei por que usar gordura de porco para fazer *confit* de pato. Isso compromete o sabor. Quando se coloca o pato para escalfar, tem que ser na sua própria gordura. É essa a essência da cozinha da Gasconha: o sabor em cima do sabor, em cima do sabor. Quando se prepara o *confit* na própria gordura do pato, fazemos com que fique duas vezes mais saboroso. Esse seu chef inglês só fez puxar o sabor com uma folha de louro, tomilho e um pouco de alho. Mas a forma tradicional de se fazer é apenas com sal e pimenta. O pato libera sozinho todo o sabor."

"E por que colocar no forno por seis horas, quando leva 45 minutos no fogão?", perguntou ela. "Não fazemos isso por pressa, ou por economia, mas sim para conservar o pato pelo resto do ano."

Tentei argumentar em favor de Bob Ash, por sua honra, mas Kate nem quis saber.

"Você vai ver", declarou ela com um aceno definitivo, encerrando novas discussões sobre a questão.

Posteriormente eu li, com certa satisfação, que um autêntico *confit* poderia ser fervido em gordura de pato, ganso ou porco. Alguns defensores ardentes da cozinha francesa admitiam que, num aperto, eles até assavam as pernas de pato em forno baixo, como fez Bob. E nada menos que uma autoridade como Jacques Pépin sugeria uma radical redução de uma hora. Mas é claro, essas receitas funcionavam apenas para paladares acostumados com as uvas Zinfandel da Califórnia e a maionese de supermercado. A essência da culinária da Gasconha não estava nos detalhes. Não era uma coleção de receitas, nem tampouco um lugar, mas sim o espírito geral: um estado mental do cozinheiro.

Tudo começou a tomar conta de mim sorrateiramente: as dúvidas, os questionamentos, as segundas opiniões. Quem seria o derradeiro juiz,

La maison avec la péniche

quando a questão fosse preparar determinado prato? Quem estava capacitado a impor restrições sobre uma preparação? No momento, me sentia cada vez mais ansioso por causa das ostras na sacola de Kate. Estavam guardadas ali há horas, indiferentes ao calor ardente, e todas as histórias sobre intoxicações por mariscos começaram a abalar a minha sensação de bem-estar. Isto deve ter ficado óbvio, e meus olhos arregalados em direção à sacola eram um claro indício, porque finalmente Andy me puxou de lado e me perguntou se alguma coisa estava me incomodando.

"Precisamos colocar essas ostras na geladeira", cochichei, "ou, pelo menos, no gelo. Mesmo assim, não acho que vão durar muito."

"Fique descansado", disse ele com um riso bondoso. "Elas estão frescas, vivas. Podem ficar na concha por três ou quatro dias, sem que precisemos nos preocupar."

Claro, pensei comigo, mas vão ficar cheirando a esquilos mortos.

Eu também estava preocupado com os ovos, que estavam na prateleira de Kate desde a manhã em que cheguei, e com o bloco de manteiga dentro do armário. Os franceses sabem cozinhar como ninguém, pensei, mas os seus hábitos em relação a questões sanitárias me lembravam uma jaula de répteis do zoológico do Bronx. Será que ninguém ali lera nada sobre a salmonela? Se Andy preferia comer uma ostra que passara a semana inteira na concha, o que eu poderia dizer era: "Boa sorte e boa noite, *M'sieur.*"

O show começou a sério quando retornamos a Camont. Kate estava louca para trabalhar no pato, tão logo descemos do carro. Havia tanta coisa que ela pretendia me ensinar no restante do tempo que passaríamos juntos, que a cada hora que passava parecia que teríamos de abrir mão de um ou dois objetivos. Uma mousse de pato com trufas e vinho do Porto foi cancelada, como também os *graisserons*, os restos do *confit*, que proporcionavam fabulosos *hors d'oeuvres*.

"Tenho uma proposta", disse Kate, enquanto preparava com Andy a *mise-en-place*. "Vamos fazer a *découpage*, ou seja, cortar o pato. Depois, temos ainda as dez pernas, que precisam ser cuidadosamente salgadas. Quando terminarmos isso, será necessário retirar a gordura e derretê-la.

Então cozinharemos o *magret* para o jantar de hoje à noite e, se o tempo permitir, dedicaremos alguma atenção ao *foie gras*."

Ficou decidido que eu faria as honras da *découpage*, o que não era um serviço menor, considerando-se o poderoso pato de três quilos. Kate me instruiu como fazer cortes laterais nele, ao longo da espinha, afastando a carne com a mão esquerda enquanto a faca descia mais profundamente ao longo do osso. A parte difícil não estava tanto na cirurgia, quanto em deixar intacto o lado de fora da pele. Removi o *manteau* inteiro, separando-o delicadamente da carcaça, e depois o dividi ao meio, de modo que cada porção contivesse um lado do peito, uma asa e uma perna. Enquanto a carne descansava, cortamos a pele excedente em cubinhos finos e a dissolvemos numa panela em fogo baixo.

A palavra "sobras", segundo descobri, não se aplica a um pato cevado. Tudo ali servia a um propósito. Mesmo a pele ao redor do pescoço recebia um tratamento especial: recoberta com sal e pimenta, era lançada numa panela escaldante, onde se partia e pulava feito pipoca.

"É costume ir comendo os *gratons* enquanto se faz o *confit*", explicou Kate, jogando-os numa tigela quando ficaram marrons e retorcidos como batatas fritas. Ela pôs mais sal neles.

Olhei desconfiado para aquela gordura frita. "Meu médico vai ter um ataque se eu puser um desses na boca."

"Então ninguém vai contar pra ele."

Ela segurava a tigela com uma prontidão brincalhona. Frango... frango... frango... Desta vez não funcionava. Os franceses chamam aquilo de *gratons* e os fazem passar por delicatessen, mas esses torresmos (pois era isso que eles eram) não costumavam exercer nenhum apelo sobre mim. Eu os classificava na mesma categoria de *beef jerky*, aquela carne ultrasseca e processada, e do *scrapple*, um bolo gorduroso de aparas de porco e farinha. Ainda assim, tinha de admitir que o cheiro era absolutamente celestial, com carne apenas o suficiente para sugerir o defumar do bacon, e ainda saturada com a suculência aromática do pato. O diabinho do meu cérebro andava pairando por ali, murmurando: "O que é que está esperando, seu pateta? Essa coisa de colesterol não passa

La maison avec la péniche 169

de conspiração dos médicos. Vá em frente. Não vai morrer por isso. Vai lá, *vai lá!*"

Não sou muito dado a vícios. Não sou compulsivo quando se trata de beber vinho ou champanhe, os quais adoro, e nunca fiquei tentado a jogar pôquer pela internet. O fumo me dá repulsa. Existe uma bala de que sinto falta uma ou duas vezes por semana. Fora isso, há certas fraquezas de que preciso me proteger. Mas se algum dia me mandarem para uma clínica de recuperação, podem estar certos de que terá sido por dependência de *gratons*.

O primeiro deles se dissolveu como uma bolinha de manteiga, deixando uma maciez salgada e sofisticada na minha boca. O segundo e o terceiro me mandaram para uma síncope delirante, e a partir daí não havia mais volta. Eu tinha sido corrompido. Enfiei a mão na tigela daquelas delícias como um viciado em drogas. Não parava de colocar um atrás do outro na boca. Tentei ser discreto, desacelerando o ritmo, mas minha velocidade parecia a de um carro de Fórmula 1; estava quase usando as duas mãos, certamente não um espetáculo muito agradável de se ver. Quando Kate se virou de costas, apanhei mais um punhado, remexendo a superfície para ela não reparar quantos tinham sido tirados. Tive fantasias assaltando um açougue para levar uma dúzia de peles de pato.

Fiquei muito satisfeito e contente com aquela descoberta, e rejeitei qualquer pensamento sobre o que os *gratons* poderiam provocar em minhas artérias. Os homens não deviam ser escravos da autopreservação, decidi. A vida é tão curta. Havia muita flexibilidade na minha dieta.

Me empanturrei sem nenhuma culpa enquanto Kate salgava as pernas do pato, uma colher de sopa rasa para cada uma, comprimindo os grãos na carne e na pele só o bastante para aderirem. Depois as colocamos numa caçarola de vidro, suficiente para conter todas as pernas em várias camadas, virando depois o lado da pele para baixo, para que se formasse uma espécie de leito onde ficaria retida a umidade de cada peça. Ela cobriu a parte de cima com um pano de prato antes de colocá-las na geladeira para macerarem durante a noite.

Kate mexeu a gordura derretida e apagou a chama do fogão. "Antes de começar a jantar, vamos fazer uma receita rápida de *foie gras*, que tal?"

Por que cozinhá-lo?, pensei. Por mim comeria assim mesmo, espalhando-o por cima das coxas do pato.

Sem esperar a minha resposta, ela se enfiou por uma despensa colada à cozinha, onde vários globos rosados de fígado fresco jaziam na beirada de uma pia de pedra bruta. Ela me mandou seccionar a veia que ligava os dois lóbulos, afastando-os delicadamente e apenas empurrando a veia com a ponta da faca, para que fosse saindo como as raízes de uma planta. O *foie gras* estava macio e cremoso, com a consistência de argila de modelar.

"Amanhã à tarde vamos selar outro, para servir com a salada", disse Kate, o que para mim era ótimo, porque poucas comidas eram mais eróticas do que um *foie gras* ligeiramente grelhado por fora e cru por dentro, e eu sempre tivera muita vontade de saber prepará-lo adequadamente, sem qualquer pânico ou surpresa desagradável.

O método que ela agora escolhera não exigiu absolutamente trabalho algum. Chamava-se *foie gras au torchon*, o que literalmente quer dizer fígado de pato servido no pano de prato – ele "cozinhava" naturalmente, por debaixo de uma pequena crosta de sal e pimenta, enquanto hibernava no freezer. Não estou muito seguro sobre certos elementos do processo químico. Para uma cabeça leiga como a minha, aquilo não fazia sentido algum. Nada havia a dizer, a não ser que jamais comi antes um *foie gras* tão delicioso e bem realizado como aquele. A apresentação também se revelou simples e despretensiosa quando o prato foi servido.

FOIE GRAS AU TORCHON

1 *foie gras* inteiro, sem as veias
1½ colher de chá de sal grosso marinho
pimenta-do-reino moída na hora, a gosto
1 pano de prato
barbante de cozinha
pão para fazer torradas

La maison avec la péniche 171

Ponha sal e pimenta dentro dos lóbulos e depois junte-os novamente, num volume de apresentação agradável. Estenda um pano de prato tamanho padrão, espalhe sal e pimenta sobre ele e em seguida coloque ali o *foie gras*, enrolando-o até atingir uma forma cilíndrica, como um rocambole. Amarre as extremidades com elegância, usando barbante de cozinha ou uma fita. Coloque o embrulho no freezer por 6 a 8 horas.

Descongele o pano e seu conteúdo na geladeira, durante a noite, e depois leve à temperatura ambiente, assegurando-se de que o fígado não fique demasiado quente e se dissolva. Abra o pano, fatie o foie gras e sirva-o diretamente do pano de prato, juntamente com as torradas. (Depois de descongelar, ele poderá ficar na geladeira por 4 a 5 dias.)

Serve entre 6 e 8 pessoas.

Fazer isso foi moleza. Também não havia muito trabalho prévio para o nosso jantar. A receita de *magret* prometia ser um simples sauté, com uma redução saborosa de "duplo vinho", a que eu seria apresentado por Kate enquanto realizássemos o prato. Nesse meio-tempo, levei Andy para um canto e pedi que me desse uma aula de como abrir ostras, quer dizer – se já não tivessem virado bosta dentro das conchas.

Inacreditavelmente, as ostras continuavam frescas, com o mesmo odor de quando as compramos, e ainda com o cheiro do mar dentro das conchas.

"Abri-las é moleza", disse Andy, mostrando uma dessas facas que os presidiários cinzelam a partir de colheres, chamadas *shiv*. Tinha um cabo de madeira grosso que se ajustava perfeitamente à palma da sua mão e uma lâmina de uns sete centímetros, gasta pelo uso. "Você só precisa ser mais esperto que a ostra", disse ele, "e a ostra não é lá muito esperta."

Fiquei observando o jeito como Andy abria a concha com a faca, forçando repetidamente a lâmina na abertura. O tempo todo ele ficava torcendo a faca com o punho, para separar a parte de cima da ostra, finalmente cortando fora o músculo até ele cair com um barulhinho sobre a parte inferior da concha. Foi como uma luta livre, com a satisfação de saber que a vitória estava garantida. Mas as cretinas também queriam briga. Fiz uma tentativa, mexendo desajeitadamente com a faca, quebrando algumas conchas no processo, resultado que poderia ser aceitável caso estivesse abrindo as simples ostrinhas de Bluepoint. Mas com as ostras de Arcachon era o mesmo que praticar uma técnica nova de tirar rolhas numa caixa inteira de Château Petrus. Fragmentos de concha boiavam escandalosamente sobre a água salgada ao redor do músculo. Dirigi a Andy uma careta de desculpas, mas ele estava muito ocupado engolindo uma ostra com um prazer de apaixonado.

Andy olhou com deleite para a concha vazia. Seus olhos grandes estavam fascinados.

"Não tem nada igual, quando se trata do prazer puro. *Volupté*, como dizem os franceses, uma explosão de sensualidade." Ele riu, com o máximo da sua loquacidade. "Você vai ter que me desculpar. Estou meio fora do ar."

"Você está extasiado pela ostra", comentei sorrindo. "Conheço muito bem os sintomas."

Eu mesmo havia quase esquecido, até deslizar uma daquelas ostras para dentro da boca. Aquele sabor incomparável me transportou imediatamente para uma escuna na baía de Arcachon. Já tinham se passado quase 25 anos desde que subira à popa, junto com uma porção de amigos, para um passeio de um dia em Cap Ferret. Tínhamos passado aquela manhã fria e sentimental de abril numa degustação de vinhos, em Bordeaux. Nenhum de nós tivera tempo de comer alguma coisa antes de sair para velejar, e o jantar, como nos informaram, só sairia muito tarde. Enquanto passávamos pela imensa duna, nós todos, em uníssono, nos queixamos da fome.

"Deus, o que eu não daria por um prato de ostras", exclamou um rapaz, observando uma traineira ali perto que puxava a rede.

O capitão do nosso barco, que não falava inglês, entendeu a essência do que se falava, o bastante para nos conceder um piedoso dar de ombros. Apanhou um balde todo amassado e o mergulhou no mar, arrastando-o enquanto navegávamos pela baía, longe do continente. Passados alguns

La maison avec la péniche

minutos, ele o puxou para cima e amontoou o seu conteúdo – oito ou dez ostras – sobre o convés.

"*Voilà!*", exclamou, sorrindo, exibindo seus dentes de ouro.

Aquela generosidade provocou grande excitação a bordo, mas não em mim. Nunca tinha posto uma daquelas criaturas escorregadias na boca, e jamais o faria, pensei, enquanto houvesse qualquer outra coisa própria para se engolir. Um pouco de sushi, uma vez ou outra era até onde ia minha intimidade com peixe cru. No que tange às ostras, havia gente que comia e gente que não comia, e eu sabia exatamente de que lado da concha me encontrava.

Uma multidão se formou em volta do capitão quando ele começou a abrir as conchas. Suas mãos eram as mais instintivas que já vi, e ele as usava com o talento de um mecânico que manuseia algo de que entende perfeitamente. Observei, silencioso e hipnotizado, enquanto ele afrouxava cada molusco com os movimentos da faca. Me senti excluído enquanto meus amigos colocavam aquelas guloseimas inesperadas nas palmas das mãos e as devoravam. Era o mesmo sentimento de quando meus colegas passavam um baseado no colégio. Das primeiras vezes recusei com naturalidade, até se tornar uma idiossincrasia minha não querer me dopar com fumaça.

"Não sabe o que está perdendo", disse Harvey, colunista do *Globe*, lançando ao mar uma concha vazia.

"Imagino que você tenha razão", respondi, deixando escapar um suspiro indeciso. "Está disposto a me ensinar como se faz?"

Os olhos de Harvey pareciam quase lascivos, como se estivesse seduzindo uma virgem. "*O-blah-dee, O-blah-dah*", gritou ele, me passando uma ostra com alegria exagerada.

É difícil descrever a ansiedade ligada à primeira vez que se come uma ostra, como também é difícil descrever a sensação de descobrir o seu puro deleite. Quem estava lá sabe exatamente como me senti. Aqueles passageiros da escuna, todos amantes das ostras, me observavam com inebriada antecipação.

"Sim, conheço bem os sintomas", repeti para Andy agora, na Gasconha, passados todos aqueles anos, me esforçando para abrir as 12 ostras.

Depois dos primeiros enguiços, consegui elaborar um jeito muito bom de fazer uma cunha com a faca, aplicando um golpe mais forte, e o *coup de grâce* final: zip-zip-zip. Minha timidez inicial deveu-se à possibilidade de a faca escorregar e me abrir um tremendo corte na mão, preocupação nada pequena para alguém que preza a própria carne. Mas solucionei o problema usando um pano de prato para segurar a ostra, o que me possibilitou não só maior firmeza, como também um pouquinho mais de clemência.

As ostras de Arcachon são mais carnudas que as que normalmente se encontram em cardápios americanos – as malpeques ou caraquetes da Ilha do Príncipe Eduardo, e as kumamotos do Pacífico –, e também têm mais água salgada do que as *spéciales*, comuns nos bistrôs parisienses. Para muita gente, a sua densidade as torna impossíveis de comer. Mas o seu gosto é etéreo, suave e amanteigado, não muito diferente de um bom *sauterne*. Explodem com um sabor que as identifica como próprias daquela região.

"Prove uma *tranche* de linguiça de Kakou entre uma ostra e outra", sugeriu Kate.

Não foi surpresa alguma aquilo dar uma dimensão totalmente nova à experiência, como quando duas frentes climáticas instáveis se encontram em cima de um vale. Enquanto dava um gole do forte *floc-de-gascogne*, para ajudar a engolir, fiquei imaginando um tufão soprando pela pequena sala de estar, destruindo-a com… *volupté*.

O jantar foi uma coisa mais moderada, e o *magret* um complemento adequado para as voluptuosas ostras. Kate mostrou-se tão boa quanto prometera, me orientando na preparação, de modo que produzimos o prato sem qualquer esforço, quase na mesma hora.

MAGRET AO MOLHO DE DOIS VINHOS

2 peitos de pato, cada um com 150g
sal e pimenta-do-reino moída na hora
2 colheres de sopa de manteiga sem sal
2 colheres de sopa de echalotas picadas

La maison avec la péniche

½ xícara de vinagre de vinho tinto
½ xícara de geleia de cassis vermelhos

Passe sal e pimenta nos dois peitos, de ambos os lados. Cubra frouxamente com um pano de prato e deixe descansar por 2 horas.

Ponha uma colher de sopa rasa de manteiga numa panela em fogo médio e refogue ligeiramente as echalotas, até ficarem translúcidas, mas não douradas. Acrescente o vinagre, o sal e a pimenta a gosto, e reduza o líquido à metade. (Se o sabor estiver muito forte, junte 2 a 3 colheres de água, durante a redução.)

Acrescente a geleia de cassis vermelhos, mexendo para ela se dissolver inteiramente, e apague o fogo até a hora de servir o pato.

Salteie o *magret* numa frigideira antiaderente, quente e seca, até a carne ficar levemente malpassada (6 minutos de cada lado). Termine o molho com a colher de manteiga que ficou. Fatie, espalhe o molho sobre a carne com uma colher e sirva.

Serve 2 pessoas.

"Comecei a cozinhar patos no momento mesmo em que cheguei por aqui. Acho que nunca havia comido isso antes", disse Kate, enquanto os peitos fumegavam levemente sobre a manteiga quente. "Até onde sabia, patos nadavam nos lagos."

"E devoram pão velho", disse eu. "Comer um deles me parecia um ato desumano. O mais perto que já tinha chegado de um pato foi na vitrine de um restaurante chinês. Parecia uma coisa diabólica o jeito como o haviam pendurado ali, como um amuleto. Coisa de pagão. Seria impossível você me convencer a preparar um na minha casa."

"O que sabíamos, então? A grande coisa que vim a descobrir é que se trata de uma carne muito rica, sem ser gordurosa ou dura, como a carne de boi. Além disso, é muito rica em ferro, e é deliciosa. E rende muito."

A simplicidade do prato também requeria um acompanhamento caseiro, e por isso Kate me mostrou como caramelizar fatias de batatas inglesas e doces em duas colheres de sopa de gordura de pato (ou banha) salpicando por cima um pouco de açúcar, cozinhando tudo em fogo bem lento, até elas apresentarem uma boa crosta, sem ficarem secas. Levamos de 30 a 40 minutos num cozimento contínuo, até as batatas obedecerem, porém valeu o esforço. As batatas-doces pareciam quase açucaradas, e equilibravam as inglesas, muito mais macias, encharcando-se de gordura e liberando seu próprio perfume de terra.

Durante todo o cozimento, Kate era como o olho de um furacão, calma, tranquilizadora, apesar de toda a nossa aparente atrapalhação para coordenar aquelas receitas. Permaneceu inabalável mesmo quando parecia que as coisas estavam fora de controle. Enquanto a observava orquestrar todos aqueles passos e manobras para que tudo ficasse organizado e simples, que pareciam não acabar nunca, comecei a absorver seu ritmo relaxado, a fim de contrabalançar a minha postura, normalmente muito agitada. Me deixei guiar por seus instintos. Minha memória trouxe à tona os primeiros treinamentos na mídia: "Pensem em... Bing Crosby." Parecia que o mantra mais apropriado, ali, seria um longo e profundo *ommmmmmmm*... Permiti que meu corpo seguisse aquilo sem esforço, me deixei possuir, habitar. Foi quase como ter tomado um Valium. De algum modo, toda a minha ansiedade com balcões de cozinha deslocou-se, movendo-se para longe, de onde não poderia me alcançar. Senti que poderia fazer qualquer tarefa sem me precipitar ou ser dominado pela adrenalina, o que sempre fora a minha ruína. Entrei firmemente no ritmo equilibrado de Kate. Suas maneiras eram suaves e irresistíveis. Sua movimentação fluía, as mãos estavam sempre alertas – elas tinham um modo de expressão belo e fácil, como as do baterista Buddy Rich com suas baquetas.

Até aquele ponto, Kate me parecera invulnerável, sobretudo por ser tão óbvio que o mundo que habitava lhe era tão adequado. Amava sinceramente a Gasconha, e parecia se sentir realizada com seu trabalho ali, pela abrangência da comida, que preparava com uma espécie de casta diversão. Ela gostava de receber visitantes, principalmente os que chegavam ali como alunos, alguns com talento, outros só com entusiasmo. Até os

La maison avec la péniche 177

escritores gastronômicos, disse ela, tinham os seus encantos monótonos. Senti inveja daquela genial flexibilidade, da sua liberdade de revirar receitas e pessoas em busca daquela harmonia. Ela era livre de um modo que as outras pessoas não eram. Pelo que pude observar, Kate era uma pessoa perfeitamente satisfeita.

No entanto, havia uma coisa sobre ela, alguma sombra em seu interior, que eu não conseguia localizar. Talvez fosse aquela alienação, o preço por viver sozinha, numa barca, num recanto provinciano do mundo. Encantamento ou equívoco?

Talvez essas questões estivessem próximas demais daquelas com que eu também me debatia. Aonde tudo isso iria me levar quando voltasse para casa? O que me aguardava mais à frente? Uma das minhas opções era levar uma vida solitária, dedicada à minha arte: a literatura, a música, a culinária. Seria suficiente para me sustentar? Desconfiava que não.

Durante o jantar, provoquei Kate para ela dizer alguma coisa sobre a sua mudança para o oeste da França, que imaginava ter algum detalhe interessante, talvez mesmo melancólico. Houve certa hesitação, mas só por um momento, durante o qual parecia estar decidindo entre me dar uma versão padrão resumida ou revelar algo mais. Andy olhou para o outro lado. Nada o intrigava, não existiam mistérios. A demora da indecisão mostrou a reticência de Kate. Apesar da nossa camaradagem crescente, talvez eu não passasse de um estrangeiro, afinal.

"Não saí dos Estados Unidos para ser uma exilada", começou, escolhendo cuidadosamente as palavras. "Mas já tinha passado um ano na África, viajando muito, e não desejava voltar tão depressa para casa, podendo esquecer tudo o que presenciara naquele continente." Em vez disso, seguiu para a Holanda, juntando-se à comunidade local de itinerantes parados no tempo. Em algum momento daquele intervalo, materializou-se um namorado. "Compramos juntos uma barca e içamos velas, cheios de sonhos. Não sei exatamente o que aconteceu com ele. Mas os sonhos..." Ela sorriu por dentro, depois soltou uma risada: "Desde então venho velejando, principalmente pelo Canal Latéral à la Garonne. E em algum ponto do caminho, isso se transformou no meu lar."

Kate espantou os fantasmas. Era claramente um resumo visando me manter a uma distância segura, o que aceitei delicadamente, embora seus olhos estivessem mareados pelas recordações. As lembranças permaneceram com ela por alguns minutos, introduzindo-se no seu sorriso e produzindo um leve tremor que, o que é admirável, ela não tentou esconder. Ficou na mesa, dobrando e desdobrando o guardanapo e perguntando distraidamente se eu desejaria mais *magret* ou se já estava pronto para a sobremesa. Murmurei algo sobre o jantar e sobre me sentir satisfeito.

Era necessária uma transição para nos afastar do essencial. Como era minha vez, lancei: "Cozinhar não poderia ser uma coisa que você aprendeu de uma hora para outra."

"De modo algum", respondeu ela com um sorriso aprovador. "Devo tudo ao Skyline Truckstop Diner, em Kingsman, Arizona. Meus pais compraram esse local depois que meu pai se reformou da Marinha. Minha educação foi convencional: ajudava a minha mãe na cozinha. Ela era italiana, de modo que a comida sempre tinha um toque estrangeiro, mas foi só depois que cheguei aqui que o meu interesse atingiu o ponto máximo. Eu me vi tão próxima da fonte, podia ver a comida saindo diretamente do solo. Perdi todas as ligações com a comida do tipo restaurante. Cozinhar se tornou para mim uma forma de me comunicar com a terra e com a natureza."

Ligando as duas pontas, ela começou as Aventuras Culinárias Europeias em 1991, numa época em que apenas um punhado de escolas de culinária abria vagas para viajantes estrangeiros. Havia Lorenza de Médici, na Toscana, e Anne Willan em La Varenne, porém poucos mais, além de Kate. Ela ativou a celebração da herança cultural da Gasconha, evocando não só a sua gastronomia como também a atmosfera e o esplendor da região.

A maior parte das pessoas que aparecia por ali estava de férias, não eram propriamente estudantes sérios de culinária. Só queriam dominar algumas receitas, visitar um vinhedo, e sair pela cidade comprando cartões-postais e suvenires. "Você tem que atender ao seu próprio eleitorado", disse Kate, "e por isso acrescento uma viagem de barca pelo canal, que torna tudo tão lindo e acessível. E a comida que fazemos é sempre uma

La maison avec la péniche 179

coisa que depois pode ser reproduzida em casa, especialidades da Gasconha que irão impressionar os amigos, mas que não são nem complicadas nem pouco práticas."

Não tinha importância o fato de que eu não iria fazer nenhum cozido de coelho ao voltar para casa, com toda certeza. Havia muitos preconceitos ligados a isso, embora soubesse que meu amigo Craig haveria de ficar muito interessado. Tentei imaginar os jantares das sextas-feiras à noite, quando os meus convidados comeriam *foie gras* no pano de prato, enquanto eu cantarolava na cozinha fritando um punhado de *gratons*, em vez de castanhas ou azeitonas. Não se passaria uma semana sem que eu abrisse algumas ostras diante dos amigos assombrados. Quanto ao pato e suas variantes, com toda certeza eles iriam reaparecer, tão logo eu soubesse onde comprá-los. Era exatamente esse tipo de cozinha honesta – e os segredos da alta culinária – que vinha buscando desde minha chegada à Europa.

"Impressionar os amigos", comentei, rindo, me deliciando com a ideia. "Tudo bem, você me pegou em flagrante. Mas parece que você também tira algum proveito disso."

Ela abriu a boca para falar, mas reconsiderou. Desajeitadamente, olhou para o chão, para os sapatos, em cujas solas grudava-se uma beirada de lama seca. Passou um tempo desconfortável sem nenhuma resposta.

"Estou muito feliz aqui", disse ela. "Enfim, me sinto com os pés no chão. Para alguém que nasceu numa ilha e que andou pulando muito por aí, e que velejou durante anos, finalmente consegui um lar que é meu. A comida é apenas um catalisador, não o produto final."

Podia ser, mas de certa forma achei que ela simbolizava todos os chefs que também se dedicaram inteiramente à sua arte. O processo era absorvente, e poucas pessoas se sentiam mais à vontade do que Kate dentro dos limites da cozinha. Era uma existência monótona e solitária, na qual a atenção aos detalhes e o trabalho duro muitas vezes impediram outros cozinheiros de levarem algo semelhante a uma vida normal. Admirava sua concentração, a imersão total na atmosfera e na fartura dos campos da Gasconha, o efeito espiritual que aquilo exercia sobre ela.

Seja como for, Kate parecia se realizar na cozinha. Era o seu ofício, a sua arte, uma aventura em andamento. Sua busca pela receita perfeita, a sinergia entre os sabores e os ingredientes, tudo isso me fez pensar num cientista determinado a explorar todas as variáveis possíveis. Como escritor, procurando sempre a melhor combinação de palavras para me expressar, compreendia bem esse processo. Havia sempre uma nova receita verbal produzindo sabores diferentes. Claro, o componente da solidão, ali, era essencial.

Poderia eu encontrar aquela mesma realização na cozinha? Achava que não. Para mim, cozinhar para os outros tinha uma importância exagerada. Sentia necessidade de compartilhar a comida que preparara. Dependia demais da experiência dos jantares como um todo, da camaradagem agradável à mesa, esperando que os convidados ficassem satisfeitos. O aspecto profissional me escapava.

Poderia fazer eco às palavras de Kate: a comida é um catalisador, e não o produto final. Porém, estávamos nos referindo a duas coisas diferentes.

DOMINGO PELA MANHÃ, depois de uma visita ao mercado coberto de Agen, saímos pelos jardins de Kate em busca de pequenos buquês de ervas para o almoço. O tomilho e as cebolinhas verdes seriam os sabores em destaque no nosso cardápio. Alguns ramos sedosos de alho-poró também foram parar na nossa cesta, depois de pensarmos bem, junto com 14 tomates italianos que pretendíamos usar numa sopa improvisada.

"Vamos também apanhar alguns figos, por via das dúvidas...", disse Kate.

"Dúvidas de quê?"

"De sentirmos fome mais tarde e ficarmos loucos por uma simples torta." Observei suas mãos grandes e confiantes se moverem metodicamente, tirando as frutas dos ramos mais baixos da árvore. "Tem uns maduros escondidos na parte de baixo. Só precisamos de uns nove ou dez."

La maison avec la péniche 181

Parecia brincadeira, levando em conta o cardápio que ela havia decidido fazer. Estávamos terminando o *confit* de pato, para acompanhar a sopa de tomate, uma salada com *foie gras* selado, um suflê de batatas – a marca registrada de Kate – e uma seleção de belos queijos, incluindo uma peça de Reblochon cujo cheiro poderia sentir mesmo que estivesse na cidade vizinha.

Como ficou claro, Kate e eu éramos muito parecidos. Ela não resistiu à tentação de convidar outras pessoas para o almoço. Era parte do seu show. Tinha mesmo uma inclinação para a generosidade, e os visitantes constituíam a plateia, a oportunidade de cozinhar, de alimentar os outros, sem ter de explicar todos os passos da dança. Comigo e Andy, estava sempre a desconstruir a iguaria, como se aquilo fosse parte de uma lição mais ampla; porém, com os convidados – ou seja, quem não estivesse cozinhando ou tomando apressadamente notas num caderno –, tendia a passar por cima de todas as interrupções.

Era tradição, principalmente aos domingos, que os amigos aparecessem para uma confraternização à tarde. Muitos dos que iam lá regularmente eram seus vizinhos, fazendeiros que haviam doutrinado Kate em seus costumes, fornecido as suas receitas e, com o tempo, tinham passado a ser considerados sua "família adotiva". Outros eram uma coleção de viajantes nômades de passagem por ali, ou navegantes em barcas, ou amigos, e amigos de amigos, com casas de veraneio perto de Agen e Toulouse. De qualquer maneira, o dia era reservado para um tipo de encontro feliz pelos jardins, pela cozinha, pela comida, com alimentação suficiente para abastecer um país emergente inteiro.

Antes de chegarem os Hodge, seus amigos, preparamos as coxas de pato, deixando-as em temperatura ambiente. Depois derretemos dois quilos e 200 gramas de gordura, o suficiente para cobrir a panela. Quando a gordura ferveu, retiramos o excesso de sal preso às pernas, antes de as afundarmos naquela substância borbulhante, viscosa e amarela, e mantivemos tudo em fogo baixo. Passados 45 minutos, quando a carne começou a se desprender do osso, o *confit* já estava quase pronto.

"Vamos servir apenas quatro pernas no almoço", me lembrou Kate, "o que quer dizer que sobrarão cerca de seis ainda, para fazer a conserva."

Tenho de admitir que, para mim, todo esse negócio de fazer conservas era bem estranho. Me lembrava as mulheres dos pioneiros americanos, de cara contraída e cabelo preso em coques, mexendo manteiga e tirando *maple syrup* de árvores gigantescas.

"Não sei, Kate. Você não acha que valia muito mais a pena irmos ao Le Cirque? Isto aqui está me parecendo uma produção grande demais para uma simples perna de pato."

"Para que perder seu tempo no Le Cirque? Você pode procurar seu amiguinho, o Bob Ash. Ou o McDonald's." Ela parou de cortar os tomates para me lançar um olhar menos de repreensão do que de desapontamento. "Falando sério, agora, o *confit* é uma tradição de casas de fazenda, não um processo de restaurantes. Não existem atalhos. Você gasta seu tempo para conservá-lo, com amor, a fim de proteger as características da carne, e para que, quando for tirá-lo da prateleira dois, cinco, ou até mesmo 15 meses depois, ele ainda esteja com aquela maciez úmida e suculenta, que nos remete ao próprio dia em que foi cozido. É impossível avaliar o que estou dizendo antes daquela noite de inverno, quando você for surpreendido sem ter o que jantar e a sua atenção for atraída para a jarra de *confit*. Para mim, não existe nada mais delicioso. Você vai ver."

Continuei acompanhando a preparação do pato, sentindo que tinha levado um pito. De vez em quando dava uma olhadinha rápida em Kate, me perguntando se minha atitude para com o *confit* não teria sido impertinente demais, e que talvez isso fosse causar mais uma daquelas saídas precipitadas, mas ela apenas escalfava os tomates numa panela com água e assobiava.

Por volta do meio-dia chegaram os Hodge, com uma garrafa de uísque Laphroaig, fato que os tornou aceitáveis instantaneamente, apesar daquele sotaquezinho de Lancashire. Eram como um bom casal de passarinhos, ambos com bem mais de 60 anos, e viviam numa velha fazenda de tabaco em Mont-Cuq – um pequenino enclave de ingleses nas montanhas do outro lado de Agen. Cynthia, mais tagarela, relatou os acontecimentos a respeito

La maison avec la péniche 183

de sua recente mudança para França, insistindo em que eles estavam tão felizes ali quanto nos Estados Unidos, onde Brian fazia aqueles "garranchos", que presumi ser alguma coisa ligada à matemática, mas depois compreendi que se tratava de um tipo de hieróglifos de computador.

"Ah", murmurei indiscretamente, me dando conta de que talvez se tratasse de algum tipo de espionagem.

Cynthia falava com sarcasmo das suas peregrinações, enquanto Brian ficava numa espécie de silêncio inflexível, sentado com as pernas esparramadas e um *scotch* na mão, olhando fixamente um ponto na parede distante, o que devia significar que estava a solucionar algum perigoso erro de programação que nenhum de nós ali seria capaz de compreender.

Segundo a tradição, aos domingos todo mundo deveria participar do trabalho. Andy e eu ficamos encarregados da maior parte das tarefas pesadas. Kate esperava que eu terminasse o *confit*, o que não passava de saltear as pernas num punhado de gordura de pato até a pele ficar bem crocante, baixando depois o fogo e cozinhando o outro lado até a carne se aquecer inteiramente. Depois que terminei e coloquei tudo no forno aquecido para mais tarde, ela pediu a Cynthia que fosse buscar *mesclun* no jardim, e mandou Andy catar alcaparras numa fileira de arbustos espinhentos nos fundos. Enquanto isso, vasculhava a geladeira procurando os ingredientes para o suflê de batatas.

Suspirei, relembrando a derrota do suflê na cozinha de Madame, e contei a história para Kate, inclusive com uma imitação bastante boa de Doug e Didi.

"Claro, você terá que me fritar em gordura de pato, se quiser saber o nome verdadeiro daquela escola..."

"Aposto que consigo adivinhar", disse ela, desfiando rapidamente alguns nomes. "A-ha! Pela sua expressão, acertei em cheio!"

Kate olhou para mim triunfante. Balancei a cabeça sem concordar, já que ela não mencionara o nome de Madame.

"Esses lugares são todos iguais", disse ela. "São escolas de ornamentação fantásticas, embora nunca preparem realmente os alunos para reproduzirem o prato em casa. É melhor ler um livro de receitas, e ainda economizar dinheiro." Kate retirou uma tigela pesada de barro de uma prateleira. "Vamos remediar aquela sua experiência ruim com um suflê que sai sempre maravilhoso."

SUFLÊ DE BATATAS

10 batatas grandes, de casca grossa
5 ovos grandes, separando-se as claras e as gemas
5 colheres de manteiga sem sal, amolecida
½ a ⅓ de xícara de creme de leite fresco
uma pitada de noz-moscada
sal e pimenta-do-reino moída na hora

Aqueça previamente o forno em 220°C.

Não descasque as batatas, mas se forem grandes demais, corte-as ao meio, tentando manter as partes sempre do mesmo tamanho, para que possam cozinhar por igual. Cozinhe-as em água fervente bem salgada até estarem macias ao garfo, de 15 a 20 minutos. Escorra-as num escorredor e abra-as um pouco. Depois passe-as por um espremedor (as peles ficarão para trás e devem ser jogadas fora).

Bata as claras até elas formarem picos macios, não rijos, certificando-se de que não estejam muito secos. Reserve. Coloque três gemas numa tigela grande, acrescente a manteiga, o creme de leite, a noz-moscada, o sal e a pimenta. Misture, depois adicione as batatas, misturando tudo suavemente com uma colher de pau. Prove e corrija o tempero, acrescentando mais creme de leite ou sal, se necessário. Delicadamente despeje as claras no meio das batatas de uma só vez, incorporando delicadamente, porém certificando-se de que tudo fique bem misturado.

Passe manteiga numa caçarola de cerâmica ou de metal esmaltado. Deixe as batatas derramarem-se suavemente ali dentro, com cuidado para não compactá-las ou deixar tudo nivelado (alguns picos não

La maison avec la péniche 185

fazem mal algum). Asse por 25 minutos, até se formar uma crosta marrom-dourada na superfície. Sirva imediatamente.

Serve 8 pessoas.

Preparando a receita, eu não tinha a menor expectativa de sucesso. Se um suflê de morango não conseguira inchar e crescer como um balão de ar quente, seria tolice esperar tal resultado com batatas. A visão que eu tinha era a de um navio afundando.

Nesse meio-tempo, Kate retirou as veias de outro pedaço gordo e roliço de *foie gras* para a salada, cujas verduras Cynthia trouxera no avental. Essa preparação era ainda menos complicada que o método do *torchon*. Na verdade, era tão rápida que tivemos de arrumar com antecedência a bandeja da salada, para que tudo pudesse chegar à mesa antes que o fígado derretesse feito silicone.

"Está tudo no tempo certo", disse Kate, esquentando uma panela até uma gota d'água ficar pulando sobre ela. "Tudo tem que ser perfeito: a temperatura, o tempero, o tempo passado sobre o fogo." Cortou o fígado em fatias de pouco mais de um centímetro, salpicando sobre elas uma poeira fina de maisena, para impedir a carne delicada de chamuscar, e as lançou dentro da panela até que a gordura liberada iniciasse uma pequena fervura, coisa de segundos. Imediatamente, as revirou, retirando-as depois de quase não terem tocado o calor.

Parecia absurdo achar que alguma coisa pudesse cozinhar em menos tempo do que um espirro, principalmente uma coisa tão perturbadora quanto um fígado de pato. Encolhi os ombros, imaginando que tipo de dano intestinal um pedaço daquilo cru poderia me causar. Mas ambos os lados estavam perfeitamente flambados, o fígado tremia ao toque, e quando uma fatia era espetada com a ponta da faca, seus sucos escorriam nitidamente.

Corremos até a mesa comprida, debaixo do caramanchão de videiras de Kate, onde Dupont tomava sol sobre uma faixa do lajeado. Uma garrafa de Muscat de Beaumes-de-Venise passou de mão em mão, a fim de provocar a suavidade do *foie gras*, e antes que completasse o primeiro circuito, a salada já havia acabado. Foi a salada mais substanciosa e sensual que eu já experimentei. Minha boca estava espessa com aquela gordura consistente do fígado, que se dissolvera em minha língua como um bocado de manteiga. Todos ali tiveram a mesma reação intensa. Acenávamos ardorosamente, um para o outro, numa satisfação verdadeiramente delirante. Os ingleses sempre se espantavam de que uma americana pudesse cozinhar tal e qual um fazendeiro francês.

Claro, o *confit* de pato ainda estava por vir, e o suflê de batata estava quase pronto. Me esgueirei até o forno e espiei o interior escuro. Longe de mim relatar aqui uma tragédia culinária. Aquele danadinho inchara e crescera feito uma víbora saciada. O cheiro era incrível também, de torradas e de campo, com uma ligeira brisa azeda de creme que nivelava o aroma final.

A conversação à mesa fornecia o fundo musical da refeição, exuberante e deliciosa, e o *floc-de-gascogne* retirou qualquer peso das nossas almas. Até mesmo Brian, cuja produção total só se podia medir em palavras, e não em frases, caiu vítima daquele encantamento mágico. Notei que sua língua se afrouxou, e que ele ria muito, demais até, das observações sarcásticas da esposa. O dia estava indo embora e as nossas inibições se foram com ele. Lembro de como nos cumprimentamos mutuamente com um fervor surpreendente, celebrando cada contribuição à comida, principalmente o esforço heroico de Kate – e de como nossos copos estavam secos e mais *floc* apareceu, até que o sol às minhas costas e a leveza em minha cabeça conspiraram entre si para me transportar até o alto de um penhasco.

Não sei quanto tempo fiquei sentado sem dizer nada, nem como minha atitude devia estar parecendo estranha, mas me surpreendi ao ver todos rindo de uma história que Cynthia contava sobre servir torta de carne e fígado a uma família de agricultores gascões. De repente me senti muito grato. Quis me curvar sobre a mesa e lhe dar um abraço, como se ela estivesse propositadamente me dando cobertura. Todos nos fortificamos com queijo e café. Seria um crime permitir que uma dor de cotovelo se intrometesse num dia como aquele.

La maison avec la péniche 187

Os Hodge foram embora por volta das cinco. Assim que o automóvel deles desapareceu de vista, Kate e eu terminamos de fazer a conserva das pernas de pato que sobraram, esterilizando os altos potes de conserva de um litro, enchendo-os de *confit* e cozinhando-os em banho-maria até a carne ficar macia. Então, pelas nove da noite, tudo dentro do planejado, estendemos a massa para algumas tortas rústicas de figo. A receita era simples; usava uma massa crocante e disforme, dobrada sobre si própria, formando duas coberturas para as frutas bem maduras. Kate selecionou umas fatias de queijo de cabra fresco para sua torta. Eu derramei uma pasta de castanhas portuguesas na minha. Em ambos os casos, isso mostrava como é fácil cozinhar algo rústico e delicioso quase num piscar de olhos.

Enquanto cozinhava, Andy ia e vinha correndo da barca, onde ficava sabendo notícias dos jogos de futebol americano nos Estados Unidos. Parecia especialmente desanimado com a queda do seu adorado San Francisco 49ers, embora qualquer referência que se fizesse a essa cidade o deixasse nitidamente sombrio. Quando tinha 15 anos, o pai morrera de repente, e seu irmão mais chegado cometera suicídio. Andy conseguira escapar para uma escola culinária, com a sincera intenção de vir a se tornar chef. Depois da graduação, porém, não teve dúvidas de que seu futuro estava em algum outro lugar – na verdade, em qualquer lugar, contanto que fosse num restaurante –, e partiu para a França, onde há dois anos vinha trabalhando irregularmente para Kate. Decidira voltar para os Estados Unidos dentro de um mês, talvez para cursar direito, mas... não estava certo.

"Antes de fazer qualquer coisa," disse eu, "vá lá ver Sandrine, no Café de la Paix. Uma mulher daquelas poderia lançar sua vida em curvas poderosas."

Ele riu, prometendo escrever caso alguma coisa assim acontecesse.

"Os rapazes parecem estar com fome", disse Kate, apresentando uma travessa transbordando de grossas fatias de linguiças de Kakou curadas a seco, um pedaço de queijo Manchego, um pouco de *confit de canard* desfiado e longos Kirs Gascons, essas poções poderosas de creme de amoras-pretas, o *crème de mûre*, com vinho tinto. Devoramos tudo com um deleite espantoso.

A quantidade de comida que tínhamos ingerido era alarmante. Meu cinto já estava visivelmente um ou dois furos mais largo. Andy parecia um pato que acabou de ser entupido de alimento goela abaixo. Com sorrisos amarelos e tensos, cada um pegou uma fatia daquelas tortas fumegantes, agindo como se estivéssemos apavorados, de olhos arregalados à simples menção de *à la mode*.

Kate riu com prazer, apenas nos observando com uma espécie de falta de jeito maternal, ficando cada vez mais melancólica no silêncio que se seguiu.

"Vocês dois se preparem para as boas coisas que os esperam em seu caminho", disse ela, e se voltou ligeiramente, observando a própria imagem no espelho que ficava logo ao lado da lareira. Eu ia dizer alguma coisa, agradecer a ela, mas então me dei conta de que Kate tinha ido para o mesmo lugar que eu, mais cedo, naquela mesma tarde.

Andy e eu nos entreolhamos. Com um abraço tímido e afetuoso, ele se ergueu e saiu da cozinha, com Dupont seguindo-o fielmente alguns passos atrás. Esperei ainda um ou dois minutos. Kate não se mexia da sua posição, nem proferiu uma palavra, sequer um suspiro. A quietude do seu corpo estabeleceu uma tensão impossível de transpor. Na verdade, a não ser pelo ruído da minha própria respiração, não havia qualquer outro som na sala, embora por um instante eu tenha acreditado ouvir o coração dela batendo.

Não fiquei exatamente surpreso. Lembro de pensar na ocasião que todos nós – eu, Kate e Andy – estávamos numa espécie de purgatório emocional fantástico. Subitamente senti uma estranha camaradagem com eles, como se um véu houvesse sido erguido.

Sim, estamos todos juntos nisso, pensei. Sem dizer uma palavra, enrolei um lenço de musselina no pescoço e saí, mais uma sombra na noite, caminhando à luz do luar ao longo do canal, enquanto seu fluxo corria em direção ao Garonne.

5. Paris

NÃO SE PODE SER AMBÍGUO COM RELAÇÃO A PARIS. Como escreveu Elliot Paul, a cidade é inesgotável, assim como as suas memórias. Mas, enquanto o TGV corria na direção norte, passando por Chartres e depois Versalhes, meus sentimentos quanto àquela visita eram indefinidos, para não dizer contraditórios.

Na noite anterior, telefonara a Lily para contar como me sentia animado. Tinha três compromissos bem diversos na agenda: trabalhar na cozinha de dois dos mais renomados restaurantes da cidade e ter uma aula particular na casa de alguém. Durante as últimas semanas, vinha desbravando meu caminho entre as figuras menores, mas agora chegara aos grandes.

Há pouco que eu possa acrescentar às fábulas encantadas que se contam sobre Paris, exceto que vou lá sempre que tenho uma oportunidade. E a cada vez, a beleza e o romantismo parecem renovados. Seria pouco dizer que já fiz 25 peregrinações para lá, e que os grandes momentos são tantos que acabam por se mesclarem uns aos outros.

Por outro lado, eram muito precisas as lembranças da última vez que estivera lá. Tinha sido apenas uns meses antes, com Carolyn. A única experiência de Carolyn com a cidade fora uma escala noturna, debaixo de muita chuva, mais de 20 anos atrás. E durante toda a semana ficamos encharcados até a medula, portanto pode ser que essa marca jamais desapareça. Por isso uma inquietação ia me dominando, enquanto o trem atravessava os limites da cidade.

Tinha também a questão do hotel, que eu não previra. Um amigo me registrara no Le Meurice como cortesia, de modo que pudesse trabalhar na cozinha sob a orientação do aclamado chef. Mas a reserva fora cancelada no último instante – as exposições automobilísticas e de *prêt-à-porter* estavam na crista da onda, e todos os quartos de cortesia foram reivindicados para a invasão dos retardatários. Me disseram que não havia um só quarto vago, em Paris, que não houvesse sido reservado para os participantes das convenções. Pressionada, a Expedia surgiu com aquele All Suites Hotel Plazza St. Antoine que, por sorte, ficava situado na rue du Faubourg. Evidentemente, os dois "z" do nome deveriam ter sido uma advertência clara, mas eu estava aliviado demais por ter conseguido um quarto, e achei que ele não poderia ser ruim, considerando-se a localização. A rua do hotel era a mesma do Ritz, perto da Opéra, e ele tinha três estrelas junto ao nome. Uma bijuteria no meio de joias.

Só quando tomei o táxi, na Gare de Montparnasse, é que fui descobrir meu erro crasso. O motorista quis saber a *qual* rue du Faubourg eu me referia, já que existiam várias na cidade. E levou algum tempo revirando as páginas de um *Plan de Paris* até solucionar o problema. Acontece que a rua que eu estava procurando era a rue du Faubourg *St. Antoine*. Foi isso que concluímos. E este pequeno detalhe a Expedia se esquecera de mencionar. Mas onde ficava a rue du Faubourg St. Antoine? Se você for um nova-iorquino e nunca tiver estado em Jackson Heights, pode ter uma ideia bem precisa da situação. A rua situava-se no décimo primeiro *arrondissement*, que fica quase tão longe quanto os limites da cidade mais próxima. É onde Judas perdeu as botas. Eu esperava poder conferir alguns grandes bistrôs quando estivesse em Paris, mas a cozinha daquelas redondezas limitava-se à indiana, à turca, à sudanesa e à de Bangladesh. A única possibilidade decente – e isso aumentava ainda mais o problema – chamava-se Extra Old Café. Se algum nome jamais conseguiu ser tão expressivo, foi aquele.

O hotel era prático para certo tipo de turista. Havia muitos hóspedes americanos que jamais tinham visitado Paris antes e que estavam conhecendo a cidade numa varredura de um dia e uma noite. Uns haviam resolvido que qualquer região era importante, e que o lugar onde ficariam não importava tanto. E outros consideravam o pessoal de serviço, exclusivamente de indianos, como uma forma de não apoio aos franceses. Na sua opinião, o hotel não era pretensioso, não era metido a besta. Enfim: não era... *francês*.

Paris 191

Sem dúvida, não havia nada de encantador nos serviços. Meu quarto era uma cela muito feia e sem ventilação, atarracada, vulgar, com um tapete todo manchado, uma colcha dos anos 50, que eu tirei e enfiei no closet. Um perfume de Eau de Lysol pairava no ar. Havia um frigobar triste a um canto, e quando o abri, as prateleiras estavam vazias, exceto por um prato de ossos de galinha enrolado num plástico.

"Este é o minibar?", perguntei ao empregado que me ajudava com as malas.

Um sorriso largo de compreensão iluminou o seu rosto. Se eu quisesse um refúgio, um lugar para relaxar, ele sugeria um bar ali na esquina, do outro lado da Place de la Nation.

Dei uma passada pelo local, que estava cheio das pessoas que deviam frequentá-lo com regularidade. Era pouco antes das cinco, o momento que os franceses chamam de *purgatório*: cedo demais para jantar, tarde demais para almoçar. Grupos de homens sentavam sossegados em mesas diminutas, tomando o seu Campari e comendo montes de pistaches. Da minha mesa, perto da porta, podia observar o espetáculo da estranha e eclética corrente das pessoas que saíam do metrô, uma mistura de norte-africanos escuros e de gente do Oriente Médio, além de grupos compactos vestidos de veludo cotelê e com sapatos pesadões: a espinha dorsal da classe operária de Paris. Na mesa perto da minha, um homenzinho atarracado acendeu um charuto, chupando-o como um bezerro amamentando.

Ele deve ter percebido que franzi o cenho. "Se incomodar o senhor, eu apago", disse ele, num inglês perfeito.

"*Pas de problem, M'sieur*", menti.

Ele sorriu, com os olhos cortantes, como se tivesse me surpreendido numa situação embaraçosa. "Pode falar inglês comigo", disse ele. "Trabalhei três anos em Nova York. E adorei."

Tratava-se de um profissional da indústria de moda que respondia pelo nome de Maxim, que parecia grandioso para um velho bruto daqueles. Sua roupa, embora não estivesse propriamente surrada, revelava desprezo pela Sétima Avenida. Era fora de moda, mera imitação do traje convencional, e ele a usava com um aparato que pretendia camuflar sua antiguidade.

Já se notavam pontos brilhantes nos cotovelos do casaco esporte, onde o tecido ficara mais fino. Havia manchas escuras no rosto, nos pedaços que se esquecera de barbear, e outras claras, onde não esquecera. Mas cada fio da sua cabeleira muito bem penteada trazia uma sugestão de estilo. Ele tinha um ar de resistência ressentida. Suas têmporas latejavam quando sorvia aquele charuto.

Sempre ansiara encontrar alguém com quem pudesse trocar recordações sobre Nova York. "Adorei", repetiu ele. "Adorei aquela agressividade. As pessoas lá preferem comer a gente, a deixar que a gente fique por cima. Aqui em Paris, todo mundo é um bichinho delicado. Não se tem fibra por aqui. O patrão olha de um jeito estranho pra você, e você vai embora. Em Nova York, a gente manda ele ir se danar. Ah!"

Ele cantarolou alguns compassos de "I love New York", tragando uma bela dose de uísque.

"É claro que você também deve gostar de Paris", insinuei.

"Paris tem os seus pontos interessantes." Acendeu novamente o charuto, lançando sinais de fumaça para o ar. "Está vendo aquela caminhonete lá?", disse, apontando para uma van Hertz parada, com um painel anunciando o preço da diária. "Pegue o metrô direção Porte de Vincennes, e verá centenas delas, estacionadas junto ao *bois*. É como uma cidadezinha. São chamados *cabinettes*. Se você chegar lá, vai encontrar tudo o que quiser: mulheres, homens, meninas ou meninos, meninas *e* meninos, transexuais, africanos, asiáticos, chimpanzés, tudo que seu coração desejar. Eu posso levar você lá, para mostrar."

"É melhor não. É que jurei nunca mais olhar para um chimpanzé."

Ele soltou uma gargalhada alta demais. "Gostei de você, Mr. New York. Vou até mesmo lhe pagar mais um desses vinhozinhos de fresco que você está bebendo. Ou será que você prefere alguma coisa mais máscula?"

"Não, um vinhozinho de fresco vai bem. E eu pago pra você mais uma dose dessa bomba-relógio aí, que vai matá-lo antes dos 60."

"Eu já tenho 60 anos", exclamou ele, com um sorriso triunfante.

Achei que ele tivesse 70, mas quis ser agradável. Nossa! Sessenta anos... Ele já parecia meio morto...

Ficamos algumas horas conversando sobre a precária situação mundial: a política norte-americana, que parecia o assunto favorito de todo europeu naquele momento; a política francesa, que Maxim considerava tão chata e inconsistente quanto o próprio país; a política alemã, que o deixava intrigado porque o velho regime comunista parecia estar crescendo; e a política britânica, que ele descreveu fazendo pequenos ruídos com a boca, como um cachorro chorando.

"Os Estados Unidos desperdiçaram tanta boa vontade", disse ele, entre doses que iam chegando mais rápido que uma rajada de balas. "Depois do 11 de Setembro, todo mundo queria ser americano. Até os argelinos, que ficam nos infernizando feito moscas. Até a minha sogra, que é uma francesa purista." Ele cuspiu sobre a calçada, em homenagem a ela. "E então, Bush invade o Iraque, e os Estados Unidos viram uma porcaria. Por toda parte, não é só na França. Coisa digna de cachorro. A Europa inteira está com nojo. Vocês deviam ter vergonha."

Ele esperava que eu fosse defender o meu país, e se irritou quando não o fiz. Nada que dissesse poderia justificar aquele estado das coisas. Tinha sido assim desde que desembarcara na Europa. Todo mundo que encontrei esperava por algum tipo de explicação. Eles não eram antiamericanos, como insinuava Maxim, mas estavam desapontados, constrangidos. Esperavam mais de Washington. Os Estados Unidos eram a sua última esperança.

De súbito, Maxim exclamou, em tom ferino: "O que é que o senhor está fazendo em Paris, Mr. América? Inspeções para a próxima invasão? Talvez o seu presidente esteja querendo proibir nossa baguete?"

Expliquei que o meu sonho era aprender os segredos da alta culinária. "Mas mesmo que consiga bons professores em Paris, ficar encalhado aqui neste bairro não vai me ajudar em nada. Não tem um bom lugar para se comer, não tem aquela comida francesa criativa. Minha presença aqui é tão contingente quanto a dos refugiados. Me sinto um *gourmet* perdido em Nebraska."

Maxim me contemplou com um ar impessoal, por cima da borda do copo. Depois de pigarrear, pensativo, pôs-se de pé de repente, o copo numa das mãos, enquanto com a outra tentava tirar um celular do bolso do casaco. Na confusão, derramou um pouco de uísque na lapela. "Espere aqui", disse, esfregando a mancha com um guardanapo. Em seguida, seguiu cheio de dignidade em direção ao bar, acho que para reforçar o drinque.

Não sei por que haveria de perder tempo, na minha primeira noite em Paris, ficando ali sentado por mais 20 minutos. A certa altura, desisti de pensar que Maxim iria reaparecer. Meus pensamentos haviam se transferido para o dia seguinte, para uma aula de culinária que parecia bastante promissora.

Já estava ficando tarde; até que tomasse banho, me barbeasse para o jantar e pegasse o metrô até um bistrô decente, já seria quase meia-noite, o que ia complicar muito as coisas. Voltar para o hotel era uma ideia ainda mais deprimente, porém parecia a alternativa mais sensata. Talvez arranjasse uma boa salada em algum lugar, e depois direto para a cama. Mas, quando me levantei para sair, Maxim veio ziguezagueando pelo bar apinhado, me fazendo sinal para ficar onde estava. Ele telefonara para a esposa, que justamente estava com o jantar esperando no forno, e dava para incluir um convidado americano faminto. Se não me importasse com uma subida de cinco lances de escada, me prometia uma refeição que, por Deus, jamais esqueceria.

Era o convite mais amável que se poderia esperar, e me fez sentir bem-recebido e vivo, em meio àquele subúrbio feio, mas diversificado, sabendo que um estranho me oferecera um jantar feito em sua casa. Ao mesmo tempo, não podia deixar de lembrar o episódio de uma série policial em que um sujeito era convidado para o jantar e terminava a noite como um cadáver na escada de serviço do prédio de um maníaco. Olhei de esguelha para Maxim, cujo aspecto me pareceu quase tão inofensivo quanto o de Hannibal Lecter.

Caminhamos alguns quarteirões, até chegarmos a um imponente e antigo prédio da era Haussmann, cujas portas da frente pareciam rasgadas pelos grafites. Havia flores nos canteiros dos apartamentos, e muitas luzes nas janelas abertas, revelando silhuetas projetadas nas cortinas. Sons diversos que vinham de fora me ajudaram a aplacar meus temores. Com

Paris 195

toda honestidade, agora nem um dragão jorrando fogo pelas ventas me desviaria do apartamento de Maxim. Ao entrarmos, fui logo atingido pelo sopro de um assado tão rico e intenso, com um cheiro defumado, que me deu água na boca. Pensei comigo: nem cachorro saliva tão depressa assim. Fiquei parado, enchendo os pulmões com aquele aroma afrodisíaco, lutando para identificar o que seria.

Maxim farejou com aquele seu nariz bulboso, de cão de caça. "Ah, assado de vitela", disse, encolhendo os ombros com indiferença. "Coma um bocadinho, só por educação, mesmo que o gosto seja um horror."

Ele falou aquilo de propósito, é claro, só para afrontar a esposa, Solange, que suspirou resignada. Era uma mulher aristocrática, pequena, curvada, com aquele sentido europeu da ordem e uma expressão aborrecida, que parecia resumir um longo sofrimento. Acho que estava acostumada àqueles rompantes de Maxim, que pareciam não ter absolutamente efeito algum sobre ela. E, por sua vez, tratava com um tipo de ironia familiar aquele criador de encrencas habitual. Não ficava claro se esse papel era de seu agrado, ou se apenas havia se acostumado. Em todo caso, devia ser feita de um material muito resistente, para suportar ser tratada assim.

Desfazer daquele jantar como se fosse um simples "assado de vitela" era o mesmo que chamar um Clos du Mesnil, produzido por Krug, de vinho espumante. Aquilo estava uma obra-prima, era um *tour de force*... Caso eu tivesse nascido com a eloquência de Cyrano, poderia ter recitado um coro de banalidades. Mas quanto às palavras, pude dizer apenas três: "Isso está incrível."

Em todas as minhas viagens, nunca me deparara com uma refeição daquelas. Mesmo a comida do meu amigo Sandy era... diferente... refinada. Esta, não: esta era de raiz, como se houvesse sido escavada do próprio solo, e me fez lembrar o *goulash* da minha avó húngara, aquele produto tão sincero da sua velha terra natal. A panela apresentava manchas de gordura, e pedaços de carne presos dos lados, e um certo cheiro indefinido, fumegante, de alguma coisa que vinha fervendo há tempos. Em tudo e por tudo, aquilo tinha a marca característica da cozinha caseira.

A vitela parecia flutuar na gamela, em meio a um encorpado caldo marrom, ao qual se acrescentara vinho branco, temperos e ervas frescas. Estava cercada por um refogado de alho, cebola e cenoura. Carnudos *cèpes* assados, do tamanho de bolas de handball, enchiam uma outra tigela, juntamente com batatas *boulangère* amassadas com o garfo, com pedaços crocantes de bacon e cebolas caramelizadas.

Olhei para Maxim, para ver se apreciava a comida, mas não consegui saber. Ele estava muito preocupado, expondo opiniões ferozes sobre as indiscrições econômicas de Jacques Chirac, e comia como um animal, gengivas à mostra, os dentes cravando a comida como um arado na terra. As mãos manchadas de nicotina nunca paravam quietas. Le Pen... os skinheads... a semana de 35 horas de trabalho... De vez em quando Solange se curvava e, sem uma palavra, punha mais comida no prato dele, mas daria no mesmo se estivesse servindo gelatina de limão, de tão distraído que estava.

O jantar se estendeu até as primeiras horas da madrugada, com muitas conversas, pequenos atritos e canecas de vinho. Fiquei encantado com aquela situação, e senti alívio de estar viajando sozinho, de ser capaz de interagir, de ser eu mesmo. Havia alguma coisa terrivelmente atraente naquelas pessoas, Maxim e Solange. Eles possuíam um charme repelente, incomum. Eram espertos e maldosamente cínicos, com um bom humor distorcido, mas eram irritantes, como os gatos. Às vezes o seu comportamento se tornava difícil de analisar. Aquelas provocações seriam cruéis, ou inofensivas? Era alguma peça que representavam para os estranhos? Ficar ali com eles me fez avaliar as complexidades do casamento, todas as suas exigências e considerações, e os compromissos que nele são assumidos.

Eu estava confuso de ter tais sentimentos na frente de estranhos. Mas também me sentia muito grato por aquela hospitalidade, que me salvara de uma noite de inevitável solidão e autocrítica.

Lá pelas três da manhã, senti que o resto da minha energia me abandonava, e pedi a eles instruções de como ir para casa. Maxim me acompanhou até a portaria do hotel e, quando nos cumprimentamos com um aperto de mãos, me olhou melancolicamente, dizendo: "Gostaria de ter ficado em Nova York. Lá não teria tantos motivos para sentir desprezo."

Nos desejamos boa noite, dissemos adeus e prometi aparecer antes de deixar Paris para informá-lo sobre os meus avanços culinários. Ele então foi caminhando lentamente pela calçada, na direção oposta. Uma figura extremamente triste, como eu jamais vira.

Sentia-se muito confuso. Precisava tomar uma atitude, pensei, caso contrário acabaria virando uma pessoa sempre zangada, como Maxim. Estar assim sozinho, em Paris, era angustiante demais. Por mais que adorasse a cidade, tudo o que queria fazer agora era voltar para casa. Subi as escadas até o meu quarto e de repente lá estava eu na *home page* da tão confiável Expedia. Desta vez, nada de rue du Fauburg para mim. Ou era o Plazza Hotel, ou nada.

★ ★ ★

NA MANHÃ SEGUINTE, não tive tempo para finalizar os arranjos de um voo para Nova York. Esse tipo de coisa costuma exigir iniciativa. Eu ainda precisava me decidir.

Nesse meio-tempo, já providenciara para ter uma aula de culinária com Samira Hradsky, que oferecia seminários particulares de um dia, em seu apartamento de Paris. Segundo um folheto, ela afirmava ensinar os alunos a prepararem em poucas horas uma refeição de cinco pratos, o que parecia um despropósito numa cidade onde os cozinheiros passavam meses trabalhando só para aperfeiçoar uma simples *demi-glace*.

Parecia a versão culinária da crítica poética. Fiquei ainda mais cético depois de uma conversa por telefone com a Chef Hradsky, para confirmar a minha inscrição. "Me encontre amanhã de manhã na escadaria junto da estação Argentine do metrô", disse ela, com ares de intriga internacional. "Vou estar com um carrinho de compras azul e a mão esquerda engessada."

Na hora combinada, nós quatro que estávamos lá esperando – todos estrangeiros: Penny e Howe, de Vermont, e Stephanie, da Califórnia – cercamos uma mulher que estava com gesso no braço, e que no final chegou a ameaçar chamar a polícia. Felizmente, Samira apareceu alguns minutos depois para amenizar a situação. Era uma mulher exótica, de cabelos negros, temperamental como um cão pequinês. Parecia uma dona de casa parisiense comum, nas suas saídas diárias para as compras. Eu diria que tinha pouco mais de 40 anos. O corpo era pequeno, tipo violão; a face, bela e orgulhosa, os olhos castanhos e a pele tão amarronzada que não escondia a ascendência oriental. Seu inglês, falado com uma espécie de exultação sem fôlego, era perfeito, absolutamente sem sotaque, e ela se movimentava com a mesma espécie de leveza, apesar do gesso.

"O plano é o seguinte", informou ela, conduzindo-nos para o outro lado da esquina, até o Mercado Poncelet – uma sequência de lojas e barracas ao ar livre, ao longo de rue Bayen. "Vamos ver o que parece estar bom, e então decidimos o que vamos cozinhar. Depois, vamos para o meu apartamento e começamos a trabalhar."

Seguimos pela rua sombria e apinhada de gente, nos misturando aos consumidores de todos os dias. Aquele era um dos mercados locais onde os parisienses costumavam comprar seus principais alimentos. Mulheres com cestas de palha penduradas em cada braço iam pegando as coisas pelas barracas, de um modo tão rotineiro e impessoal quanto se estivessem escolhendo meias. Para elas, aquilo era tão comum quanto um passeio pelos corredores da loja de conveniências, mas para mim era puro romance. As frutas e os legumes eram de uma qualidade que poucas vezes eu vira: tomates que realmente tinham cheiro de tomate, peras explodindo numa madurez perfeita, berinjelas com a pele brilhando como a pintura de um carro novo. Ramalhetes de ervas toscamente amarrados projetavam-se das cestas, e a variedade de feijões e de frutas silvestres era extraordinária. Numa atitude audaciosa, quando ninguém estava olhando, apanhei um punhado das diminutas *fraises du bois* e engoli, com um prazer bobo. O gosto provocou um choque em minha boca com a doçura anestesiante de uma torta, que se prolongou por um tempo irracionalmente longo, até que o mitiguei ao comer um pedaço de pão.

Paris

Nas lojas por trás das barracas, os vendedores apresentavam balcões de peixe e galinha, carnes defumadas, queijos e pão fresquinho. Cada coisa produzia um cheiro tão fácil de identificar quanto o da minha própria pele, e era revigorante caminhar pela rua inalando aquela combinação luxuosa de aromas no ar matinal da cidade. Os cheiros eram na maioria de frutas, e mais intensos do que eu estava acostumado a sentir, por causa da ausência do empacotamento ou da refrigeração, especialmente nos meses de verão, quando o frescor era de uma fugacidade estarrecedora. Mesmo assim, as cestas de palha se enchiam rápido. Mulheres que haviam chegado ao mercado de mãos vazias deixavam-no agora como burros de carga. Olhei com inveja para as suas cestas cheias, imaginando as refeições simples que iriam produzir.

Assim que chegamos ao mercado, andei pra cima e pra baixo entre as barracas, embasbacado diante de tanta fartura, enquanto os meus colegas fotografavam mexilhões e alfaces tenras, e manuseavam os legumes como se fossem ovos Fabergé. "Ah, *Olha só pra esses!*", exclamou Penny, apontando para um caixote de figos pretos. Seu marido lhe fez cócegas no pescoço com folhinhas de erva-doce. Todo mundo ficou namorando os lagostins.

Senti uma pontada de desgosto. Estávamos nos comportando como os malditos... *caipiras... turistas... americanos.* Por alguns momentos, tive consciência disso, e me atrasei alguns passos, com a intenção de estar sozinho, para que não me tomassem como alguém do grupo. Quando Samira explicou como diferenciar a berinjela macho da fêmea, me afastei um pouco, sob o pretexto de ir examinar os rabanetes. Mas quase no mesmo instante percebi o meu equívoco. Não havia nada de errado com a exuberância. Tínhamos vindo a Paris com o espírito da descoberta e do divertimento.

"Isto aqui promete", disse Samira mostrando uma gorda posta de peixe com a pele azul acinzentada. "Alguém aqui faz alguma ideia do que é isto?"

Tive a ligeira impressão de que era bacalhau. Na verdade, era *dos de cabillaud* – o grosso e suave filé do bacalhau tirado da parte que não tem contato com o estômago. Mas hesitei alguns segundos antes de soltar uma resposta, para que ninguém ficasse achando que eu era algum sabichão. Fiquei na minha, observando de soslaio as expressões atentas e alegres dos meus colegas, que ficavam olhando fascinados a superfície carnuda e leitosa do peixe.

"Seria da família do salmão?", perguntei a Samira. "Pesca-se salmão por aqui?"

"Não chegou nem perto." Ela parecia contente. "Normalmente, o salmão é menor e tem uma carne mais colorida e luminosa. Este tem uma lâmina grande e branca, e é menos oleoso. A maior parte de vocês deve ser capaz de reconhecer isto, porque não tem muito tempo que ele provavelmente alimentava mais os americanos que a carne de boi ou de galinha."

Ela estava enganada, mas não quis comprometer sua credibilidade. "Então deve ser bacalhau", exclamei alto, tão inocentemente quanto podia.

Ela me deu uns tapinhas na cabeça, o símbolo de aprovação da professora, e partiu para pedir que escamassem e limpassem aquele nosso tesouro das águas.

O cardápio foi se formando à medida que fazíamos as compras: um antepasto cítrico de salmão; sopa cremosa de alcachofras e Armagnac, seguidos por *fruits de mer à l'armoricaine* – um cozido de peixe ao estilo britânico, no qual as estrelas seriam dois quilos daquele glorioso bacalhau –; batatas rústicas aromatizadas com azeite de oliva e *herbes de Provence*; arroz basmati com açafrão; salada de rúcula com vinagrete de framboesas. E, de sobremesa, uma fatal torta de chocolate ao Grand Marnier. Era um programa ambicioso, cheio de desafios. Uma hora mais tarde, empurrando o carrinho de compras superlotado de Samira pelas ruas do sétimo *arrondissement*, adentramos ruidosamente seu apartamento, dispostos a cozinhar.

O lugar era muito elegante e luxuoso, cuja origem datava lá pelo fim do século XVI, próximo ao bois de Boulogne, num prédio que fora construído por ordem de Napoleão III. Uma jovem criada russa, vestida de jeans e uma camiseta obscenamente justa, desembrulhou as nossas compras, enquanto aguardávamos numa sala que fora recentemente ampliada com o acréscimo de um apartamento adjacente. Uma vista de cartão-postal de

Paris

Paris reluzia pelo janelão principal, cujas cortinas haviam sido abertas para causar impressão. Pensei comigo mesmo que a comida de Samira devia ser mesmo suntuosa. Com certeza, ela trabalhava para satisfazer o público.

A aula, que durou três horas, realizada numa cozinha aberta para a sala, muito cômoda e totalmente equipada, foi mais uma festa culinária do que propriamente uma instrução formal. Em situações como aquela, onde todos eram estranhos, há sempre uma atmosfera de sondagem mútua, como nos encontros às escuras, quando a bagagem pessoal permanece fechada e a gente começa a se dar conta de quem e do quê vai enfrentar. Aconteceram alguns momentos esquisitos. Porém, desde o início, surgiu uma camaradagem entre nós, reunidos ao redor de uma mesa de granito, bebericando *sauvignon blanc*, trocando histórias de desastres culinários e de olhos bem abertos para a comida. Enquanto isso, Samira limpava e arrumava uma série de equipamentos, se preparando para a nossa aula. Olhei para um mandoline, afiado como navalha, com extremo preconceito.

"A principal coisa que tenho para dizer a vocês todos é: relaxem", disse ela, brandindo um troço que parecia próprio para fazer um exame ginecológico, mas que depois se revelou como um descaroçador de azeitonas. "Vou tornar as coisas mais fáceis para vocês. Vamos nos divertir, para que gostem de cozinhar. Isto aqui não é o LeNôtre, onde se tem que medir cada ingrediente até a fração de um grama. E a minha comida não é aquela *haute cuisine*, destinada aos reis. Mas o sabor e o aspecto são maravilhosos, e vocês podem realizá-la em casa."

Samira cumpriu, na maior parte, as suas promessas. Em meia hora ela já nos pusera para cortar, fatiar, separar em cubinhos e moer, mais depressa que um multiprocessador. Aprendemos a maneira certa de cortar um salmão em filés, retirando as espinhas minúsculas com um alicate de ponta fina, e de despelar e retirar as sementes dos tomates. Decorar algo com chantilly usando um saco de confeiteiro – experiência que sempre me fez pensar na física quântica – realizou-se com uma facilidade calculada. Finalmente, foram distribuídas tarefas individuais, a fim de acelerar o processo, enquanto Samira girava em torno, criticando e fornecendo dicas. A melindrosa Penny, que se recusava a tocar num peixe, ficou com a tarefa de clarificar a manteiga. Howie, que se recusava a tocar em álcool, ficou com a redução do molho. Stephanie, que recusou as minhas entradas, foi preparar o arroz basmati. E eu tive de preparar uma massa doce para a torta.

"Sempre faço a sobremesa primeiro", disse Samira, "porque se ela sair um desastre, ainda fica bastante tempo para fazer alguma coisa apropriada em seu lugar."

A preparação daquela superfície crocante não obedeceu a certas etapas clássicas da massa, mas Samira insistiu que elas não eram necessárias. Depois, quando chegou a hora de despelar e tirar as sementes de seis tomates italianos, ela não deixou que eu fizesse pequenos cortes na pele antes de mergulhá-los na água fervendo.

"Não perco tempo com isso", disse ela, tirando os tomates da minha mão. "Só os coloco dentro da tigela, cubro com água fervendo, conto até 18 e em seguida jogo debaixo de água fria." Incrível, o método dela funcionou. As peles se soltaram totalmente da fruta, que permaneceu rija ao toque.

"E que tal, depois, um banho de água gelada?", perguntei.

"Negativo." Cortou ao meio um dos tomates, e o segurou para eu examinar. "Sinta só isso: por dentro, ele ainda está frio. Todo esse negócio de fazer cortezinhos e dar banhos de água gelada, é melhor esquecer."

Samira Hradsky, como se revelou depois, era a Rachael Ray do circuito francês de escolas de culinária. Mas era difícil criticar seus métodos simplificados. Mal ou bem eles funcionavam, sem complicação. Além disso, ela sabia exatamente como manter as coisas nos trilhos, com a mistura correta entre a instrução e o encorajamento estonteante. Quando a situação ameaçou nos esmagar – estávamos equilibrando, de uma só vez, seis pratos ao mesmo tempo, cada qual num estágio de preparação –, ela convocou a sua jovem empregada para ajudar nas coisas, tipo limpar mexilhões e lavar as alfaces.

Durante todo o tempo, não pude deixar de observar da cozinha a sala de jantar, do outro lado do *foyer*, onde uma mesa comprida e antiga fora posta, com uma gloriosa toalha bordada à mão, porcelanas e prataria de família. Os guardanapos se abriam como cisnes em cada lugar da mesa.

Paris

Descansos para talheres, de prata, estavam à direita de cada prato, além de compridas velas em castiçais de prata e de uma quantidade de cristais suficiente para abastecer um bar. Uma seleção de grandes vinhos ficava à vista, sobre o bufê. Tudo ia acabar muito bem, com uma refeição maravilhosa, e o meu ritmo subiu mais um ponto, só de imaginar como seria.

Trabalhamos durante toda a manhã e também grande parte do início da tarde, sem nem sair para tomar ar. À medida que a aula progredia, Stephanie e eu parecíamos manifestar um interesse maior no trabalho e na análise das receitas, muitas vezes agindo por nossa própria conta, enquanto Penny tinha um ar um tanto perplexo. Aquele tipo de cozinha estava muito além da sua compreensão. Com toda certeza jamais cozinhara assim em casa, e tenho minhas dúvidas de que costumasse ir a restaurantes onde a cozinha gastronômica fosse o destaque. Pelo que nos contou, não tinha nenhum paladar especial, digno de nota. Estava decidida a não colocar na boca nenhuma comida fora do comum, principalmente mexilhões ou qualquer coisa com barbatanas, ou animais criados em gaiolas escuras. Mas nossa excitação era contagiante, e por isso, depois de muitas caretas e arregalar de olhos, acabou achando tudo aquilo "absolutamente fabuloso... oh, realmente, do outro mundo".

Samira sabia exatamente como lidar com uma aluna como Penny, esforçando-se para que sua falta de sofisticação, se era disso que se tratava, não lhe atrapalhasse a experiência. "Olhe", me disse num momento a sós, "você precisa dar um crédito para Penny. Ela precisou de muita coragem para se inscrever neste curso, considerando-se que não sabe praticamente nada de cozinha. Veio para expandir os horizontes, e também para se divertir. Se alguém quiser julgá-la segundo padrões esnobes, paciência. Mas conheço outras mulheres assim. Elas chegam em casa, vão para a cozinha e começam a fazer experiências, embora isto signifique apenas comer de uma forma mais audaciosa."

Ela tinha razão, é claro, e isto contribuiu em mais um aspecto da minha educação. Eu era tão rápido para julgar os outros, classificando-os pelo que comiam e pelo modo como se comportavam diante da comida, que acabei correndo o risco de me transformar no que mais temia: num presunçoso esnobe do mundo da culinária. E também num grande exibicionista, além disso. Antes, na agitação dos preparativos, tinha sugerido a Howie que cortasse algumas cebolas e pimentões para fazer um *mirepoix*, sabendo que ele não iria conhecer o termo (como eu também não conhecia, ao iniciar a minha jornada). Minhas suspeitas se confirmaram quando ele reagiu com um olhar perplexo, e eu poderia ter me aproveitado mais da situação, mas, olhando por cima do seu ombro, me vi refletido no espelho da cozinha e pensei: "Só um babaca faria uma coisa dessas."

A verdade é que Howie, Penny e eu estávamos no mesmo barco. Diferentemente de mim, entretanto, eles nunca haviam considerado a comida como uma obsessão, muito provavelmente nem mesmo uma paixão. Mas aquela experiência – para todos nós – era transformadora, em quase todos os aspectos. Ali estávamos nós em Paris, preparando *fruits de mer à l'armoricaine*, numa época em que o resto do mundo só queria saber de bolo de carne. (Pelo menos, era assim que a gente pensava.) Se formos considerar que Penny e Howie nunca tinham provado funcho, nem peixe-sapo, e que jamais tinham preparado uma maionese do zero, a sua presença ali era mesmo fora do comum. Sua ideia de fazerem um desvio na viagem, se inscrevendo num curso na casa de uma chef internacional séria, em vez de um passeio de *Bateau-Mouche* pelo Sena, era realmente aventuresca. Eu tinha de dar o braço a torcer: eles me surpreenderam.

A abertura deles para a novidade era revigorante, uma coisa mesmo maravilhosa. Não estava ligada aos eflúvios das pretensões urbanas, dos narizes experientes e dos paladares entediados. Não tinham expectativas além de um safári culinário rumo ao desconhecido.

"É um bom grupo", murmurei comigo, olhando minhas mãos enquanto picava o alho, que já estava cortado muito miúdo. "Não é interessante como tudo fica mais gostoso quando o grupo é bom? Um grupo bom, tanto para cozinhar, quanto para passar as tardes em Paris."

"Atenção, todos. Vamos nos concentrar. Vamos terminar a torta", disse Samira.

Ela estava na nossa frente, do outro lado do balcão, com uma massa de tom amarelo pálido envolta num rolo de porcelana. A massa foi aberta sobre a fôrma da torta e pressionada lá dentro. Samira me lançou um olhar fulminante quando me ofereci para furar a massa com a ponta do dedo, como vira Kate Hill fazer numa demonstração parecida.

"Não na minha cozinha, espertinho", disse ela. "Não é elegante. Não quero essas unhas sujas na minha torta, mesmo que elas pareçam tratadas. É uma falta de respeito com a comida. Vamos fazer isso com um garfo."

Para a torta, Stephanie preparou um recheio espesso, feito com barras de chocolate meio amargo e preto, batidas com açúcar, ovos, creme e uma generosa dose de Grand Marnier, que ela transferiu para a fôrma e alisou com a espátula. Howie aplicou lindas flores de chantilly sobre as beiradas, e sua esposa pontuou cada uma com uma framboesa. Eu obtive raspas de chocolate belga com um descascador de legumes para colocar por cima. Depois, pusemos tudo na geladeira para descansar algumas horas.

Samira valorizava cada volta e gesto nosso, nos estimulando com firmeza, segurança, para a grande realização, quando nossas preparações arriscadas se mesclavam num espetáculo de pratos gloriosos, à espera de serem servidos. A sobremesa e a salada já haviam sido discutidas, como também as batatas com ervas, que estavam assando lentamente no forno. A sopa de alcachofras, que precisava ser concluída com *crème fraîche*, produziu um aroma maravilhoso de nozes, mas foi o peixe cozinhando em água fervente, mais que qualquer outra coisa, que nos atormentou acima de tudo.

Uma das suas melhores características era a simplicidade do preparo. Como na maior parte dos cozidos, era necessário fazer um rápido refogado de legumes com a mistura correta de ervas, e depois uma redução numa certa combinação de vinho com caldo. Isto podia ser fervido e engrossado quanto fosse necessário, contanto que os líquidos não acabassem por secar. Se o principal ingrediente for carne, ela precisa ser escurecida previamente. Mas com peixe tudo que se tem a fazer é colocá-lo na bandeja pouco tempo antes de servir, deixando-o ferver até que a carne fique completamente cozida. Para maior conveniência, deve ser preparado numa só panela, o que é providencial numa situação de emergência, pois se reúnem todos os ingredientes quase de imediato.

FRUTOS DO MAR À L'ARMORICAINE
(COZIDO DE PEIXE À MODA BRITÂNICA)

4 colheres de sopa de manteiga clarificada (ou metade manteiga, metade
   azeite de oliva)
8 echalotas, finamente picadas
5 dentes de alho, picados
3 colheres de sopa de estragão fresco, cortado
¼ de colher de chá de pimenta caiena
4 colheres de sopa de conhaque
1 xícara de vinho branco seco
1 xícara de caldo de peixe (ou de mexilhões)
½kg de tomates italianos, sem sementes e picados
1 colher de sopa de massa de tomate
½ xícara de creme de leite fresco ou pasteurizado
sal e pimenta a gosto
4 filés grandes de bacalhau, linguado, perca-do-mar ou outro peixe de
   carne branca (cerca de 1kg)
salsinha picada para decorar

Derreta a manteiga (ou a manteiga com o azeite) numa frigideira grande, em fogo médio. Coloque as echalotas e refogue por 3 a 4 minutos, mexendo constantemente até amolecerem. Despeje o alho e cozinhe por 1 minuto; acrescente o estragão e a pimenta caiena, cozinhando por mais alguns segundos.

Com cuidado, acrescente o conhaque longe do fogo, em seguida ferva até ele evaporar (Pode-se também flambar o conhaque, o que eleva e enriquece o sabor.) Acrescente o vinho e deixe ferver até

Paris

reduzi-lo a cerca de 4 colheres de sopa. Adicione ao caldo (ou sopa) os tomates e a massa de tomate e leve tudo a uma alta fervura. Então reduza a chama, tampe e ferva moderadamente por 30 minutos.

Acrescente o creme e ferva, sem tampa, por 5 minutos, provando para corrigir o sal e a pimenta. Aumente o fogo para altura média, junte o peixe ao molho, leve à fervura e mantenha assim até o peixe ficar opaco, cerca de 5 minutos. Cubra, diminua o fogo e cozinhe por mais 10 minutos. Transfira para uma travessa grande e funda, e decore com salsa picada. Sirva com arroz ao lado.

Serve 6 pessoas.

Improvisamos um pouco naquele cozido, acrescentando à panela um punhado de mexilhões, camarões e vieiras, alguns minutos antes de ela ter de sair do fogo, fechando a tampa só o tempo suficiente para que os mexilhões abrissem as conchas. Stephanie os vira na geladeira, e Samira, animada como uma colegial, insistiu para que experimentássemos – experimentem! –, deixando a nossa imaginação à vontade. Os mariscos acrescentaram corpo e um toque de gordura ao prato, dando a ele um intenso toque do sul. É possível ver um cozido assim ser servido em Marselha, ou Nice. Desde então já o preparei muitas vezes, das duas maneiras, e prefiro a versão despojada para situações mais elegantes, acrescentando os mariscos quando os amigos se amontoam ao redor da mesa.

No momento em que levamos o prato para a mesa, o lugar parecia uma dessas mesas em destaque da *Bon Appétit*, onde um casal de uma beleza extraordinária recebe amigos de uma beleza extraordinária, no seu chalé em Aspen, de um pitoresco extraordinário. De repente, tudo parecia possível. Não éramos mais gente simples, comprimindo o nariz na vitrine. Nós quatro – que horas antes éramos apenas estranhos – sabíamos que tínhamos realizado um jantar perfeito. Sabíamos que nenhum surto de pretensão ou medo de insegurança poderia nos excluir daquela cena tão elegante.

A viagem de volta ao hotel foi um longo e opressivo percurso de 40 minutos de metrô, numa sucessão de paradas sombrias. O vagão estava praticamente vazio, e isso ainda me fez sentir mais só do que antes, na plataforma. A aula de culinária do dia fora um enorme sucesso. Mas estar sozinho ali em Paris, como já disse, era muito esquisito. Aquele não era um bom lugar para se visitar vivendo uma desilusão amorosa. Por toda parte para onde me voltasse, havia algum tipo de romantismo, desde o modo como o sol tocava os telhados vermelhos no poente até os belos casais enchendo os cafés no boulevard St.-Germain. Era impossível caminhar dez metros sem sentir o implacável laço do amor. Uma mistura estranha de ressentimento e tristeza tomou conta de mim quando percebi que o único papel ali, para mim, era o do observador invejoso.

Foi difícil ficar de olhos abertos no trem para a Place de la Nation. Eu me sentia apático e um pouco bêbado, o que não era nenhuma surpresa, levando em conta a quantidade de vinho consumido. As músicas no meu iPod me mantiveram alerta e me divertiram. Nenhum DJ em sã consciência poria Jimi Hendrix depois de Peggy Lee, e em seguida Bryan Ferry – tão incompatíveis quanto as diversas nacionalidades dos Bálcãs –, mas de algum modo aquilo funcionava no contexto. Havia um absurdo delicioso naquela mistura, ainda mais nessa época de grupos de amostragem e listas de músicas. Dei de ombros, achando que talvez as máquinas fossem *efetivamente* mais capazes, mais bem-aparelhadas para divertir. Talvez pudesse existir uma máquina que produzisse os meus jantares.

Foi pouco depois das oito que cheguei à parte superior da rue du Faubourg St.-Antoine. A iluminação pública fora acesa pouco antes, e as procissões de lá para cá entre os restaurantes estavam em franca atividade. Eu tinha resolvido buscar aquele jantar em outras paradas. Pensara em ir ao Pierre Gagniere, como um desafio, ou retornar ao La Régalade pela enésima vez, mas ir a qualquer lugar, saindo dali, parecia uma tarefa árdua, e de qualquer modo a comida de Samira fora suficiente para me manter durante a noite. Tínhamos realizado uma tremenda tarefa naquela cozinha pequenina. A aula foi de primeira, repleta de dicas e instruções úteis, e os pratos que preparamos ficaram excelentes, tão bons quanto a comida de qualquer

Paris 209

restaurante que eu já experimentara desde minha chegada à França. O peixe cozido foi o ponto de cruzamento entre o *bouillabaisse* e a *bourriade*, cheio de postas do bacalhau suculento e úmido, e um molho rico e condimentado que todo mundo raspou com a colher. Todos se surpreenderam com a rapidez com que tudo aquilo fora realizado, sem muita agitação.

O mesmo aconteceu com as batatas, que cozinhamos junto com muitas ervas. No final, Samira lhes lançou uma grande quantidade de azeite de oliva, junto com um punhado de folhas de louro – talvez umas 12 folhas, no mínimo – que desprenderam um perfume tropical extravagante pelo aposento. Nada demais, mas o resultado foi maravilhoso, incorporando maior intensidade de sabor saturado de condimentos. "Homenagem aos meus antepassados do Oriente Médio", disse ela, declarando que sua ascendência era "metade libanesa, metade saudita e uma quarta parte curda" (não vamos nos ater a esse verdadeiro desafio matemático). Havia uma franqueza maravilhosa em Samira. Ela era sociável e acolhedora, e também exaustiva, talvez como reação a uma educação rígida, que a confinara à cozinha da mãe, principalmente durante o verão, quando todos os seus amigos saíam para acampar. Foi isto, de acordo com Samira, que a fez aprender a cozinhar – um prelúdio ao casamento, que sua mãe reforçava lhe metendo medo com uma doutrina que visava prepará-la para o futuro: *Queime as coisas na minha casa, para não o fazer na casa do seu marido.*

De qualquer modo, nada foi queimado naquela tarde, nem tampouco houve cantoria por parte de seus alunos impetuosos. O trabalho da cozinha fora intenso, uma verdadeira maratona de cinco horas abarcando todas as bases, e a refeição foi uma celebração do nosso esforço coletivo. Eu só comecei realmente a poder avaliar como havíamos sido produtivos quando me sentei finalmente e dei uma olhada pela mesa. A quantidade de comida era espantosa, uma verdadeira festança: nove ou dez pratos se espalhavam por ali, como obras de arte em exposição. Era suntuoso o seu aspecto e o aroma, tudo manipulado artisticamente. Até o arroz, geralmente uma espécie de intruso, fora adornado especialmente para a ocasião, desenformado de uma assadeira redonda e enfeitado com ervas frescas e fatias de pimenta.

As dicas eram sutis e reais. Não se pode aprender a cozinhar numa aula tão curta. Ou seja: depois de Samira, você não vai sair dominando um repertório inteiro de receitas. Mas avançamos muito na desmistificação do processo, além de termos vivido uma experiência culinária agradável, e por tudo isso me senti muito grato.

O saguão do meu hotel estava tão deserto quanto aquelas plataformas que ficavam para trás, no metrô. O recepcionista, um sikh mais velho, com uma mancha roxa na face, me lançou um olhar inquiridor quando lhe pedi a chave do quarto. Depois que ele a empurrou solenemente sobre o balcão, eu disse que gostaria muito que ele mandasse meia garrafa de champanhe, queijo e uma fatia da torta de maçã que vira na *coffee shop* aquela manhã. Ele não disse nada, porém anotou tudo, com um toco de lápis arranhando o papel como as unhas de um gato. Levei muito tempo para sair do chuveiro. Não queria me afastar daquele calor purificante, mas fiquei agradavelmente surpreso, e até um tanto desconfiado, ao encontrar meu pedido numa bandeja sobre a cama. Mais incrível ainda, o champanhe era muito especial, um dos melhores. Quando tirei a rolha, o telefone começou a tocar. Era um representante da Delta ligando para avisar que tinham conseguido lugar para mim num voo de Paris para Nova York. Para casa...

Hesitei um instante, passando os olhos por um apartamento ali perto. Fiquei hipnotizado, enfeitiçado pelos ritmos que percorriam o pátio em volta, evocando um *replay* daquele dia. Minha mente volúvel e pouco convencional continuava retornando à cozinha de Samira, para a recompensa de uma instrução sólida e uma interação social vibrante.

"Obrigado", respondi pelo telefone, "mas mudei de ideia."

Depois que desliguei, fiz saltar a rolha e murmurei um brinde apropriado, na verdade imaginando se o copo estaria meio vazio ou meio cheio.

* * *

EU NÃO TINHA NADA A FAZER NAQUELA COZINHA DO MEURICE. Um amigo convencera o seu chef executivo a me tomar por um dia sob sua instrução, mas desde que entrei já pude avaliar o grande erro que cometera. O lugar

Paris

transpirava precisão. Era a própria fortaleza da perfeição culinária, com padrões de disciplina saídos diretamente do Corão. Me lembrou uma fábrica de engarrafamento, se por acaso alguém já viu uma, a não ser pelo fato de que ali eram duas salas, e não uma só. Além do mais, era o *Le Meurice*, a espelunca mais antipática de Paris: só se viam ali ternos Brioni, joias Chopard, e o saguão era tão aconchegante quanto o de Versalhes. Logo ao entrar, já fui passando por Warren Christopher, Sting, o ministério inteiro de um país africano emergente, e aquele figurão da moda feminina de Long Island, sabem, que só se hospeda em hotéis cinco estrelas e se comporta como se fossem verdadeiras discotecas. Existia uma ortodoxia inequívoca em relação ao Meurice que eu podia avaliar de longe, mas quando se tratava de culinária, ele me provocava um verdadeiro pânico.

O motivo real, entretanto, de me colocar em semelhante provação, era que o chef, Yannick Alléno, tinha a fama de ser o cozinheiro mais talentoso de Paris. Não se entrava em nenhum restaurante, naquela temporada, em que não se ouvisse pronunciar seu nome. Quando assumiu aquela cozinha, no verão de 2003, o jornal *Le Figaro* proclamou o fato como "o acontecimento gastronômico do ano". Aconteceu que estava jantando lá na noite da sua estreia, e tive aquele tipo de experiência de dar água na boca que supera qualquer propaganda. A comida era simplesmente brilhante. Os epicuristas mais indiferentes e detestáveis se retorciam feito marionetes enquanto surgia um prato atrás do outro, como destaques do leilão de primavera da Sotheby's. Tive a impressão de ouvir, na mesa ao lado, alguém comentar que o cardápio de Alléno mapeava as principais encruzilhadas da gastronomia francesa, mas era muito mais que isso. Os garçons serviam patos selvagens recobertos por temperos indianos, acomodados dentro de metades de pêssegos assados. Montes de tomates recheados espalhados entre cogumelos *girolles* e adoçados com damascos. Alléno apresentou um filé de robalo com ervas aromáticas, *fondue* de pimentões e creme de sardinhas. Se você fosse um cara de sorte, reservaria espaço ainda para uma daquelas famosas sobremesas de sua autoria. Travei um combate mano a mano com um sorvete de *crème brûlée* envolto num biscoito com sabor de laranja, decorado com pequeninos morangos silvestres que tinham vindo diretamente da Andaluzia.

Alléno conseguiu a primeira estrela num piscar de olhos. Quando voltei lá pela segunda vez, ele havia recebido uma preciosa segunda estrela, com boatos de que a terceira ainda não fora dada apenas para garantir uma ascensão gradual. (Posteriormente, ele conseguiu as três.) Algumas pessoas dizem que os juízes do Michelin se deixaram influenciar por certos relatos sobre xiliques lendários. De qualquer maneira, a maior estrela do Meurice era o próprio Alléno, um personagem ridiculamente belo, tão suave e profundamente francês, com um sorriso pronto que parecia mais uma peça de decoração do que uma acolhida sincera.

Ele me encantou desde o início, como era seu hábito, e me deixei levar, como devia. Era preciso estilo para dirigir um estabelecimento tão fabuloso daqueles, e ele o tinha de sobra. Sabia como animar um salão apenas com sua presença. Havia um ar de autoridade em torno dele. Nada a ver com sua forma de cozinhar, ou com sua roupa sofisticada, ou com a fina ossatura de seu rosto. Era sua aura, o poder estelar que irradiava dele, e que fazia as pessoas reagirem com tanta vivacidade.

Alléno me proporcionou uma turnê de primeira classe, que incluía uma espiada no processo que ele estava usando para uma "nova criação" – algo envolvendo alternar fatias de berinjela, *cèpe*, *boudin noir* e maçãs verdes num vinagrete de maçã com manjericão.

Contudo, eu estava começando a me sentir como um político em viagem de campanha. Já conhecera o mentor intelectual, já vira a cozinha e dera uma relanceada no *processo criativo*. Agora, se minhas previsões estivessem certas, iríamos todos jogar golfe.

A grande coisa a seguir foi Alléno ampliar ainda mais aquele seu sorriso, me dar um tapinha nas costas e me enfiar num posto mais isolado, para limpar os *cèpes* que enchiam uma tina inteira. Era sua solução simples para fazer um estrangeiro se sentir integrado naquela cozinha. Foi quase como se estivesse querendo ridicularizar meus esforços. Bem, que se danasse, não iria lhe dar a satisfação de ver minha decepção. Não deixei transparecer qualquer hesitação. Com um sorriso congelado, vesti o avental, amaldiçoando minha sorte e desejando ter ido a algum lugar mais sensível, mais disposto a abrir espaço para mim. Estava servindo para alguma coisa – uma coisa útil, até –, mas me sentia ofendido por aquilo.

É impressionante o número de formas e idiossincrasias que se podem atribuir a um *cèpe*. Depois de uma hora escovando aqueles bebezinhos, já tinha identificado metade do reino animal. Na terceira hora, descobri um com a imagem da Virgem Maria. Me passou pela cabeça que se anunciasse isso aos tabloides, a vingança seria minha.

Perdi o dia inteiro fazendo serviço braçal no Meurice. Lá pelas seis, durante os preparativos para o jantar, vi minha amiga Claudia conversando com um garçom e acenei para ela.

"Você está tendo um tratamento muito especial", disse ela, sem qualquer sombra de ironia. "São poucos os mortais que já passaram um dia inteiro com Yannick."

"Posso imaginar", murmurei, limpando os farelos de *cèpe* das mãos. "A maioria deles, imagino, morre de tédio. Acertei?"

De algum modo consegui transmitir minha frustração, e implorei a ela que intercedesse em meu favor com Yannick.

"Preciso aprender alguma coisa construtiva", declarei. "Qualquer coisa, uma receita, uma preparação. Mas, por favor, nada de trabalho braçal. Não passo roupa, não limpo as persianas, não passo aspirador nos tapetes e nem *limpo esses malditos cèpes!*"

Funcionou. Meia hora depois, Yannick entrou, com aquele sorriso fixo no rosto.

"Me disseram que você quer aprender a cozinhar. Tudo bem", disse ele, me guiando em direção ao fogão. "Vamos ver como você faz uma omelete."

Devo ter ficado encarando ele durante um tempo quase impertinente. Finalmente, murmurei: "Seu filho da mãe."

Aquilo era uma armadilha, e o riso deliciado que ele soltou me mostrou que eu o pegara em flagrante. Fazer uma omelete era como um teste decisivo em praticamente todas as boas cozinhas da França; podia determinar se um chef seria ou não contratado. Eram muitas as histórias de cozinheiros experientes que estragaram oportunidades únicas em suas vidas raspando omeletes de uma chapa de ferro, enquanto um chef de expressão pétrea pigarreava contrariado.

"Se você tiver capacidade para fazer uma omelete, isso quer dizer que possui mãos decentes", disse certa vez meu amigo Sandy. "As mãos de um cozinheiro têm que fazer o que a sua mente desejar, sem pensar nisso. É isso que faz de alguém um cozinheiro de valor numa cozinha profissional. Quando se está sob muita pressão, é preciso possuir talentos dos quais nem se desconfia. Os chefs estão sempre dizendo um para o outro: 'Vou mandar aquele rapaz para você. Ele tem boas mãos.' Isso significa que ele é um verdadeiro artesão. As pessoas estão sempre falando da *arte* da comida. Bem, se você não puder ser um artesão, jamais será um artista."

É preciso talento para se fazer uma omelete. É uma realização, uma obra de arte. O máximo que conseguia fazer era um especial de restaurante grego.

Como para provar alguma coisa, bati três ovos pensando em fazer um tipo bem macio, que nunca deixou de agradar minha filha. Yannick sentou atrás de mim, numa cadeira, com as pernas cruzadas. Eu podia sentir seu sorriso de superioridade ardendo nas minhas costas.

"Que é isso?", disse ele com uma expressão de desdém, quando apresentei a minha omelete.

Fixei os olhos nele, me recusando a responder.

"Pensei que você ia fazer uma omelete. E então?"

Senti o peso da panela em minha mão. Poderia matá-lo num único golpe, certeiro.

Bati com a mão no peito: "Acho que não consegui o emprego, não?"

"Você não conseguiria emprego se estivéssemos numa cervejaria. Mas você está com sorte." Ele se levantou e tirou a jaqueta. "Vou ensiná-lo a fazer uma omelete."

Grande negócio, pensei. Ele vai dar o seu show, e ao mesmo tempo me colocar em meu devido lugar. Pelo menos, tive a sagacidade de não dizer nada.

Paris 215

Aconteceu então uma verdadeira transformação em Yannick, enquanto ele ia recolhendo certos utensílios para a demonstração. Observei-o atordoado enquanto vasculhava os recantos da cozinha, apanhando isso e aquilo – um batedor, uma vasilha de metal, um garfo, uma dúzia de ovos. Não era mais o elegante empresário duas estrelas, mas simplesmente um cozinheiro na sua faina diária, olhar agudo e concentrado, prático, com uma pegada firme e segura. Ele apanhou uma panela antiaderente toda arranhada, nada bonita, mas bem curtida. Sempre em movimentos instintivos, derramou um pouco de óleo cor de palha no fundo da panela e a girou um pouco. Recuei para lhe dar mais espaço.

"Vamos começar com o básico", disse ele, quebrando três ovos numa pequena bacia de metal. Ele os bateu com energia, mergulhando o garfo fundo na bacia e suspendendo bem alto os ovos batidos. "Tem que chegar lá embaixo, fazer com que muito ar penetre nos ovos, batendo bem para que a mistura forme uma mousse." Um lindo jato de bolhas espumava sobre a superfície. Ele espalhou uma pitada de sal na bacia, seguido de pimenta-branca moída. Quando o óleo começou a ferver, ele aumentou a chama.

"Tem que estar muito quente. Você deve esperar um instante até que o óleo se separe na panela." Passados alguns segundos, ele jogou na panela meia colher de sopa de manteiga, e imediatamente derramou os ovos. "Agora observe com cuidado. Tudo acontece muito depressa."

O processo me fez pensar numa coreografia. Todo o seu corpo se movia fluentemente enquanto ele fazia os ovos girarem na panela, mãos, ombros, quadris, costas, inclinar a panela para este lado e para aquele, curvar-se sobre o fogão como um evangelista. Havia uma lógica e uma autoridade na forma como ele trabalhava. A ordem reinava ali. De pé diante de seu púlpito fumegante, ele transmitia a impressão de que o calor do fogão era o seu próprio, e que se as bocas se apagassem de repente, usaria o calor gerado pelo próprio corpo para finalizar a tarefa.

"Está tudo nos punhos", disse ele, transferindo a panela para a mão esquerda e usando a direita para esfregar a parte plana do garfo no fundo, empurrando a massa, à medida que ia se firmando, mais para o centro.

"Agora a gente troca de mão", disse ele, segurando o cabo com a mão direita, e inclinando a panela para longe. A omelete começou a deslizar um pouquinho, apenas uns dois centímetros para a beira. Mais uma vez ele trocou de mãos, segurando o cabo com a mão esquerda e batendo com a direita três vezes – "Bum! Bum! Bum!", exclamou –, fazendo a omelete se enrolar delicadamente em três dobras distintas. Pegou um prato, segurou a panela com a mão direita e deu a ela uma inclinação de 45 graus, de modo que a omelete simplesmente rolou sobre si mesma e passou para o prato.

"Voilà!", exclamou, como se o resultado fosse a coisa mais natural do mundo.

Em matéria de omeletes, aquilo saiu uma obra-prima. Não havia nada demais ali, a não ser ovos e muita perícia. Sua textura era linda, imaculada, brilhando com uma leve transpiração de manteiga nas bordas. Era tudo o que uma omelete deve ser – com uma maciez de plumas, cremosa, ligeiramente elástica, quase como uma massa de pastelaria na boca. Depois da minha deliciosa primeira garfada, Yannick tirou o prato das minhas mãos e deixou a omelete deslizar para o lixo.

"Agora você vai fazer uma", disse.

Concordei animado e peguei a bacia de metal. Tentei parecer seguro, talvez até um tanto arrogante, principalmente quando se tratava de quebrar ovos, o que eu fazia com uma mão só, como um profissional. A mousse provocou um sinal de aprovação de Yannick.

"Ok, vamos lá", disse ele, lançando um bocado de manteiga na panela.

Ele se colocou por trás do meu ombro esquerdo, gentilmente me gritando instruções. "Bom, bom", me encorajou, quando comecei a raspar os ovos no fundo da panela. "Agora, comece a enrolar. Não... não! Troque de mão. Não – segure a panela de outro jeito. Ok, bom. Agora, bata com o punho: Bum! Bum! Bum!"

Eu não sabia que as omeletes eram vivas. A minha saltou fora da panela e foi aterrissar sobre o balcão. Ele a apanhou com o polegar e o indicador, aproximando-a da luz. Fiquei vermelho, esperando a repreensão.

"Ok", disse ele simplesmente. "Agora, vamos fazer outra."

Paris

A segunda, a terceira e a quarta não saíram nada mal. Mas gostei especialmente da nona, que pareceu se enrolar sozinha. Da décima primeira omelete em diante, Yannick assumiu o *Bum! Bum! Bum!*, me batendo no punho com a mão fechada. Depois da décima sexta, formou-se em meu antebraço uma mancha vermelha, no ponto onde os dedos dele me atingiam. Finalmente, a décima oitava saiu perfeita. Olhei para ele cheio de orgulho, entregando em suas mãos a omelete mais suave, pura e macia que jamais vira.

Ele a estudou inexpressivamente, seu espírito pedagógico já gasto; passado um momento, balançou a cabeça: "Agora vamos fazer uma aceitável."

Quando chegamos perto da vigésima, me sentia como qualquer vítima de tortura, em transe. Nada significativo tinha mais importância alguma. Eu poderia até contar para ele onde enterraram o Jimmy Hoffa.

"*Bum! Bum! Bum!*"

"Por baixo da trave do gol dos visitantes, no estádio do Giants... o preço do pedágio de Secaucus para Nova Jersey... as pilastras sob a ponte Verrazano..."

"*Bum! Bum! Bum!*"

Isso não estava previsto na Convenção de Genebra, pensei, quando a omelete de número 23 se esparramou sobre a panela.

"Ah...", ele parecia impassível. "*Voilà!*"

"*Voilà* o quê?"

"Você compreende francês. Esta é uma verdadeira omelete, como lhe ensinei."

"Você só pode estar brincando. Que tal fazermos mais uma? Que tal mais '*Bum! Bum! Bum!*'?"

Meus pedidos só encontraram frieza na expressão de Yannick, enquanto ele tirava o prato das minhas mãos e o decorava com cerefólio e algumas fatias de frutas. Com um estalar dos dedos, chamou um assistente de cozinha.

"Pra onde você vai levar isso?", exclamei, um pouco mais alto do que devia. Baixando a voz, disse: "Esta é a minha omelete", do mesmo jeito que os pais dizem *meu filhinho, meu primeiro filho*!

"Uma omelete", disse Yannick com ironia, tirando uma folhinha de papel do bolso. "Quarto 609. Vamos mandar para lá." Colocou o papel sobre o prato e o entregou ao assistente.

Com o gesto firme de despedida de Yannick, a omelete desapareceu pelo hall, numa bandeja. Consternado pela pressa com que ela se foi, eu queria correr em seu encalço.

De repente, Yannick começou a rir de um modo leve, astucioso e alegre, e passou um braço fraterno sobre o meu ombro. Como Louie e Rick em *Casablanca*, após a rápida partida de Ilsa, saímos dali, lado a lado, em direção aos freezers.

"Agora", declarou ele, "vamos ver como você se sai com molejas de vitela."

* * *

DEPOIS DE TER COZINHADO NO MEURICE, o que fazer para obter um bis? Isso para mim foi fácil, levando em conta a minha facilidade em atrair problemas.

Na manhã seguinte, logo depois das dez, perambulei diante do jardim do Museu Rodin, depois pela rue de Varenne, e fui bater numa porta meio retorcida e sem qualquer marca que se abria para uma cozinha em franca atividade. Era o Arpège, onde já estavam me esperando com a frigideira no fogo.

Se o Meurice era uma estrela nova e brilhante no universo gastronômico, o Arpège era de longa data um verdadeiro superstar. A melhor culinária francesa muitas vezes se realizava em seus fogões. O restaurante subira aos píncaros das três estrelas da galáxia, sob o *überchef* Alain Passard, cujos cardápios eram famosos por simplificar pratos tradicionais excessivamente elaborados, até chegar aos seus ingredientes essenciais. O *consommé* de legumes substituía o creme, as emulsões de ervas substituíam a manteiga. Não se poupavam esforços para criar composições brilhantes com leveza e limpidez. Mas diziam que Passard tinha ficado meio esquisito. Em 2001, ele anunciou sua exaustão culinária em relação a peixe e carne,

Paris 219

pretendendo produzir a partir dali apenas pratos vegetarianos. Sandy D'Amato comeu lá pouco depois da reforma, e me contou: "O lugar estava uma porcaria." Uma guerra se alastrava entre os garçons. Ele se irritava ao ver Passard acampado junto à porta, tagarelando e autografando cardápios para os *pensionnaires*, enquanto a cozinha rolava ladeira abaixo.

Entre a aristocracia do Michelin, havia muitos lugares como aquele, com preços grotescos de tão altos e repousando na reputação. Eram salas grandes e abafadas, com um atendimento sofisticado e muito cuidadoso nas mesas, e *maîtres d'*, cujos sorrisos diabólicos pareciam estar amaciando a gente para fazer um bom assado. Com muita atenção ao cardápio, até se poderia comer bem. Sempre havia um ou dois pratos que atingiam o brilhantismo. Mas a maioria das pessoas não percebeu que os tempos do tratamento VIP haviam passado, e pagou caro por isso.

O Arpège, pelo que entendi, jamais sofreu realmente com seu declí-nio. Os clientes mais instruídos pararam de vir, mas havia muita gente querendo gastar e tomar o lugar deles. O status por se comer ali, o nome do estabelecimento, tudo isso ainda provocava muita fumaça. Nesse meio-tempo, a cozinha conseguia funcionar, mesmo em meio a muitas disputas internas. Uma espécie de excitação inocente parecia se alastrar para a comida. O que se falava pelas ruas parecia promissor. Quando cheguei a Paris, estava animado com a oportunidade de passar uns dias ali, espe-rando que Passard estivesse novamente em forma, com nova inspiração, criativo e generoso.

Eu já sabia o suficiente para não interromper a preparação do almoço, por isso fiquei imóvel na entrada, por alguns minutos, na esperança de receber um convite. A cozinha me surpreendeu. Era pequena, chocan-temente pequena, de uma maneira certamente imposta pela história. A construção devia estar ali, naquela mesma condição, por centenas de anos. Me lembrei dos cafés com fachadas de arenito do Greenwich Village, aque-les lugarzinhos tão bonitinhos, onde cada centímetro é aproveitado para o trabalho. Havia quatro praças, com 14 pessoas enfiadas ali, todas se to-cando, se virando e colidindo, num verdadeiro desespero. Era uma equipe surpreendentemente jovem, na casa dos 20, todos dançando uma espécie de quadrilha, com muito brilho. Também era evidente uma intensidade ambiciosa naquela agitada preparação.

Tirei os óculos escuros, substituindo-os pelos regulares e me perguntando se por acaso Passard se ajustaria à imagem que eu tinha dele. Estava curioso a seu respeito, querendo saber como operava no nível de três estrelas com uma equipe aparentemente inexperiente. Restaurantes como aquele costumavam conservar a excelência culinária mantendo no leme alguma personalidade forte, alguém que administrasse a cozinha com um misto de disciplina e medo. Mas não pude perceber nada disso ali.

Uma porta atrás de mim se abriu, e Frédéric Le Clair veio me receber. Fazia muito tempo que era administrador e *maître d'* do restaurante, um homem bonito o bastante para fazer o papel de pai de Ralph Fiennes. Com certeza ele tinha o polimento e a personalidade necessários para comandar todo aquele grande cenário. Não me lembro direito de tudo o que disse, mas desejou que desfrutasse da minha passagem pelo Arpège e que não hesitasse em pedir a ele tudo de que precisasse.

"Vou tentar me manter fora do caminho das pessoas", prometi. "Mas espero que o senhor Passard permita que tenha alguma participação, mesmo que pequena, em alguma preparação, e que possa me explicar os passos de uma ou duas receitas, num momento de folga."

Frédéric me lançou a mais pungente expressão de pesar: "Receio que o senhor Passard não esteja mais cozinhando atualmente", disse, inclinando ligeiramente a cabeça.

Senti que toda a minha exasperação retornava, já prevendo outro recuo nos meus planos.

"Mas o filho dele, David, é um excelente chef", prosseguiu. "Talvez o senhor até o ache mais acessível que o pai. De qualquer modo, o senhor irá almoçar na sala do restaurante, ao final do serviço, e haverá uma chance de encontrar lá o senhor Passard."

Almoço… encontrar… Aquilo me soou como uma rejeição. Durante toda a hora que se seguiu, nada fiz senão observar a cozinha em atividade. Me senti derrubado, desolado, mas nada disse a Frédéric. Além do mais,

Paris

não havia muito que pudesse fazer para me inserir naquele espaço reduzido. A preparação do almoço foi de tirar o fôlego, como um exercício militar. O aposento girava indistintamente, cada pessoa realizando sua tarefa especializada, e não havia tempo para que alguém parasse e viesse ensinar um amador. Mas aprendi muita coisa, apenas por observar – como os cozinheiros manejavam suas facas e como cortavam, como manuseavam a comida, como organizavam as suas *mises-en-place* e agendas de cozinha, e como utilizavam ingredientes tais como manteiga, creme e azeite. Mesmo o entusiasta mais simplório poderia absorver um pouco da confiança na cozinha que os cozinheiros têm, e desenvolver um sentido de organização, principalmente quando se trata de preparar cinco ou seis coisas diferentes ao mesmo tempo.

Meses mais tarde, depois que voltei para casa, tive a oportunidade de produzir um jantar para alguns amigos, mas realmente não houve muito tempo para trabalhar as receitas. Era para ser um encontro casual, mas, é claro, estava decidido a dar o meu show. Uma hora antes de os convidados chegarem, senti o jorro enervante da adrenalina, aquela descarga que revolve as entranhas e transforma nossas mãos num mecanismo desajeitado e defeituoso. Com certa frequência, era este normalmente o ponto em que começava a me perder – me agitando pela cozinha, acelerando as etapas, ficando empapado de suor, arrependido de toda aquela coisa frenética.

Mas desta vez, lembro que larguei a faca e me afastei alguns passos do balcão. Havia uma garrafa de vinho, um ótimo Chinon, que tinha a intenção de servir durante o jantar. Enchi um copo. Bebi com todo cuidado, fechando os olhos, deixando que o seu calor se espalhasse pelo meu corpo. Relaxe, insisti comigo mesmo. Lembre da cozinha do Arpège.

Senti que um sorriso de reconhecimento se formou em meu rosto. Todo aquele elenco começou a dançar diante dos meus olhos: Frédéric, David Passard, os cozinheiros de Mali, da Espanha, do Japão, e aquele jovem com cabelos perfeitos, da Suécia. Kurt? Klas. Tão sistemático quanto um bufê escandinavo. Havia uma cadência que eu buscava nas minhas lembranças, um ritmo particular que sincopava a energia no Arpège. Não era tenso ou exagerado. Na verdade, o ritmo de trabalho ali era constante, metronômico. Preciso. Não havia nada de extravagante que pudesse perturbar o fluxo tranquilo.

A água começou a ferver na chaleira, e deixei que o assobio quebrasse o feitiço do sonho. Via de regra, me concentrava em sons e movimentos para ajudar a acalmar qualquer ansiedade – a vibração da multidão, a mecânica da colocação de tijolos. Alguma coisa daquela regularidade tinha um efeito suavizante sobre mim. E também funcionou, quando me concentrei no Arpège. Com o passar do tempo, usei o ritmo daquela cozinha como uma proteção contra a adrenalina. Corte os legumes, confira a panela, mexa o molho, baixe o fogo, pique as ervas, reduza o molho – cada detalhe de cada receita manipulado meticulosa e desapaixonadamente, calibrado para se ajustar ao plano geral. Vire, confira o molho. Está bom, lave as alfaces. Bom. Sem pressa. Agora, escalde o brócolis italiano. Hum-hum. Fique de olho naquele molho. Pique um pouco de alho. É fácil. Cuidado com os dedos. Pensando, pensando sempre que um pouco de compostura mantém tudo sob controle. Não apresse as coisas. Mantenha um ritmo calmo e firme. Vê o que acontece? Absolutamente nada.

Sem dúvida me beneficiei observando-os. Mas cobiçava aquela distinção do pertencimento. É claro, não tirava os olhos de David Passard, que manobrava um quarteto de bocas de fogão logo à minha direita. Parecia incrivelmente jovem para supervisionar uma cozinha daquelas, e mais ainda para enfrentar os dogmas da culinária francesa. (Presumi que ele poderia estar na casa dos 30 anos; meses depois alguém me disse que tinha apenas 22.) Mas não havia qualquer dúvida quanto a seu status. Ele era o mestre da cozinha, e se movia entre as praças de forma tão reservada que mais parecia transmitir apoio do que fazer alguma exigência, enquanto nada passava despercebido sob seus olhos.

Tinha a sensação de que ele fora criado naquela cozinha. Sua pele era de uma palidez de cal, como aqueles fotógrafos que jamais deixam a câmara escura. Sua expressão era cautelosa, e ele jamais a alterava. Sua maneira de trabalhar era quase fantasmagórica, com uma secreta cons-

Paris

ciência periférica dos demais cozinheiros enfileirados. Ao se encaminhar para o freezer, no final do pequeno recinto, passou por eles sem dar qualquer mostra de estar interagindo. Ninguém parecia notá-lo. Uma panela de molho fumegante, em forma de balão, chamou sua atenção; ele parou e mergulhou nela uma colher.

"O molho está muito fino", disse sem erguer os olhos, "e a cor está errada, não suficientemente brilhante."

O cozinheiro, um jovem espanhol, concordou sem se perturbar. Tranquilo, fez um purê com um ramo de coentro, azeite de oliva e sal para realçar a cor do molho.

"Sim. Perfeito", concordou David, ajudando a arrumar o prato. Enquanto trabalhava, seus olhos percorriam toda a cozinha, um atributo de responsabilidade que parecia aliená-lo, ou pelo menos colocá-lo à parte, da camaradagem que acontecia nos intervalos.

Desta vez, seu olhar veio cair sobre mim, depois se transferiu para uma jovem americana, chamada Alice, de Nova Jersey, que estava em treinamento. Minutos mais tarde ela se aproximou, me fazendo um sinal para segui-la.

Ela colocou perto de si, no balcão, uma pequena vasilha cheia de *haricots verts*. "Você sabe tirar as pontas?", perguntou.

Encarei-a sem muita gentileza antes de responder. Finalmente, disse: "Eu aprendo depressa." Enquanto me lançava à tarefa, Alice foi buscar um vasilhame que parecia a caixa onde minha mãe guardava minhas coisas quando me mandava acampar no verão.

"Eis a recompensa pelo seu bom trabalho", disse ela, abrindo a tampa.

A caixa estava cheia de vagens verdes, empilhadas aos milhares, como o tesouro pessoal de algum contrabandista. Então, era assim que eles pretendiam me manter ocupado e longe da sua cola.

"Você pode fazer isso?", me perguntou David Passard em francês, com o ar extremamente sério, como se estivesse me propondo uma tarefa do tipo Missão Impossível.

Foi difícil manter uma expressão impassível, mas exclamei um belo e seco *"Oui, Chef"*, dando logo início ao trabalho.

A primeira hora foi zen. Entrei numa espécie de inconsciência meditativa, me sentindo bem com aquela contribuição aos fundamentos da gastronomia. Mas não importa a velocidade com que trabalhava, aquilo parecia não progredir. A quantidade de vagens era infinita, como folhas no outono. Por fim, surgiram pontos doloridos nas unhas dos polegares, e senti câimbras nos indicadores.

Estava começando a me sentir quase uma vítima, convidado ali sob falsas pretensões e depois lançado à escravidão. Abertamente, o Arpège participava do internato École des Chefs do Relais et Châteaux, mas a programação era totalmente fictícia. Não havia nenhuma escola de culinária ali, pelo que pude constatar. Nenhum equipamento, nenhum professor, nenhuma aula. A *carte du jour*, pode-se dizer, permitia que uma pessoa de fora perambulasse pela cozinha e observasse. Era tudo. E enquanto a gente ficava ali... será que podia cortar as pontas de 16 mil vagens?

Felizmente, sabia demonstrar meu mau humor. Aprendera ainda no colégio, e lapidara a técnica no decorrer dos anos, desenvolvendo-a até uma espécie de arte. O segredo está nos ombros. Você pode expor sua melhor expressão de submissão e resmungar como um infeliz, mas se os ombros não se curvarem no ângulo exato, então não adianta nem mesmo aparecer no trabalho. Fiz isso tão bem, fui tão escandalosamente patético, que David Passard reparou no momento certo. Ele se sentiu *culpado*, posso afirmar: estava escrito em seu rosto.

"Venha ver isto", disse ele, sinalizando para que me aproximasse do seu posto. Me afastei daquelas vagens mais depressa do que um imigrante ilegal fugindo de um tira. Numa tigela, David misturava dois quilos e 200 gramas de sal marinho cinzento com um pouco de clara de ovo, formando uma pasta viscosa. Em vez de passar aquela pasta numa perna de carneiro, como fizera Madame, ele selecionou uma galinha de uns dois quilos, que já recebera uma camada de óleo. Isso foi tudo, além de um ramo de alecrim por cima, como decoração. "A galinha vai assar por uma hora e 20 minutos, no forno a 160°C, que a mantém absolutamente úmida. Nada mais. *Voilà!*"

Esbocei um sorriso fraco, relatando as desventuras de Madame com o carneiro. Por um segundo, seus lábios se contorceram num sorriso arro-

Paris

gante, antes de retornarem à pose profissional. Eu sabia que ele já ouvira falar sobre isso antes; de alguma forma, aquilo justificava sua nobre busca, de uma maneira pessoal e particular.

"O segredo da receita perfeita está aqui", declarou ele, batendo dois dedos sobre o coração, "e aqui", e bateu na testa. "Intuição, mas nunca adivinhação, como os médicos no parto das crianças. O prato fica perfeito, sempre." Meteu as mãos nos bolsos e deu de ombros, em cômica despreocupação. "Realmente, não tem nada mais que isso."

David me deu um pedaço de galinha pronta. Disse a ele, até um tanto servilmente, ter me impressionado muito com o resultado, e que nunca provara uma galinha tão suculenta e úmida. Ele se virou para o outro lado do balcão e apanhou um pedaço menor, incrustado numa bola de sal.

"Esqueci de falar do principal ingrediente", disse ele, mantendo-o na palma da mão como um jogador de beisebol antes do lançamento: "A imaginação. Evidentemente, com imaginação qualquer cozinheiro pode realizar milagres." Apertou a bola de sal com os dedos, quebrando-a como um ovo. Dentro dela estava uma coisa de aparência horrível.

"É apenas uma beterraba, sabe. Uma coisa tão comum assim não tinha o direito de ter um sabor tão celestial. Mas, acredite ou não, esta é a especialidade *de la maison*."

Dei uma dentada cautelosa naquilo, com a expectativa de encontrar um sabor bastante amargo, completamente despreparado para aquele bocado de suavidade amanteigada. Me sentindo quase enganado, perguntei a ele fascinado: "Como é que você faz para isto ter este gosto? Você o deixa marinando por muito tempo?"

"Nada disso", respondeu ele, parecendo ter se ofendido. "Isso seria fazer o que vocês, americanos, chamam de uso excessivo da força. No máximo, além do sal, pode-se acrescentar só mais um ingrediente que, como já tentei explicar, é um quilo de imaginação. Sem ela, você não vai conseguir nada além de uma beterraba murcha."

Eu já ia implorar para que ele me informasse qual era a fonte dessa imaginação, quando entrou na cozinha um homem vestido como chef. O rosto era o de um ator, luminoso, bonito, carismático, com olhos de um azul tão explosivo e penetrante quanto os de Paul Newman, com quem, aliás, se parecia muito. Um lenço envolvia habilmente o seu pescoço, sob o queixo. Ele foi de praça em praça, apertando as mãos de todos, até os lavadores de pratos. Só David Passard evitou cumprimentá-lo, curvando-se sobre o forno. Quando ele veio até mim, abriu um sorriso cheio de energia, dizendo: *"Bonjour, bonjour. Je suis Alain."*

Era um ator, de fato. O próprio astro do espetáculo no Arpège: Alain Passard. Apareceu bem na hora da preparação do almoço. Na verdade, quando se desviou para o salão do restaurante, superlotado, braços abertos como os de um anjo, o almoço já estava pronto. Não foi propriamente um desvio que ele fez, mas sim um pulo, do jeito como Jay Leno pula no palco todas as noites, num espetáculo exultante. Eu até esperei por uma música de fundo, aplausos e refletores. A sua aura, tal como era, iluminava aquele aposento que em outros momentos era tão escuro e sombrio.

Tudo aconteceu tão depressa que eu não soube o que fazer. Curioso, dei uma espiada em David, que estava com aquele olhar esgazeado de um réu à espera da sentença. Parecia rigidamente indiferente, embora algum processo químico de inquietação se revolvesse pelo seu corpo, e fiquei me perguntando como seria o seu relacionamento com o pai no dia a dia. Deve ter sido infinitamente frustrante para ele viver sob a sombra larga do pai. Durante toda a manhã, ele administrara a cozinha com um estilo pessoal, exprimindo seu talento impressionante em todas as etapas da arte culinária, só para de repente o pai chegar e tomar as rédeas. Não parecia justo. Alain Passard, malgrado todas as intenções e propósitos, se aposentara. Não tinha o direito de ficar recebendo as glórias, quando contribuíra tanto quanto um simples moedor de pimenta.

Esqueci as vagens verdes na minha frente, e fiquei vendo o mestre manipular sua clientela. De pé, cada fio prateado de cabelo no devido lugar graças ao laquê, ele mantinha a postura elegante, enquanto cumprimentava seus adoradores risonhos. Todas as mesas exigiam sua presença: aqui um tapinha no ombro, ali uma ou duas palavras, depois um gesto de reconhecimento... Um calor reconfortante impregnava os cumprimentos de Passard, enquanto valsava em meio aos conjuntos de

Paris

mesas, passando de um idioma a outro, segundo o caso de cada cliente. Alguma coisa que disseram em alemão provocou um forte aperto de mãos. Alguns segredos da casa, relativos ao risoto, foram transmitidos em... espanhol? Não: em português. Mesmo aquele velho casal de St. Louis, que ficava sempre acenando com a cabeça, mereceu tratamento completo.

"Parece um pinto no lixo", disse eu, enquanto David empratava uma lagosta braseada em caldo de vinho e óleo de avelã.

"Quem?"

"Seu pai."

"Hummm."

Percebi, pelo seu jeito, que ele se mostrava propositadamente concentrado. Eu mesmo já me comportara assim, quando senti ser mais prudente mascarar certos sentimentos grosseiros, permanecendo fria e deliberadamente firme, pelo tempo que fosse capaz de suportar. Momentos depois, talvez por ser impossível segurar mais tempo, ou por nos sentirmos fracos, ou por estarmos pouco nos lixando, ou porque alguma coisa lá dentro finalmente estalou, a gente deixa os sentimentos irem embora, apenas o suficiente para provarmos nosso ponto. Era aquele o posto que David alcançara. Ele continuou se preocupando com o trabalho, de uma forma mal-humorada e tensa. Mas depois, ao erguer os olhos do prato, enquanto eu observava a performance do pai, seu olhar ferido o traiu.

"Você não aprova isso, não é mesmo?", perguntei, com muita audácia para um simples encarregado de cortar pontas de vagens.

Ele se afastou, observando fixamente a cena por um longo momento, as mãos se esquecendo da pilha de cebolinhas na tábua de cortar. "Foi esse o combinado."

"E qual é a sua parte?" Aquilo me escapou, sem querer. No mesmo instante já me arrependi de ter falado.

Houve um breve e inquieto silêncio. David olhou para baixo com amargura e deu um golpe desajeitado nas cebolinhas. Elas se espalharam pela tábua como formigas assustadas. Quando recomeçou a cortar no ritmo de antes, sua face pálida tornou-se muito distante.

"Você poderia descascar esses pistaches?", disse, apontando para uma tigela sobre o balcão, do outro lado da cozinha.

Pistaches. Mais diabólicos do que *haricots verts* quando se trata de dores paralisantes. O que viria depois, me perguntei: palitos de bambu debaixo da unha?

Senti que estava sendo punido, merecidamente, e me esgueirei dali para cumprir minha pena, imaginando quanto dano eu teria causado, e se seria possível recuperar minha débil posição. Tinha vontade de me dar um pontapé por não ter segurado a língua. Mais do que tudo, queria sair daquele restaurante e perambular pela margem esquerda do Sena. Sentia uma urgência muito forte de fugir, de desistir daquela pegadinha idiota.

Me posicionei junto ao balcão, de forma a poder observar a situação. David parecia extremamente ocupado do outro lado do aposento, por trás de uma nuvem de vapor, mas eu percebia pela sua movimentação que estava distraído. De vez em quando erguia a cabeça em direção ao salão do restaurante, aparentemente avaliando a preparação do almoço, mas dava olhadelas furtivas para o desempenho do pai. Uma ruga de satisfação passou rapidamente pelo seu rosto.

O mais provável é que tudo aquilo fosse um trato entre eles, papéis já previamente ensaiados. Era o ato final de um chef ainda cheio de vitalidade, que se entediou e passou a tocha adiante, como forma de evitar o declínio inevitável, e também de fazer o filho cumprir o seu dever de preservar os interesses e a reputação do pai. Um rito de passagem que se realizava em qualquer cozinha francesa importante, uma tradição tão antiga quanto as pinturas das cavernas.

Era óbvio pelo olhar de David que conhecia o resultado, que fizera as pazes com a situação – que por sinal, não era nada má para ele – e que sentia um respeito imenso pelo legado paterno. Poderia ter existido alguma inveja, animosidade, arrependimento, mas David se defendia desses fantasmas. Além disso, havia dívidas a serem pagas. Executava as receitas do pai, no restaurante que o pai tornara famoso. O velho soubera ganhar aqueles aplausos. Ele era o Arpège. E o Arpège era dele.

Paris

Quase não voltei para o segundo dia. Certo de ter estragado as boas-vindas que me esperavam, considerei a possibilidade de dormir a manhã inteira, rendido à fadiga e à languidez daquele estágio aparentemente infindável. Estava há quase um mês em atividade, sem intervalo. Desde que saíra da casa de Madame, vinha atravessando os dias numa espécie de exaustão sem finalidade. Em outras palavras, minha força de vontade, o mecanismo que me permitia manter a cabeça acima d'água, estava aos poucos se esgotando.

Em vez de prosseguir adiante, sempre adiante, o que até então funcionara como minha defesa, comecei a flertar com a rendição. Havia uma palpitação leve entre os meus olhos.

"Você é um molenga", disse comigo mesmo, afastando as cobertas e me forçando a levantar da cama.

Me vesti, fiz a barba e corri para o metrô. Hoje supostamente teria um tempo privilegiado com o chef, e agora estava decidido a insistir na oportunidade. No trem, entretanto, as perspectivas me pareceram muito remotas. A lista de barreiras era estonteante. Uma cozinha com excesso de trabalho. Tempo disponível extremamente escasso. Receitas complicadas. Qualquer distração, um fardo. Eu estava começando a registrar aquela causa como perdida. Mais uma. Na rue de Varenne, já existia um engarrafamento na frente do Arpège. Automóveis estacionavam na esquina, enquanto os entregadores passavam as caixas de produtos pela porta da cozinha. Buzinas berravam em protesto. Lá dentro, porém, os cozinheiros, inconscientes do rugido, realizavam suas façanhas mágicas com a bondade divina, extraindo néctares, essências, polpas e espumas da cornucópia de legumes da estação.

Alice esperava por David com um problema: o molho para salada de trufas estava virando emulsão. Enquanto ele ia resolvê-lo, me pegou pelo caminho: tudo aparentemente perdoado. David mostrou a Alice como evitar errar no azeite, combinando os ingredientes – óleo, vinagre de vinho, echalotas e uma pitada de mostarda – com a maior economia, em seguida batendo aquela mistura com golpes curtos e regulares. *O truque é bater só até o molho crescer, assim. Senão, ele se desmancha todo, como um amante rejeitado.* Ah, se ele soubesse...

O molho não exigia nada demais: um vinagrete delicado e saboroso, com apenas notas sutis de acidez. Já que a maioria das saladas verdes do restaurante era feita com as folhas internas das alfaces, mais tenras, o objetivo era se concentrar em seu sabor natural, e não tentar mascará-lo por meio de um molho – o que acontece com tanta frequência. Aquilo só dava certo, claro, porque as verduras eram de uma qualidade tão excepcional, cultivadas hidroponicamente e levemente manipuladas pelos Passard, *père et fils*, a fim de aumentar o sabor e as características naturais. Em casa, o que se compra no supermercado, a chamada "salada verde" vendida em pilhas ou pacotes prontos, é produzido em massa e, na maioria dos casos, insosso. Não me lembrava da última vez em que as minhas alfaces brilharam mais que o molho.

Alice, que levava a sério suas tarefas, provava cada uma das folhas verdes antes de arrumá-las. Ela o fazia automaticamente, porém com grande deliberação, dando mordidinhas nas folhas com os dentes da frente, para liberar os sucos tão variados, e depois deixando que o sabor se espalhasse pela língua. Ela repetia esse ritual após cada colherada de molho. Observei David seguir o mesmo processo, enquanto fazia *blinis*. Antes de cortá-los com um molde, ele selecionava um de cada lote, cheirava-o, quebrava um pedacinho e cheirava novamente, antes de lançá-lo à boca. Sua expressão jamais mudava, permanecia impassível, mas uma vez ou outra, e só raramente, seus olhos se estreitavam e aquele determinado lote era varrido para a lata de lixo.

"Você tem que provar tudo", me instruiu Klas mais tarde, enquanto eu o ajudava com o *gazpacho*. "A língua: o instrumento mais indispensável numa cozinha."

Estávamos batendo enormes tonéis da sopa, um creme espumante, rosa-salmão, um dos pratos exclusivos de Alain Passard. Tratava-se basicamente de um coquetel de legumes, vigoroso e com a maciez da seda, inteiramente processado no liquidificador. Era servido gelado, numa larga taça de Martini, com uma colher de vinagre de xerez para finalizar, aguardando-se o último minuto para coroá-lo com um bocado de sorvete aromatizado de mostarda, que derretia ao contato.

Paris 231

"Então, prove", disse Klas, me estendendo uma colher de sopa.

Precisei de algumas amostras ao acaso para me dar conta de ser necessário um ajuste constante. Mais sal ou, quando estivesse muito salgada, mais tomates; mais ou menos talos de funcho, de acordo com a potência do bulbo; atingir o equilíbrio perfeito com a cebola, o pepino e o alho. Provar, provar sempre, depois de cada ingrediente ser acrescentado.

"Agora, prove isto", disse Klas, o rosto nórdico ardendo com ar travesso. Ele afundou minha colher numa panela de metal, e praticamente enfiou-a pela minha boca.

Recuei, esperando uma queimadura séria. Claro, uma boa tigela de sopa pode explodir de calor ou frio, mas o que eu não estava era preparado para uma sopa de frutas. Principalmente um caldo composto quase inteiramente de melão. Era feito derramando-se um fio de azeite de oliva extravirgem dentro do copo do liquidificador com pedaços de melão doce maduro, e "batendo até não poder mais", como dizia Klas com eloquência. É preciso deixar o liquidificador ligado por uns dez minutos, batendo nos lados e chacoalhando como uma máquina de *pinball*, enquanto se acrescenta um pouco de sal, o suco de meio limão e um pouquinho só de açúcar, antes de passar o líquido por uma peneira *chinoise*.

Quando terminamos, David me acenou mais uma vez para que fosse vê-lo compor uma sobremesa. Estava dando os últimos toques num suflê de abacate com pistache, de onde subia uma nuvem de vapor tão sensual que parecia mais eficiente como afrodisíaco do que como comida.

"Você sabe fazer uma *tarte Tatin*?", perguntou ele.

Droga. Mais um daqueles testes malucos, como o da omelete no Meurice. Qualquer pessoa com um fogão pode fazer uma *tarte Tatin*. Para mim, era a sobremesa perfeita: pedaços grandes e firmes de maçãs maduras, caramelizadas à perfeição, nadando na manteiga e açúcar. A coisa era feita numa frigideira, com a massa assando por cima, e depois invertida sobre o prato logo antes de ser servida. Como já disse, tinha feito aquilo durante anos, obtendo vários graus de sucesso. Eram sempre grandes as possibilidades de ela se despedaçar, ou ficar presa na panela. Muita calda de açucar era tão fatal quanto as lavas do Krakatoa. Mas mesmo uma *tarte Tatin* desastrosa acabava sendo uma recompensa deliciosa.

É, eu sabia fazer a coisa, mas preferia me danar a ficar rebolando ali, feito um *poodle* ensinado, batendo 23 versões da torta para um chef francês metido. Pus meu notebook de lado, deixei escapar um suspiro e fiz uma pose que não deixava dúvidas quanto à minha disposição para começar a latir e dar pulinhos. David me olhou com curiosidade, talvez pensando que aquilo fosse instrução demais para um simples *gringo*.

"Isto é algo que não costumo demonstrar muito", disse, "mas achei que você gostaria de aprender um dos nossos pratos mais requisitados."

"Ah, seria muito bom. Sim, eu gostaria muito."

Descascamos seis maçãs gala, pequenas porém suculentas, e depois cortamos cuidadosamente cada uma em seis fatias do mesmo tamanho. Isso era importante, para que todos os pedaços cozinhassem por igual. Em seguida, abrimos uma massa folhada que estivera descansando sob um pano, ajustando-a ao diâmetro da panela.

Arqueei as sobrancelhas diante daquela massa traiçoeira, pensando que talvez tivesse sobrado de um almoço de senhoras, ou de alguma festa onde foram servidos suflês cor-de-rosa. Tradicionalmente, a massa para a *tarte Tatin* é amanteigada, doce e crocante como um biscoito recém-assado. Bob Ash não escondia que com o resto da massa da sua *tarte Tatin* ele fazia uma dúzia de bolachinhas, perfeitas para se mergulhar num vinho doce de sobremesa. Uma massa folhada parece tão delicada, tão pudica... É bem verdade que todo mundo costuma dar seu toque pessoal na receita, embora os elementos básicos permaneçam os mesmos. Mas descobri que nada no Arpège vinha diretamente das prateleiras, e aqui se segue o método de David para transformar uma *tarte Tatin* num espetáculo três estrelas.

Tarte Tatin ao estragão

6 maçãs gala, descascadas e sem miolo
12 colheres de sopa de manteiga, separadas
3 xícaras de açúcar, mais uma quantidade extra para polvilhar
um pouco de Calvados

Paris

1½ xícara de ramos de estragão fresco
massa folhada

Aqueça previamente o forno a 160°C.

Corte cada maçã ao meio no sentido do comprimento, depois deite cada metade com o corte para baixo e fatie cada uma em 3 partes iguais.

Ponha 4 colheres de sopa de manteiga e 1 xícara e meia de açúcar no centro de uma frigideira de ferro funda, com 30cm de diâmetro, e dissolva a mistura em fogo médio, mexendo até se formar um caramelo dourado. Cuidadosamente acrescente 3 das maçãs cortadas em seis partes (ao todo, 18 pedaços), misture com o caramelo até ficarem bem cobertas e cozinhe por apenas 4 a 5 minutos, até que as maçãs comecem a amolecer. Borrife-as com o Calvados, deixando que flambem. Quando a chama diminuir, transfira-as para uma tigela com todo o caramelo. Repita o processo com as três maçãs restantes.

Acrescente 1 xícara e meia de estragão à tigela de maçãs e misture delicadamente. Deixe descansar por 15 minutos.

Remova e descarte ¾ do estragão. Comprima todas as maçãs em outra frigideira de ferro funda, também com 30cm de diâmetro.* Despeje sobre elas todo o caramelo e adicione as 4 colheres remanescentes de manteiga, em nacos.

Estenda a massa folhada até ficar bem fina, ajustando-a sobre a superfície das maçãs, comprimindo rente à borda e polvilhando com açúcar. Asse por uma hora e meia, colocando a frigideira sobre uma assadeira para o caramelo que vazar não cair sobre a parte de baixo do forno. Depois de retirar a torta do forno, pressione a massa folhada com a base de outra panela de ferro e, com todo o cuidado, remova o caldo excedente. Deixe descansar por 5 minutos antes de inverter a torta sobre uma travessa para servir.

Serve 8 pessoas.

---

* A espessura da frigideira é importante para que a torta não queime no fundo. Como o recipiente vai ao forno, o cabo não pode ser inflamável. (N.R.T.)

Era quase impossível ver aquele resultado sem ao mesmo tempo imaginar uma enorme concha de sorvete de baunilha montada sobre a fatia. Há algo extremamente impróprio em se servir maçãs saídas diretamente do forno sem a inevitável concha de sorvete, tal como aparecer despido em público ou ouvir uma ópera cantada em inglês. Qualquer coisa além de baunilha provavelmente seria forçar a mão, mas quando sugeri minha ideia a David, ele estremeceu. "Isto seria" – quase soltou um palavrão, mas logo se conteve – "*impróprio* quando se trata desta torta." Eu estava me metendo numa situação bem delicada.

Frédéric deve ter presenciado a conversa, compreendendo aonde ela poderia levar, pois no mesmo instante me puxou pelo ombro, me encaminhando à sala do restaurante. "Está na hora de Bob almoçar", declarou, com aquele tipo de tom falsamente gentil que se aprende nas escolas de *maîtres d'*, ou talvez na política francesa. Enquanto me conduzia até uma mesa, apreciei muito aquela sua decisão de me ajudar. Ele parecia amolecer, como essas esponjas depois de serem mergulhadas n'água. A cozinha era de David. Agora, estávamos no território de Frédéric. "Você está no melhor lugar da casa. Coloquei você no canto perto da cozinha, de modo que pode visualizar o restaurante inteiro."

A sala, cheia de gente, parecia espantosamente pequena, e menos austera. Outrora funcionara como estábulo, mas desde 1760 vinha sendo usada como restaurante, de variados tipos. Do lado oposto a onde eu me encontrava, cavalos antigamente mastigavam feno, enquanto seus donos comiam numa das mesas comunitárias. Com o passar dos anos, novos proprietários modificaram essa configuração, porém não houve maneira – a não ser que se demolisse o prédio – de aumentar a metragem. Para manter o estabelecimento lucrativo, a comida tinha de ser sensacional, e os preços, assustadoramente altos. Os Passard, que cozinhavam desde 1984, conseguiram realizar ambas as façanhas com sua genialidade. O almoço saía por um preço capaz de provocar uma parada cardíaca: 320 euros, e todo mundo deixava o restaurante achando que valia muito mais que isso.

A comida, como era de se esperar, estava incrível, uma verdadeira epifania culinária. Eu tinha conseguido dar umas provadinhas durante o *stage*,

Paris

pegando uma amostra de cada comida que tínhamos preparado; mas num prato que havia sido feito para arrasar, tudo tinha um sabor diferente. Melhor. O *gazpacho* tinha uma voluptuosidade que faltava quando acabado de sair do liquidificador; a beterraba, servida por cima de uma camada fina como papel de sua própria casca, e borrifada com um vinagre balsâmico mais velho que minha filha, me fez rir alto enquanto a ingeria. Sua apresentação era um espetáculo, um teatro ousado que surgia com ressonante triunfo.

Quando o garçom retornou, trazia um trio de pequenas fôrmas de torta cheias de mousse de coentro, que Klas estava fazendo quando eu saíra de lá, na véspera. Eu o observara pegar um saco com sobras de folhas verdes de salada e lhes dar um banho de água quente e gelatina antes de misturá-las com óleo. Ele recolheu toda aquela papa num tanque de CO_2 e lançou a espuma resultante em jatos sobre as fôrmas, num desenho rebuscado. Logo antes de servir, Alice as interceptou, decorando cada torta com alguns grãos de *fleur de sel* e uma microscópica flor de coentro, parecendo bonita demais para ser real.

Estava delicioso. Bati na barriga e sorri humildemente, para indicar a boa impressão que crescia, mas o garçom apenas deu um largo sorriso antes de desaparecer pela cozinha. Os antepastos já satisfaziam por si, verdadeiras pequenas refeições, mas, como temia, meus colegas estavam apenas esquentando os tamborins.

Ainda vieram mais antepastos, acompanhados por grunhidos de apreciação: um *carpaccio* de lagostim coberto de fatias finas de *cèpe* cru, borrifado com óleo de manjericão e sal marinho; uma cebola caramelizada e gratinada polvilhada de parmesão; um *velouté* de pimentão vermelho cercado por uma infusão de *crème chantilly* e *Speck* (um presunto alemão) que, devido à minha empolgação com aquilo, veio duas vezes maior que o tamanho normal; e espinafre cozido com mousse de cenoura num molho de lagostim caramelizado e sementes de gergelim.

Houve mais dois, talvez três pratos. Perdi a conta. Me senti praticamente afrontado, e fiquei ali entorpecido observando a arrumação da mesa.

"David achou que o senhor gostaria de experimentar o camarão-pistola grelhado ao curry tailandês com capim-limão e gengibre. Ele também gostaria de sugerir um capuccino de mousse de batata, e depois *foie gras grillé* com *citron Japonais*."

"Ele está tentando me matar, é isso?", perguntei, com total sinceridade.

"De forma alguma." O garçom ficou tenso, como se eu o houvesse ofendido. "Realmente, tudo o que estou servindo faz parte do repertório padrão daqui. É a *carte dégustation* do restaurante. O senhor terá de esperar até a sobremesa." Ele se curvou mais perto e cochichou em meu ouvido: "Aí, então, ele vai matar o senhor."

O *sommelier* encheu de novo minha taça com um *viognier* da África do Sul, e o vinho rodopiou pela minha garganta enquanto eu, com a mente longe, lutava contra o baixo-astral que tentava tomar conta de mim. Jantar era um passatempo social animador. No mínimo, por longos períodos podia parecer alguém vivendo num confortável casulo, uma criancinha sem problemas, aconchegada para uma soneca. Nessas ocasiões, sentia algo próximo do amor. Mas o Arpège me fazia sentir solitário. Era muito cheio de romantismo e de intimidade. Meu foco deslizou da comida sendo servida e passou pelos rostos das pessoas à minha volta, os traços e todas as maneiras de estrangeiros. Depois, foi para uma figura conhecida, Alain Passard, sentado com três mulheres numa mesa junto à parede. Uma delas, curvando-se em direção a Alain e falando em meias palavras, mergulhou seu decote macio bem debaixo do nariz dele, flertando sem disfarce. Obediente, ele lhe deu um cigarro, colocando-o em sua boca e acendendo-o para ela. Que grande sedutor era aquele cara! Enquanto isso, sem lugar fixo, comia do prato de todo mundo.

Em poucos minutos, levantou-se e começou a circular pela sala, realizando sua dança: apertos de mãos, beijos, autógrafos... E fofocas. Sorri da sua finesse e recuei minha cadeira forrada de pano, contente em ver a reação dos seus seguidores e aquela tão acomodada equipe de garçons, forçada a evitar os braços estendidos. Havia uma boa atmosfera naquele restaurante. O zumbido das conversas cantarolava sob aquele contínuo ir e vir.

Um garçom atravessou a sala equilibrando um prato com um pedaço da *tarte Tatin* de David, a outra mão corretamente colocada atrás das costas.

Paris

"O senhor deve reconhecer isto", disse ele, colocando o prato na minha frente. Imediatamente aspirei o perfume almiscarado das maçãs, entrelaçado ao anis que emanava da massa. Passei o dedo pela poça de calda marrom-claro e o lambi deliciado. "Mas antes... com os cumprimentos do chef." Com isso, ele avançou a outra mão, que trazia uma pequena tigela decorada, e coroou a torta com uma bola de sorvete de baunilha.

Impressionante: um chef francês tão fabuloso, e com senso de humor! Comecei quase que a ter esperanças em relação ao mundo. Deus é testemunha de que o Arpège não era lugar de fazer pouco da etiqueta e dos costumes estabelecidos. *Tarte Tatin à la mode* – um pequeno passo para a identidade, um salto gigantesco para a humanidade.

Um bocado da *tarte* me fez esquecer tudo que não fosse aquela combinação de sabores derretendo em minha boca. O casamento da maçã com o estragão foi brilhante, algo totalmente natural.

Definitivamente, estava exultando de prazer. O garçom achou graça, mas me preveniu, vendo que iria comer toda aquela porção, que a *tarte* era apenas um aperitivo, "para abrir o paladar".

Tenho que admitir: meu autocontrole sempre foi péssimo. Engoli a torta toda, e ainda lambi a calda da colher, preocupado em jamais poder repetir aquela maravilha. Nunca tinha comido algo tão suave e saboroso. Se aquela havia de ser minha última experiência com aquilo, eu iria com tudo, sorvete e o que mais aparecesse, imaginando o que faria para conseguir uma segunda dose.

Mais uma vez, uma onda de tristeza me invadiu. Uma experiência... uma refeição como aquela precisava ser compartilhada, e relembrada depois. A cadeira vazia à minha frente machucava meu coração.

Uma garrafa de conhaque e uma cigarreira de madeira foram oferecidas aos clientes. Do outro lado da sala, Alain Passard se deteve junto a uma mesa de quatro dignitários, compartilhando alguma anedota cujo clímax foi ricocheteando de um para o outro. O que estava de costas para mim estendeu uma mão carnuda sobre o punho de Passard, e em resposta o chef fez um gesto indicando a cigarreira. A caixa lhe foi apresentada, fez-se a escolha, a extremidade cortada do jeito que só os franceses conhecem.

Como matar uma refeição tão grandiosa, pensei comigo. Uma parte de mim queria correr até lá e agarrar aquela bomba fedorenta antes que pudesse envenenar o ambiente. O homem se curvou de lado, para pedir fogo a Passard, e de perfil eu reconheci aquela testa vermelha, aquele nariz bulboso de cachorro, o cabelo jorrando sobre as orelhas: Maxim.

Só que... o homem que eu encontrara na outra noite se metamorfoseara num modelo para a *Vogue Homme*. Estava impecavelmente vestido num terno italiano de listras finas, que dava a seu tórax bem fornido uma postura mais bonita e elegante. Um extraordinário lenço de seda verde-sálvia atado ao pescoço e... e ele estava *bem-tratado*. Alguém dera uma total recauchutagem em Maxim. Seu rosto estava suavemente barbeado, livre daquela poeirenta pátina cadavérica. E suas mãos... teria ele ido à manicure?!

Os olhos anfíbios e encapuzados giraram do charuto para a minha mesa, fixando-se até se concentrarem em mim. Nenhuma fagulha de reconhecimento se registrou em qualquer traço de sua fisionomia. Pisquei para ele e suspendi os óculos, querendo transmitir todo o meu prazer em encontrá-lo novamente.

Nada aconteceu. Ele me olhou como alguém olha para um saleiro. Com uma ênfase decidida, Maxim deu uma baforada no charuto, sorvendo-o do mesmo jeito que o vira fazer quando o encontrara pela primeira vez, duas noites atrás. Seus olhos piscaram involuntariamente, porém não mudaram. Ficamos assim, sem palavras, olhando séria e impenetravelmente um para o outro.

Atrás de mim, um garçom serviu conhaque numa grande taça e a estendeu em minha direção. Peguei-a e a pus de lado, sem olhar. Dezenas de pensamentos percorriam minha mente. Talvez ele não tivesse me reconhecido. Ou estivesse espantado. Quais seriam as chances de nós dois aparecermos ali daquele jeito? Não dissera nada a ele sobre o Arpège. Pensaria que eu o estava perseguindo?

Peguei meus óculos e caminhei até sua mesa.

"Maxim", disse eu, procurando causar boa impressão. "Estou orgulhoso de você. Parece que superou suas tendências de *petit bourgeois*."

Maxim ergueu os olhos friamente, a surpresa estampada no rosto, numa tensão onde havia de tudo, menos polidez. Vários olhares se entrecruzaram por sobre a mesa. Ele passou o guardanapo nos lábios e sorriu de maneira impessoal: *"Désolé, M'sieu. Je ne parle pas anglais."*

Alguém ali estava jogando, e de forma muito esquisita. Decidi não permitir que aquilo me desorientasse.

"Estranho", respondi eu, desta vez em francês. "Você falava inglês melhor do que eu, uns dias atrás. O que foi que aconteceu? Foi atropelado por uma *cabinette* cheia de pratos americanos?"

Ele continuou me olhando da mesma forma, claramente perplexo. Enfrentei a situação. Já começávamos a chamar a atenção. Alain Passard aproximou-se de nós, porém Maxim o afastou bruscamente. Se eu levasse a coisa adiante, uma cena iria acontecer. Em lugar disso, dei uma risadinha insolente, sem o menor humor – como fazem os políticos –, depois virei as costas e me afastei.

Enquanto caminhava até minha mesa, escutei-o dar alguma desculpa esfarrapada para aquela interrupção – e empregar uma palavra francesa muito vulgar para se referir a mim, impossível de traduzir. Eu já a ouvira antes, é claro. Mas doeu muito ouvi-la de alguém que me havia demonstrado antes uma gentileza tão espontânea.

Na mesa, me recusava a desviar os olhos de onde Maxim estava sentado. Ninguém do seu grupo lançou uma espiadela em minha direção. Passaram-se vários minutos. A fumaça dos cigarros e dos charutos enevoou a sala, mas isso era a norma, na França. Maxim gesticulava animadamente enquanto falava e, com perversidade e emoção, fui reconhecendo todas as suas idiossincrasias.

Achei que seria uma boa ideia ir para a cozinha até que ele fosse embora, resfriar meus ânimos com a equipe de garçons. Mas de repente, todos na mesa dele se levantaram ao mesmo tempo e se dirigiram uniformemente para a saída, em passinhos miúdos. Pareciam pinguins. Reuniram-se na pequena recepção, diante da sala do restaurante. O próprio Passard deu um aperto de mão em cada um deles, acompanhado daquele tapinha persuasivo no ombro. Maxim ficou mais tempo que os outros conversando com o chef, demonstrando uma familiaridade surpreendente, até que saiu de forma apressada. Esquisito...

Eu ainda olhava para o espaço que há pouco ficara vazio quando o garçom retornou. Curvou-se sobre a mesa e encheu uma taça com um excelente champanhe, de uma garrafa de litro e meio. Olhamos um para o outro significativamente enquanto a espuma subia até a borda da taça esguia. Eu não estava certo se ele tinha visto o que acontecera, mas parecia simpático e condescendente, mantendo no rosto um sorriso malicioso.

"Como foi prometido," declarou ele, dispondo uma sequência de garfos junto ao meu braço, "prepare-se para ser morto da forma mais doce possível." Agradeci, mas recusei com toda polidez. Para falar a verdade, já tinham me matado o suficiente naquele dia.

6. Fraternité

DEPOIS DE UMA SEMANA EM THÉOULE, minha próxima parada, já estaria mais do que pronto para seguir para a Itália. Havia uma energia sombria em Les Mas des Oliviers, a escola de culinária aonde fora para relaxar depois que saíra de Paris. Esse sentimento foi fácil de ignorar no começo. As primeiras impressões são poderosas, e era impossível não ter a vista ofuscada por toda aquela beleza. Em todas as minhas viagens, não consigo me lembrar de ter posto os olhos num cenário mais espetacular.

A estrada subia desde o mar, numa sequência de curvas fechadas e escarpadas que pareciam saídas das cenas de *Ladrão de casaca*. Oito quilômetros mais adiante, rodeada pelas escarpas da floresta de Tanneron, ficava a cidadezinha de Mandelieu, um pequeno recanto costeiro; mais alguns quilômetros à frente, em linha reta, estava Théoule. Quase no topo, um pátio escondido se abria sobre um recuo na escarpa e, numa perspectiva estonteante, uma faixa do mar Mediterrâneo azul-esmalte, com imensos panoramas da Riviera, seguindo até Cannes. Abaixo, a vertente acidentada da montanha era recoberta por espirradeiras que se curvavam aos ventos, como velas de windsurfe. Um grupo de veleiros subia e descia, deslizando lá embaixo, no porto. Ao longe, na praia, as luzes de Nice piscavam à sombra dos Alpes suíços.

A localidade de Le Mas, em si, era um pequeno oásis tranquilo, uma *villa* de dois andares, cor-de-rosa e empoeirada, com toldos azuis, cujos reflexos tremulavam na superfície de um lago muito peculiar. Fora construída como um bangalô particular, no início dos anos 70. Em 1990, entretanto, reduzia-se a uma ruína com o teto desabado, quando foi restaurada por um casal cujos recursos modestos a livraram de certa ostentação. Agora, era caixa de joias linda e reluzente, de modo algum tão opulenta quanto as mansões em tons pastel das redondezas. O casal acrescentou seis belas suítes e também um moinho de vento, que produzia um ronco regular e animador a desafiar o vento insistente. Ao redor da casa, havia uma varanda de terracota, suspensa sobre o mar por uma fileira de paredes de pedra.

A princípio, adorei a casa e toda aquela explosão de cenários. Além do santuário, o clima ali era excepcionalmente refrescante: o ar salgado, a luz tropical esbranquiçada, o perfume delicioso de mimosas e pinheiros. Era o lugar certo para nos deixarmos cair numa ociosidade fácil. Em Paris, o tempo todo havia muitas coisas para absorver, cada vez que virava uma esquina. A excitação e o encanto da cidade me mantinham tão para cima, que restava pouco tempo livre entre os horários da cozinha. Tinha havido muita pirotecnia para eu assistir. Mas em Théoule o ar tépido e a extensão do mar pareciam formas diferentes de libertação, e então quis me recuperar naquele abraço prazeroso.

Acima de tudo, o chef residente, Frédéric Rivière, se revelou uma pessoa extremamente amável. Era um belo homem de pouco mais de 40 anos, com os cabelos castanhos ficando grisalhos nas pontas. O físico elegante, entretanto, não dava a menor mostra das refeições sofisticadas que ele produzia. Gostei dele no mesmo instante; havia uma despreocupação tranquila ao seu redor. Tive a impressão, no entanto, de que ele mantinha algo em segredo, embora isso pudesse ser devido à constante movimentação no Le Mas. Por outro lado, seu modo de rir era muito agradável, não consciente, num tom baixo e musical. Cada gesto parecia impregnado de graça e honestidade. Fred tornou-se indispensável no Le Mas des Oliviers; as características do lugar exigiam a presença dele. Tratava-se de uma escola de culinária só no nome. Antes de tudo, era um refúgio, um lugar para se passar as férias. A pessoa ia lá para cozinhar um pouco; comer como um pachá; bronzear-se à beira da piscina ou embasbacar-se diante da paisagem. E também para se juntar a uma das excursões oferecidas por uma equipe jovem e atraente; para jogar golfe ou fazer compras; para socializar com os demais hóspedes; para desfrutar dos serviços; e, talvez – apenas talvez – para trabalhar em uma ou duas receitas que poderiam ser repetidas depois em casa, durante a exibição de slides das férias passadas na "escola de culinária". Isso não quer dizer

Fraternité
243

que os hóspedes não estivessem interessados em culinária. Eles estavam *interessados*, mas do mesmo modo que se interessavam por jardins ou pela dívida nacional. "Vou para uma escola de culinária no sul da França": isso conferia grande prestígio. Mas o Le Mas não vendia apenas a culinária, e sim o pacote inteiro.

De modo que era tarefa de Fred manter todo mundo feliz: as irmãs idosas, que costumavam viajar juntas todos os anos com a sobrinha; o lânguido marido que não sabia pôr água pra ferver; uma solteirona que vivia se queixando da carência de homens disponíveis; o palhaço da turma, cujas piadas faziam parte de cada aula; o casal vindo de Tulsa, cujas brigas à meia-noite sacudiam as paredes de estuque; o prudente cardiologista que tinha horror a destripar peixe; toda uma galeria de significativos vagabundos; e, é claro, eu – um simplório, no meio de toda aquela gente de pedigree.

Claro, ninguém ali havia previsto ter um colega de aula feito eu, que até então continuava tão obcecado pela minha missão culinária que achava impossível relaxar. Desde o momento em que cheguei ali, me senti exageradamente agitado. Impaciente, irrequieto, como alguém que tomou cafeína demais. (Richard Dreyfuss, em *Tubarão*, é o que me ocorre, no momento.) Meus olhos ficavam o tempo todo desviando em direção à cozinha. Os dedos contraídos. Para os outros, devo ter parecido algum personagem toxicômano de R. Crumb. Eu era um pesadelo para quem estivesse apenas querendo se divertir com tranquilidade.

Tenho certeza de que Fred reparara em mim como um provável problema, embora, para ser justo, na primeira manhã ele tenha atado aos nossos aventais toda a sua genialidade. Éramos 14 pessoas, todas aparentemente querendo ter uma experiência culinária intensiva. Mas, como tantas vezes é o caso, nem todo mundo ali era… bem, eles não saberiam identificar um *bain-marie* apesar de se gabarem tanto. Isso, acho eu, não era nenhuma surpresa. Algumas vezes, um pouquinho de fanfarronice proporcionava certa autoproteção, uma tentativa de estabelecer a individualidade numa experiência em grupo. Isso deve ter ficado óbvio também para Fred, que tinha visto aquilo durante todos aqueles anos, mas quando chegamos ao Le Mas, algumas horas antes do almoço, seu sorriso iluminado assumiu uma tonalidade cautelosa.

"Você faz tantas perguntas", me disse ele, enquanto cortava duas galinhas para um almoço tardio. Todos os demais estavam desfazendo as malas ou tinham desmoronado na cama, e nós dois tínhamos ido para a cozinha, uma modesta sequência de três cômodos com uma grande ilha de aço inoxidável que iria servir como nossa sala de aula. Fred me convidou para assistir os preparativos, o que me pareceu uma grande oportunidade de aprender algo novo, e enquanto ele aparava as partes da galinha, fatiei as cebolas e cortei um monte de cenouras, todas do mesmo tamanho, enquanto o atormentava com perguntas sobre cada técnica que usava. "Fico impressionado de ver quanto você quer aprender", comentou.

"Mas não é esta a intenção, aqui neste lugar? Só temos cinco dias para aprender o máximo que pudermos."

Ele ergueu os olhos do seu trabalho, com um sorrisinho engraçado. "Olhe, não esperaria muita coisa dos outros hóspedes. Você vai ver que não estão interessados nos detalhes."

Isto parecia algo estranho de se dizer, sobretudo partindo do chef de uma escola de culinária francesa. Da forma mais agradável que pude, perguntei por que então aquelas pessoas estavam ali, se não era para fazer o fogão funcionar.

"Todas estão aqui por motivos diferentes – e a maioria delas, me permita dizer, não leva a cozinha a sério. Estão de férias, isso aqui é muito social. Temos de respeitar as necessidades das pessoas."

Obviamente, ele já ouvira boatos de que eu era um tanto obsessivo na cozinha. Alguém deve tê-lo advertido, o que era até bom, contanto que ele também soubesse respeitar as minhas necessidades. Mas havia qualquer coisa naquele seu tom que me fez refletir.

Pensando bem, me dei conta de que até ali eu fora bastante mimado, recebendo uma instrução praticamente individual. Por algum motivo, desfrutara de um tipo de atenção que é impossível para a maior parte dos entusiastas culinários amadores. As aulas tinham sido para turmas ridiculamente pequenas ou planejadas especialmente para mim, o que era

Fraternité 245

inaudito no circuito das escolas de cozinha. Normalmente, eram sempre grupos: 15, 25, até mais que isso, espremidos como num cruzeiro superlotado. De algum modo, até então conseguira evitar as manufaturas. Eu ficara agradecido, naturalmente, embora não particularmente solidário. Agora, a perspectiva de ter aulas em grupo me ofendia. O pensamento de compartilhar a atenção de um chef com outras pessoas parecia mais um castigo, como roubarem a minha carteira. Examinara rapidamente os outros hóspedes, enquanto eles iam entrando. Parecia duvidoso que algum deles soubesse fazer um suflê, pensei, com ressentimento. Ou uma omelete decente, me esquecendo por instantes dos resultados lamentáveis que tive na despensa do Le Meurice. Acho que foi Espinoza que disse que a ambição não passava de uma espécie de loucura. Mas quem foi Espinoza?, me perguntei. Ninguém, senão um filosofozinho magrinho, que seguia uma dieta de baixas gorduras. Eu queria era cozinhar, e que se danassem os outros!

O ponto central da questão era: eu já havia ultrapassado a curva. O almoço que Fred e eu apresentamos, um fricassê de frango ao curry, foi uma das melhores receitas que aprendi nessa viagem. Era simples de preparar e absolutamente suave. O curry proporcionava ao frango comum uma espécie de magia exaltada. Era a refeição perfeita, quer para o verão, quer para o inverno, para almoço ou jantar, além de ser reconfortante, cheia de ervas aromáticas. Devia ser servida com talharim ou arroz. Preparamos tudo aquilo em pouco tempo, e consegui fazer de novo o prato, acompanhado de uma baguete e uma bela salada, sempre que precisei de conforto imediato no fim de um dia difícil.

Fricassê de frango ao curry

8 coxas de galinha com a pele e o osso
2 colheres de sopa de azeite de oliva
sal
1 colher de sopa de curry em pó (ou mais, a gosto)

10 grãos de pimentas Szechuan esmagadas

1½ colher de sopa de tomilho fresco picado

1½ colher de sopa de alecrim fresco picado

3 cebolas médias picadas

5 dentes de alho esmagados

1 xícara de vinho branco

3 xícaras (ou mais) de caldo de galinha

Com um papel toalha, seque bem as coxas de frango para refogar em seguida, com a pele voltada para baixo, numa panela funda com 1 ou 2 colheres de sopa de azeite de oliva (o frango vai verter muita gordura), depois salgue bem. Deixe cozinhar em fogo médio por cerca de 10 minutos, até que a pele comece a ficar com uma cor marrom-dourada. Acrescente o curry em pó, as pimentas amassadas e as ervas, salpicando-as uniformemente sobre a galinha. Vire os pedaços de frango com a ajuda de pinças de cozinha, e continue o cozimento. Acrescente o alho e o vinho, mexendo sobre a panela e raspando os pedaços marrons que ficam ao fundo. Ferva apenas por 2 minutos, dando ao vinho apenas o tempo de perder a acidez. Acrescente caldo suficiente para cobrir o frango. Leve à fervura, depois cubra a panela e reduza o fogo.

Cozinhe lentamente, por uma hora e meia. Remova os pedaços de frango e mantenha-os aquecidos. Reduza levemente o molho, até ficar espesso, e sirva.

Serve de 4 a 6 pessoas.

Cozido assim, de forma tão demorada e lenta, o frango praticamente se soltava do osso, e o molho ganhava uma consistência espessa de xarope. Evidentemente, ajuda muito se adicionar um naco de manteiga por último, como tenho feito sempre, sem qualquer culpa. O caldo também é um improviso de última hora. Fred só usou água, o que seria bom se o frango em questão fosse uma boa ave caipira. A dele era de Bresse, a

Beverly Hills dos galináceos. Mas essas deploráveis aves amarelas que a gente vê nos supermercados têm quase o mesmo gosto que o látex, e não contribuem em nada para o molho. Por isso, o caldo dá aquele empurrãozinho no sabor.

Também marinamos uma grande quantidade de azeitonas *niçoise*, primeiro lavando-as completamente e depois adicionando azeite de oliva fresco e perfumado; um jorro de vinagre balsâmico; dois dentes de alho amassados; uma pitada de cominho, alguns ramos de sálvia, alecrim e salsinha; um punhado de *herbes de Provence*; e o toque especial de Fred: um pouco de molho de soja. Eu não vi as azeitonas nos dois dias seguintes, mas quando elas foram servidas para acompanhar as bebidas, antes dos nossos jantares comunitários, se tornaram o maior sucesso do coquetel.

O almoço no pátio já era um negócio muito agradável, um processo de sondagem para saber quem iria para a cama com quem, por assim dizer. Todos pareciam se dar bem, ou pelo menos se esforçavam para falar uns com os outros. Na verdade, a conversa mole era tanta que já chegava a doer. Histórias de vida eram trocadas com detalhes, sem qualquer pudor. Fotos de cada filho, neto e bichinhos de estimação passavam de mão em mão. Um homem apertou uma foto contra o peito, suspirando: "Minha criancinha", mas, quando a foto finalmente chegou às minhas mãos, era de um avião monomotor. Outros passatempos foram relembrados, com afeto um pouquinho menos comovente. Não me surpreendeu que cada mulher ali pertencesse a um clube do livro e estivesse lendo uma dessas ficções meio eróticas sobre criadas prudentes ou matriarcas. Os homens pareciam estar todos trabalhando no último Harry Potter. Quando propus que analisássemos as obras de M.F.K. Fisher,[*] todos quiseram saber em que time ele jogava.

Na maior parte do tempo, o relacionamento entre os hóspedes era bom e amistoso, contrastando com as óbvias amizades duradouras que se

---

[*] Mary Frances Kennedy Fisher (1908-1992) é uma escritora americana cujos livros tratam principalmente de comida, considerada sob vários aspectos – preparação, história, cultura e filosofia. (N.T.)

formariam ali. Era muito bom que estivéssemos nos dando bem, já que as aulas de culinária não se sustentariam por uma semana inteira. Ficou evidente que Fred, embora fosse um homem maravilhoso, era um cozinheiro decepcionante na melhor das hipóteses, apesar do fricassê de frango. A primeira aula fora um arauto da semana seguinte. Realizamos três receitas diferentes pela manhã: o antepasto, o prato principal e a sobremesa. Mas eram tantos os pontos comuns aos três, que nunca estávamos certos do que se preparava em determinado momento. As receitas e os ingredientes estavam relacionados num livro com encadernação em espiral, colocado em cada posto de trabalho. Mas Fred improvisava à vontade, sem qualquer aviso prévio. De repente me vi fazendo o papel de xerife, querendo sempre apanhá-lo de surpresa.

"Me desculpe, Fred", interrompi, durante uma demonstração para se fazer sorvete de manga. "Parece que não tem nenhuma casca de limão na nossa receita."

"É, é, eu sei. E, além disso, eu vou colocar uma clara de ovo." Isto também não estava na lista dos ingredientes. "Dá suavidade ao sorvete. Mas os americanos não se sentem muito à vontade com claras de ovo cruas, e é por isso que eu não as coloco na lista."

Os *mille-feuilles* de camarão-pistola e as receitas mediterrâneas e asiáticas com carne de porco foram todos feitos dessa forma aleatória. As receitas estavam todas manchadas, e Fred desviava das instruções impressas sem nos avisar para que pudéssemos realizar a alteração em nossos cadernos. Nem sempre conseguia acompanhar suas guinadas súbitas, e ficava frustrado.

"O que está acontecendo agora?", cochichei para a mulher que se encontrava perto de mim, e cujo rosto denotava total perplexidade.

"Ele está improvisando", respondeu ela, "embora eu não esteja certa sobre qual receita ele está improvisando neste instante."

Dei uma olhada nos outros. Pareciam todos felizes, bebericando vinho ou Coca-cola, contando piadas, apreciando a forma como Fred derramava suas misturas erguendo a jarra acima da cabeça, como se estivessem assistindo a um programa de culinária na TV. Fred era extremamente diver-

Fraternité

tido, todos desfrutavam um lugar lindo, a vida era grandiosa. Eles estavam recebendo de volta o valor do seu dinheiro, e logo almoçariam naquele adorável pátio banhado de sol. Mas eu sentia que precisava agarrar aquela oportunidade, ou ela escaparia para sempre.

"Por quanto tempo você escalfou esse espinafre?", perguntei, enquanto ele tirava um molho verde ensopado da água fervendo.

"Ah, só um pouquinho", respondeu Fred, com um sorriso.

"Hum… sei. Mas quanto *durou* esse pouquinho?", insisti. "Um minuto? Dois?"

"É", fez ele, secando-o com uma toalha. "Agora, vamos botar páprica nas trouxinhas…"

Percorri os olhos pela lista de ingredientes feito um doido, atrás da páprica. *Nada*.

"…e vamos colocá-los no forno, até ficarem com uma linda tonalidade dourada."

Fiquei imaginando quanto tempo isso seria.

"Agora, vamos botar algumas colheres de caldo de camarão."

"Ué! Como é que a gente faz esse caldo?", perguntei.

"Está nas costas do seu livro de receitas", respondeu Fred. "Mas eu já fiz um pouco, mais cedo. Ah!, e também aromatizei, espremendo um ou dois gomos de limão, que ninguém vai encontrar na receita."

Percebi que a receita de *mille-feuille* estava completamente diferente da que constava em nosso livro, por isso me apressei em reescrevê-la enquanto ele colocava a comida num prato.

"Ah, que bom, estou vendo que você está anotando tudo isso", disse uma mulher chamada Pat, muito ocupada em tirar fotos da sobrinha. "Promete que vai nos enviar isso depois?"

Claro, minha senhora, pensei, assim que acabar de lavar os pratos.

Enquanto Fred lutava para explicar como fazer a iguaria, um dos casais falava sobre os seus desafios culinários durante um acampamento recente e outro hóspede nos revelou sua receita de salmão grelhado embebido em suco de laranja. Por fim, Fred nos mandou ir para o pátio, para um tira-gosto, enquanto ele e dois assistentes finalizavam cada uma das nossas receitas.

A aula do dia seguinte foi de mal a pior. Os alunos tinham requisitado uma receita de sopa de peixe, o que parecia muito natural, considerando-se onde nós estávamos. Qualquer restaurante tinha uma em seu cardápio, e cada sopa definia o caráter inimitável do chef. (A de Alain Llorca era quentíssima; a de Fred ficou aguada e insossa, bem de acordo com o modelo...) Havia muito o que preparar: limpar o peixe, cortar e refogar os legumes e as ervas, e fazer o caldo, uma delicada *court bouillon*. Já que a receita não constava do nosso livro, houve muita gente sem saber o que fazer. Talvez por excesso de ambição, Fred resolveu preparar também uma receita de *paupiettes* de carne com curry, que requeria uma preparação elaborada de caldo de vitela, além de *spaetzle* e de um glacê de torrone com azeitonas confeitadas como sobremesa, que precisava de um merengue feito em banho-maria.

Passada uma hora de aula, as coisas tinham degringolado completamente.

A certa altura, Fred trabalhava ao mesmo tempo em 12 panelas diferentes, sendo que ninguém sabia ao certo qual receita estava em cada uma. O glacê do torrone, especialmente, requeria um especialista em engenharia química. Era necessário um talento especial para conseguir fazer o merengue, talento que nenhum de nós possuía, e as claras de ovo com a nata não incorporavam. Como se a situação ainda não estivesse suficientemente desorganizada, a receita era muito confusa: alguém chegou até a sugerir que o texto fora escrito por Kafka. Fred continuava acrescentando ingredientes, passando por cima das etapas, tentando corrigir um desastre iminente. Finalmente, durante um novo surto de perguntas, ele ergueu os olhos, sorriu e declarou: "Nunca mais faço essa receita novamente."

Era a deixa perfeita para acabar com aquela comédia de erros. Aquilo era absolutamente Fred. Porém, as coisas foram piorando progressivamente. No ápice do caos, Bucky, o palhaço da turma, começou a cantar uma série de músicas do desenho animado *South Park*, entretendo-nos com meia dúzia de obscenidades vulgares. Quando Bucky se preparava para mais um bis, o glacê do torrone de Fred foi declarado sem salvação. Nada

Fraternité   251

poderia recuperar aquela gosma indistinta. A seu favor, em momento algum Fred perdeu a pose, embora fosse evidente que ele se frustrara tanto quanto nós.

"Da próxima vez", disse ele, "acho que vou ensinar a fazer *croque-monsieur.*"

★ ★ ★

Naquela noite, os ânimos no pátio estavam mais contidos. A luz e a vibração da água ao longe eram tão constantes e intensas, que nem a descida da noite poderia escurecer o horizonte. A vista de Nice parecia encantada, grandiosa no dia que chegava ao fim. Todos comentavam aquilo, com esperanças de que não sumisse de repente. Uma verdadeira galáxia de luzes parecia lutar contra as cálidas brisas itinerantes. Mas quando as conversas começaram, com todo mundo comparando suas avaliações das aulas, a melancolia desceu sobre a atmosfera como uma nuvem. Ninguém queria ferir os sentimentos de Fred. Todos gostavam do seu espírito alegre e adoravam o ambiente do Le Mas. Mas quando alguém disse que comera melhor no avião durante a ida para a França, a concordância de todos foi um mau sinal.

Mais cedo, naquele dia, quando os outros se vestiam para o jantar, penetrei furtivamente na cozinha, onde vi Fred assobiando enquanto retocava cada uma das nossas *paupiettes* de carne. Em sua expressão, concentrada e de olhos baixos, brincava o fantasma de um sorriso. E ele se alvoroçava todo em cima daqueles pratos, como alguém preparando o velório de uma vítima de acidente.

"Vai ser possível salvá-las, doutor?", perguntei, mergulhando o dedo indicador num pouco de caldo de vitela em torno de um filé.

"Vamos ver", respondeu ele. "No mínimo, posso fazer com que tenham um aspecto mais... respeitável."

A questão do sabor se destacava pela própria falta de sabor. Os restos espalhados sobre a mesa, talos de abobrinha, cascas de ovo, toalhas de papel amassadas, tudo parecia simbolizar o estilo das receitas.

Mesmo assim, havia um certo recato, algum detalhe preciso na sua maneira de manusear a faca, que ninguém mais teve a chance de ver. Ele trabalhava instintivamente, pelo sentimento. Acrescentou manjericão em fatias finas na pasta de curry, embora esta fosse comprada em supermercado. Um pouco de vinho deu ao prato um belo realce de comida feita em casa. Alguém poderia concluir que Fred talvez não estivesse qualificado para aquele trabalho. Mas ele estava naquilo desde os nove anos de idade, servindo comida barata e condimentada a homens de macacão e trabalhando em banquetes no restaurante da avó, o L'Hôtel du Cheval Blanc, na Bretanha. Aos 14 anos, saíra de casa para ingressar numa escola de culinária, e três anos mais tarde começara a jornada que marcara o seu sério (embora terrivelmente solitário) aprendizado gastronômico: um estágio de alguns anos na deserta costa Atlântica, graduando-se num bistrô em Cannes-sur-Mer, seguido por um restaurante duas estrelas em Avignon, e finalmente o prêmio maior: aprender com o grande Fernand Point, já falecido, no La Pyramide, em Viena. Ele tinha treinamento suficiente para lançar seu próprio instituto de culinária.

"Tenho a impressão de que se sentiria mais realizado cozinhando num restaurante", disse eu.

"Ah, eu não me queixo", respondeu. "Todos acham que o melhor trabalho para mim é o de chef. Mas os restaurantes, como você sabe, são muitas vezes um verdadeiro pesadelo. Eles fazem você ficar... – como é mesmo que vocês dizem? Meio pancada. Aqui, em Le Mas, tem beleza, serenidade..."

Também havia ali, concluí, uma profusão de amantes das artes e da música. Não consegui pensar em outro lugar, a não ser alguma clínica para anoréxicos, onde as pessoas tivessem menos interesse por comida.

"Não estou muito certo disso", disse ele. "Há uma animação boa por aqui. Não importa o que se passa, posso sempre perceber isso: o desejo de aprender mais, de experimentar, de expandir os sabores. As pessoas só precisam de um pequeno incentivo. O problema com os americanos é que eles têm pouca cultura gastronômica. Numa casa francesa, a comida é sempre preparada com extremo cuidado, e o mesmo vale para a apre-

Fraternité 253

sentação. Mas nada é forçado. Acontece naturalmente, porque tem sido sempre uma grande parte da nossa vida. Os legumes não são apenas descascados, mas sim modelados e regados com azeite de oliva para fazê-los rebrilharem. A maioria dos americanos come comida já pronta, e assim não pensam da mesma forma sobre isso."

"Sabe, há cinco anos, os americanos vinham para as escolas de culinária sem qualquer conhecimento básico. Era frustrante. Não podíamos demonstrar uma receita sem primeiro lhes ensinar como cortar em cubinhos e fatiar. Hoje, todo mundo aqui já sabe fazer essas coisas. Quero dizer: veja todas as perguntas que dispararam contra mim! Não, acho que os americanos estão dando outro passo importante. E quando os americanos querem aprender alguma coisa, correm atrás." Ele lançou os braços para a frente, imitando o lançamento de um foguete: *Imediatamente! Já!* Diferente dos franceses, que precisam pensar em tudo antes de darem o primeiro passo."

"Seria bom ouvirem você, em vez de ficarem tagarelando o tempo todo, feito gralhas."

"Seria. O tempo de atenção deles não é o que poderíamos chamar de suficiente. Costumam agir como crianças, *muito mesmo* como crianças. Parece que não têm o mínimo grau de autodisciplina."

"Isso não está no nosso mapa genético", comentei.

"Pode ser, mas se existisse um prêmio para *fraternité*, ele iria para este grupo, e para outros parecidos. Fico impressionado de ver como todos se dão bem."

Tive de dar o braço a torcer: Fred era um diplomata extraordinário. Era capaz de encontrar um diamante numa imensidão de areia. Seu tom denotava uma afeição real pela camaradagem, mesclada com a compreensão de que em qualquer grupo da mesma espécie, ele era o que ficava de fora. Ao estudar seu rosto, onde aparecia a intenção de um sorriso, senti como se estivesse observando alguém vivendo em algum reino distante e utópico, desejando uma amizade descomprometida. Parecia que, em algum ponto, durante os anos de treinamento, deixara escapar esse lado da vida. Sua necessidade de agradar era palpável. Preocupado que minha expressão revelasse meus pensamentos, perguntei apressadamente: "Para que todas essas asas de galinha? Está fazendo hora extra para alguma loja de fast-food?"

"São para uns tira-gostos", disse ele, usando a sua corruptela para *hors d'oeuvres*. "Você pode ajudar. Olhe: vou lhe mostrar como fazer."

Tenho de admitir, nunca liguei muito para asas de galinha. Comer uma requeria muito tempo e esforço, em troca de uma raspa de carne difícil de tirar daqueles ossinhos esquálidos. Mas a receita de Fred fazia com que valessem o esforço. Pusemos cerca de meia dúzia delas numa assadeira, salpicamos *épices riz parfumés* – uma poção picante de cebola em pó, coentro moído, cardamomo, cominho e sal –, lançamos sobre elas jatos sucessivos de vinagre balsâmico e molho de soja, e as assamos lentamente, a 180°C, virando-as uma vez durante o processo de cozimento, de apenas meia hora, até as peles ficarem caramelizadas, atingindo uma bela coloração marrom de nozes.

As asas desapareceram assim que chegaram ao pátio, todas as oito porções, juntamente com canapés de figo e fígado de galinha numa deliciosa redução de echalotas que ele e eu, pensando bem, acrescentamos no último instante.

O jantar foi muito aconchegante, à luz de velas, apesar da comida nada estimulante que havíamos preparado durante a aula, e que constava em destaque do cardápio. Parece que tínhamos atingido um certo nível de satisfação, à medida que fomos nos conhecendo nos últimos dias, de modo que as defesas haviam baixado gradualmente, e as intimidades foram estabelecidas livremente. Acho que posso afirmar que, caso estivéssemos em qualquer outro local, muitos de nós dificilmente teriam se comunicado socialmente com aqueles mesmos com quem agora estavam engajados numa conversa. Era revelador estarmos nos esforçando por encontrar um interesse comum. Olhávamos para os lugares estratificados de onde tínhamos vindo, com suas diferenças artificiais, tentando fabricar ali uma comunidade mais consciente.

Nós deveríamos ter previsto. Afinal, todos tínhamos lido *O senhor das moscas*.

Fraternité

Na qualidade de um grupo feliz, decidimos ficar juntos até mais tarde e assistir ao debate entre Bush e Kerry, que seria transmitido ao vivo na França lá pelas duas da madrugada. Isso foi a deixa para que as opiniões começassem a se desencontrar. Foi Bud quem acendeu o pavio, ao anunciar que estava "em algum ponto à direita de Gengis Khan".

"Acho que isso quer dizer que você está segurando o pau de Bush", disse Bucky.

"Pelo menos, ele tem um."

A partir daí, foi só baixaria. De algum modo, consegui segurar minha língua até alguns drinques mais tarde, quando todos já estavam lançando os seus melhores mísseis políticos. Entreouvi o oximoro "conservador humanitário", e já estava a ponto de soltar o pino da minha granada quando uma funcionária da casa, Chloe, me bateu delicadamente no ombro:

"Tem uma ligação para o senhor", disse ela.

Esperava notícias de uma amiga em Nice, porém a voz do outro lado da linha me pegou totalmente de surpresa.

"Parece que você anda se divertindo muito", disse Carolyn, cheia de insinuações. "Foi alguma amiga especial quem atendeu?"

Ignorei a ironia. "Que bom ouvir a sua voz. Onde você está?"

Ela estava em casa, claro, e continuava sem a menor intenção de se juntar a mim. Tampouco aceitou a sugestão de nos vermos quando retornasse a Nova York. "Se você vier", disse ela, "não vou estar aqui. A sério."

Então, por que estava telefonando? Fiquei exasperado. Eu ainda estava magoado.

O silêncio do outro lado da linha estalou com impaciência.

"Só queria ouvir a sua voz", disse ela. "Mas parece que foi um erro." A própria voz dela era despida de qualquer calor, mecânica. Imaginei que ela fosse desligar. Algo semelhante a um suspiro irrompeu no vazio, porém poderia também ser algum estalido elétrico. Esperei, num silêncio obediente.

Por trás de mim, escutava interjeições e gritos que vinham do pátio. Alguma coisa estava acontecendo lá. Podia ouvir a voz de Bucky elevando-se sobre todas as demais. Aquilo foi ficando cada vez mais alto, cada vez mais acalorado. Eu não decifrava exatamente o que eles falavam. Intrigado com toda aquela agitação, tentei ficar conversando com Carolyn, contando sobre minhas experiências na cozinha, para evitar a crise degradante de nossos corações. Finalmente, dissemos boa-noite e desligamos.

Fiquei um momento junto ao telefone. Por que ainda me sentia incomodado? Nós éramos exatamente como os hóspedes ali no Le Mas: profundamente incompatíveis. Entretanto, parecia que tínhamos ido parar naquele purgatório infeliz e inevitável onde os casais descobrem que seus laços se quebraram mas não podem evitar um esforço inútil para consertar as coisas.

A distância, um grito abafado foi seguido por uma gargalhada perversa. Com níveis de irritação que se mesclavam, aquelas insinuações me deixaram curioso. Pensei em me reunir aos hóspedes, que tinham se juntado numa sala de estar no andar de cima para discutirem. Mas por fim desisti. Me sentia desiludido, mais uma vez. Voltei para o quarto decidido a fazer uma promessa que não poderia quebrar: ia me manter concentrado na cozinha e esquecer Carolyn de vez. A partir do dia seguinte, a expulsaria do meu coração.

* * *

DE MANHÃ, enquanto o sol deslizava por sobre o pátio e eu me sentava ali lutando com minhas anotações, senti um pouco de enjoo. Era quase como uma indigestão, embora na véspera praticamente não tivesse tocado na comida.

Encontrei Megály, a governanta, pondo ordem na cozinha. "O senhor perdeu toda a agitação ontem à noite", exclamou ela, tirando com o maior cuidado cacos de vidro da pia.

Aparentemente, os gritos foram parte de uma confusão que começou na piscina, graças ao incendiário coquetel de política com vinho. Bucky e Elliot, com mais uma ou duas mulheres, provocaram Bud por causa da sua visão política, até que este, um conservador notório, perdeu a paciência. Ele vinha

Fraternité 257

bebendo demais, mas não era páreo para o alto e corpulento Bucky, que jamais recuava. No fim, inevitavelmente, alguns socos foram trocados.

Segundo todos os relatos, foi Bud quem mais sofreu na batalha. "Primeiro, ele ficou todo vermelho", disse uma das tias do Meio-Oeste, um tanto ávida demais. "Em seguida, ele foi *espancado*."

"É!", concordou a sua irmã, imitando um soco no lado direito seguido de um esquerdo com as suas mãos delicadas. "E como se não bastasse, a mulher caiu em cima dele. Pôs a cabeça para fora da janela e começou a gritar: 'Você não passou nem um minuto comigo no quarto. Que grandes férias, essas!' Na verdade, isso aqui está ficando mais emocionante do que eu esperava."

Enquanto todos seguiam para fazer compras em Antibes, fiquei para trás, escrevendo e descansando na banheira de hidromassagem. Mais tarde, apareci pela cozinha, estranhamente quieta, onde Fred preparava uma receita de robalo do Mediterrâneo enrolado no *Herald Tribune*. Havia 15 belos peixes prateados enfileirados sobre o balcão, e ele os estripava com movimentos experientes do punho.

"Você vai nos ensinar a fazer isso?", perguntei, passando os dedos sobre a pele de um peixe esguio. Era firme e espinhenta, as guelras vermelhas e brilhantes, e realmente desprendia um odor salino e suave.

"Não, estou fazendo pra todo mundo." O sol cintilava sobre a lâmina do chef em reflexos prismáticos. "A maioria deles... não se sente confortável com esse tipo de coisa."

Mais uma vez lembrei a Fred os motivos que me trouxeram a Le Mas des Oliviers, até que finalmente ele relaxou. Me ocorreu, enquanto planejávamos a tarefa, que Fred secretamente gostava daquele questionamento incessante, e que já tinha metido suficientemente o bedelho em tudo para me considerar um estudante sério, um cozinheiro em formação, em meio a toda aquela gente festiva do resort. Essa apreciação transmitiu às minhas mãos uma espécie de avidez, e agarrei uma faca e risquei uma linha sobre a barriga macia do peixe, desde o extremo da cabeça até o rabo, a fim de definir a cavidade antes de fazer a incisão, usando uma tesoura.

"Você deve fazer a incisão a partir da guelra", orientou Fred. "Assim, o interior do peixe se abre. Depois, é só enfiar o dedo lá dentro e vir rasgando tudo, num movimento único."

Ai! Mais uma vez era lembrado dos motivos que me fizeram desistir de seguir medicina. A ideia de apalpar por dentro, às cegas, a barriga daquele Moby Dick era tão atraente quanto fazer uma coloscopia. Tive vontade de dizer que não é assim que os judeus fazem. Mas, sem perder um minuto, enfiei um dedo encurvado naquela cavidade e fui puxando as entranhas repugnantes. Todo o pequeno e inchado sistema gastrintestinal do peixe pulou sobre o balcão.

"Bom", disse Fred, o que me pareceu um elogio estúpido.

"Quem vai fazer os próximos?", perguntei.

Fred balançou a cabeça meio de lado. "Você trabalhou tão bem", respondeu ele, "que pode fazer todo o resto."

Encorajado, imaginei a quietude asséptica de uma sala de operações, e me lancei à tarefa como um cirurgião de primeira linha. Ao contrário da minha experiência de limpar peixe com Bob Ash, desta vez consegui me concentrar. Levou mais ou menos meia hora para limpar todos eles. Depois, recheamos cada um com um ramo de tomilho fresco e talos de alecrim, uma folha de louro e uma boa pitada de sementes de erva-doce e de coentro. Pouco antes de os enrolarmos no papel de jornal, Fred enfiou rodelas de limão em cada cavidade, juntamente com alguns pedaços de alho.

Mais tarde, quando os outros retornaram, tiveram a função de umedecer várias folhas do jornal *Herald Tribune*. Cada peixe foi enrolado numa página, dando-se cinco a seis dobras, e cada vez que se dobrava, molhava-se de novo o papel. Os embrulhos foram colocados em assadeiras e postos no forno a 180°C por cerca de 25 minutos. Quando as folhas de jornal secassem completamente, esse era o sinal de que os peixes estavam prontos.

O robalo foi apresentado numa linda composição feita com batatas fritas em forma de pétalas, um trio colorido de pimentões salteados, folhas de rúcula crespas e um pouco de *coulis* de coentro morno, resumindo: uma interação agradável de sabores e texturas.

Fraternité

O antepasto – uma sopa de couve-flor à moda de Lyon – não chegou a ser propriamente um sucesso, devido à dificuldade em se realizar a guarnição: ovos de codorna *pochés* e pato cortado em fatias. Alguns estudantes mais impetuosos deixaram quebrar as gemas, mas insistiram em continuar o delicado processo. Apesar das advertências de Fred de que aquilo não daria certo, eles insistiram, sujando a água para os demais. Os sentimentos ruins estalavam pela cozinha como descargas elétricas. Era possível sentir o desencanto.

A namorada de Bucky, Marylu, foi uma das primeiras a errar, e quando a gema que estava com ela se espalhou pela água, Bud estalou a língua e arregalou os olhos em sua direção.

"Você está querendo criar algum problema?", rosnou Bucky. Ele não desistia facilmente.

Marylu segurou o pulso dele com sua mão fina: "Segura a onda, chefe."

"Você está na minha mira, cara", disse Bucky, de dedo em riste para Bud.

Os outros olharam em torno, consternados, todos segurando a respiração. Bud nada disse. Achei aquela falta de reação constrangedora, como se ele estivesse abrindo mão de uma iniciativa de negociar a paz.

"Bucky é sempre assim, problemático?", perguntou uma senhora mais velha chamada Jeanie.

Marylu olhou nervosamente na direção de Bucky antes de responder e, quando se certificou de que ele estava distraído, assentiu levemente com a cabeça: "Sempre. Mamãe diz que ele é uma verdadeira criança."

Bem, pensei comigo, ela vai disparar um calibre 500 no sujeito.

Fred conseguiu abrandar a situação abrindo uma garrafa de Entre-Deux-Mers. "Acho que o que precisamos agora é de uma taça de vinho gelado", disse.

Os outros foram saindo, excitados com a perspectiva de novas pirotecnias na piscina. Mantive os olhos em Bucky, que continuava resmungando, agitado.

"Você acha que devíamos ficar entre esses dois?", perguntei a Fred, que assobiava alegremente, limpando a bagunça que tínhamos feito.

Ele me lançou o mais inocente dos sorrisos e disse: "Nós? Não... *não*. Isso sempre acontece no Le Mas. Sempre há dois hóspedes que não se suportam. Normalmente são mulheres, todas rainhas da cozinha. Mas você verá, tudo sempre se resolve. Ainda não perdemos nenhum deles."

Quem sabe dessa vez a sua sorte tivesse ido embora. Fiquei observando o cenário pelas portas da cozinha. Bucky e Bud estavam sentados nas extremidades opostas da mesa de jantar do pátio. Conversavam com seus respectivos aliados. Podia-se ver todo mundo falando sobre a briga e propondo conselhos. De vez em quando, os dois homens se olhavam com evidente hostilidade.

As pessoas se acalmaram um pouco depois que chegou a comida. Até Bud conseguiu dar alguns sorrisos afetuosos, e limpou o molho do seu prato com uma casca de pão. Esvaziou sua taça e falou para sua mulher: "Meu docinho, que tal darmos... um cochilo?"

Na outra ponta da mesa, vi Marylu dar uma cotovelada convincente nas costelas de Bucky. Ele estava bem vigiado, pelo menos no que dizia respeito às palavras.

Enquanto o casal se retirava diante dos muitos olhares de desprezo, Fred e sua equipe chegaram trazendo uma tigela de mousse de chocolate, acompanhada de um amanteigado creme de jasmim. Comemos pouco, mais por educação, mas a atmosfera ali estava pesada demais para uma tarde de verão. Um *sorbet* aromatizado de chá encerraria convenientemente a refeição. Em ocasiões assim, a gente quer sair da mesa sem se sentir grotescamente repleto, mas aquelas aulas haviam sido elaboradas exatamente para nos empanturrar.

De algum modo, como um milagre, repetimos aquilo mais tarde, à noite. Preparamos o jantar de despedida, um cardápio que destacava uma variação da sopa de peixe, torres de legumes e *papillote* de frango com manga, um tal exagero que, no meio do quarto prato, ninguém se sentia com a menor disposição para conversar. De sobremesa, foram servidas tortas de maçã individuais, cercadas por uma nuvem de canela vietnamita, e bem quando todos se inebriavam naquele perfume, chegaram novos pratos com tiramisu, seguidos por pedaços de torta de

Fraternité 261

abobrinha com *coulis* de abóbora. A quantidade de comida chegava a ser obscena.

Eu estava quase com dificuldade de respirar, mas, evidentemente, isso pode ter sido por uma confluência de fatores. De qualquer forma, sabia que seria inútil permanecer ali esperando pelo café. Havia uma atmosfera de tensão na mesa que tendia para a autoflagelação. Seria melhor evitar outra cena desagradável.

"Até amanhã", eu disse, com esperanças de dormir até tarde, ou pelo menos até que todos já houvessem partido. Mal consegui chegar até o quarto antes de passar mal.

Na manhã seguinte, decidi partir para a Itália. Não havia mais nada para aproveitar na França. Isso não quer dizer que já estivesse dominando a sua culinária. Se aprendi alguma coisa, foi que meu conhecimento de *la cuisine*, na melhor das hipóteses, não passava de superficial. Meus instintos não afloraram, em sua maioria, e meus talentos eram brutos e incipientes. Eu me sentia dilacerado, mas tinha conseguido uma porção de receitas fabulosas. E mais importante: todas as experiências na França, mesmo aquelas mais estranhas, haviam alimentado a minha paixão. Durante toda a viagem, percebi que fui mais feliz quando estava engajado na cozinha.

A França, para mim, sempre foi o símbolo da paixão, mas eu estivera em cozinhas demais, sem qualquer pausa para tomar fôlego. Existiam outras escolas de culinária na região que poderiam ter afiado minha concentração, ou pelo menos me proporcionado confiança para experimentar impunemente. Mas não tinha força de vontade para encarar mais um peixe *en papillote*, pelo menos por agora.

Em vez disso, fiz minhas malas e dei um abraço em Fred Rivière antes de deslizar rapidamente dentro de uma van que me conduziu à estação de trens em Nice. Levou muito tempo para descermos as curvas da montanha. Cada quilômetro que se colocava entre mim e aquele pequeno abrigo nos penhascos fazia eu me sentir novamente um ser humano, indo centímetro a centímetro em direção à civilização. Nosso pequeno mundo isolado havia sido esplêndido… até determinado momento. Sempre que 12 ou 14 adultos habitam muito perto um do outro, por qualquer extensão de tempo, inevitavelmente haverá atrito, e Deus sabe que nós fizemos a nossa parte. Claro, toda proximidade alimenta suas próprias crises, como em Jerusalém ou nos New York Yankees. A política presidencial nada ajudou, mas uma porção de acidentes triviais atiçaram o fogo. No final da semana, com os egos ainda em brasa, conquistamos, na melhor das hipóteses, uma paz frágil.

Pensei em toda aquela tensão na cozinha, e na comida decepcionante que resultou do nosso trabalho. Estava claro por que a comida que fazia em casa era marcada pela confusão e a ansiedade. Eu curtia o processo, a criatividade envolvida no preparo de uma refeição deliciosa, mas um estresse imerecido era a manifestação evidente do meu descontentamento. Toda aquela fúria maldirecionada me levou para mais longe do alvo. Pressão, eu sabia, não tem lugar numa cozinha. Esta deve ser quase zen, contemplativa, uma espécie de meditação. Todas aquelas panelas no fogão, no forno, tudo precisa estar sob controle. Não surpreende que os cozinheiros costumem confiar no instinto: gente com boas mãos, sem muito pensamento no meio.

Os melhores cozinheiros que conheci sempre trabalharam com serenidade, sem se deixarem afetar pela pressão do momento. Particularmente, sentiam orgulho pela atividade das suas cozinhas, todas as coisas em seus lugares: os armários organizados como laboratórios de pesquisas, os freezers limpos como joias, mesmo as sobras embrulhadas como se fossem presentes e rotuladas por mãos hábeis e precisas. Cozinhar, para os grandes chefs da França, era uma forma de disciplina: *mises-en-place* adequadas, técnicas adequadas, preparações adequadas. Ordem e controle na cozinha indicavam também que eles eram centrados em outros aspectos da vida.

Fiquei pensando na cozinha lá de casa, com toda aquela desordem orgânica. O espaço era uma verdadeira pista de obstáculos, e eu arremetia e cambaleava por ali feito um táxi na hora do rush. Ficar agressivo num piscar de olhos – como esses taxistazinhos com suas buzinas – parecia um resultado razoável de trabalhar em tal ambiente. E, é claro, explicava por que minhas receitas eram uma série de experiências instáveis. Não é que eu fosse um cozinheiro incompetente, mas sim um homem cuja vida se

Fraternité

assemelhava a uma novela. O Le Mas decaíra num outro episódio selvagem. Era lógico que quanto maior fosse a distância que pusesse entre mim e essas circunstâncias, melhor seria o desempenho da minha culinária.

Fiquei chocado ao constatar que meu relacionamento com Carolyn tivesse sido como um desses fiascos na cozinha: um trabalho cheio de tensão e sem qualquer alegria. Esforço demais, pensamento demais envolvido. Todo mundo vive dizendo que a gente tem de trabalhar um relacionamento, mas isso não devia ser assim tão difícil. Não deveria ser mais como a harmonia uniforme da cozinha do Arpège, e com os mesmos resultados?

Se eu continuasse tentando remendar as coisas com Carolyn, tal como aquela perna de carneiro salgada na casa de Madame, isso poderia ter levado ao mesmo resultado, triste e totalmente esgotado, bom apenas para a lata de lixo. Ou acabaríamos como aquele grupo de pessoas na piscina do Le Mas, de noite, cheios de vidros partidos, caos, desordem.

Havia um enxame de viajantes na *gare* de Nice. Os sábados eram impossíveis, quando a maioria das pessoas em férias transitava por ali, e a multidão varria as plataformas em alta velocidade. Algumas pessoas ali pareciam correr atrás das suas vidas. Antes de embarcar, fiquei quase meia hora do lado de fora, na calçada, tentando distinguir o Le Mas nas montanhas longínquas.

Num vagão do final do trem, recostei a cabeça na almofada e fiquei bebendo água de uma garrafa enquanto observava os banhistas estenderem suas toalhas pelas areias da Riviera. Quando atravessamos a fronteira para a Itália, em San Remo, me senti renascer de alguma maneira, embora ainda me perseguissem certas dores familiares. Ainda queria muito aprender um ou dois tipos de *pâté en croûte*, e a técnica para uma charlote de morangos... *rilletes* de carne de porco... *truite au bleu*... profiteroles... Estava em vias de trocar a manteiga, o creme e as echalotas por tomate, alho e azeite de oliva. Uma troca de molhos: era exatamente disso que precisava.

7. A torre dos guelfos

Vistos da janela do trem, saindo de Florença, os campos italianos eram uma sucessão de cidadezinhas de pedras vermelhas, estradas precárias e vinhedos entrelaçados muito próximos uns dos outros, todos com pinceladas de tintas em tons de laranja e mostarda, e mais todo o espectro dos verdes. Mark Twain captou a coisa com exatidão: segundo ele, o Criador fez a Itália a partir dos desenhos de Michelangelo. Felizmente, os arquitetos inovadores não deixaram suas marcas nesta parte do mundo. Seria uma lástima viajar pela Toscana, a mais charmosa de todas as regiões da Itália, vendo na paisagem as formas desenhadas por Calatrava.

Vou me lembrar sempre da impressão misteriosa e intensa que tive ao caminhar pela *piazza* em Figline Valdarno carregando minhas malas. A tarde de domingo estava gloriosa, mais ou menos uma hora antes do anoitecer, e os habitantes haviam se reunido ali, creio eu, para liberar a explosão final de energias do fim de semana. A praça do século XII parecia um estúdio estilizado de cinema. Raios de uma luz fantasmagórica cortavam-na de um lado a outro, tocando as superfícies a intervalos irregulares. Havia, claro, as pedras arredondadas de sempre, um mosaico a se repetir em forma de leque, cercado de *palazzos* e de vestíbulos ancestrais, cujas paredes e arcos, irregulares e rachados, lembravam uma fortaleza medieval. Uma turma de uns cinco jovens jogava futebol diante da igreja de San Francesco, provocando reclamações de uma mulher que vendia flores na porta. Os pombos gingavam prudentemente pelos limites da praça. Do lado de fora de um bar sem nome, homens idosos, de caras contraídas, ocupavam duas mesas e bebiam algo suficientemente forte para intensificar uma discussão começada há meio século, enquanto suas mulheres se debruçavam no peitoril das janelas para vigiá-los, de vez em quando gritando ultimatos.

Eu chegara à praça vindo dos arredores do austero teatro Bonaparte, atravessando a *passeggiata* de errantes que seguiam ao longo das fachadas

A torre dos guelfos

265

enegrecidas. A multidão se compunha de muitos casais jovens e belos. Os homens vestiam camisas justas de linho, com suéteres lançados ao ombro, e usavam óculos escuros grandes como turbinas. Eu, com meu casaco todo amarrotado e calças jeans, era o próprio peixe fora d'água.

Estava muito quente e abafado no trem – nada parecido com os vagões da Eurostar que servem as principais rotas – e a caminhada desde a estação parecia não ter fim. Perdera pelo menos um quarto de líquido, a maior parte me escorrendo pelo pescoço como um afluente do Arno. Caminhei adiante, passei pelo Palazzo Pretorio, edifício que me lembrou a casa do duque em *Rigoletto*. Havia, em alguma parte, oculto pelas sombras, um restaurante que precisava encontrar. A informação do meu roteiro era lacônica: "Procurar pelo restaurante Torre Guelfa, numa das extremidades da *piazza*."

O nome – torre dos guelfos – provinha de uma página da história local. Em meados do século XIV, a cidade fazia parte da República Florentina, que foi envolvida nas hostilidades entre duas facções políticas guerreiras: os guelfos, leais ao papado, e os guibelinos, que apoiavam o imperador. Era Florença *versus* Roma, competindo por um acesso ao mar, com locais como Figline Valdarno apanhados no fogo cruzado. Dessa forma Figline, conhecida como "o celeiro de Florença" devido à grande abundância agrícola, aliou-se às cidades dos guelfos nas disputas, que perduraram por gerações.

Parecia uma brincadeira homenagear os guelfos, algo assim como chamar de Fortaleza dos Godos a um restaurantezinho de massas em Nova York. Talvez fosse para evitar partidários com recordações muito antigas. De qualquer modo, o restaurante Torre Guelfa estava enfiado naquela praça como uma churrascaria num shopping. Parecia bastante modesto visto da praça, nada mais que uma entrada escura e inexpressiva, sombreada por uma arcada. Mas, uma vez transposto o vestíbulo, não havia dúvidas quanto à sua autenticidade. Era possível sentir ali a indiscutível presença da santíssima trindade do alho, da cebola e do azeite de oliva. As paredes estavam impregnadas desses odores. Eles também estavam nas madeiras e nas cortinas. Fazia semanas, talvez meses, que eu saboreara aquele aroma. Fechei os olhos e o aspirei, como um viciado em drogas.

Sem dúvida, aquilo foi um verdadeiro agente catalisador, desencadeando lembranças de um exagero de comida italiana que iam desde o *spaghetti* e as almôndegas grandes como bolas de críquete, servidos em minha cidade natal, nos restaurantezinhos caseiros da Mulberry Street, em Nova York, até os cardápios transcendentes de Lidia Bastianich e Mario Batali. Quantos *saltimbocca* já havia devorado? Perdera a conta muitos anos atrás. E o meu persistente vício em *risotto*? Alguém já se recuperou disso? A ideia de um molho borbulhante à bolonhesa me enchia a boca de água. Um pedaço de pizza bem tostado... *Deus do céu!* Ninguém tinha pena? Depois de tantas semanas absorvido pela comida francesa, a passagem suave para a italiana era irresistível.

A comida toscana, especialmente, foi um presente para o meu paladar. Como meu amigo Fred Plotkin observou em seu grande *Italy for the Gourmet Traveler*, "a comida toscana corresponde à nossa ideia de se comer bem"... *crostini, minestrone, ragùs, tortelloni, pici, pappardelle*, carne de javali – *cinghiale!* – *bistecca alla fiorentina*, feijão branco e azeites de oliva aromáticos. Cinco ou seis pratos a cada refeição... Conte comigo, *baby!* Eu não conseguia me conter.

Levei algum tempo até localizar o chef, um homem esbelto e alerta, com aquele sorriso incessante de apresentador de televisão. O inglês de Claudio Piantini parecia saído de algum documentário americano, uma cantilena suave cheia de vogais que me faziam cócegas nos ouvidos, a não ser pelo fato de que meu nome soava como *Boob*. Sabrina, sua irmã, fez as apresentações naquele choque de duas línguas, antes de irromper num cri-cri italiano que se prolongou por vários minutos, sem pausa ou pontuação – pelo menos assim me pareceu. Claudio concordava com a cabeça de vez em quando, e sorria cheio de paciência, mas pude notar que se desligou passados mais ou menos dois minutos, exclamando ocasionalmente um *si*, só para tranquilizá-la. No fim, ela cruzou os braços e inclinou a cabeça em minha direção, mostrando que Claudio iria traduzir.

A torre dos guelfos 267

"É, bem... a minha irmã deseja lembrar que temos dois outros grupos de americanos cozinhando aqui hoje. Amanhã você ficará numa turma pequena, e vamos aprender umas boas receitas. Eu mesmo vou ensinar. Esta noite jantará aqui no salão com a turma grande: são 25 mulheres." Os olhos dele faiscaram maliciosamente. "Você vai ser – como é que se diz? – 'bendito o fruto'."

Obviamente, ele não estava familiarizado com as minhas credenciais. As mulheres eram na maioria moças exuberantes do interior, artistas amadoras, pelo que pude compreender, que estavam em algum tipo de retiro para desenhar paisagens, e cujo interesse por mim variava de gelado a hostil.

"Nós formamos um grupo muito unido", informou uma delas, me olhando ameaçadoramente quando sentei numa das extremidades de uma mesa comprida de refeitório. E foram essas as últimas seis palavras que alguém trocou comigo naquela noite.

Durante todo o jantar, fui o próprio homem invisível, alguém que não fora convidado, um penetra. A princípio, fiquei aborrecido por me tratarem de forma tão rude, mas depois que a comida começou a vir da cozinha, qualquer sentimento de ofensa deixou de me preocupar. A variedade de pratos colocados à nossa frente era extraordinária: uma travessa de *antipasto* afundada ao peso de frescos salames defumados; gordos e suculentos *gnocchi*, cobertos por uma grossa camada de manteiga marrom com sálvia; *pici* enrolados à mão, servidos *al funghi porcini*; carne marinada em alho, alecrim e zimbro; batatas assadas salpicadas com salsinha e embebidas num azeite aromático local, considerado um dos melhores da Toscana.

Claudio tinha tanto talento quanto se dizia, um verdadeiro artista, porém daquela forma honesta e despretensiosa, desprovida de glamour culinário. Era uma comida vigorosa, daquele tipo que exalta as carnes grelhadas, sopas que pedem garfo e faca, receitas antigas de família e vinhos caseiros fabricados no quintal. Um dos pratos, um preparado que ele chamava de *francizina*, parecia uma versão toscana do sanduíche de carne moída.

"O que você acha que é isso?", perguntou uma mulher do Alasca à sua amiga, segurando uma pequena tigela com pedaços de queijo branco em forma de meia-lua.

"É *pecorino* com uvas e mel", eu disse, embora evidentemente meu inglês fosse um dialeto que ela não compreendia. Ao ver que nenhuma resposta se formava, acrescentei: "Queijo de leite fresco de cabra. É realmente delicioso."

Era uma pena, mas nada que eu dissesse iria dissolver aquela armadura glacial. Parecia sem sentido continuar ali para um último drinque com aquela gente, por isso pulei a sobremesa e a grappa e fui pra cama mais cedo.

As acomodações para a escola de culinária se situavam a uma pequena distância do restaurante: um tipo de pousada burguesa que ficava na propriedade da mãe de Claudio Piantini. Quando cheguei lá, já caía a noite, selada numa escuridão fantástica. Mas quando acordei, antes da madrugada, graças a um galo excessivamente zeloso, a percepção que tive foi de que aquele meu paradeiro parecia refletir um calor espiritual.

Abri as cortinas e fiquei olhando a iluminada paisagem toscana. De algum modo, viera cair no coração das montanhas Chianti. O chalé era cercado por extensões planas de vinhedos, com seu horizonte evanescente, iluminado, em dias claros como aquele, por uma faixa de oliveiras prateadas. No céu rajado, um avião a jato deixava seu rastro. À parte o fato óbvio de que Claudio cultivava aquela terra para abastecer o restaurante, vale a pena notar a influência que tudo aquilo tinha sobre a sua comida. Saí para o jardim. Havia canteiros plantados com funcho selvagem e sálvia, com que ele podia saturar seus pratos de aromas pungentes de terra, repolho roxo para a *ribollita*, uma espécie de rúcula ardida que nos faz semicerrar os olhos, e o tipo de tomate mais feio que já vi em toda a vida – atarracado, enrugado, com dobras que lembravam lábios injetados de botox –, chamado *florentino*. Mais tarde, naquela manhã, quando Claudio se juntou a mim, eu quis saber a diferença entre aqueles tomates e as outras variedades italianas, ao que ele respondeu: "Os tomates *San Marzano* e *Roma* são compridos, e servem para ser enlatados. Mas o *florentino* é para fazer molho fresco." Partiu um deles ao meio com o polegar e colocou debaixo do meu nariz. "Veja…", disse ele, rindo da minha reação. Eu recuei, com olhar cético, tentando descobrir o segredo.

A torre dos guelfos

O aroma da polpa fazia pensar em ervas, especialmente orégano e man-jericão, de modo que seu cheiro era mais o de um molho temperado que o de tomate.

Junto ao jardim havia um bosque de figueiras, e por trás dele outro denso conjunto de oliveiras, com os galhos recurvados ao peso das frutas maduras. "Este ano está sendo muito bom", disse Claudio, que estava encantado com a safra. "Vou ter 800 litros de azeite."

Definitivamente ele iria precisar muito daquilo: a cozinha do Torre Guelfa, como mais tarde concluí, devia ter algum acordo comercial com a Opep, pois ali os cozinheiros consumiam mais óleo do que toda uma frota de sedentas caminhonetes.

No limite do jardim, onde uma faixa estreita de cascalho separava a pastagem da casa principal, estava uma motocicleta, o motor ligado como se preparado para sair a toda, com a roda dianteira erguida. Quem mano-brava o guidom com impaciência era uma velhinha enrugada.

"Minha mãe", informou Claudio, acentuando aquele absurdo com um encolher de ombros.

A mão que ela me estendeu parecia mumificada, gelada como pedra. *"Piacere"*, disse, antes de dar início a uma cantilena em italiano, *prestissimo*, o que forçou o aparecimento de um sorriso nos lábios de Claudio.

"Si, Mama, si", repetia sem poder fazer nada durante toda aquela ladai-nha da mãe. Quando o seu último *si* obteve um radical assentimento, a mulher baixou a cabeça, acelerou e nos deixou engolindo poeira, envoltos pela nuvem de fumaça que saiu do cano de descarga.

"Imagino que deva cozinhar tão bem quanto dirige aquela moto", disse, esfregando o suéter com as mãos. "Foi ela quem ensinou tudo o que você sabe?"

Claudio balançou a cabeça com veemência. "Não, não. É uma co-zinheira *muito boa*, mas o tipo de comida que ela faz é a mesma que os italianos comem em casa. Eu queria alguma coisa mais especial, por isso fui para uma escola em Florença e depois trabalhei 15 anos em cinco res-taurantes diferentes. A minha comida também é simples, porém é simples *à la mode.*"

Pouco antes do meio-dia, quando seguimos para o Torre Guelfa, e depois de Claudio folhear o livro de pedidos, houve tempo para uma demonstração culinária informal. Os alunos se comprimiram nos fundos da diminuta cozinha, num anexo construído com aconchego. Sobre um balcão de aço inoxidável estavam separadas cebolas roxas, como se fosse uma exposição de novas bolas de beisebol. Os dois casais que estavam comigo eram de Kansas City. Tive a impressão de que eram amigos há muito tempo, mas depois vi que só os maridos se conheciam: ambos eram vendedores ambulantes de produtos farmacêuticos, que tinham ganhado a viagem à Itália como parte de um programa de incentivo da corporação. Nem Todd nem Scott jamais haviam passado sequer um minuto numa cozinha antes de partirem para a Itália, a menos que aqueles grandes bifes chiando na grelha fossem considerados *cuisine généreuse*, e ambos estavam decididos a passar por uma revolução. Claudio gostou do entusiasmo deles, porém os mantinha longe do fogão.

"Faremos a preparação aqui", disse ele, jogando umas batatas sobre o balcão, "e depois vou cozinhar o que vocês pepararam, para servir no almoço".

As mulheres se lamentaram, com ar sombrio.

"Passei metade de um dia raspando umas seis panelas queimadas da última vez em que o Scott fez alguma coisa", disse a esposa dele, uma loura bonita, com uma constelação de sardas na região do nariz.

"Você me disse que tinha gostado", protestou ele, desempenhando o seu papel.

"Eu digo que gosto de muita coisa, meu docinho, mas é só pra animar você."

Todd pegou um pouco de farinha numa xícara e jogou no amigo.

"Uh! Isso foi muito bom: *meu docinho*", murmurou ele, provocante.

Claudio acompanhava a brincadeira com um sorriso confuso. "Muito bem. Agora vamos fazer um pouco de *gnocchi*, e depois *braciole alla Livornese*."

O *gnocchi*, como eu iria constatar, equivalia à omelete nas escolas de culinária francesas. Ninguém transpunha a porta de uma *trattoria* sem antes aprender aquela técnica. Era onipresente nas mesas toscanas, servido *primi* – como primeiro prato – em lugar das massas ou do risoto, ou acompanhando o prato principal, no lugar de batatas, embora em muitas refeições os dois fossem incluídos. A receita tradicional, implantada desde o começo, não passava de uma mistura mole de batatas amassadas, farinha, gema de ovo e, ocasionalmente, queijo parmesão. Os chefs americanos tenderam a misturar também ricota, o que por lá era visto com um entusiasmo quase tão grande quanto o beisebol. Em todo caso, a fórmula definitiva era a seguinte: três partes de batatas amassadas, uma parte de farinha, uma parte de gema de ovo. A massa era cortada em pedaços do tamanho de balas de caramelo e servida ou com manteiga cremosa e sálvia, ou em molho de tomates frescos.

Pelo que eu sabia sobre *gnocchi*, principalmente por meio da prática, existiam duas variedades básicas prevalecendo por toda a Itália: os bolinhos macios e densamente temperados que quase derretiam na boca e os que constam de listas de armas restritas, logo abaixo do verbete para balas dum-dum. Não havia meio-termo. O segredo, segundo Claudio, era escolher batatas com polpa branca, em vez das amarelas, que tinham amido demais e invariavelmente acabavam virando papa. Preparado de forma adequada, ou seja, sem se tentar melhorar a receita, dificilmente o *gnocchi* não ficará bom, e é muito fácil de fazer.

GNOCCHI

700g de batatas inglesas, com a casca
sal para a água fervendo
250g de farinha de sêmola
1 gema de ovo
queijo parmesão ralado
azeite de oliva extravirgem

Ferva as batatas em bastante água com sal. Quando amolecerem, mas não demais, retire-as da panela, e depois descasque quando estiverem frias o suficiente para se pegar com a mão. Amasse-as em seguida.

Numa tigela, pese a quantidade de batatas amassadas, para servirem como base para a fórmula, depois acrescente o equivalente a ⅓ dessa quantidade em farinha, mais a gema de ovo. Misture bem, adicionando queijo parmesão a gosto (cerca de ¼ de xícara, ou mais), e um pouco de sal para dar sabor à mistura, sem exagerar.

Nesse meio-tempo, ferva água bem salgada em fogo alto, numa panela grande.

Faça uma massa com a mistura de batata e farinha. A massa deve estar macia, suave e ligeiramente rija. Sobre uma superfície polvilhada com farinha, enrole com as mãos "cobrinhas" de *gnocchi* com aproximadamente 1,5cm de diâmetro. Polvilhe com farinha, para evitar que grudem. Corte em segmentos de 1,5cm e role cada um sobre a ponta de um garfo, apertando levemente no centro com o dedo, para reter o molho.

Cozinhe o *gnocchi* na água salgada fervente. Eles estarão prontos quando subirem à superfície, passados cerca de 2 a 3 minutos. Retire com uma escumadeira, transfira para uma tigela e passe um pouco de azeite de oliva para que não grudem uns nos outros, até ficarem prontos para receber o molho. Reserve ¼ de xícara da água, se desejar fazer o molho.

Serve 4 pessoas.

Como toda cozinha toscana parece ter molho de tomates frescos fervendo no fogão, vale a pena colocar um pouco sobre uma tigela de *gnocchi*. Um pouco de *pesto* por cima também não é nada mal. Se for para escolher, pessoalmente prefiro o molho de manteiga de sálvia, que é mais cremoso e delicado, e igualmente fácil de preparar.

A torre dos guelfos

MOLHO DE MANTEIGA DE SÁLVIA

3 colheres de sopa de manteiga sem sal
3 ou 4 ramos de sálvia, picados
¼ de xícara da água quente do *gnocchi*
sal e pimenta-branca a gosto

Derreta a manteiga numa frigideira muito quente, e então acrescente a sálvia. Junte bastante água para impedir a manteiga de queimar. Mexa até ficar cremosa, temperando com sal e pimenta.

Coloque o *gnocchi* na frigideira. Mexa, cobrindo-o bem com o molho, e apenas o suficiente para reaquecer. Sirva.

Durante a preparação, Scott e Todd ficaram zanzando pela cozinha, enquanto as esposas se punham de lado, bebendo vinho e tomando notas. Os olhares dos homens revelavam uma história bastante promissora.

"Experimente o meu *gnocchi*", disse Todd para mim com um largo sorriso, enfiando uma colher na minha boca e soltando uma gargalhada diante da minha reação.

Scott estava igualmente entusiasmado: "Docinho, as crianças vão adorar isso, não é mesmo?"

"Não sei", objetou sua mulher. "A gente tem quatro, você sabe. É possível que nem todos aprovem."

Nós três explodimos numa produção em massa daqueles bolinhos de batata, como numa linha de montagem. Fazer *gnocchi* numa cozinha italiana era uma gratificação imediata para um americano a se debater numa cozinha regional autêntica. Não havia nada demais naquilo, nenhum artifício, e tampouco o *gnocchi* exigia uma preparação muito complicada, ao contrário de tantas receitas francesas que eu vira. A gente arregaça as mangas, suja as mãos, coloca o seu toque pessoal na decoração de cada peça. Uma vez cozidas as batatas, o processo todo leva dez minutos, do início ao fim, mais ou menos o tempo que se leva para preparar um pacote de macarrão com queijo da Kraft. Já havia tentado algumas vezes fazer *gnocchi* lá em casa, obtendo, no final, ou uma borracha ou uma papa. Mas a fórmula de Claudio era infalível, sinal de que a facilidade relativa da cozinha italiana poderia operar maravilhas na minha confiança culinária.

Os dois vendedores de remédios estavam maravilhados com a experiência de se verem fazendo algo que antes desconheciam, e com um sabor melhor do que jamais haviam provado num restaurante. Retrospectivamente, isso poderia parecer uma condescendência, mas para muitos americanos – principalmente homens que dispõem de pouco tempo diante de um fogão – fazer uma receita mais elaborada, ou seja, algo mais do que simplesmente pôr sal num bife, era uma revelação. O estímulo de poderem cozinhar por si mesmos era considerável. Todd estava se divertindo muito: à última cobrinha de *gnocchi* ele deu a forma de um pênis enorme, e fizeram uma foto dele enfiando-o pela boca da esposa. Ao ver que Claudio o observava, ele o retirou depressa, deixando ver marcas horríveis de dentes na ponta. Mas a risada do chef desfez qualquer constrangimento.

Conseguimos fazer o *braciole*, a tradicional preparação italiana do bife à rolê, de lagarto ou fraldinha, cortado fininho e batido antes de refogar ligeiramente, com um molho opcional. Durante anos provara diversas versões dessa receita, cada qual um testemunho da fama da cozinha rústica, e sabia que as melhores eram muito simples: sem confusão, sem afetações. Nada de querer embelezar o que é impossível de embelezar. Quanto à rusticidade, Claudio não nos desapontou. Tudo naquela receita, inclusive os ingredientes, era o mais básico possível. Posso assegurar que ninguém a havia alterado desde que os guelfos jogaram pela primeira vez um novilho de *Val di Chiana* na caçarola. A incredulidade em meu rosto deve ter ficado muito aparente, pois Claudio me fitou com um olhar incisivo.

"O que é que você vem fazendo, desde que chegou à Europa?", perguntou, num tom sugerindo que talvez eu estivesse a sequestrar crianças.

Talvez um tanto presumidamente, e irritado, fui mencionando os lugares da França onde estivera cozinhando.

"Ah, a França...", disse ele. "A diferença entre a nossa comida e... *a deles*... é que na França, os molhos e a apresentação são muito importantes.

A torre dos guelfos 275

Mas a cozinha italiana é como uma cozinha pobre. Usamos todos os principais ingredientes da comida caseira: sem creme, sem manteiga, apenas tomate, alho, cebola e azeite de oliva."

É claro que esse argumento tinha outro lado, ou seja, tudo dependia da casa onde se estivesse cozinhando, para nem mencionar todas aquelas pastas e molhos suculentos. Mas eu entendi o ponto de vista de Claudio. A essência da comida toscana é a sua simplicidade. Nada de preciosismos, de explorações complicadas de textura e sabor. Grande parte dela, de fato, é instintiva. As receitas são simplesmente protótipos para orientar o cozinheiro no processo, dando margem a muito capricho e imaginação.

A simplicidade era a norma ali, na cozinha do Torre Guelfa, embora o toque e o sentimento de Claudio fossem instintos realmente ancestrais. A maioria das receitas tinha sido entregue a ele por parentes: a mãe, naturalmente, porém ela era a última de uma lista que remontava até o Renascimento. "É este o tipo de comida que os italianos comem nas suas casas", disse ele, "mas com um certo toque especial, o *meu* toque".

Isso não queria sugerir que ele fosse alguma estrela local. A maior parte dos toscanos, informou ele, dificilmente come fora, numa *trattoria* ou restaurante. Na verdade, em Figline Valdarno havia apenas cinco restaurantes, para os seus 22 mil habitantes. E eles existiam somente para o comércio e os eventos especiais. "Em Figline, todo mundo cozinha e come em casa."

Até certo ponto, Claudio fazia os seus *braciole* para italianos que não esperavam nada mais complicado que o que eles próprios faziam em casa. "É isso que faço, quando estou com fome", disse ele, rompendo a tampa de outra garrafa de azeite. Sem dar qualquer explicação, derramou na frigideira uma quantidade extraordinária. Todd soltou um assobio de admiração, com um sorriso contraído, perguntando-se em voz alta se a companhia onde trabalhava teria algum remédio para combater os efeitos daquilo.

"O senhor não poderia usar óleo de canola?", perguntou sua esposa.

Havia quase três centímetros de azeite dentro da panela, uma xícara cheia pelo menos, e levou certo tempo para alcançar a temperatura certa, a ponto de fazer fumaça. Enquanto o óleo aquecia, Claudio descascou duas batatas e as fatiou no sentido do comprimento, cada uma com aproximadamente 5mm de espessura, fritando-as no azeite junto a quatro cabeças de alho picado. Levou 10 a 15 minutos para elas começarem a dourar. Quando as batatas criaram uma bela crosta, ele surgiu com cinco bifes da mesma grossura, fazendo cortes nas pontas com a faca, para que não se enrolassem durante a fritura. Lançou tudo na mesma panela, deixando que perdessem a cor crua antes de acrescentar duas xícaras de tomates, tanto em lata quanto amassados à mão, um jato de sal, alguns grãos de pimenta e uma ou duas colheres de sopa de um alho muito forte, cortado.

"Deixe ferver por três minutos, e depois sirva", disse ele.

"*Voilà!*", exclamei, quando ele tirou a panela do fogão.

Sem me avisar, Claudio girou para o meu lado, quase derramando azeite quente no meu suéter. Ele sacudiu a cabeça com veemência exagerada. "*Voilà*, não! Não aqui, no Torre Guelfa", disse, me fuzilando com os olhos.

Um tanto sensível em relação aos vizinhos franceses, pensei comigo. E decidi não cumprimentá-lo pelas batatas do *braciole*, fritas de maneira fora do padrão.

O prato, por causa da presença dos tomates, requeria muito sal, mas os temperos se combinavam numa espécie de exuberância agressiva. Também recebia um impulso inesperado do amido com sabor de nozes liberado pelas batatas e a carne frita, o que mais tarde aperfeiçoei usando costeletas, que são mais gordurosas.

"Esse é um dos pratos que valem por si só como uma refeição, como Martha Stewart valoriza", disse a mulher de Scott, enquanto mais uma vez conferia os ingredientes na receita do marido.

Nosso almoço foi servido na principal sala de jantar do restaurante, um aposento espaçoso em forma de L, cujas paredes tinham sido pintadas de um tom alaranjado lembrando torradas, e que a gente vê por toda parte na Toscana. As mesas eram grandes e redondas, cobertas por toalhas de linho, e os pratos arrumados com tanta precisão que pareciam separados

A torre dos guelfos

277

milimetricamente. Numa alcova aos fundos, parcialmente encoberta por uma cortina puída cor de ameixa, meia dúzia de garçons compartilhava o almoço dos empregados, cujo aspecto e importância eram de um verdadeiro banquete, em que passavam travessas cheias de massas, carnes grelhadas, legumes cozidos, tudo acompanhado por garrafas de vinho tinto. Ocupamos nossos lugares numa mesa ao longo da parede mais próxima da mesa da recepção. Ainda faltava uma hora para o serviço do almoço, e as nossas conversas altamente animadas ecoavam pelo restaurante vazio. Os dois vendedores de remédios estavam excitadíssimos.

"Como o que tiver", explicou Scott. "Na realidade, nunca dei muita importância ao que punha na boca." A profissão, a família: eram essas suas prioridades. Comida não passava de combustível, algo só para encher barriga. "Se alguém me dissesse que um dia iria produzir uma comida como esta, responderia com um palavrão."

Resolvi manter em segredo minha aventura com o suflê de morangos.

Tanto Scott quanto Todd se sentiam mais à vontade comendo em restaurantes caseiros, onde as atrações da noite eram de uma familiaridade confortável. Ambos tiveram poucas oportunidades para experimentar uma comida étnica. Seus roteiros de vendas giravam em torno do Kansas, e para o sul, pela faixa do Texas, e todos os meses eles percorriam quilômetros em seus automóveis.

"Basicamente, ficamos o dia inteiro na estrada", explicou Todd, "sempre sozinhos. É uma bênção ter apenas o rádio conosco. Realmente não presto muita atenção, mas é legal ter todas aquelas vozes ao redor, nos percursos mais longos. Quando chega a hora de comer, na maioria das vezes sobrevivo só de carne. Essa coisa de *gnocchi* está um pouco fora do meu alcance."

Compreendia perfeitamente o que ele estava dizendo. Minha formação na Pensilvânia não fora muito diferente. Tive muito pouco contato com a comida, a não ser o mais básico do básico. Uma alcachofra, ou mesmo uma berinjela me deixariam impressionado, quanto mais uma coisa tão difícil de pronunciar quanto esses *gnocchi*, que nunca transitavam pelos meus pratos. Havia um restaurantezinho cantonês que servia o que imaginamos ser uma comida exótica, como *chop suey* e costeletas grudentas e adocicadas. Um restaurante para as ocasiões especiais, o Chat-A-While, cujo dono se chamava Nick, oferecia bifes, costeletas e uma intrépida vitela à *parmigiana*. (Era famosa a salada grega do Nick, com alface-americana e molho doce à base de vinagre.)

Não é fácil para ninguém oriundo do interior americano, ou seja, de qualquer lugar distante dos centros culturais mais importantes, decifrar os mistérios da *cuisine*. O que será que nos desperta a curiosidade, que nos força a levar os limites do sabor até paragens desconhecidas? Para mim, foi fácil: a mudança para Nova York me lançou no epicentro da gastronomia. Os amigos que fiz lá falavam sobre comida do jeito que eu falava sobre música e esporte. Eram consumidos pela comida, e viviam exclusivamente entre uma refeição e outra. Toda a cidade era prisioneira da comida. Era o seu estilo de vida. Assumi, agradecido, a importância de possuir um paladar independente. Hoje, existem mais lugares interessantes para se comer por todo o país. Mas para Todd e Scott, as opções eram mesmo sombrias.

"Tem tanta coisa pra gente aprender", comentou Scott, com uma nota de leviandade destacando-se na voz. Relanceou os olhos para a esposa, que devorava languidamente um pedaço de *focaccia* aromatizada com alecrim, depois de mergulhá-lo numa poça de azeite de oliva, o que fez a sua boca brilhar, evocando algo primitivo.

"Sem dúvida, aprenda tudo que puder, para satisfazer seu coração", disse ela. "Nada me deixaria mais feliz. A cozinha é toda sua."

A mulher de Todd riu, exibindo dentes perfeitos: "O mesmo digo eu, meu docinho. Fico feliz em me aposentar, de agora em diante."

Imaginei se elas teriam percebido o ardor nos olhos dos maridos, a avidez na voz deles. Uma porta se abrira. Eles tinham descoberto algo sobre si próprios, algo que nunca souberam que estava lá. Todos aqueles anos, eles tinham vivido sem a sua presença. Dali em diante, não haveria mais volta.

Depois do almoço, Claudio nos orientou em algumas outras receitas, inclusive na *pasta carbonara* e na preparação do *ragù* de pato. Os diferentes

A torre dos guelfos

níveis de experiência, ali na cozinha, estavam deixando o chef frustrado. Era claro que Todd e Scott exigiam mais sua atenção, e por isso pedi desculpas e fui passear pela cidade. Quando retornei, pouco tempo depois, os homens de Kansas City mal podiam conter a excitação. Tinham produzido um tipo de massa caseira, uma sopa cremosa de abobrinha, carne assada de porco recheada e uma tigela cheia de *cipolline* marinadas.

Eram como dois drogados se encontrando. Ambos estavam com o mesmo tipo de energia efervescente, por terem produzido uma comida de alta qualidade, e eu me pus de lado, invejando a descoberta deles.

"Vocês precisavam ir à França", falei. "Nunca mais iam pensar em comida do mesmo jeito que antes."

Scott deu um sorriso cético: "Já estou no céu, cara."

"Não, não, você não está entendendo. Simplesmente, está do lado de fora dos portões. Existe um trem-bala para a Terra Prometida, e as suas ruas são pavimentadas com *béchamel*."

"Isso é muito extravagante para o meu gosto."

Por enquanto, ele e Todd pareciam satisfeitos em permanecer nos assados e nos molhos econômicos – a medula da cozinha italiana – que são a essência da simplicidade. Por enquanto. Mas eu estava convencido de que a curiosidade os venceria. Não é difícil adaptar o paladar de alguém às massas, mesmo ao *braciole*. De muitas formas, o espaguete e o bife cortado fino já fazem parte da cozinha americana. Preparar uma mousse, um aspic, um suflê ou um *crème anglaise*, até mesmo uma *blanquette* de frango, exige uma boa quantidade de trabalho que, na superfície, pode intimidar um cozinheiro iniciante. Termos como *deglaçar, branquear* e *caramelizar* chocam um novato da mesma forma que *dividir, decimalizar* e *inferir* me fazem até ficar vesgo. Mas uma tentadora tigela de *gnocchi* quase sempre leva à descoberta de outras *cuisines*. Eu conhecera Scott seis meses antes de ele fazer algum fricassê, ou reduzir um molho até ficar espesso e reluzente.

Uma hora depois do almoço, durante uma pequena pausa reservada para um mergulho, voltei ao Torre Guelfa para dar um telefonema. Todos já tinham voltado para a pousada, presumivelmente para cair na piscina. O restaurante estava deserto, com exceção da lavadora de pratos, enfrentando uma pilha de panelas imundas. Não sei direito por que fiquei perambulando pelo salão, mas nos minutos seguintes vasculhei os armários onde se guardavam os vinhos locais, as toalhas, os talheres e o livro de hóspedes. Uma cortina separava uma sala aos fundos, onde antes eu vira os garçons almoçando. Resolvi seguir adiante com a exploração quando um ruído muito fraco me fez parar. Delicadamente, puxei um pouco a cortina e vi Todd. Estava sentado junto a uma janela, os pés apoiados no peitoril e um livro de culinária no colo. Por um instante, achei que estivesse dormindo. O sol batia no seu rosto, o corpo estava imóvel. Afinal, sorriu por algum motivo, apanhou um lápis e tomou algumas notas.

Saí dali sem interrompê-lo, tendo certeza de uma coisa: cedo ou tarde, ele iria fazer aquela viagem à França.

Num outro dia, Claudio organizou um laboratório culinário, na cozinha de testes da pousada, um aposento espaçoso abaixo de um bangalô junto dos vinhedos. Apesar da terrível falta de ventilação, havia dois fogões enormes de restaurante em plena atividade, com espaço suficiente para aterrissar um jato F-16. Pequenos conjuntos de utensílios estavam colocados a distâncias regulares, para que os alunos pudessem trabalhar de forma organizada. Mesmo assim, o local parecia desnecessariamente confinado. Contei rapidamente os pacotes, chegando a 14. Foi quando as portas se abriram e os alunos entraram em fila. A turma já era minha conhecida: eram aquelas alunas de arte, com quem jantara uns dias antes. E podia adivinhar, pelos seus olhares, que estavam todas tão felizes ao me ver quanto eu ao vê-las. Como já entendera no restaurante, nenhuma delas costumava medir as palavras.

"Quem foi que convidou você?", perguntou uma delas, com uma camisetinha sem manga indecente de tão justa, que estampava a palavra suculenta em torno de um grande decote.

Desviei o olhar. "Estou com a turma", respondi, me posicionando ao lado do chef em busca de cobertura.

A torre dos guelfos

"Talvez seja melhor você apenas observar", sugeriu Claudio, me resgatando com seu olhar experiente. "Hoje à noite, venha ao Torre Guelfa... vamos cozinhar juntos lá."

Fiquei ali por alguns minutos, na esperança de apanhar algumas dicas, mas a turma era grande demais, difícil de controlar. Havia muita brincadeira. Claudio atuava como um verdadeiro *padrone*, firme e imperturbável, apesar da situação. Pode ser que seu inglês fraco o escudasse de todas aquelas diabruras. Talvez estivesse apenas se adaptando às pessoas. Difícil dizer. Na minha breve passagem por ali, posso garantir que o cardápio que ele estava preparando era de primeira. Alguns alunos que prestavam atenção e tomavam notas sairiam dali com seis receitas magníficas para um belo e longo jantar. Mas a maior parte não demonstrava o menor interesse por cozinha. Todos poderiam ter comida italiana à vontade quando voltassem para casa: rodízio de camarões no Olive Garden a $11,99.

Preferi voltar para o quarto e, após um tempo de incansável deliberação íntima, comecei a redigir um longo e-mail para minha filha, descrevendo os lugares extraordinários que visitara, o elenco fantástico de personalidades que conhecera durante a viagem e, evidentemente, a comida, aquela comida inacreditável. "Aqui as pessoas cozinham com tal paixão", escrevi, "que a dedicação delas às tradições faz eu me sentir humilde. É impressionante o respeito que têm pelos ingredientes. Cada refeição é uma verdadeira aventura, um aprendizado, um ato de amor."

Levei alguns parágrafos para relatar a viagem de um dia que fiz a Florença, com o seu resultado inesperado, graças à minha curiosidade compulsiva. Como sempre, depois de um passeio pelos arredores, demorei para me decidir a sair da cidade. Preferi perambular pela confusão de ruas atrás do magnífico *Duomo*, com o domo de Brunelleschi e a torre dos sinos de Giotto, onde todo aquele atropelo se dissolvia na serenidade das residências. O dia tinha sido de um calor sufocante, que me deixou vermelho e ressecado. Um pequenino *alimentari* me pareceu o melhor lugar para sentar e beber uma garrafa d'água. Lá dentro, além do vestíbulo decorado, pairava um cheiro de *sofritto* e *pesto* e pirulitos. Aquilo me lembrou a casa da minha avó, a conexão visceral, o odor de repolhos e pepinos, o sentimento de estar distante de tudo o que fosse moderno. Na qualidade de turista americano, tímido e cheio de calor, me sentia deslocado naquela cidade, onde meu italiano esfarrapado poderia até provocar um incidente internacional. Nas prateleiras, latas de produtos de aparência estranha pareciam estar coladas ali, tudo no seu devido lugar. A mulher por trás do balcão, magérrima e de ombros recurvados, me levou toda presunçosa para uma das três mesinhas empurradas, percebi logo em seguida, contra uma parede mais afastada. Em vez de sacudir a cabeça e recusar, resolvi me sentar, tomado por uma fome súbita. Seria aquilo uma sala de jantar? Mas o que estava esperando? Alguma demonstração de fogos de artifício da Toscana? Nenhum cardápio estava visível ali, ou me foi apresentado, e quando a mulher sumiu sem qualquer palavra ou gesto, comecei a achar que talvez tivesse cometido um grande engano.

Passei os olhos à minha volta, desanimado, me sentindo cada vez mais bobo. O que fazia ali, esperarando feito um cachorro faminto, enquanto um trem me aguardava para voltar a Figline e às receitas de Claudio? Peguei uma garrafa d'água gelada e a esvaziei, enquanto examinava as reproduções de Pompeia, vários pôsteres de Fellini e um mapa da Florença antiga pendurados na parede sobre a caixa registradora. Ruídos de estática emanavam dos canos velhos. Era possível ouvir um rádio tagarelando ao fundo.

Finalmente, a mulher retornou com uma tigela de sopa fumegante numa travessa. *"Prego"*, disse ela, colocando-a ruidosamente sobre a mesa.

Ribollita! Um hino à criatividade italiana. É possível passar dias e dias cozinhando-a sem conseguir obter uma obra-prima como aquela. A *ribollita* exige uma verdadeira alquimia, um toque de inteligência, senão acaba virando uma papa. São umas tolas as pessoas que a chamam de sopa. Uma *ribollita* autêntica é algo entre um cozido e uma compostagem, densa e encorpada das sobras, fervidas nos próprios caldos, com alho, alho-poró e repolho roxo, adicionados para produzir uma saborosa tigela. Mesmo assim, é preciso que ela descanse, para que os sabores possam se misturar. Horas e horas, e até mesmo dias. Para finalizá-la, mergulha-se pão velho para absorver o excesso de líquido. Claudio fez uma versão densa e muito salgada, na verdade tão grossa que ele colocou em discussão o fato de ela precisar ser afinada. Depois disso, retirou o pão antes de servir, e o fritou em azeite de oliva, pois, segundo observou, *ribollita* quer dizer "cozido duas vezes".

Aquele mingau ficou mais sedoso, exuberante, com um tipo de azeite de oliva com limão recém-engarrafado, aquele mesmo que os deuses pretendiam inventar quando criaram a azeitona. Cada colherada daquela tigela parecia proporcionar a mesma satisfação que o ato de respirar.

A mulher ficou me observando do seu posto atrás do balcão, me olhando com uma expressão cautelosa e tensa, que preferi interpretar como se ela estivesse satisfeita. Assim que depus a colher, avançou para retirar os pratos, e depois saiu da sala às pressas.

As duas horas seguintes me lembraram o desfile do dia de Ação de Graças da Macy's. Foi um verdadeiro espetáculo culinário, com infindáveis levas de pratos chegando, como carros alegóricos, cada qual maior e mais glorioso que o seguinte. É claro que nos intervalos não aconteceu nenhum desfile de bandas, porém havia uma harmonia angelical em toda a sequência. *Tagliolini*, num untuoso molho de carne e fígado de galinha. Berinjelas à parmegiana, enrugadas como ninhos de pássaros. Cápsulas de *porcini* chamuscadas em azeite, alho e pimenta picante, salpicadas com uma erva que os italianos chamam de *nipitella*, e que um amigo mais tarde identificou como erva-dos-gatos. Lombo de porco com alho e raspas de limão, assado na lenha e cortado com precisão cirúrgica em finas fatias rosadas. Espinafre refogado no azeite, aromatizado com alho e pimentas picantes. Algumas folhas de alface com azeite e limão. E, só para me impedir de ir embora ainda com fome, ela cortou uma fatia de torta de geleia de figo incrustada com açúcar queimado, e ficou me olhando até eu terminar o último pedaço.

Depois do prato de carne, comecei a me preocupar de não conseguir me levantar da mesa. Quando o *espresso* finalmente chegou, já me encontrava em pânico absoluto. Quanta comida teria ingerido naquele espaço de tempo? (Eu nem queria saber.) Já fora vitimado no passado por uma cabala de avós judias. O refrão, "coma, querido, coma!", até hoje me dá indigestão. Mas as mulheres toscanas, sem qualquer esforço, fazem as judias morrerem de vergonha. Quando se trata de comida, os italianos nunca sabem parar. E mais, organizam um cardápio do qual é impossível fazer um atalho, ou se desviar. Sempre consegui sair da mesa da minha avó sem espetar o garfo naquela terceira ou quarta vez que se servia o assado de carne. Exclamar *Ei, chega vovó, assim você vai me matar!* produzia invariavelmente uma troca cômica de palavras, caretas e mãos retorcidas. Mas em Florença, onde a procissão dos pratos é predeterminada e inviolável, ninguém está para brincadeiras. Recusar um prato é considerado um insulto: a gente está ofendendo a comida, o cozinheiro, a receita de família, e até mesmo a honra do recém-nascido que *um dia vai cozinhar este mesmo prato exatamente como fizeram seus antepassados.* Deve-se comer até o último pedaço, tudo que for servido. Melhor sofrer um ataque do coração do que deixar no prato aquele infeliz pedacinho de almôndega.

Em algum ponto do processo de evolução, os italianos desenvolveram um estômago bem diferente do modelo americano. Parece que o deles é um recipiente ilimitado, onde a comida fica armazenada como nesses caminhões compactadores. Não há pausas, nem durante a sobremesa, ao passo que meus amigos sofrem abertamente as dores do ato de comer. Estão sempre a uma mordida além ou fora do limite. Aqui, o gesto de alguém se assustando diante de mais um prato é completamente estranho. Os italianos se levantam da mesa com um novo impulso em seu ritmo, depois de um almoço com quatro pratos. A maioria dos americanos, depois de um jantar de Ação de Graças, não consegue nem chegar até o aparelho de TV.

Mas durante o tempo que passei hospitalizado (talvez aquela operação de hérnia, ou quando me tiraram as amígdalas), o meu estômago deve ter adquirido algumas partes italianas, de reserva. E de algum modo, o café e a sua energia também me reforçaram, e eu lancei um olhar melancólico para a cozinha desconhecida, nos fundos do restaurante.

"Mostrare...?" Pode me mostrar?, murmurei, apontando para o lugar com meu jeito mais simpático.

A torre dos guelfos 285

Uma expressão sombria se espalhou pelo rosto da mulher, como se eu tivesse ultrapassado os limites. Ela ficou uns momentos remoendo o queixo. Durante todo esse tempo não tirava os olhos de mim, talvez se perguntando se teria algum sentido levar um completo estranho até a sua cozinha. Ficamos na mesma posição, durante um tempo que nos pareceu embaraçoso. Finalmente, um dedo atarracado surgiu por baixo do seu avental.

"*Prego...*", disse ela, apontando-o em direção à cozinha.

Fui até os fundos praticamente na ponta dos pés, com todo o cuidado para não parecer ameaçador, ou talvez maluco. A luz do sol entrando por uma janela obscurecia um aposento que parecia pronto para dar lugar a um exame médico. Estava tão limpo que não se via no chão sequer um alfinete. Algumas panelas e caçarolas pendiam de uma grade suspensa sobre um fogão antigo. Uma pilha de pratos impecáveis sobre uma *mezzaluna* secava no escorredor, perto da pia. A não ser por uma caçarola fervendo sobre a única boca acesa do fogão, era impossível imaginar que um banquete acabara de ser produzido ali. A incredulidade deve ter transparecido em meu olhar, porque o tremor de um sorriso surgiu nos lábios contraídos da mulher.

Velha malandra!, pensei. Aquele era um papel que já representara antes, e muitas vezes.

Enquanto eu ficava ali espantado, foi até o fogão e levantou a tampa da panela. Uma fumaça muito cheirosa se elevou das bordas, envolvendo-a. Mergulhou uma colher de pau e soprou o conteúdo.

"*Prego...*"

Era um tipo de molho de tomate, porém com um aroma profundo e terreno de fumaça e carne.

"*Fabuloso*", exclamei, para sua profunda admiração. Apontei para meu próprio peito e perguntei: "*Insegnare?*" Me ensina?

Aquilo liberou a risada pela qual esperara toda a tarde. Até então, a mulher parecera desprovida de senso de humor, sempre cautelosa e constrangida, com um vocabulário que, pelos meus cálculos, limitava-se a uma única e ambígua palavra. Mas agora levantara um pouquinho a máscara, me dando a oportunidade de provar que eu tinha razão. No meu italiano estropiado, tentei explicar o que eu estava fazendo na Europa, onde já estivera e o que havia aprendido até ali. Alguém poderia pensar, pela sua reação, que eu era o humorista mais engraçado do mundo. A frase em italiano que proferiu me deixou confuso, mas provavelmente poderia ser traduzida assim: "Essa é boa!" Ela se manteve na expectativa, sorrindo para mim. Tudo que pude fazer foi assentir com a cabeça e dizer *"Vraiment"*, que era francês e completamente fora de propósito ali. Busquei na memória a palavra correta: *"Veramente"*, falei, por fim. *"Veramente... veramente."*

"Veramente." O toque que ela deu à palavra fez com que soasse evasiva: *de verdade...*

Só depois que mostrei uma foto da minha filha é que aquela senhora mudou de tom. Na Itália, mostrar a fotografia de um filhinho abre qualquer porta. Aquele garçom está tratando você que nem cachorro? Uma foto o relaxa na mesma hora. Quer furar a fila interminável para entrar no museu Uffizi? Mostre as fotos, meu caro. O mínimo que conseguia fazer entender já produzia grande impacto: explicar como deixara minha filha nos Estados Unidos – indicar algum lugar vago atrás dos meus ombros era o máximo que podia fazer –, mas telefonava para ela toda vez que surgia uma oportunidade. (Graças a Deus pelo cafona sinal universal para telefonar, o polegar e o mindinho esticados junto da orelha.) Mas... ah, como sentíamos saudades um do outro, falando por telefone sempre que era possível. Eu exagerava um pouco. Mais alguns minutos, e já deixaria correr uma ou duas lágrimas.

Achei que aquela receita de molho seria tão boa quanto a minha. *Veramente*, baby...

A mulher balançou a cabeça de um jeito que parecia levar em conta minha patética performance. *"Ecco...* Se você cozinha no estilo toscano, precisa conhecer molho de carne toscano. Não como *salsa di pomodoro*, não vermelho. Fica marrom, cor de *terra. Prego..."*

Sem qualquer má vontade, foi buscar um cesto com os ingredientes essenciais, e me ensinou a seguinte receita, com firmeza e precisão.

A torre dos guelfos

MOLHO DE CARNE TOSCANO

3 ou 4 ramos de aipo com as folhas
3 cebolas roxas, cortadas em quatro
5 cenouras
1½ xícara de azeite de oliva extravirgem
8 folhas de louro
1,6kg de carne de boi e de porco moída
sal
2 xícaras de vinho tinto (frutado)
2½ colheres de sopa de massa de tomate

Corte o aipo, as cebolas e as cenouras e pique-os juntos, pulsando no processador, parando quando os pedaços ainda estiverem graúdos. Refogue a mistura aromática (o que os italianos chamam de *soffritto*) no azeite de oliva em fogo médio, acrescentando as folhas de louro depois que amolecer um pouco. Cozinhe o *soffritto* por longo tempo – quase meia hora –, mexendo vigorosamente de vez em quando, até os vegetais ficarem marrons. Acrescente as carnes moídas e salgue bem. Assim que a carne perder sua coloração rosa, acrescente todo o vinho de uma só vez. Leve à fervura até que o vinho evapore. Baixe consideravelmente o fogo. Junte a massa de tomate e água suficiente para manter úmido o molho. Ferva tudo e cozinhe por 2 a 3 horas destampado, acrescentando mais água quando necessário. Prove, corrija o tempero. Retire as folhas de louro e jogue fora. Quando o molho estiver pronto, ele deve estar marrom, e não vermelho.

Serve uma multidão de gente.

Meu *soffritto* não ficou suficientemente marrom, e então ela fez outro, e depois ainda mais outro, para que eu pudesse distinguir a coloração correta. Era fundamental que os legumes ficassem marrom-escuros, mas não queimados, fumegantes, mas não torrados, suavemente oleosos, mas não gordurosos. Tampouco é aceitável que fiquem translúcidos. Um *soffritto light* é coisa que não existe. Alcançar a textura correta vem com a prática, quando finalmente se consegue realizar a fórmula com perfeição, uma vez ou outra. Só precisei de mais uma tentativa para fazer um *soffritto* respeitável, cor de sapato de couro, e em seguida começamos a acrescentar os outros ingredientes na panela de ferro.

A velha senhora me lançou um olhar firme e inquisitivo. Pensei que talvez eu tivesse dado algum fora ou, o que seria pior, estragado a sua receita. Ao conferir de novo os meus apontamentos, entretanto, concluí que estava tudo em ordem. E quando voltei a encarar aquele olhar curioso, arqueei as sobrancelhas, esperando que isso me ajudasse a obter uma explicação.

"O senhor não um pouco *italiano*?", perguntou ela por fim, me mostrando o polegar e o indicador separados por alguns centímetros.

"Nem uma grama", respondi.

Ela fez um gesto com a cabeça, indicando fracasso. *"Ecco"*, disse. "Mas o senhor tem *italiano*...", e bateu duas ou três vezes com o punho fininho sobre o coração, "...aqui."

Não pude fazer nenhuma objeção. Era impossível cozinhar numa casa toscana sem sentir uma afinidade imediata. Ali, naquele *alimentari* comum, a cozinha me lembrou a da minha avó, nada fantástica, porém funcional, um lugar que inspirava uma comida boa e simples. O mesmo acontecia na maior parte das *trattorias* ou dos *ristorantes*, normalmente administrados por famílias, com as cozinhas bagunçadas e muito simples, tal como em suas próprias casas. As idiossincrasias são sinceras e reais. Antes de tudo, são as mulheres – as mulheres de mais idade – que governam a maioria das cozinhas italianas. Mesmo num adorado *ristorante* cujo nome vem do seu chef másculo (o Da Alfredo, em Lucca, é o que me vem à mente), a gente pode apostar que a mãe dele está espiando escondida pelas sombras, aprimorando as receitas. Em Livorno, vi uma senhora dar ordens a um chef com o sobrenome da família – o filho dela, é claro – como se fosse um simples ajudante de cozinha. "Tem sido sempre muito difícil para os chefs italianos", me lembrou uma vez Sandy D'Amato, "porque enquanto

A torre dos guelfos

eles ainda não se tornam adultos, toda a comida é feita pelas mulheres da família. É por isso que na Itália, principalmente, a comida de um homem fica tão espalhafatosa, ao passo que a das mulheres é mais nutritiva, e isso se transfere para a maior parte das atividades na cozinha." Existe também, por uma questão de experiência, a ciência da fervura em fogo baixo. As caçarolas borbulham com molhos durante *dias intermináveis*. Um cozido preparado meticulosamente, como se pratica na França, seria desprezado aqui, como o método *sur la plaque* que vi no Arpège, no qual o cozinheiro faz virar na panela uma galinha só, em fogo baixo, até ela estar perfeitamente cozida. Caçarolas num fogão toscano fazem pensar no caldeirão das bruxas em *Macbeth*. Na maioria são relíquias todas amassadas e cheias de crostas. Vemos numa das bocas a *ribollita*, cozinhando em fogo brando, na outra *salsa di pomodoro*; fervendo na de trás, temos o *fagioli* – feijão, de qualquer tipo – e ainda água para a *pasta* se agitando em fogo lento. Claudio tinha a sua gororoba *francizina* – o nome com certeza era uma crítica à afetação francesa – fervendo lentamente, durante dias.

Havia um consolo incorporado à preparação da cozinha italiana. A prática era menos rígida do que na França, menos intransigente e mais complacente. O que a velha senhora compreendeu como sendo *italiano* era, na verdade, a minha paixão, uma qualidade que ela podia reconhecer por instinto. Imaginemos isso: um estranho – nada menos que um americano – chega ao seu restaurante e entra em transe com a comida! Isso a encantou e divertiu. Havia alguns pratos guardados na sua geladeira, e pedi a ela que os explicasse para mim. Precisei fazer alguma bajulação, mas ela compartilhou comigo suas receitas de *pasta e fagioli*, a tradicional sopa de feijão com costeletas de porco e queijo gratinado, como também de *risotto* e uma simples vitela tostada na frigideira com alho, alecrim e vinho branco.

"Você não pode imaginar o grau de generosidade que encontrei aqui", escrevi naquela tarde a Lily, "ou o prazer que as pessoas sentem ao ensinarem algo de que gostam muito. Mais do que tudo, pude estudar as fisionomias, a forma como ficam iluminadas nas refeições, a maneira de se expressarem. Estou aprendendo muita coisa a respeito de como viver a minha vida. E na minha idade! Que presente..."

Havia tanta coisa mais para dizer a ela, mas a cada tentativa de converter tudo em palavras, eu era vencido pela excitação. Achei impossível terminar as frases sem parecer poético, e um tanto doido. Talvez porque a maior parte do tempo, por necessidade, tendesse a nem pensar em todas aquelas experiências. Então, no quarto, ou durante algum intervalo nas atividades, elas se esgueiravam furtivamente e me tomavam de assalto. Minha cabeça girava, tentando processar tudo o que tinha aprendido.

O e-mail prosseguiu, é claro, ficando cada vez mais maluco e sufocante. Percebi que se o estivesse enviando a Carolyn, teria selecionado o texto todo e deletado. Ela já achava que eu estava numa cruzada particular muito esquisita. Mas Lily iria compreender. Todos me entenderiam, se vissem aquela criança acabar com uma bandeja de *calamari*. Essa menina puxou a mim – talvez um tanto *italiana*, também. Escrever me fez sentir saudades dela mais do que nunca. Pedi que me contasse as últimas fofocas lá de casa.

★ ★ ★

OS TRABALHOS PARA O JANTAR já estavam a pleno vapor quando cheguei ao Torre Guelfa. Mais da metade do restaurante encontrava-se ocupada, e os pedidos descansavam sobre o balcão como num tabuleiro de xadrez. Claudio olhou para aquilo piscando pensativamente, sem um pingo de preocupação.

"Quantas pessoas você está esperando hoje à noite?", perguntei.

Ele deu de ombros, distraído. "Ah, talvez 40, 45. Vamos alimentar quem quer que apareça."

Tive de me conter para não rir. Alain Llorca tinha, certa vez, 25 reservas para o almoço, com uma fileira de 15 ou 20 cozinheiros perturbando seu trabalho. Percorri os olhos, fascinado, pela pequena e decrépita cozinha de Claudio. Mal havia lugar ali para a sua equipe atual: Enrico, Antonio – um homem eternamente jovial, com um enorme nariz romano e que dividia as principais responsabilidades na cozinha –, e uma jovem

A torre dos guelfos

corpulenta que estava de costas para Enrico fatiando tomates-cereja, atividade que ela continuava a fazer uma hora depois.

Apesar do trabalho aparentemente estafante, não havia nem um pouquinho de tensão. Tudo se movia num ritmo sonolento e sistemático, como se toda a equipe tivesse caído dentro de um reservatório de Valium. E mais importante, cada prato começava a ser feito depois de cada pedido, o que era duplamente impressionante. Observei Enrico preparar um prato de *calamari* com tomates cereja como se aquele fosse o único do cardápio da noite. Ele fazia a coisa parecer ridiculamente simples. Primeiro, amassou um dente de alho e refogou-o delicadamente em partes iguais de manteiga e azeite, enquanto batia pedaços de lulas, alvos como leite, numa tigela com farinha. A lula foi para a panela por alguns minutos, só para ganhar cor, e depois foi flambada com um jato de um brandy de bar, comum. Quando a chama diminuiu, ele juntou dez metades de tomates cereja e umas folhas de louro retorcidas. "Um pouco de sal", disse, espalhando um punhado sobre a panela, "...e amor. Não precisa de mais nada."

Presumi que nesse meio-tempo Claudio estivesse remexendo a montanha dos pedidos mais importantes, mas quando ergui os olhos das minhas anotações, vi que estava sentado junto ao peitoril da janela, nos fundos, fumando tranquilamente e aproveitando a degustação do *calamari* de Enrico.

"Agora vou lhe mostrar o que a gente faz com um pouco de macarrão", disse, apanhando alguns pedidos no amplo tabuleiro.

E me mostrou um molho *amatriciana*, reservado para fazer uma tigela de massa caseira, depois uma *carrettiera* – um molho picante com pedaços de tomate, alho e muito azeite, e que precisava de apenas três minutos para ficar pronto.

Assim que terminou, Enrico me sequestrou e me prendeu junto da grelha barulhenta, onde estava aprontando uma *tagliata di pollo bianco del valdarno*, que combinava um peito de galinha, sálvia e cogumelos *porcini* em azeite de oliva, com alho suficiente para cobrir um salão de baile. O prato era um exemplo de simplicidade, feito com um certo equilíbrio dos ingredientes numa única panela, e terminado, como destacou Enrico, "com um borrifo de sal, salsa fresca picada e... amor".

Aquilo continuou assim por toda a noite. Eles trabalhavam como um jogo de pega-pega, Claudio e Enrico, me empurrando para lá e para cá, competindo para ver quem conseguia me atordoar mais com as receitas. Fizemos uma sopa de feijão e cevada, *ossobuco*, muitas variações sobre o tema *calamari*, *crèpes* com alguma coisa chamada creme de farinha, e um molho de javali com cheiro muito forte, transbordando de vinho tinto.

"Eu gosto do javali por ser tão aromático", disse Claudio. "Não é possível cozinhar veado sem vinho, porque é muito... como é que vocês dizem?", e apertou o nariz com dois dedos: "muito forte. Mas javali, muito versátil. Tenho um amigo aqui na Toscana que..." fez um gesto com a mão, imitando um revólver, e fez a mira: "Bam!... Bam!, e assim faço belo prato com polenta ou alcachofra frita. Uma coisa menos aromática para equilibrar o sabor."

Fizemos de novo o *braciole*, e assim pude pegar o jeito da coisa. Dois pedaços lindamente decorados foram enviados para o salão do restaurante: especificamente para Todd e Scott, que haviam se instalado numa mesa com as esposas e um outro casal de americanos. Cozinha toscana autêntica, pensei comigo mesmo, enquanto colocava os pratos na travessa. Pouco antes que os pratos desaparecessem pela porta vaivém, enfeitei-os com algumas folhas de salsa "...e amor", falei, provocando um sorriso conspiratório em Enrico.

Claudio estava tão satisfeito com o meu progresso que, depois que outros pedidos foram concluídos, disse: "O que é que você acha de me ver fazer uma especialidade toscana *de verdade?*"

Diferente da desses... impostores?, pensei. Mas Claudio tinha uma ideia mais autêntica na cabeça. Uma coisa era a comida toscana, e outra a *comida toscana*, e a diferença entre as duas era apenas a classe. A comida *de verdade* a que ele se referia era a comida camponesa, e não o derivado chique. Aqui, o sentido de *camponês* era literal, ou seja: comida que as pessoas faziam por necessidade, quando nem dinheiro nem ingredientes eram disponíveis.

A torre dos guelfos

293

"Isto se chama *castagnaccio*", disse ele, apanhando uma vasilha muito encardida de uma prateleira mais alta, sobre o balcão, que provavelmente estivera ali intocada durante meses. Ele a abriu e a aproximou do meu nariz para que cheirasse. Um leve odor ardente de nozes subiu daquele pó cinza escuro, agarrado às bordas. "Farinha de nozes. *Castagnaccio* era o bolo feito pela gente pobre das montanhas dos Apeninos, onde crescem as nogueiras. Eles usavam tudo que se desenvolvesse naquele solo, não é mentira. Você vai ver."

Imediatamente, Claudio bateu uma mistura de farinha, leite e ovos que ficou com um cheiro de terra molhada. Para firmar, acrescentou só um pouco d'água. Em seguida, depois de olhar para o copo em que estivera bebendo vinho, lançou também aquele resto na mistura. "É assim que faz a gente pobre", disse, antes de derramar a massa grudenta numa assadeira pequena. Os únicos floreios ali foram algumas uvas, umas folhas de alecrim e *pignoli* espalhados, juntamente com uma ou duas colheres de sopa de azeite de oliva sobre toda a superfície.

Eu, Claudio e Enrico ficamos comendo o *castagnaccio* diante do forno, enquanto os pedidos continuavam a se empilhar sobre o balcão. O bolo era um verdadeiro poema nas nossas bocas. De vez em quando, um deles encolhia os ombros e ia preparar um jantarzinho adorável para os clientes do lado de fora. Ou então, simplesmente conversávamos e ríamos, molhando o bolo com goles de Vernaccia gelado. Eu me senti como se fosse um membro da família, aquecido pelo vinho, em harmonia com aquele ritmo tão relaxado.

Seguimos naquela mesma rotina por vários dias cheios de felicidade, o meu notebook agora repleto das receitas de Claudio. Cada almoço proporcionava dezenas de novas preparações, que poderiam ser reproduzidas com facilidade. Durante as tardes, assistia às aulas de culinária, só para observar. Mas na maior parte do tempo, a minha formação vinha de monitorar o serviço do restaurante. As noites eram longas e exaustivas. O calor naquela cozinha pequena chegou a um ponto verdadeiramente infernal: com oito bocas acesas a toda, parecia um ambiente tropical, ou uma sauna. Algumas vezes um avental extra era necessário para enxugar o suor escorrendo do rosto.

Certa noite, às dez e meia, com alguns retardatários ainda por ali depois da *grappa*, não aguentei mais. O calor na cozinha se tornara tão terrível e o odor das frituras constantes tão oleoso que Enrico teve de me mandar sair, antes que tivessem de me carregar para fora.

Me arrastei pela *piazza* deserta, encontrando um lugar do lado de fora do Caffè i Pertici. Aquelas noites, nas proximidades do outono, traziam o frio próprio da estação, com uma corrente que penetrava no interior das casas enquanto os últimos brilhos do sol se retiravam por trás das montanhas. Apesar da hora tardia, pude tomar uma taça de Chianti, junto com um litro d'água. Bebi como um homem liberto do cativeiro, passando um guardanapo de papel molhado pelo pescoço e pelos braços. A bela garçonete me observava com um ar de premonição, e perguntou: "Mister, o senhor okay?"

De pé ao meu lado, ela parecia tremeluzir como as estrelas. Só tive energias para fazer que sim com a cabeça.

Minha mente girava devido a todo aquele monte de receitas, que agora pareciam tão indistintas quanto números numa lista de telefone. Ficara arrasado, é claro, mas me dava conta do verdadeiro tesouro que iria carregar quando fosse embora, no fim da semana. Claudio realizara uma porção delas, satisfazendo minha curiosidade. Quando me chamava para examinar algum prato novo, seus olhos faiscavam de um modo infantil. Tornou-se sua missão ensinar o máximo possível no curto espaço de tempo em que ficamos juntos. E ele cumpriu a tarefa com um óbvio prazer.

Pareceu algo quase sobrenatural quando, pouco depois das 11 horas, vi Cláudio atravessar a praça parecendo milagrosamente renovado. Estava barbeado e penteara o cabelo, fixado com gel para trás – ou quem sabe não seria azeite de oliva… O avental sumira, e no seu lugar havia um casaco esporte e calças folgadas muito bem-passadas, os sapatos brilhantes, num tom de bronze. Depois soube que após cada longo dia de trabalho dirigia seu automóvel pelas estradas escuras até Florença, onde morava a namorada. Não seria maravilhoso, pensei, estar cansado depois de cozinhar, e ter alguém merecedor de todo esse esforço à minha espera? Como um homem pode sonhar…

A torre dos guelfos

Certa manhã, depois de uma visita ao mercado local, fomos à padaria Il Forno, em Matassino – uma cidade próxima dali –, que fornecia os pães para o Torre Guelfa. Atrás do balcão de massas, duas mulheres com toucas brancas se curvavam por cima de um grande bolo de assadeira, cortando-o em pedaços em forma de losango. Claudio arregalou os olhos ao ver aquilo, como se de repente se deparasse com a Arca da Aliança.

"Você *precisa* provar", insistiu, passando dois pedaços macios para pratinhos de papel e lambendo os dedos. "Isto é…", ficou procurando a palavra, e deu um suspiro: "…arte."

De fato, o bolo era uma antiga arte dos camponeses, que o faziam, tal como o *castagnaccio*, por necessidade. Chamava-se *panello con l'uva* e, segundo Claudio, era o *dolce* tradicional dos pobres que trabalhavam nos vinhedos, feito totalmente de massa de pizza, açúcar e uvas de vinho. Minha boca se encheu com o sabor das frutas supermaduras e uma espécie de calda de açúcar, que se desmanchava da cobertura. O gosto era tão intenso e asfixiantemente doce que só pude rir, me rendendo.

"Você tem que conhecer Fabrizzio", disse Claudio, me puxando pela manga enquanto avançava pela porta que conduzia a uma garagem adjacente.

Lá dentro, um elegante homenzinho, que conseguia ser atraente mesmo debaixo daquele avental sem forma, atacava uma bola gigante de massa, enquanto três ajudantes atrás dele punham e tiravam fatias de pão de dois fornos industriais. Sua figura era cômica, batendo a massa sobre um pequeno pedaço de mármore e fazendo voar farinha para todos os lados. Seus sapatos esportivos deixavam pegadas brancas no chão, como os diagramas de tango de Arthur Murray. Ao ver Claudio, acenou para que fôssemos até aquele espaço branco como giz.

Uma rajada de palavras em italiano ricocheteou por ali, como os sons de um taquígrafo. A cabeça de Fabrizzio balançava ao ritmo em *stacatto* da conversa. A cada frase, relanceava os olhos para mim e sorria, para demonstrar que o que Claudio estava lhe dizendo divertia-o infinitamente. Aquela conversa era estridente a um ponto de verdadeira histeria.

"Então, estava dizendo a Fabrizzio como você gostou do *panello* dele", disse Claudio. "Não é sempre que um americano pode provar isso." Fabrizzio acenava com a cabeça e ampliava mais o sorriso, embora não compreendesse uma só palavra de inglês. "E, se desejar, ele concorda em ensinar a receita."

Fabrizzio dessa vez assentiu com toda a veemência, imitando com as mãos os gestos de enrolar a massa.

É claro que caí numa pegadinha. Fabrizzio só fazia o *panello* antes que a padaria abrisse efetivamente, ou seja, no início da madrugada, quando os fornos estavam esquentando. "E como você já pôde perceber", disse Claudio, "ele não fala inglês."

"Não, não, eu *fala inglese*", protestou Fabrizzio, bradando: *"A-ruuudy-juuul-iii-anni."*

"Buono, Fabrizzio", disse eu, me curvando respeitosamente: *"Inglese... perfetto."*

Na manhã seguinte, um pouco antes das cinco, um táxi me conduziu de volta a Il Forno, onde Fabrizzio aguardava com um avental extra e uma mistura de café ultraforte. A impressão que dava era de estar terrivelmente alegre, pensei, para um homem cujas galinhas ainda roncavam no poleiro. Uma mesa fora colocada em frente a um forno que sibilava suas rudes objeções ao frio; equilibrados sobre ela, um saco de farinha, o onipresente azeite de oliva, muito açúcar e uma tigela com uvas lindas, que se assemelhavam a pérolas de um azul profundo.

Por cerca de uma hora, lutamos com a fórmula para chegar a uma massa pegajosa e flexível, tentando nos comunicar por meio de gestos, de cabeças balançando e resmungos. Parece ridículo quando penso hoje, porém por um tempo interminável fiquei às turras com a palavra *levitato*, coçando a cabeça, enquanto Fabrizzio me desafiava com charadas. Finalmente ele se irritou, e grudou um bocado de massa marrom-clara debaixo do meu nariz.

"Levitato!... Levitato!...", exclamou.

Quando percebi que se tratava de fermento, ele praticamente saltou sobre as minhas costas e me fez dar voltas pelo aposento.

A torre dos guelfos 297

O *panello* era ainda mais rústico do que eu previra: nada além de farinha e água, fermento, um punhado de sementes de erva-doce, aquelas uvas maravilhosas, é claro, e uma impressionante quantidade de açúcar, e depois ainda mais açúcar, só para prevenir. Fabrizzio fez dois *panellos*, até ter certeza de que eu pegara o jeito. Em seguida, fizemos algumas variações juntos, usando figos e amoras no lugar de uvas. Nesse meio-tempo, ele foi ensinando seguidamente outros tipos de massa: um bolo inglês delicioso e impressionante, com essência de laranja, que os toscanos costumam comer no café da manhã, e um pão duro, achatado e sem fermento, que fica instantaneamente seco e é usado como aperitivo.

Quando fiz o caminho de volta à pequena *cucina*, uma ou duas horas antes do almoço, Claudio já estava envolvido com outra aula de culinária com aquelas artistas zangadas. Faziam pizza num forno a lenha, ou melhor: Claudio fazia a pizza, enquanto as alunas pareciam falar todas ao mesmo tempo.

"Hoje vai ser impossível aprender alguma coisa aqui", me segredou entre os procedimentos, erguendo os olhos para mim como um cachorrinho triste.

Eu ia protestar, porém compreendi por que me disse aquilo: pude escutar a mãe dele junto do *forno* murmurando consigo mesma num tom diabolicamente monótono.

Felizmente, aquela experiência pareceu animar o chef para o meu estágio final no Torre Guelfa. No mesmo instante em que entrei na cozinha, naquela noite, disparamos no que se transformou numa verdadeira maratona de novas receitas, cada vez mais simples e inspiradas. Antes mesmo que amarrasse meu avental, Enrico me estendeu uma tigela de sopa de *canellini*, espessa e bem-temperada, feita com um substancioso caldo de bochecha de porco e uma fatia do que ele chamava de *calanco*: um queijo *pecorino* fresco e encorpado, com muita textura e sem aquela dureza metálica que eu associava a outros queijos feitos com leite de cabra.

Quando acabei, ele começou a trabalhar num pedido de *tagliata di tono agu aromi Mediterranei*, ou seja, atum em tiras com aromas do Mediterrâneo. Em retrospectiva, o prato parecia simples demais para ser tão delicioso, mas a prova, a cada vez que experimentava, estava claramente ali, no prato. Ele pegou um pedaço de atum fresco, grande o bastante para alimentar três ou quatro pessoas, e o recobriu com uma camada de ervas: orégano seco, pimenta esmagada, sementes de erva-doce e talvez tomilho, embora eu não esteja bem certo. Quando lhe pedi para me dizer os ingredientes exatos, ele respondeu: "Tudo que você quiser, contanto que esteja nas mesmas proporções." Ele selou o peixe numa frigideira bem quente, por dois a três minutos de cada lado, antes de transferi-lo para uma tábua de corte, onde belas e espessas fatias expuseram o interior rosado. Usando tigelas individuais, Enrico colocou o atum sobre uma porção de tomates cortados ao meio, alguns *pignoli* e alcaparras, temperando generosamente a parte superior com azeite de oliva e sal.

O prato despertou tantas associações em meu paladar que não sabia exatamente por onde começar. Quando Enrico ficou de costas, cheguei a tigela perto da boca e lambi o resto. Estava tão bom que merecia.

Antes que pudesse ao menos tomar fôlego, Claudio estendeu um prato com outra grossa fatia de pecorino, sobre a qual colocara três uvas cortadas ao meio, com o corte para baixo, borrifadas com um azeite doce aromático. "Usamos isto como *aperitivo*", informou, "ou sobremesa – o que preferir. E agora vou mostrar como fritá-lo."

Apareceram outras fatias, que polvilhou com farinha e um pouco de ovo. Depois, trouxe um recipiente cheio farinha de rosca. Rolou cada pedaço de queijo por sobre a farinha de rosca, retirando os farelos embolados, depois tampou o recipiente e o colocou sobre a prateleira. Fiquei pensando: quantas coisas teriam sido guardadas naquele mesmo recipiente, nos últimos meses? E quais seriam as providências para se higienizar a tábua de corte? Durante o estágio no Torre Guelfa, nunca a vi ser lavada nem escovada. Ali, Claudio tanto cortava coelhos recém-abatidos, carne de javali e diversos queijos, quanto fazia filés de peixe, fatiava legumes e enrolava massas. Uma coisa vinha logo depois da outra, tudo naquela mesma tábua de madeira. E, pelo que posso lembrar, ninguém lavava as mãos naquela cozinha. Tinha gente esfregando o nariz, fumando, jogando

A *torre dos guelfos*

coisas no lixo, tossindo por cima de tudo, lambendo os dedos... tudo isso numa sequência normal.

Até mesmo a *francizina*, o cozido de churrasco toscano, merecia reprovação. Estivera descansando sobre o fogão desde que cheguei ali – três ou quatro dias antes –, sem qualquer refrigeração. Na véspera, ficara sobre o peitoril da janela, dentro de uma caçarola, enquanto as moscas zumbiam em volta. Esta noite, retornara ao fogão. "Último dia", garantiu Claudio, depois que perguntei quando ficaria pronto. "Depois disso...", e ele fez um gesto com a mão: "Pronto!"

Para me distrair, destampou uma garrafa de Greco di Tufo dei Feudi di San Gregorio, um vinho branco toscano saboroso e rascante, que começamos bebericando e acabamos matando. No meio da tarde, apareceu outra garrafa, e depois outra, e mais outra, e meu corpo foi entrando num estado de torpor que forçou meu ritmo a baixar para 33 rotações por minuto.

"Vem ver", disse ele, me lançando um olhar astucioso e sabido. "Eu faz ótima receita de *calamari*. Você aprende."

Enquanto ele reunia os ingredientes, Enrico deitou algumas lulas viscosas por cima do mesmo balcão onde, pouco antes, uma galinha acabara de ser cortada. Fiquei fascinado ao ver a maneira como limpava aquelas criaturas estranhas. Retirou uma camada fina e quase invisível de pele, uma capa muito frágil, quase um papel-celofane sobre aquela carne branca e escorregadia, e por um momento pensei que fosse rompê-la. Mas pegou com dois dedos a extremidade e puxou-a vigorosamente, desencapando a lula como se faz com um charuto barato.

"Lembre-se", disse, puxando as partes que se soltavam como se fossem gomos de laranja, "de tirar os olhos, as mandíbulas e a pena. Não são bons. O resto, bom."

Esbocei um sorriso frouxo quando ele me passou várias lulas para limpar. Isso parecia requerer um talento além das possibilidades daquele novato desajeitado, mas depois que peguei a manha, não vi nada de tão complicado.

Enquanto isso, Claudio reuniu uma miscelânea de vegetais, com as cascas brilhantes depois de uma rápida lavada na pia.

"Chamo a isso *composa di calamari su crosta di patate*", disse ele orgulhoso, e aquilo soou muito mais musical do que lulas em crosta de batatas.

A receita era um pouco mais complicada do que já me habituara até ali, mas valia o esforço adicional. Na verdade, foi a melhor receita que aprendi com Claudio, e vi que não era nada complicada depois que compreendi como coordenar as etapas com antecedência antes de juntar os ingredientes, como um brinquedo de Natal, no último minuto.

COMPOSA DI CALAMARI SU CROSTA DI PATATE

4 batatas russet com a casca (cerca de 500g)

água

sal e pimenta fresca picada

200g (1 tablete) de manteiga

4 alcachofras italianas jovens (pequenas)

farinha para polvilhar

⅔ de azeite de oliva extravirgem, reservado

8 peças de lulas pequenas, limpas (corpo e tentáculos)

2 cabeças de alho mal amassadas

4 ramos de salsa cortados, para guarnecer

Coloque as batatas, com as cascas, numa panela funda com água suficiente para cobri-las por alguns centímetros. Ponha sal na água e ferva até poder espetar as batatas com uma faca, por cerca de 15 minutos. Escorra, descasque com uma faca de legumes e as amasse ou passe-as num espremedor de batatas. Tempere levemente com sal e pimenta.

Derreta a manteiga numa frigideira grande antiaderente. Quando a manteiga começar a derreter, acrescente as batatas amassadas e as comprima com uma espátula para formar uma espécie de bolo, salgando bem e deixando cozinhar em fogo médio até uma crosta dourada se formar no fundo. Isso leva algum tempo, talvez uns 20 minutos, e deve ser virado de vez em quando, invertendo o "bolo" sobre um prato raso e o deslizando de volta à frigideira, a fim de que a batata fique marrom de ambos os lados. Cozinhe até que a manteiga seja absorvida e o bolo de batatas fique macio sem aderir à frigideira. Reserve, tampado, em forno aquecido.

Remova as folhas externas das alcachofras (não as gordas e grandes, como as da Califórnia, mas sim as pequenas e esbeltas, italianas); corte cada exemplar ao meio, ao comprido, e retire com uma colher *noisette* a parte peluda do centro, com cuidado para não tirar o coração. Corte as alcachofras em fatias finas, com um mandoline ou uma faca bem afiada. Coloque-as numa tigela e seque-as ligeiramente com um pouco de farinha. Descarte o excesso de farinha e frite em ⅓ de xícara de azeite de oliva, até ficarem crocantes. Transfira para uma travessa aquecida e forrada com papel-toalha, utilizando-o para remover o excesso de óleo.

Enquanto isso, prepare cada pedaço de lula: faça um corte para abri-los, achate-os e faça pequenos cortes no interior, em linhas entrecruzadas. Corte cada pedaço do corpo em quadrados de 5cm (ao cozinharem, eles ficarão enrolados, formando uma flor decorativa). Numa outra frigideira, aqueça ⅓ de xícara de azeite de oliva, junto com o alho amassado. Quando estiver quente, mas não fumegante, tempere a lula com sal e pimenta e leve à frigideira. Estarão prontas quando se enrolarem como uma flor, mais ou menos de 2 a 4 minutos, a depender da espessura da lula.

Para montar os pratos, corte quatro círculos do bolo de batata, usando um molde de 5cm de diâmetro ou uma carretilha de massa. Sobre cada prato, coloque um disco de batata. Cubra com 3 pedaços de lula e espalhe por cima as alcachofras fritas. Salpique a salsinha picada, na superfície e ao redor do prato. Derrame um fio de azeite de oliva e sirva.

Serve 4 pessoas.

Havia alguma coisa verdadeiramente maravilhosa naquela combinação óbvia de texturas – a maciez das batatas, a elasticidade das lulas, além do inexorável e leve ranger da alcachofra entre os dentes... O sabor lembrava uma aconchegante noite de inverno, diante de uma lareira toscana, como uma dádiva, uma prece atendida. Fiz um estardalhaço tão grande por causa daquilo, que Claudio me deu mais um prato, feito com as sobras do bolo de batata. Envergonhado, esbocei um gesto de recusa, protestando – sem a menor sinceridade.

"Esse é extra", disse ele, com um sorriso travesso. "Ninguém irá comê-lo."

Ele é um verdadeiro príncipe, pensei, e quando terminei a lula e bebi mais vinho, me senti enrubescer de adoração. Sua bondade me emocionou profundamente. Senti que aquela nossa lenta troca de informação era um caminho para uma relação de intimidade. Foi ali, numa cozinha italiana, que encontrei um estímulo verdadeiro. O mundo era mais benévolo do que eu pensava.

Claudio voltou, para montar novamente os pratos. Abri um recipiente de plástico e retirei dali um pedaço daquele bolo de castanhas. E depois mais outro. Mordiscando-o, fiquei a pensar em tudo o que havia comido durante as minhas viagens. Sempre que ficava sentimental ou me sentia solitário, costumava vasculhar os armários de cozinha, cada qual um tenebroso abismo repleto de caixas anônimas, e me alimentava com alguma coisa dali de dentro. A comida se transformara num retiro confiável, uma distração que me satisfazia. Agora, por um tempo demasiado, vinha adiando pensar no óbvio: nos próximos dias teria de voltar para casa, para a minha própria cozinha cheia de armários, onde tanta coisa desconhecida estaria me esperando. Até então, conseguira evitar enfrentar qualquer desses pensamentos. Tinha de haver alguma resposta melhor para solucionar os problemas não resolvidos da vida, além das coisas que se mastiga. Enrico saberia muito bem o que fazer. Ele teria a receita, a lista dos ingredientes. *Tudo que você gostar*, diria ele, *contanto que esteja na mesma proporção*.

"Andiamo." A voz de Claudio interrompeu meus devaneios óbvios e transparentes. "Nós fazer mais uma receita, e então você acaba. Hoje, calor demais. Você com cor de pecorino."

Antes que pudesse protestar, lançou sobre a grelha uma chuleta de quase três centímetros de grossura e a salgou, batendo com as mãos. Um estalo e um chiado partiram da papada de gordura que rodeava o centro. Quando a carne ficou chamuscada, Claudio descascou cinco alcachofras e as cortou em grandes pedaços desiguais, rolando-os primeiro sobre a farinha e depois em ovos ligeiramente batidos. Sem que ninguém me dissesse nada, peguei os pedaços e estava disposto a mergulhá-los novamente na farinha quando meu braço foi contido por uma das mãos mais rápidas que já vi.

Claudio acenou um dedo proibitivo sobre a tigela. Só se passa na farinha uma vez: é tudo muito simples. "Modo toscano", disse, e repetiu o mesmo processo com flores de abobrinha. Ambos os legumes assim preparados foram para uma cesta metálica, que em seguida foi baixada sobre uma panela cheia de azeite de oliva fumegante. Depois de buscar debaixo do balcão, apanhou uma tigela com cogumelos *porcini* frescos. "É diferente com os *funghi*. Só farinha e água fria. A diferença nas temperaturas faz eles ficarem mais crocantes."

Expliquei que na França costumavam pôr um pouco de cerveja na mistura.

"Ah, sei – cerveja...", suspirou Claudio. "Mas os franceses fazem isso como se fosse tempura. Não é italiano."

Lancei um olhar temeroso sobre a carne, engolfada por um círculo de fogo. Notando minha preocupação, Claudio enfiou nela um garfo comprido e depois o aproximou do lábio inferior. "Se o garfo estiver quente, a carne estará pronta. Frio, não pronta", explicou. Leve hesitação, antes do veredicto final: "Ficará ao ponto." Sabedoria toscana.

Enquanto a carne descansava no aparador, ele retirou os legumes, que tinham adquirido uma bela coloração de madeira. Flocos de farinha frita crocante prendiam-se dos lados.

"A gente deixa tudo isso aqui", disse ele, tirando o avental. Obediente, segui o chef até o lado de fora, na *piazza*, onde uma mesa fora posta perto da porta do restaurante. Soprava uma leve brisa que fazia os finos pavios das velas se recurvarem, lançando reflexos instáveis sobre as taças. À nossa volta, adolescentes se reuniam debaixo das arcadas escuras, os celulares cintilando como vaga-lumes. Claudio deslizou sobre uma cadeira e me convidou a fazer o mesmo.

"Estivemos mordiscando a noite toda", disse eu, dando pancadinhas no meu estômago estufado.

"É", concordou Claudio, "e agora, vamos comer de verdade." Fez um gesto abrindo o guardanapo branco engomado: um sinal para olhos invisíveis. Assim que o guardanapo pousou em seu colo, as portas do Torre Guelfa subitamente se abriram e Enrico se aproximou num meneio de *cha-cha-cha*, equilibrando uma bandeja acima do ombro esquerdo. Pude sentir o cheiro da *carretiera* antes que ela chegasse à mesa.

"*Primi*", exclamou Enrico, nos servindo de massa. "Você prova uma de nossas especialidades, feita com ajuda de mão de obra americana barata. Se não gostar, me avise. A gente demite ele."

A situação me lembrou a cena do espaguete no filme *A dama e o vagabundo*. Se Claudio esperava que nós dois fôssemos sugar juntos um fio daquela massa, era melhor mudar de ideia. Sorri para ele, com aprovação. Uma expressão de orgulho paternal surgiu em sua face. Para mim, não havia uma forma fácil de lhe demonstrar todo o meu agradecimento.

Ele me destacara de outras dezenas de prováveis alunos que, ao que tudo indicava, haviam chegado ali para cozinhar. Seja o que for que tenha chamado sua atenção – meu paladar sempre ávido, minha simpatia pelo "modo toscano", a admiração que sentia pela combinação entre arte e ilusionismo, essa coisa de que todo chef necessita para realizar uma refeição maravilhosa –, ele reconheceu em mim um instinto espontâneo, merecedor de generosidade pedagógica. Desnecessário dizer que aprendi toneladas com ele. Algumas receitas incríveis, evidentemente, porém muito mais que isso, algo muito mais importante. A inacreditável animação naquela *piazza* fazia parte disso, com toda certeza.

"Você cozinha minha comida em sua casa nos Estados Unidos", disse ele, derramando em sua taça um pouco mais de Sangiovese púrpura.

A torre dos guelfos

Sorri concordando, de uma forma que ele não poderia deixar de compreender.

"Então, você se lembra do que lhe ensinei sobre cozinha toscana: como nossas cozinhas são pobres, como usamos apenas os ingredientes mais importantes, que se encontram aqui mesmo. Só tomate, alho, cebola e azeite de oliva."

Eu vinha escutando com mais atenção do que ele podia imaginar.

"E amor", acrescentei.

8. A vida perfeita

DEPOIS DE ALGUNS MESES NA ESTRADA, e de passar por experiências culinárias realmente extraordinárias, acho que já estava mesmo na hora de levar umas pancadas.

O estágio seguinte que eu programara, perto de Chiusi, chegou cercado de muita propaganda. Me disseram que o chef ensinava comida toscana há anos e que iria acolher muito bem um aluno já um tanto maduro, alguém com algum *macaroni* na bagagem. Aquilo me pareceu uma renovação perfeita, depois do Torre Guelfa. A questão da consistência foi o que mais me atraiu, pois já teria uma base sobre a qual me desenvolver e, possivelmente, algo para aperfeiçoar.

A semana começou com um jantar de boas-vindas num "autêntico restaurante toscano", em Montepulciano, onde estariam reunidas as outras pessoas que haviam se inscrito nas aulas. Senti meu coração desfalecer quando parei o carro no estacionamento. Todos aqueles ônibus de turismo não deixavam a menor dúvida: estacionados com os para-choques grudados uns nos outros, ao longo de toda a curva, como elefantes sob a lona de um grande circo. Uma armadilha turística. *Que droga!* No interior, o lugar era uma verdadeira tenda de três picadeiros. Um dos lados estava lotado de alemães, entalados em mesas tão próximas umas das outras que os pratos tinham de passar por cima das cabeças deles, feito bagagens recuperadas. No outro lado ficavam os meus colegas, 35 casais vindos de uma cidadezinha em Connecticut, acompanhados por uma celebridade local que apresentava um programa de culinária na TV a cabo. Já tinham brindado bastante com um Chianti de supermercado, e ficavam brandindo as taças de vinho e gritando "Ai-i-i-i!", que era como imaginavam que um italiano faria, embora parecessem mais uma caricatura.

A comida estava horrível, igual a qualquer comida de botequim, e era literalmente lançada para nós por dois garçons com cara de desdém, tão

A vida perfeita

indiferentes quanto a cavala grelhada que estavam servindo. Os clientes devoravam tudo o que estivesse à vista.

"Ai, simplesmente *adoro* esses raviólis açucarados!", exclamou uma mulher em frente a mim, na mesa, empilhando uma quantidade tão grande em seu prato que parecia ser destinada a algum campo de flagelados.

"Na verdade, isso é noz-moscada", expliquei.

"Noz-moscada? Tem isso nos Estados Unidos?"

Até ali vinha me comportando muito bem. Mesmo durante as entradas, quando um dos maridos meio bêbados veio me fazer críticas com uma cara de Sonny Corleone, consegui segurar a língua. Mas meu autocontrole, como a gente já sabe, só dura o tempo de engolir um macarrão. A pergunta daquela mulher tocou na corda errada, e não pude mais me conter.

"Vocês são de Connecticut, não é? Você não acha que o fato de Connecticut ser conhecido como 'o estado da noz-moscada' pode ser uma pista?"

Depois que passei para outra mesa, começou a cantoria. *"When the moon hits your eye like a big pizza pie, that's amorrrrrayyyyy..."* Pedi licença e saí para tomar ar. Pelas janelas abertas, pude escutar outro refrão delirante: *"Volare, ôoo-ôoo, cantare, ôo-ôo-ôo-ôo..."*

Aquela era uma experiência nova, graças, é claro, ao planejamento cuidadoso da viagem e ao meu bom carma. Mas parece que a minha sorte estava seguindo o seu rumo natural. Já ouvira mil histórias macabras sobre a maneira como os americanos costumam viajar pela Europa, como insistem para que todo mundo fale inglês, até os bichinhos. Esses eram exemplos extremos, mas evidentemente aquela turma ali... aqueles mereceriam o grande prêmio. Interpretei aquela palhaçada toda como uma coisa deliberada, que lhes proporcionava certa segurança, um conhecido acorde musical que trocavam entre si e que lhes conferia uma identidade comum no estrangeiro. Esta foi, pelo menos, a desculpa que inventei para eles. Volta e meia entreouvia alguém falar sobre o medo de estar viajando ao exterior pela primeira vez, e me senti um tanto envergonhado de possuir um nível tão natural de conforto; porém, quaisquer simpatias que pudessem surgir se evaporavam no mesmo instante, a cada explosão de tagarelice daqueles verdadeiros patetas.

A aula de culinária propriamente dita aconteceu no Palazzo Bandino, uma *villa* do século XVIII cercada de vinhedos, que outrora fora residência particular e que posteriormente fora restaurada, a fim de acolher pacotes turísticos. Além de mim, só havia mulheres assistindo às aulas: os maridos ou tinham ido jogar golfe ou se reuniam nos apinhados locais de degustação comercial, comprando caixas de vinho que despachariam para sua terra. Havia tantos alunos espremidos na sala de aula que fomos separados em grupos de mais ou menos 30 pessoas, presididos pela tal apresentadora de TV, uma pessoa muito ativa, chamada Hilda, que nos arrebanhou para os cantos da sala, onde ficamos sentados junto das janelas abertas, tomando vinho e observando as abelhas se refestelarem sobre os gordos cachos de uvas Malvasia e Sangiovese, que pendiam das parreiras abaixo do peitoril.

Eu já começava a me convencer de que cometera um grave equívoco vindo parar ali. Embora me encontrasse no próprio coração da Toscana, cuja tradição remontava aos etruscos, tinha alguma coisa falsa e calculada em excesso naquele cenário tão cheio de brilhos. Era tudo o que os americanos presumiam ser a Toscana, e muito mais compatível com o Venetian ou o Bellagio, em Las Vegas. Nada naquele lugar parecia autêntico, como em Figline Valdarno, muito menos o chef, que dava a impressão de ter chegado ali por meio de alguma agência de produção de elenco.

Luciano Benocci era um homem esquisito, frio, com um olhar caído e uma barriga de cantor de ópera, parecendo o personagem Stromboli, de *Pinóquio*. Sua aparente ignorância do inglês lhe permitia enveredar por uma aula inteira sem o menor indício de interação com os alunos. Acho que nem uma vez ele ergueu os olhos em nossa direção. Se o fez, foi para atingir alguém com um olhar sanguinário que calava no mesmo instante o tagarela importuno. Hilda, a seu lado feito sentinela, ia fornecendo comentários ininterruptos. Na verdade, o que ela fazia era menos uma tradução do que a sua própria versão daquelas receitas, as quais pareciam clamar por sérias retificações. Todos os ingredientes eram identificados de maneira errada, os procedimentos, ignorados. Numa demonstração de como fazer linguiças, Luciano descarregou diante de nós um enorme utensílio metálico, que os açougues italianos usam para o processamento comercial.

A vida perfeita

"Onde será possível encontrar uma coisa dessas em New Haven?", perguntou uma mulher.

Talvez tenha sido um tanto pretensioso de minha parte, mas sugeri que ela poderia fazer a mesma coisa em casa usando um saco de confeiteiro e algumas tripas.

"Não, senhor! Impossível!", exclamou Hilda, me lançando um olhar que sem dúvida aprendera com o chef. "Mas é claro... se *o senhor* quiser dar a aula..."

Aquilo foi um mau presságio (*mais um*, diria, reconhecendo um certo padrão naquelas palavras de repreensão). Como todos os veteranos em escolas de culinária, eu desenvolvera uma familiaridade com a cozinha, e com ela uma tendência a não saber ficar de boca fechada.

Não falei mais nada, nem com Hilda, nem com Luciano, que acompanhara nosso pequeno entrevero aparentemente deliciado. Seus movimentos passaram a exibir certa arrogância, e agora, depois de cada demonstração, ele relanceava um olhar por cima da faca, primeiro para mim, depois para Hilda, arqueando as sobrancelhas como se aquilo pudesse dar início a uma animada reprise.

Já frequentara algumas cozinhas notáveis, e minha tolerância para porcarias como aquela estava próxima de zero. De qualquer modo, o período de boa vontade com relação aos chefs estava encolhendo a cada nova experiência. Eu me sentia impaciente por aprender algo novo, ávido para construir algo com base no dom que me fora dado. Uma bagunça como aquela significava a perda de um tempo precioso. A verdade era que eu não combinava com uma turma assim. Num mundo perfeito, haveria diversas categorias de escolas de culinária, a fim de satisfazer todos os níveis de alunos. Mas desde que me metera no que, evidentemente, era um fenômeno novo e explosivo, não havia como fazer a distinção entre os bons, os maus e os pés de chinelo.

O curso no Palazzo Bandino abarcava os três extremos. Houve uma demonstração de como fazer *pici*, apresentada com uma espécie de monotonia estilo foxtrote, junto com quatro molhos para acompanhar o prato. O primeiro – nada mais que uma lastimável pasta de farelos de pão, alho e azeite de oliva – não tinha qualquer inspiração e foi feito de qualquer jeito. (Onde estava o amor que concluía as receitas de Claudio e Enrico?) Com a cabeça longe dali, parei de tomar notas. Finalmente, Hilda se aproximou para inspecionar nossos resultados, porém fez um desvio para não chegar até onde eu estava, o que me pareceu cômico. Muito provavelmente eu irradiava alguma coisa assustadora. De qualquer modo, ela sabia o bastante para não se meter comigo.

O chef também deve ter percebido minha frustração, porque, depois que os alunos se dispersaram, me guiou até a cozinha, como um homem que guarda algum segredo. Num inglês que a mim pareceu muito bom, disse: "Vou te ensinar algo extra."

Apanhou uns tomates de salada bem grandes, enchendo algumas tigelas com miolo de pão, salsinha, orégano e alho picado. Senti de novo o coração desfalecer ao reconhecer aquilo. O bônus nada mais era do que uma aula de como fazer tomates assados recheados, o *antipasto* mais simples e básico, que é ensinado no equivalente italiano da disciplina de prendas domésticas. Ele só podia estar me subestimando, sem entender bem meu sorriso impaciente. Incapaz de disfarçar o desapontamento, fiquei observando, com indiferença, Luciano esmagar aquilo dentro de uma tigela, cobrir com azeite de oliva e pôr dentro do forno, tudo em menos de um minuto. Depois, permitiu que o visse fazer pizza, com ênfase no *fique observando*, e não no *faça*. A massa já tinha sido preparada antes, e então ele a estendeu num grande círculo, derramou por cima, com uma concha, um pouco de molho de tomate *de latinha*, espalhou depois mozarela ralada e enfiou aquilo dentro do forno, ao lado dos tomates. Pedindo intimamente desculpas a Claudio, bati palmas duas vezes e exclamei: *"Voilà!"*

Luciano me deu umas pancadinhas na cabeça, como se faz com um cachorrinho submisso. "Amanhã você volta. Fazemos *gnocchi* juntos."

Não o avisei que antes disso ele teria de me matar com um tiro.

No saguão, os alemães e os ianques estavam bebendo e cantando de novo, dessa vez num coro barulhento dos seus respectivos hinos nacionais, numa cena que parecia diretamente tirada de *Casablanca*. Onde estaria

A vida perfeita 311

Claude Rains, quando se estava realmente precisando dele? Em seu lugar, entretanto, perambulava por ali um personagem chamado Patrick, um pretenso garanhão de uns 50 anos ou mais, de camisa de seda branca aberta até o umbigo, calça jeans bem justa, rabo de cavalo e o indispensável brinquinho na orelha. Eu já o vira passeando pelas redondezas, sem dúvida para bancar o falso moderninho, do eixo Itália–Los Angeles. Pelo que me lembro, parecia muito popular entre as esposas de Connecticut, que o paqueravam descaradamente. De qualquer forma, era uma espécie de coordenador, monitor de acampamento, cuja função era manter felizes os fregueses pagantes. Suas palavras para qualquer pessoa eram sempre: "Precisa de alguma coisa?" E se mostrava muito desapontado quando eu dava como resposta um invariável e enfático "não".

Desta vez, ele lançou a pergunta e se virou, antes mesmo que eu respondesse, certo de que eu era desses americanos que não gostam de brincadeiras.

Mas respondi: "Que tal me arranjar um táxi?"

Quinze minutos mais tarde eu já estava num trem, seguindo em direção ao norte.

Comprei uma passagem de ida para Florença no trem das 15h40. Desde o início eu ouvira falar de uma escola de culinária perto de Lucca, que merecia uma viagem especial, por isso resolvi me dirigir para lá imediatamente, e não algumas semanas mais tarde, como tinha planejado.

Na realidade, não chegara a desfazer minhas malas em Chiusi. Corri para o hotel e, enquanto o táxi aguardava, juntei de qualquer jeito o resto das minhas coisas, paguei a conta, me desculpei com os donos do lugar, um casal jovem, e me mandei dali o mais depressa possível, antes que pudesse ouvir mais alguém pronunciar a palavra *gnocchi*. Havia alguns suvenires do Palazzo Bandino – um avental, umas receitas mimeografadas e um embrulho de presente com uma garrafa de vinho – que deixei sobre a mesa de cabeceira. Por mais insensível que isso possa parecer, não queria nenhuma lembrança daquele lugar. Até então, a minha aventura fora notável, se bem que nada ortodoxa, e não queria que nada atrapalhasse o que estava vivendo.

A não ser no caso daquele maníaco em Beaune, isso era o mais próximo que tinha chegado de uma verdadeira fuga. Estava fugindo de uma cozinha toscana genérica, onde os molhos eram completamente indistintos. Já era tempo de aprender essa lição de vida tão importante: não faz sentido permanecer com pessoas que não combinam comigo.

EU TINHA CERTEZA DE QUE AQUELE LUGAR, em Lucca, haveria de oferecer uma abordagem radicalmente diversa da anterior. A escola era supostamente de luxo e altamente civilizada, atraindo muitos entusiastas da culinária que eram mais cosmopolitas, e também mais sérios. O chef, Valter Roman, era famoso por dar aulas cheias de energia e com participação ativa dos alunos, embora já tivesse ouvido dizer – dependendo de quem contava a história – que o tinham posto na rua, ou demitido do Le Mas des Oliviers, poucos dias antes de Frédéric Rivière chegar ali. Na verdade, esse novo curso ficava literalmente logo depois da Villa Lucia, uma propriedade irmã do Le Mas, e que abastecia a mesma clientela. Havia uma história de que se olhássemos de vez em quando para lá, seria possível ver as fagulhas voando entre as cozinhas adversárias. Que coisa mais italiana, pensei eu. No caso de a escola se revelar mais um fiasco, pelo menos a situação prometia dar uma bela ópera.

O Chef Toscano, que era o nome dado ao curso no programa, localizava-se em Vorno, um elegante subúrbio cheio de *villas* e de bangalôs, estabelecido no século XIV como residência de verão das famílias nobres de Lucca. Durante todo o inverno elas permaneciam dentro dos muros da cidade, onde lareiras enormes forneciam aquecimento. Mas no verão, quando o clima se tornava sufocante, todos embalavam seus pertences e se mudavam em elegantes carruagens, puxadas por vários cavalos, levando os amigos, os convidados e os criados para uma altitude maior, à sombra do Monte Pisano, e ali ficavam até pouco depois da colheita de outubro.

A vida perfeita   313

A Villa al Boschiglia era do tipo requintada, uma mansão do século XVII com portões, localizada acima de um gramado magnífico e cercada por um bosque de plátanos e coníferas finas como plumas, que seguia margeando a entrada coberta de cascalho para os automóveis. Um gigantesco vaso de gerânios emergia de um ninho de galhos de pinheiros. O local me fez lembrar Tara antes da guerra, com toda a sua extensão e esplendor. Uma fragrância leve e suave enchia o ar de limão e lavanda, um perfume tão delicado e perfeito que cheguei a pensar que vinha canalizado de alguma fábrica Guerlain.

Um belo casal jovem veio me receber à porta, de onde fui conduzido até uma sala de jantar formal, preparada para um banquete. A luz do sol jorrava através de janelões que iam do chão ao teto, aquecendo a sala com um calor dourado. Valter Roman pegou minhas malas, enquanto sua esposa, Julia, as substituía por uma elegante taça de *prosecco*. "Imagino que algo delicioso para comer vá lhe cair bem", disse ela, num inglês com forte sotaque.

Ah, quanta diferença... O aposento era lindo, elegante, como um cenário clássico. Havia muitas antiguidades valiosas, com sedas em cores pastel nas poltronas e cortinados. A mesa estava posta com arranjos de flores esculturais e pequenas velas para combinar com as sedas. Não me lembro se havia obras de arte pelas paredes, mas, de um lado da sala, arcadas esculpidas abriam para uma bela cozinha, onde elfos e gremlins invisíveis trabalhavam em alguma obra divina.

A impressão foi de que apenas alguns segundos tinham se passado até um verdadeiro festival surgir sobre a mesa. Comemos massas frescas caseiras e queijo forte e cremoso de cabra borbulhando numa caçarola; abobrinhas grelhadas e pimentões assados; gordas linguiças de javali bem chamuscadas, destilando alho e funcho selvagem. Só a salada verde com lascas de parmesão já valia a viagem até ali.

Valter Roman tinha uma beleza de garoto, com traços finos, elegantes, e sua fala revelava um forte sotaque germânico. Havia algo reservado em sua natureza, alguma coisa impessoal, mas talvez também isso fosse germânico, embora desconfie que tivesse mais a ver com a situação na *villa*. Valter era o próprio chef dos chefs; isso estava estampado em seus olhos e na maneira como se comportava na cozinha, cheio de segurança e autoridade. Mas uma escola de culinária exigia muito mais do que isso, de forma que se multiplicava como uma espécie de coringa. É claro que era ele quem organizava os cardápios e dava as aulas diárias, porém havia várias outras responsabilidades, como receber os hóspedes, designar os quartos, realizar as visitas aos mercados e vinhedos, administrar as queixas, todos esses detalhes superficiais que o ofício impunha. Ele dirigia um acampamento de férias e não uma cozinha, o que deveria deixá-lo infinitamente frustrado.

Ainda assim, fazia o melhor possível, pelo que posso afirmar, aparentemente sem assumir quaisquer ares de superioridade. Quando, algumas horas mais tarde, os hóspedes começaram a surgir aos poucos, ele e Julia se lançaram ao trabalho.

Era um grupo estranho e fora do comum, muito distante do que eu esperava. Eram vários casais na faixa dos 60 anos, vindos de todos os cantos dos Estados Unidos: dois velhos amigos de Massachusetts: ela, uma mãe dedicada, ele, gay; umas mulheres do extremo sul; e aquele cozinheiro compulsivo já nosso conhecido, o escritor doido com o coração partido. Como sempre acontece, houve um coquetel de uma hora, durante o qual todos se avaliaram mutuamente, com timidez. Eu, como sempre, fui logo tirando conclusões precipitadas. Isso era fácil, considerando-se todas as portas por onde já me metera, e todas as personagens que haviam deixado em mim uma impressão inusitada. Acho que era uma maneira de me proteger – não muito acurada, mas que de qualquer modo valia o risco. Valter prometia uma semana fascinante, e, a julgar pelas aparências, essa era a impressão de todos ali.

Cozinhamos juntos naquela primeira tarde, e depois nos sentamos ao redor da mesa comprida, diante de travessas cheias de flores de abobrinhas fritas, diversos tipos de *crostini*, *tagliatelle* finas como papel com um substancioso *ragù* de javali, *biscotti* tostados de amêndoas e tiramisu feito com biscoitos champanhe embebidos em rum, *mascarpone* aromatizado com café e chocolate em pó.

A vida perfeita

As receitas eram boas, muito boas mesmo, e as condições de trabalho, de um modo geral, confortáveis. Foi a cozinha mais bem-aparelhada que já vi: projetada conscientemente, com espaço de sobra nos balcões, arejada e bem-iluminada, com estoques de tudo o que se possa imaginar, desde anchovas até feijões *zolfini*. Valter era incrivelmente organizado e preciso nas aulas, nos instruindo com voz clara e direta, embora aparentemente não lidasse muito bem com as conversinhas do grupo. Quando as pessoas se mostravam muito aparvalhadas – como sempre acontece quando se está de férias –, ele se contraía todo, feito um gato. Era incapaz de disfarçar a irritação: uma escovinha qualquer que caísse no chão acidentalmente provocava nele um áspero olhar de reprovação. Perguntas bobas eram repelidas ou, simplesmente, ignoradas. Não havia nenhum clima para as brincadeiras que, desde o início, irrompiam a todo instante.

Os casais mais velhos, especialmente, eram os mais folgados. Tinham vindo para a Itália para relaxar, e usavam a escola de culinária como uma pausa entre excursões que os levavam para ver a cidade. Havia um consenso entre eles de que a experiência tinha de ser divertida. Eram colegas amáveis, a não ser Wendy, uma dona de casa de Detroit, que parecia preferir ser espancada em público a preparar uma massa.

"Ai, onde é que você foi me meter?", reclamava ela, piscando para o marido como se pudesse fazê-lo sumir. Segurava o avental como se fosse uma burca. "Está bem. Vou colocá-lo. Mas jamais vou usá-lo realmente."

Normalmente, poderia ter me aproximado para lhe oferecer amigavelmente algum conforto. Afinal, era uma espécie de veterano nessas situações. Porém, tinha o meu próprio demônio para enfrentar: durante uma demonstração de molho à *puttanesca*, Cheryl Lynn, uma das mulheres que estavam ali sozinhas, bem robusta e proveniente do sul dos Estados Unidos, bateu no meu ombro: "Você tem que sair da frente para que os outros possam ver", me disse ela numa fala arrastada, grossa. Ela não disse: "Será que você se importaria de chegar um pouquinho pra lá?", ou: "Desculpe, meu querido, mas não estou conseguindo ver." Simplesmente: *"Você tem que sair da frente para que os outros possam ver."*

O que era curioso é que ninguém, a não ser ela própria, estava parado perto de mim. Não tive nem mesmo tempo de reagir, quando novamente bateu no meu ombro, dessa vez me cutucando com um dedo duro feito aço. "Evidentemente, você não ouviu o que eu disse."

Mais tarde, enquanto eu estava fotografando um molho, ela meteu a pata na câmera, estragando a foto. "Ai, me desculpe", disse, com um sorrisinho de prazer.

Fiz o que pude para me manter longe do caminho de Cheryl Lynn, mas ela não largava do meu pé. A todo instante, durante a aula, se recusava a me passar algum ingrediente que eu pedia, fingindo não ter ouvido, ou olhando para outro lado com um gesto de aborrecimento. Um tremor de satisfação lhe pairava nos lábios. Às vezes, quando eu estava falando, podia vê-la me imitando para um amigo. Decidi ignorar essas coisas, mas sentia meu sangue ferver.

No dia seguinte, a caminho de um vinhedo em Greve, fizemos uma parada num posto de estrada, e acabei ficando trancado no banheiro. Levei algum tempo até conseguir sair, e quando me acomodei novamente no ônibus, contei a história com muitos toques cômicos. "Cara!", exclamei, "fiquei achando que ninguém ia me encontrar!"

"Ou que ninguém ia se importar...", disse ela.

Eu não sei o que fiz para ofender tanto aquela sapa, mas com toda certeza, aquilo ainda ia acabar mal.

Valter, que tinha observado o episódio se desenvolver, caminhou a meu lado até uma *trattoria* onde todos iríamos almoçar. "Parece que você e Cheryl Lynn começaram da maneira errada, não?"

"E qual seria a maneira certa, Valter?"

"Por favor, não torne as coisas mais difíceis. Parece que ela tem algum ressentimento contra você." Ele olhou em torno, com desconforto. "Você não andou dando em cima dela?"

"Está brincando!"

"Quem sabe talvez devesse..."

"Preferia dar em cima de um porco-espinho. Francamente, Valter, essa mulher é uma ameaça. Eu sempre levo as coisas na esportiva quando se trata

A vida perfeita 317

desse tipo de convivência em grupos. Mas estou lhe avisando: se ela continuar desse jeito, vocês ainda vão encontrar ela boiando no *bollito misto*."

A presença de Cheryl Lynn nas aulas era a oportunidade perfeita para me concentrar na cozinha. Qualquer interação social parecia fora de questão. A solução era muito prática, porém me irritava. A espiral descendente do mundo parece sempre eternizada por idiotas desse tipo.

Nossa aula no final da tarde teve muita coisa para me distrair. Fizemos massa à maneira antiga, amontoando semolina sobre o balcão, quebrando os ovos numa cavidade no centro e incorporando a farinha ali, trabalhando lentamente de dentro para fora até os ovos serem bem absorvidos. Eu já fizera aquilo antes, batendo a massa até ela ficar macia, e depois passando-a por um pequeno cilindro de massa manual. Porém Valter tinha uma peça especial para acoplar à batedeira que fazia todo o trabalho braçal. A gente apenas aperta um botão e... massa pronta! Era um imenso atalho, quase infalível, e fizemos tiras perfeitas e macias, que imploravam por algum toque criativo. Mas... qual?

Bud e Sally, da Flórida, sugeriram espaguete e almôndegas. Valter arregalou os olhos, pálido, como se eles tivessem dito algo absurdo. Por fim, nem se dignou a responder, o que provavelmente foi melhor. Felizmente Ed, que era de Boston, veio em seu socorro dizendo que adorava ravióli, o que tirou Valter do transe. Ele tinha a receita certa – ravióli recheado com aspargos verdes e manteiga trufada. Como já tínhamos a massa pronta, pareceu uma ideia perfeita, e começamos a trabalhar cheios de animação.

RAVIÓLI DE ASPARGOS VERDES COM MANTEIGA TRUFADA

½ cebola roxa
1 dente de alho
250g de aspargos bem finos
azeite de oliva extravirgem
1 pimenta vermelha picada
200g de ricota
sal e pimenta moída na hora

½ xícara de queijo parmesão ralado
massa para ravióli
1 ovo batido
4 colheres de sopa (80g) de manteiga sem sal
lascas de trufas negras

Prepare o recheio: pique a cebola, o alho e os aspargos e refogue em duas colheres de sopa de azeite de oliva, acrescentando um pouquinho d'água (ou caldo), após um minuto de cozimento. Cozinhe-os até amolecerem. Acrescente a pimenta e misture. Transfira para uma tigela metálica, junte a ricota e mexa bem com uma colher de pau. Tempere a gosto com sal, pimenta e ¼ de xícara de parmesão. Misture bem.

Prepare a massa caseira: abra a massa em mantas finas. Pegue uma manta de massa e cubra levemente a superfície com ovo batido. Marque, sem cortar, os formatos dos raviólis com uma carretilha de massa ou uma faca, e ponha uma colher de sopa do recheio no centro de cada um. Cubra com outra fina manta de massa. Usando uma carretilha de massa ou uma faca, corte e feche na forma desejada. Cozinhe em água salgada fervendo até ficar *al dente*, por cerca de 4 minutos.

Numa panela, misture a manteiga com ¼ de xícara de parmesão até apenas derreter. Junte o ravióli e sirva imediatamente, com algumas lascas finíssimas de trufas por cima.

Também estendemos algumas mantas de massa e as cortamos em tiras finas de *tagliolini*, que servimos com um simples molho de tomate-cereja que, segundo Valter, "é imbatível". Não tinha nada demais naquilo. Tudo ficou pronto em pouco mais de cinco minutos.

Molho de tomate-cereja e manjericão

azeite de oliva extravirgem
1 dente de alho picado

A vida perfeita

800g de tomate-cereja cortado em quatro
sal e pimenta-do-reino moída na hora
um punhado de folhas inteiras de manjericão
massa caseira
parmesão ralado

Aqueça o azeite numa frigideira e frite ligeiramente o alho. Acrescente os tomates, ponha bastante sal e pimenta e por cima coloque o manjericão. Cozinhe por 5 minutos. Misture com massa caseira fresca e depois espalhe por cima folhas de manjericão e parmesão ralado.

Já cozinhávamos havia quase duas horas sem interrupção, quando Valter disse: "Hoje à noite teremos mais um clássico: o *risotto*." Ele falou numa voz cheia de respeito e poesia ao descrever a lendária preparação, que na mesma hora me fez lembrar as incontáveis noites que fiquei debruçado sobre uma panela fervente, mexendo feito um maníaco, tentando chegar à consistência mais cremosa possível. Era um dos pilares do meu repertório. Na falta de um maravilhoso assado de galinha, não havia nada mais reconfortante do que um *risotto* bem-feito. O adocicado da manteiga, o aroma perfumado do vinho, o gosto salgado do caldo, o arroz *al dente* e mais alguns outros ingredientes – tudo isso eram coisas afrodisíacas para quem, como nós, tínhamos o ato de comer como uma experiência sensual.

"Preciso contar uma coisa a vocês…", disse Valter, fazendo uma pausa de efeito e olhando significativamente em nossos olhos, com uma expressão próxima da indecência: "Eu sou um amante – *um amante do risotto*."

Amém, irmão.

"E para me cativar o coração, para fazer meu interior explodir de prazer…"

Uau! Aquilo já estava ficando esquisito…

"… todos precisam ter paciência. Ter paciência, e também as coisas certas."

"E *quais* exatamente são as coisas certas?", perguntou uma mulher chamada Deanna, aproveitando a deixa.

Uma sequência de risinhos escapou quando Valter disse: "O arroz, nada mais que isso. Vocês precisam de um arroz bom e com bastante amido, como o *carnaroli* ou o *arborio*, que dão a liga adequada. O *basmati*, ou qualquer outro tipo, não tem a textura ideal, e os ingredientes essenciais não se misturam a ele. A mesma coisa acontece com o caldo. Ele tem de ser muito bem-feito, sem usar atalhos, do contrário o sabor fica sacrificado."

Mais cedo, ele começara a fazer um caldo de legumes para nós usarmos, colocando, numa enorme panela de água, abobrinhas cortadas, três cenouras, um ramo de aipo com toda a sua coroa de folhas, uma cebola cortada ao meio e tostada numa frigideira seca, e uns talos de salsinha sem as folhas, que de outro modo teriam ido parar no lixo. Havia também vários outros ingredientes à nossa disposição, embora não se pudesse prever se iríamos usá-los ou não. Tudo dependia do prato que estávamos pretendendo fazer. O *risotto*, engraçado, era algo semelhante à pizza: tinha um sabor maravilhoso em si mesmo, mas às vezes aquela simples torta de queijo parecia implorar que lhe acrescentassem *pepperoni*, pimentões ou cogumelos. Da mesma forma, é possível compor um *risotto* quase que de qualquer maneira, contanto que não se extrapole, como aquele "especial" da Rowayton Pizza, do meu bairro, que tinha de tudo, ou quase tudo que existia no estabelecimento. Antigamente, eu tendia a optar sempre por açafrão e mariscos. Valter propôs que começássemos de modo mais simples, talvez ficando com os cogumelos *porcini* que havíamos admirado no mercado de Pistoia. Eram impecáveis, de uma cor de couro de veado, com caules maciços e carnudos e um agradável aroma de terra molhada.

O caldo produzido timidamente com aqueles poucos legumes ficou um tanto insosso demais na minha opinião. Talvez fosse necessário dar mais tempo para passarem seu sabor para a água, ou quem sabe incluir frango, para destacar mais os traços característicos. Porém Valter foi tão hábil ao misturá-lo aos outros ingredientes que isso realçou o arroz sem comprometer o brilho da coisa em geral. O que faltava em sabor picante, ele compensou com muitos floreios e entusiasmo, conseguindo transmitir o romantismo que sentia para todos nós, que o observávamos dos nossos postos, mexendo sem parar as panelas.

A vida perfeita

Na receita que fui anotando, a técnica do *risotto* parecia mais uma fantástica partida de futebol, cheia de marcas e de setinhas espalhadas pelo papel, de cruzamentos nas idas e vindas do fogão, de passes furtivos com as conchas, e os inevitáveis desastres de vez em quando. Me senti como um zagueiro atacado por todos os lados, em coisa de segundos.

"Você parece tenso demais, à beira de um ataque de nervos", me disse Valter, aparecendo por trás da minha *mise-en-place*. "Relaxe. Ninguém está operando cérebros aqui. O *risotto* costuma ser muito tolerante, com a condição de que você se organize bem." Ele encheu generosamente duas taças de *nebbiolo* e estendeu uma para mim. "Vamos beber um pouquinho, desfrutar da noite. Enquanto isso, vamos fazendo as coisas, mantendo um olho vivo em nosso *risotto*."

Num ritmo que parecia câmera lenta, fizemos outras poções juntos: echalotas refogadas numa poça de manteiga e azeite; arroz brilhando de gordura; uma taça de vinho, com aroma floral, reduzida a quase um pingo; seis xícaras de caldo cozinhando logo abaixo do ponto de fervura; parmesão ralado tão fino quanto talco; sal marinho cinza opaco; mais manteiga fresca, *mais*; espalhamos uma generosa quantidade de folhas de hortelã picadas; e, é claro, os cogumelos: firmes, sedosos, lindamente fatiados e só um pouco murchos.

Tudo não passava de uma linha de produção, que de modo algum valia a crise nervosa que eu vinha sofrendo, comandada por um campeão de popularidade que conseguia estimular nosso ânimo coletivo.

Depois do jantar, todos se encaminharam para áreas diversas da *villa*, uns para ler, outros para jogar gamão, outros ainda para ver TV, o que era um verdadeiro desrespeito àqueles arredores magníficos. Ninguém mostrou muito interesse em conversar, e tampouco qualquer esforço foi feito pelas pessoas para se conhecerem mutuamente. Mesmo no Le Mas, onde os hóspedes acabaram se confrontando como facções opostas de alguma tribo afegã, tinha havido certa curiosidade pelas vidas dos demais. Era este o aspecto bonito dessas escolas culinárias de férias, pensei. O aspecto social, a camaradagem já eram em si mesmos uma atração. A diversidade ali na Toscana poderia proporcionar um pequeno show à parte muito estimulante, porém afora os dois casais mais velhos que viajavam juntos, ninguém estava querendo saber de mais ninguém.

Como tudo mais, concluí, aquilo dependia da mistura certa de personalidades e de um toque de sorte. Por que os Yankees não foram campeões com estrelas como Jeter, A-Rod, Giambi e Mussina no time? Imagino que, depois dos jogos, uns foram ler, outros jogar gamão ou ver TV ou... De qualquer forma, o nosso grupo não parecia destinado a ganhar campeonatos mundiais.

Isso não era nada bom para mim. A última coisa que estava querendo era encarar a solidão, ficar sozinho com meus pensamentos. Por isso, preferi dar uma volta pela cidade. A lua cheia brilhava tanto que parecia se prolongar sobre os telhados, deslizando acima da fileira de árvores, revelando um conjunto de caminhos estreitos do outro lado da estrada. Stefania, a assistente de cozinha, morava em algum lugar por ali, e me ofereci para lhe fazer companhia em sua ida para casa.

Ela era bem bonitinha, a pele dourada e um ar muito solene, os cabelos crespos cortados na altura do queixo e caídos sobre um dos olhos. Sua estrutura leve parecia a de um garoto. Mesmo estando na casa dos 20 anos, lembrava mais uma menina do que propriamente uma mulher. Eu a tinha observado muito atarefada pela cozinha, onde sua presença era quase uma sombra, como se estivesse sendo reprimida. Parecia estar cautelosa, e caminhamos em silêncio a maior parte do trajeto. Quando chegamos a um cruzamento perto de uma ruína, ela se deteve subitamente, como decidindo se deveria prosseguir.

"Estou pensando...", disse Stefania com uma seriedade estudada. "Será que você gostaria de ir tomar um drinque no bar da cidade?"

Era um convite bem agradável. O Lissa's Caffé era a única diversão da cidade, por onde todo mundo passava em algum momento da noite. A cabine telefônica do pátio servia a toda a região. Um pouco antes das nove, o Lissa's já estava lotado. Stefania conhecia todos os jovens que zanzavam por ali, provavelmente desde a infância, desde os tempos do colégio. Mesmo assim, não mostrou nenhum constrangimento de aparecer em minha companhia, um homem com mais que o dobro da sua idade, e

A vida perfeita

de ficar conversando seriamente no bar e bebendo *prosecco* gelado, ambos muito concentrados.

Perguntei se aquele era um lugar onde costumavam vir seus amigos, quando estavam de volta na cidade.

"Você parte do princípio de que a gente *deixa* a cidade", respondeu ela, num inglês cauteloso e sem sotaque.

"Bom, é verdade. Normalmente é este o ciclo natural, em cidades como esta. A geração mais jovem vai estudar fora, e volta esporadicamente, para fazer uma visita."

"Este seria o caso, num mundo perfeito. Talvez lá nos Estados Unidos, onde tudo acontece de acordo com o planejado." Ela deu um sorriso irônico, e nós dois começamos a rir. "Mas você está na Toscana, que é pequena e pobre, na sua maioria, e não dispomos dos meios pra ficar nos mudando assim."

"Talvez quando terminar seu aprendizado...?", sugeri.

Um ar descontente mesclado de ironia passou por sua fisionomia. "É isso que pensa que estou fazendo? Um aprendizado na cozinha da Villa al Boschiglia?"

Deixei que ela tomasse o meu silêncio como confirmação.

"Você não sabe como isso soa engraçado", replicou, sem qualquer toque humorístico na voz. "Pode parecer isso, mas a verdade é que é a atividade mais insignificante possível. Apenas alguma coisa para me impedir de ficar louca." Ela acendeu um cigarro e aspirou a fumaça, como que cansada de discutir sobre sua situação. "Um aprendizado? Eu devia ter pensado nisso antes, quando era adolescente..."

Sua atenção foi atraída por algum conhecido, por meio do espelho do bar, e imediatamente foram trocados acenos de mão.

"Antes do quê?", disse eu, provocando-a.

Ela olhou diretamente para meu rosto, parecendo adivinhar que qualquer coisa que se inscrevesse ali estaria equivocada.

"Antes de fazer meus votos. É a obrigação de qualquer moça italiana. Nós nos dedicamos ao serviço, à solidão, à pobreza. Não importa qual é nosso objetivo, tudo sempre acaba nisso." Tomou um gole de *prosecco*, olhando por cima da taça para ver se eu estava acompanhando o que dizia. "Sabe que eu falo cinco línguas? E teve também os quatro anos na universidade, onde estudei para ser professora do ensino fundamental. Mas não existem vagas de emprego. A única escola em Vorno está permanentemente fechada. Então eu peguei o único posto disponível: arrumar mesas e lavar louças. É esse o meu aprendizado, como você disse. Além disso, moro com meus pais, que é a mesma coisa que viver dentro de uma caixa. Seria maravilhoso – como foi o termo que você empregou? – me mudar daqui. Mas não tenho nenhuma possibilidade. Não tenho recursos, nem mesmo para ir por minha própria conta para outra cidade. Estou encurralada aqui."

Ela ficou falando, bebendo e fumando por pelo menos mais uma hora. A certa altura, aconteceu um rebuliço no bar, quando outra jovem irrompeu chorando incontrolavelmente. Diversas pessoas cercaram-na imediatamente, num verdadeiro redemoinho. Stefania foi lá ver o que acontecera, forçando a passagem por entre a multidão, informando depois:

"Sem querer, ela atropelou Bella, a cachorrinha da Villa Lucia, e a matou."

Senti meus cabelos se arrepiarem. Dois dias antes eu batera à porta da Villa Lucia, na esperança de um convite para cozinhar lá, e uma meiga cadelinha com a cara do Pateta começou a pular, brincando ao meu redor.

Minutos mais tarde, a moça veio trôpega em nossa direção e caiu chorando nos braços de Stefania. Trouxemos uma cadeira para ela e lhe demos um drinque, uma bebida doce e caseira, enquanto ela afundava a cabeça entre os braços e tentava abafar os soluços num emaranhado de mangas de camisa. Ela levou um guardanapo ao rosto e começou a gemer. Jovens casais acompanhavam o episódio das suas mesas, sem saber se deviam se aproximar. Finalmente, pedi a um dos rapazes para levar a moça de volta à *villa*, onde alguém poderia tomar conta dela.

Voltei para o bar. "Ela vai ficar bem. Só precisa de alguma coisa para distrair seus pensamentos", disse para Stefania, com uma solidariedade demasiadamente exagerada. Sua expressão foi de curiosidade. *O quê? Era óbvio que eu deixara escapar alguma coisa.* Para mudar de assunto, fiz para

A vida perfeita

Stefania um pequeno resumo da odisseia culinária que estava vivendo, mas na mesma hora me arrependi. As palavras que saíram da minha boca pareciam privilegiadas e orgulhosas.

"Você tem uma vida perfeita", disse ela, sem qualquer ironia.

"Você só pode estar brincando. É mesmo, não é isso tudo que você está pensando, e com toda certeza pode ser qualquer coisa, menos perfeita." Não tinha sentido algum ficar desencavando toda a minha triste história, porém revelei um pouco do tumulto amargo que os últimos três anos haviam despejado sobre mim.

Ela escutou, uma e outra vez concordando com a cabeça, sem revelar muito o que estava pensando. Quando terminei, ela disse: "Você vai superar isso, e então vai retomar sua vida perfeita."

As palavras de Stefania continuaram ecoando em mim durante os próximos dias que passei em Vorno. Embora elas estivessem bem longe da realidade dos fatos, havia um elemento de verdade no que dissera. Fosse como fosse que me avaliassem, era um sobrevivente, bem-sucedido, fazendo o que gosto, saudável e livre. Não existia nenhuma situação da qual não pudesse me libertar. Não estava sem perspectivas, nem tampouco encurralado. Com o passar do tempo, conseguira alguma clareza sobre a minha vida confusa, e já era possível enxergar a luz do sol. O divórcio, como me asseguraram os amigos, acabaria sendo uma bênção disfarçada. Poderia reconstruir minha vida, ressurgir de sob um monte de dívidas. Quanto ao meu portfólio de romantismo, mais reconstruções estavam a caminho. O pior que poderiam me atribuir era um talento para o caos. Ou incapacidade de chegar à perfeição com um merengue italiano.

Minha vida podia ser tudo, menos perfeita; porém, estava cheia de promessas mais adiante. Decidi, então, desfrutar do resto das minhas viagens. Eu merecia isso.

O programa culinário que ainda restava para as nossas aulas era bem simples. Fizemos filés grelhados com cogumelos *porcini*, rúcula e feijão *zolfini*; berinjelas à parmegiana; frango à *cacciatore* (em lugar de coelho, que os outros recusaram peremptoriamente) com bolos de polenta cravejados de vagens; mais robalo assado *en papillote*; um *limoncello* bem forte; torta de pera com marzipan; pêssegos ao licor de *amaretto* com sorvete de canela; e *biscotti* de chocolate. Valter dava as aulas com o máximo de entusiasmo possível, mas eu sabia por experiência que ele estava no piloto automático, como um bom músico de jazz tocando de madrugada numa festa de casamento.

"Vamos fazer um caldo de galinha, para dar mais um toque de sabor?", perguntei, quando preparávamos uma sopa de cogumelos selvagens que tinha uma elegância antiga, como a de uma *vichyssoise*.

"Podemos", respondeu ele. "Mas não acho que vá fazer muita diferença. Em vez disso, vamos usar água, para poupar a todos esse trabalho extra."

Isso pareceu um tanto leviano da parte de Valter. Desde que chegamos à Villa al Boschiglia, ele dera ênfase ao uso apenas dos melhores ingredientes, por isso queimar etapas assim parecia fora de propósito.

Houve outros indícios da sua frustração. Algumas vezes, quando estava a ponto de introduzir uma receita nova, erguia os olhos da página, percorria a galeria de rostos vazios e olhos arregalados, e por fim optava por algo mais simples, algo que eu já aprendera em outro lugar e que não exigia nenhuma prática. Normalmente, a turma reagia com entusiasmo. Lançavam-se ao trabalho, realizando cada detalhe com uma precisão mecânica, mas aquilo nunca inspirava muito entusiasmo em Valter. Ele era um professor dedicado, mas retirava sua energia dos alunos e, naquele caso ali, não estava havendo da parte deles intensidade suficiente para estimulá-lo.

Certa vez, ele produziu uma torta de cereais com ricota aromatizada de laranja, luxuosamente apresentada numa tigela pintada à mão, que qualquer um poderia afirmar ser herança de família. Saindo do seu estado indiferente, estava ruborizado e com um ar travesso, e ficou claro que se sentia compartilhando conosco um tesouro que lhe fora dado por algum guru muito reverenciado. Com uma cerimônia exagerada, diante da tagarelice das bocas indiscretas, salpicou açúcar de confeiteiro sobre cada triângulo, como se fosse um pó mágico da varinha de condão de um feiticeiro. Todos

A vida perfeita

atacaram aquilo com entusiasmo, enquanto os olhos dele dançavam antecipando nossa reação. Mas era impossível disfarçar sua desilusão.

Deanna curvou-se para mim e cochichou: "O que é que a gente pode fazer? Ele vai ficar ofendido, mas eu não posso comer uma coisa dessas."

"Posso fingir um desmaio", propus. "Quando todos estiverem me socorrendo, você joga a coisa fora."

Ela ficou vermelha, fazendo força para não rir. Já estávamos chamando a atenção de Valter quando Cheryl Lynn apareceu em nosso socorro. Com uma interjeição de horror, ela empurrou o prato até o meio da mesa, exclamando:

"Não vou conseguir botar isso na boca. Sabe, Valter, nós americanos não consideramos pudim de arroz uma sobremesa especial."

Ele arregalou os olhos para ela com ar sombrio, sério, incapaz de falar.

Expliquei: "Isso não é arroz, Cheryl Lynn, é espelta, um tipo de cereal."

"Então por que vocês não disseram *cereal*? É bom falar inglês simples, em vez de ficarem usando todos esses termos pomposos. Ninguém fica impressionado."

"Chamar isso de *cereal* seria como reduzir o vinho desta taça apenas à sua cor, tinto, em vez de chamá-lo de *pinot noir*, o que seria demais para você entender."

"Vou ter que separar vocês dois?", perguntou Ed, não de todo brincando.

Deanna se curvou para mim e cochichou:

"Acho que você devia dar uns cascudos nela."

Cheryl Lynn ficou parada, de boca aberta, a mão sobre o peito, como se tivesse sido ferida. Tive de admirar sua performance.

Os outros casais se aproximaram, querendo ver quem seria o primeiro a tirar sangue do outro. Valter, tendo se recuperado, instou-nos diplomaticamente, mas com firmeza, a que nos afastássemos do balcão e fôssemos para a sala de estar, no andar de cima, onde um *prosecco* nos aguardava para ser servido.

Mais tarde Valter discutiu conosco o cardápio para a próxima aula, e ao ouvir que seria *gnocchi* percebi que já era hora de ir embora.

Se ainda tinha alguma dúvida, ela foi eliminada no café da manhã do dia seguinte. Cheryl Lynn sorriu desdenhosamente para mim quando puxei a cadeira, e em seguida se lançou num monólogo sobre as exigências de viagem do seu trabalho, e como conseguia amenizar a coisa ficando sempre na mesma cadeia de hotéis em cada cidade.

"Fale um pouco sobre esses lugares", sugeriu Valter, desencadeando um verdadeiro tratado de como as pessoas podem "comer sempre uma porção de ovos de manhã, com batatas rôti, mingau e muita torrada com manteiga".

Enquanto ela ia explicando essas coisas, Tibério, o assistente da cozinha, me trouxe café italiano forte numa xícara fumegante do tamanho de um dedal. Quando ele a depositou, Cheryl Lynn interrompeu seu discurso e fez uma careta, torcendo o nariz.

"Não sei como vocês podem beber essa coisa", disse ela, sem olhar para mim. "É horrível."

"Você devia experimentar", disse eu. "É assim que os italianos bebem café."

Valter me lançou um olhar suplicante, e eu dei de ombros, indicando que ele nada tinha a temer. Em vez disso, agradeci a Tibério por ter feito aquele café especialmente para mim.

Fiquei olhando Cheryl Lynn do outro lado da mesa sem dizer nada, apenas desejando ter nas mãos um pedaço de torta de creme. Por fim, acabei explodindo em gargalhadas. Foi impossível me controlar. Ela era a pessoa mais desagradável que já encontrara, porém aquilo havia superado tudo. Era tão irracional que acabei me divertindo.

"Cheryl Lynn, você é mesmo fantástica! É uma pena que não possamos passar mais tempo juntos. Alguma coisa me diz que eu ia acabar gostando de você."

"Você é doido", respondeu ela, e eu ri com mais vontade ainda. Em seguida ela me deu adeus, com ambas as mãos, e se voltou para os demais, elogiando a generosidade dos minibares de hotel.

Fui embora depois do café da manhã, mais cedo do que havia planejado. Mesmo assim, me senti satisfeito por ter reunido algumas ótimas

A vida perfeita

receitas e, apesar da odiosa Cheryl Lynn, pelo tratamento agradável que recebi das demais pessoas. De certa forma, invejei a forma como se divertiam uns com os outros sem levar aquele trabalho muito a sério, ou com muita paixão. Diferentes de grande parte da culinária francesa, que exigia muita precisão, muitas receitas italianas pediam um toque mais casual, uma improvisação maior, e minha atitude muito tensa estava começando a se dissipar. Já vira que a recompensa, para os meus colegas, era talvez aquele espírito leve na cozinha, o entendimento mútuo de que o seu trabalho jamais receberia estrelas ou garfos do Michelin, mas que também jamais deixaria de agradar. Para a maior parte deles, esse tipo de resultado é o bastante, e faz com que valha a pena a experiência. Não existiria *gnocchi* nem tiramisu se não fosse assim.

FIQUEI PENSANDO NISSO NO TREM que seguia vagaroso para Nápoles. Por mais surpreendente que possa parecer, questionei a minha missão de cozinhar como os chefs franceses e italianos. Era difícil de imaginar, considerando-se as metas que estabelecera: dominar a técnica, aperfeiçoar novas receitas, realizar uma experiência culinária verdadeiramente *extraordinaire*. Todas essas coisas ainda tinham importância para mim, talvez até tivessem se intensificado nos longos meses na estrada, porém tinha de admitir que ali na Itália as minhas opiniões tinham se transformado.

Eu começava a compreender que existem duas espécies de cozinheiros. Os perfeccionistas, que passam a vida inteira correndo atrás daquele brilho fenomenal, o momento em que todas as lições que aprenderam, todos os mistérios penetrados pelas tentativas e os erros se reúnem naquele prato e enviam um choque de êxtase aos sentidos. E existem os entusiastas, que cozinham por puro prazer egoísta, para fazer algo delicioso e satisfazer quaisquer impulsos criativos que os motivem para alcançar o objetivo. Por um tempo extremamente longo, o perfeccionista que havia em mim prevaleceu, mas essa estratégia, como todos puderam ver, nem sempre me trouxe satisfação.

Algumas das minhas velhas ansiedades voltaram à tona na cozinha de Valter Roman. Ainda me sentia compelido a aprender o máximo possível naquele limitado tempo, e a energia que dispensei, a minha ideia fixa obviamente enfureceram as Cheryl Lynn que existem pelo mundo. Não estava interessado em fazer sorvete de baunilha (de novo), nem *biscotti* (de novo), e tampouco *pesce al cartoccio* (robalo em papel-manteiga – *en papillote!* – de novo), ou cestinhas de parmesão com salada de rúcula. (Será que ninguém conhece as versões de Martha Stewart ou Rachel Ray?) Afinal, o que tinha a ganhar com aulas práticas de polenta? Será que falei isso, ou apenas pensei? Sem dúvida, estava me livrando de algumas vibrações de ansiedade. De qualquer modo, o "jantar de despedida", a que faltei por ter saído de Vorno pela manhã, deve ter sido cheio de comentários sobre a minha intensidade e impaciência.

Mesmo assim, o entusiasta em mim pôde vir à tona ao lado de Claudio e, nos últimos dias, de Valter. Me percebi observando algumas das suas demonstrações sem tomar notas, apenas curvado sobre o balcão, apreciando a cadência do processo de cozinhar, os passos ritmados, a música das panelas batendo sobre o fogão, a movimentação dos alunos pelo chão da cozinha, como numa companhia de teatro de repertório. Tudo se movia num ritmo agradável e tranquilo. Para mim, aquela cena era como um bom teatro, ou, pelo menos, um ensaio. Os atores como que sabiam suas falas e faziam uma ideia geral de onde deviam ficar, como se mover, quando se curvar. Seria possível dizer que tudo se harmonizava. E eu, bem, eu me sentia como um ator substituto na coxia, esperando a hora da minha entrada.

Perto do final da semana, Valter nos ensinou a fazer torta de pera e marzipan coberta com calda cremosa de chocolate, que transformou aquele grupo de inocentes espectadores em exímios cozinheiros. Eu havia desejado ardentemente conseguir uma receita daquelas. Kate Hill tinha uma versão parecida, mas nós sempre havíamos adiado fazê-la. Mas alguma coisa nesta havia atraído a atenção de todos. Meus colegas se juntaram em torno daquela tarefa com exuberância e delícia, inclusive Wendy, que se ofereceu para realizar a etapa final. Nós nos divertimos muito

A vida perfeita

ao dar os últimos toques naquela bela criança: cozinhar as peras numa simples calda de açúcar, abrindo uma *pâte sucrée*, fazendo o marzipan e a calda de chocolate. Foi um trabalho em grupo do início ao fim. Todos trabalhamos juntos de maneira calma e relaxada, e quando tilintamos nossas taças num brinde após o show, todo mundo, até Cheryl Lynn e eu, encontrou uma palavra de estímulo para dizer.

A CHUVA BATIA NAS JANELAS enquanto o trem seguia através da Úmbria em direção aos contornos palacianos de Roma. As montanhas estavam lustrosas e manchadas de umidade, como se alguém tivesse acabado de lhes dar uma segunda mão de tinta. Em algum ponto depois de Assis, minha cabine se esvaziou, e novas personagens se amontoaram a bordo: a mãe com a filha grávida, que desde que entrou começou a desembrulhar sanduíches sem parar; um velho muito animado, com uma tosse persistente, que me ajudava a botar as malas no corredor sempre que alguém precisava passar; e Aislinn, uma irlandesa linda que foi algo como uma conselheira, a seu modo desconexo. Acabara de ser demitida de uma companhia de seguros, e estava dando o pontapé inicial numa odisseia pela Europa e pela África, gastando cada centavo do seguro-desemprego, para se impedir de jamais se sentir devedora com aquela companhia – embora quando falava sobre a empresa ela me lembrasse a forma como eu também costumava falar sobre meu casamento fracassado. Aislinn estava tensa, desorientada e amarga, mas havia algo de corajoso nela que admirei... mais uma lição de como se manter sempre caminhando em frente, querendo mais.

Ela adorava cozinhar – era coisa de família, claro –, e passou toda a hora seguinte folheando minha coleção de receitas. Era tranquilizador explicá-las a ela. Cada uma resgatava uma história, como fotos de viagem. Comecei fazendo um retrato impressionista de Bob Ash, a quem ela conhecia de nome, e fiz com que risse bastante, chegando a ficar indignada, quando descrevi Cheryl Lynn, cujo sotaque imitei perfeitamente, embora carregando um pouco. Aislinn parecia encantada, até emocionada, com aqueles esboços estranhos e engraçados, e então abrimos uma garrafa de Super Toscano que eu trouxera de Lucca com a intenção de dar de presente a alguém.

"Você deve ser mesmo um ótimo cozinheiro", disse Aislinn, enquanto percorria a lista de ingredientes que entravam naquela *franzicina* putrefata de Claudio.

A observação me pareceu ridícula, e espantei-a como a um mosquito. Mas... fiquei pensando, qual seria o desfecho de todas essas explorações, dessa empreitada?

A grande variedade das receitas, vista através dos olhos de Aislinn, me pegou de surpresa. Eu tinha me esquecido de quanto havia cozinhado na minha odisseia, e de todas as formas como tudo me fora apresentado e explicado. A concentração no trabalho e a gama das experiências eram ainda mais ricas do que imaginara. Enquanto isso, me beneficiei de uma quantidade extraordinária de dicas, que agora ficavam a dar voltas em minha cabeça. Observações reveladoras, cuidadosamente armazenadas – a maneira adequada de se amarrar um assado, de dourar uma carne, de fazer raspas de frutas cítricas (técnica que Fred Rivière me ensinou, chamada *pelé à vif*) –, pareciam relevantes, profundamente iluminadoras naquele contexto. Todo aquele amadorismo, todo aquele tatear desajeitado, o constrangimento, mesclava-se numa base que parecia impressionante, mesmo eu sabendo que era tão instável quanto o plutônio. Ótimo cozinheiro? Não chegava a isso, com certeza, mas, a partir de um dado ponto no caminho, me transformara num produto inacabado, mas já bastante aceitável.

De qualquer modo, precisava praticar tudo o que aprendera, engrenar alguns pratos que ainda estavam frescos na minha memória. Por onde começaria? Pelo cozido de coelho de Kate Hill? Pela omelete de Yannick? A berinjela à parmegiana de Valter? Pela *tarte Tatin* do Arpège? Fantasiei alguns cardápios fabulosos, que iriam torturar meus amigos. Me ocorreu que aqueles jantares das sextas-feiras jamais seriam os mesmos. Seria capaz de produzi-los? Meu suflê cresceria, ou murcharia? *Isso que você fez é uma sopa, seu idiota!* Era o que qualquer um poderia pensar.

Continuei embaralhando todas as possibilidades durante a esplêndida e vertiginosa viagem, partindo de Nápoles, passando por Sorrento e subindo

A vida perfeita 333

pelos caminhos estreitos e sinuosos que levam à cidade de Sant'Agata, situada no topo da montanha. De ambos os lados viam-se penhascos escarpados com panoramas de precipícios, que tinham toda a pinta de serem os últimos que veria nesta vida. Estávamos *sui due Golfi*, me disse o maquinista, ou seja: entre dois golfos – Salerno, à esquerda, e Nápoles à direita, com uma vista dominante, ao sul, da tentadora Capri.

Era assombroso, como o cenário de um filme dos anos 50, um paraíso cor de turquesa, difícil de assimilar. O automóvel fazia as curvas como um rato bêbado. Antes de sair de Nápoles, havia devorado um sanduíche de *prosciutto* com queijo, e agora lutava para mantê-lo no lugar, enquanto subíamos em ritmo de rock'n'roll. Meu estômago se elevava como num voo, acima da cidade de Sorrento, que ia ficando para trás e cujas luzes tremeluziam no fim de tarde. "São apenas sete quilômetros", balbuciei através dos dentes fortemente cerrados. "Quanto tempo levaremos até lá?"

Augusto, meu chofer, me ofereceu um sorriso malvado. "Cerca de meia hora. A estrada é muito estreita. Leva tempo. Aproveite a paisagem."

A paisagem. Não podia me concentrar em nada que pudesse exigir um movimento. O mínimo que eu fizesse, para cá ou para lá, poderia provocar um acidente embaraçoso que voaria através da janela do carro. Preferi encolher meu corpo flácido no fundo do assento, tentando me convencer hipnoticamente com um mantra silencioso: *sui due golfi... sui due golfi... acima da costa de Amalfi... sui due golfi...*

Por pouco tempo, aquilo funcionou, até Augusto passar para uma marcha mais lenta. Precisei recorrer a outra tática, bem drástica, afora começar a berrar *Pare esse maldito carro!*. Lembrei de um remédio que meus amigos usavam para espantar o enjoo num barco: fixar um ponto no horizonte. Freneticamente, meus olhos buscavam algum ponto sólido como rocha, que pudesse me dar um pouco de tempo.

"Pensei que o Monte Everest ficava no Tibete", disse eu, ao distinguir um pico rodeado de nuvens que ocupava o centro do nosso para-brisa.

"Aquele é o Vesúvio", disse Augusto, com um ar de respeito muito adequado. "Aquela faixa negra abaixo é lava e rocha."

Trocamos informações sobre a última erupção registrada que, se não me enganava, atingira alguns pontos na escala Richter. "Parece que ele tem algumas erupções menores a cada oito anos", prosseguiu Augusto. "Mas a última delas foi em 1941. Como é de se esperar, estamos todos preocupados com a próxima. Todos acham que quando ela vier, será grande..."

Fiz as contas: 63 anos. Será que eu poderia ter *tão pouca* sorte?

Por incrível que pareça, minha sorte já estava mudando: o Relais Oasi Olimpia, em Sant'Agata, era uma visão para ofuscar os olhos, uma mansão restaurada, transformada por meio de uma pintura cor de pêssego claro, que brilhava ao pôr do sol como uma joia. No mesmo instante me dei conta de ter chegado a um local magnífico, uma pedra preciosa escondida ali. O hotel ficava perfeitamente situado no topo de uma elevação, com a vista de Capri através de um bosque. O terreno que o circundava era vasto, com uma paisagem luxuriante, buganvílias crescendo acima dos muros, suavizando o ar, e pés de alfazema ladeando os caminhos de pedra.

"O lago fica depois dessas árvores", disse Augusto, apontando para um espesso oásis de palmeiras, "e por trás dele ficam o heliporto e as quadras de tênis. Se o senhor tiver vontade de nadar, posso providenciar um salva-vidas e um garçom, embora não necessariamente nessa ordem."

Um campari seria muito bom para me curar da náusea, porém antes de eu ter tempo de responder, outra voz se fez ouvir: *"Ciao* Bob. Eu sou Carmen, e você... você está *atrasado."*

A mulher, que se chamava Carmen Mazzola, era surpreendentemente jovem para ser a chef e diretora de um hotel suntuoso daqueles. Apenas 27 anos, morena e robusta, com lábios sensuais e uma figura que ela sabia usar para causar efeito. Parecia saída de uma comédia italiana. Era exótica e nada convencional, acolhedora e espirituosa, como se tentasse provocar entusiasmo em dobro. Sob todos os aspectos, tinha um caráter competente e espontâneo, e se aproveitava da própria personalidade para compensar a pouca idade.

"Eis o que o senhor vai fazer agora, sr. Atrasadinho", disse ela, avaliando minha bagagem com olhos assombrados. "Primeiro, se instale em seu quarto. Tem uma banheira lá do tamanho duma piscina. Dê um mergulho. Vou lhe mandar uma taça de vinho, que sem dúvida será cobrada

A vida perfeita 335

depois. Então, desça para onde estamos todos esperando, para o jantar de apresentação."

O quarto era fantástico, uma adorável minissuíte cor amarelo-mel, com uma cama grande o suficiente para aguentar um gigante, uma varanda azulejada do tamanho de uma pequena cidade e uma enorme banheira de hidromassagem, que imediatamente pus para funcionar. Alguns momentos depois, batidas na porta me trouxeram o vinho, nada menos que um *pinot grigio* Lívia Felluga, numa taça balão. Tudo perfeito. Que se dane a escola de culinária. Eu não ia mais sair daquele quarto.

Em vez disso, comecei a fazer um inventário mental das especialidades napolitanas. Em seus principais fundamentos, elas constituem a ideia que os americanos fazem da comida italiana, como os pratos que encontramos nessas cantinas de toalhas vermelhas axadrezadas, nos bairros italianos que existem pelo mundo: espaguete e almôndegas cozidos em molho vermelho, tomates recheados e berinjelas, mozarela frita (*in Carozza*), salada *caprese*, *braciola* e, é claro, pizza. Como dizem os italianos: "*Ciao, baby!*"

Quando finalmente consegui chegar à sala de jantar, o ambiente estava animado por um espírito incomum: uma energia vibrante e sofisticada que não havia encontrado no circuito até então. Havia seis pessoas sentadas à mesa com Carmen: dois casais em torno de minha idade, atraentes, bem-vestidos e já conhecidos. Estavam numa conversa animada e me envolveram nela assim que cheguei. Era uma discussão sobre as vicissitudes do macarrão americano.

"O macarrão industrializado, para mim, não presta", dizia delicadamente uma mulher. "Não é sensual, de forma alguma."

"Você acha que macarrão é uma coisa sensual?", perguntou seu companheiro do lado, um homem cujo sorriso gentil e divertido a estimulava a prosseguir sem medo.

"Meu querido, você só saberá o que é a vida depois que um *tortelli* o deixar excitado."

Outro homem, sentado ao lado de Carmen, disse: "Agora que vocês falaram nisso, sempre desconfiei de Tortelli, aquele poderosíssimo advogado com quem você andou trabalhando quando fiz minha viagem de negócios a Singapura."

"Relaxe. Estávamos apenas brincando. Mas, como ia dizendo, prefiro a massa fresca."

Assim estimulados, todos concordavam com todos, trocando farpas, opiniões sobre política, livros, música, arte e, é claro, comida. Foi um grato alívio depois da turma da Villa al Boschiglia. Aquele era o meu estilo preferido de conversas à mesa, assim como um bom teatro. Até o final da noite, já éramos todos bons amigos.

Passado algum tempo depois da sobremesa, quando Carmen enchia novamente nossos copos fininhos com *limoncello*, Giuseppe, o jovem pálido que trabalhava na mesa da recepção, com olhos amendoados *à la* Picasso, se aproximou da mesa e se perfilou, com as mãos atrás das costas. Fixou o olhar em algum ponto atrás de nós e, sem qualquer alarde, deu início a uma maravilhosa interpretação de "O sole mio". Em qualquer outro restaurante, e com qualquer outro grupo, aquilo poderia evoluir para uma situação engraçada, porém a voz de tenor de Giuseppe era rica e linda, e ele cantou aquela melodia conhecida de forma tão convincente, e com tal paixão… Os suaves contornos da sua delicada boca formavam cada palavra como poesia. Foi um desempenho emocionante, e quando acabou, todos iniciamos aplausos espontâneos e sinceros.

O rosto de Giuseppe brilhou de alegria quando ele se curvou levemente, antes de se dirigir para seu posto de trabalho, na mesa de reservas.

"Vocês já passaram por alguma coisa assim?", perguntou Jeff, um gerente de tecnologia da informação, com um secreto lado artístico. Era um dedicado guitarrista de blues e dono de um conhecimento enciclopédico sobre o rock'n'roll.

Todos concordamos que aquilo fora incrível. Resolvemos não elaborar muito sobre a experiência, para não espantar a magia do momento. Seja como for, nas quatro noites seguintes não deixamos de convocar Giuseppe à nossa mesa, depois do jantar, ao que ele sempre aquiescia de muito bom grado. "Acho que vocês gostam de 'O sole mio'", disse ele delicadamente, antes de reprisar a canção. Uma noite pedimos bis, e ele apresentou uma versão igualmente bela de "Torna a Surriento".

A vida perfeita

Esse mesmo tipo de civilidade foi bastante proveitoso para as aulas de culinária, com todos se estimulando e oferecendo uns aos outros a sua simpatia. Posso dizer que as instalações também contribuíam para o sentimento generalizado de bem-estar: uma arejada escola toda de vidro, anexa à cozinha, que seria o padrão áureo de lugares como aquele. Os locais de trabalho eram limpos, de aço inoxidável, com muito espaço para as pessoas se colocarem lado a lado, com boa luz natural, o mais sofisticado equipamento e variedades ilimitadas de comida, tudo a apenas poucos passos da cozinha principal, onde circulávamos após as preparações. Todos nós desfrutamos do ato de cozinhar naquele espaço tão apropriado. Em meio a isso tudo, Carmen Mazzola dava o tom com seu talento para uma sociabilidade absolutamente apaixonada. Ela estava sempre fazendo comentários hilariantes, que combinavam elementos didáticos com orientações de ordem social, o que emprestava àquele empreendimento uma certa sensação de salão de beleza.

"Andei pensando que você e Carmen bem que poderiam ter um caso", sugeriu Debbie, uma mulher esguia, de cabelos escuros e ossatura de garoto, originária de Chicago e que decidira tornar a minha recuperação seu projeto pessoal.

"Estou certo de que ela seria uma companhia fantástica numa relação de pai para filha", disse eu. "Além do mais, se não me engano, já é comprometida."

Havia muitas especulações sobre o relacionamento de Carmen com o proprietário do hotel, um carinha bastante amável chamado Salvatore, a quem ela ficava dando ordens como a um empregado.

"*O quê!*", bradou Carmen, que ouvira tudo ao entrar e jogara para longe o seu banquinho, quase como uma cápsula espacial Orion. "Ele é tão... *velho!*"

"Mesmo?", perguntei, desencorajado por aquela afirmação. Se havíamos calculado certo, Salvatore estava entre os 50 e os 60, porém com um espírito eternamente jovem. "Quão velho, exatamente? Já tem bisnetos, por acaso?"

"Ele tem 46..." – sabia que não deveria ter perguntado – "...e sou apenas uma criança! O que é que a gente pode fazer com uma múmia dessas?"

"Bem", eu disse, com meu ar mais lastimoso, "isso acaba com as minhas chances."

Carmen passou alegremente o braço pelo meu ombro. "Pelo contrário", replicou ela, exibindo um sorriso brilhante. "Você já não ouviu dizer que os americanos são meu ponto fraco? Presta atenção, queridinho: por que é que você acha que não tem fechadura no seu quarto?"

Na verdade, não tinha nada com que me preocupar – e nem adiantava ter alguma esperança secreta. Sabia de fonte segura que há muito tempo Carmen e Salvatore viviam um tórrido caso de amor. Havia uma esposa escondida em algum lugar pelas vizinhanças, presa irrevogavelmente à doutrina da Igreja, mas o casamento, pelo que me disseram, já tinha terminado há anos. Na verdade, foi para Carmen que Salvatore comprou aquele hotel, e depois a enviou para estudar na Accademia della Cucina, em Roma, a fim de cultivar sua paixão pela culinária. Mas vivia sob as constantes provocações dela.

"Ele a adora", disse Lynn, outra colega. "Olha só o jeito como fica atrás dela o tempo todo!"

Na noite anterior, eu tinha notado Salvatore sentado sozinho numa mesa no canto do salão de jantar, fazendo de conta que não estava prestando atenção a nós. Fiz um sinal para que ele viesse se juntar ao grupo.

"Sim, sim, Salvatore", insistiu Carmen. "Seja amável com esses adoráveis americanos."

Ele aceitou com um gesto de cabeça, embora não entendesse uma só palavra de inglês. E então eu pude observar por mim mesmo o olhar de adoração, e vi, com toda a certeza, que eles realmente estavam apaixonados.

"Hoje vamos começar fazendo tomates recheados com risoto", disse Carmen, enquanto nos posicionávamos em nossos lugares, na cozinha de aulas. A agenda também incluía uma apimentada caçarola de lulas e pimentões assados recheados com uma pasta de azeitonas, alcaparras e parmesão. Todas elas eram receitas deliciosas e simples, embora nada desafiadoras. Não tinha importância. A turma estava cativada, e Carmen se mostrou muito paciente e capaz. Mas eu já tinha feito esse tipo de cozinha antes, e com mais estilo. Entretanto, uma receita ali me capturara:

A vida perfeita   339

era um atraente aperitivo, chamado *fagotino di zucchini*, que tenho feito sempre desde que retornei da Itália, e que virou rotina com os amigos, que se recusam a ir embora sem comê-lo.

FAGOTINO DI ZUCCHINI

2 abobrinhas compridas, fatiadas no comprimento
½ xícara de azeite de oliva
1 colher de sopa de mozarela picada
1 colher de sopa de presunto picado
2 colheres de sopa de manteiga em nacos
queijo parmesão ralado

Preaqueça o forno a 180°C.

Corte as fatias das abobrinhas no sentido do comprimento, em quatro pedaços, e refogue-as no azeite de oliva, em fogo alto, até dourarem, sem deixar torrar. Imediatamente depois, seque-as sobre várias toalhas de papel.

Numa superfície plana, arrume em forma de asterisco os quatro pedaços de cada abobrinha, cruzando duas fatias sobre as outras duas, sendo que duas delas devem ficar no sentido diagonal, de modo a que se forme uma parte mais alta no meio. No centro do asterisco deposite uma colher de sopa de mozarela ralada e igual quantidade de presunto. Comprima ligeiramente com a mão.

Dobre as pontas das fatias de abobrinha sobre o centro, prendendo-as com um palito. Ponha sobre cada peça uma colher de sopa de manteiga. Salpique por cima queijo parmesão e asse por 10 minutos.

Serve de 3 a 4 pessoas.

Adoro fazer esses aperitivos porque eles combinam vários sabores extremamente refinados numa explosão única e terrível, e também por provocarem um sorriso todas as vezes em que são servidos. Mas, no básico, não aprofundam o meu conhecimento da cozinha italiana.

A verdade é que já estava ficando cada vez mais entediado. Isso começou quando ainda estava em Vorno, fazendo mais *salsa di pomodoro* e mais tiramisu, de modo que as minhas perspectivas em Sant'Agata não me pareceram muito mais promissoras. As aulas de Carmen eram vívidas e bem-preparadas, mas estavam saturadas com técnicas introdutórias, do tipo dourar lentamente as cebolas para que não queimem, fazer o risoto com bastante caldo quente, saber descascar e descaroçar tomates, retirar espinhas de peixe... Eu já sabia tudo isso, mais ou menos, mesmo que os métodos de Carmen aperfeiçoassem um pouco os dos predecessores. Num momento de calma, enquanto meus colegas estavam ocupados a rechear tomates, pedi para ver a programação referente ao resto da semana.

Era um bom programa, pelo que pude avaliar, e haveria muita cozinha entre as excursões, mas era um terreno familiar: mais berinjelas à parmegiana, mais confecção de massa fresca, mais *braciole*, mais legumes recheados e, no caso de eu talvez não me lembrar, mais *gnocchi* e mais tiramisu. Carmen deve ter lido o desapontamento em meu rosto.

"O senhor não sabe tudo, Sr. Mágico da Cozinha", disse ela, depois que folheei todo o programa e respeitosamente o qualifiquei como excelente. "Estive observando-o na *cucina*. Você poderia aproveitar alguns bons conselhos."

Seria difícil contra-argumentar. Havia muita coisa que não conhecia, muito ainda a aprender sobre a maneira de se manipular alimentos e combinar ingredientes, como determinadas coisas são cozidas, até mesmo a etiqueta numa cozinha. Mas, sem querer desmerecer Carmen, ali eu não acrescentaria muita coisa ao meu conhecimento. Aquelas aulas estavam estruturadas para iniciantes. Era uma introdução maravilhosa à culinária italiana, com toda certeza teria muita diversão pela frente, durante a semana, mas precisava praticar e aplicar o que aprendera. Me dei conta de que minhas experiências mais plenas, para não dizer as mais difíceis, tinham sido trabalhar em cozinhas de restaurantes, cozinhando para ou-

A vida perfeita

tros comerem. Eu precisava cozinhar – por mim mesmo, na minha própria cozinha, fazendo experiências com as receitas que já estavam transbordando do meu caderno de notas, feito dever de casa atrasado.

De qualquer modo, precisava voltar para casa e concatenar todas essas ideias. Queria cozinhar para minha filha e meus amigos, exibir as coisas extraordinárias que aprendera. Dar uma arrumada na minha cozinha, acalmar um pouco a minha vida. Precisava analisar bem tudo isso – pelo menos, para mim mesmo.

Naquela noite, antes do jantar, perambulei um pouco pelo saguão do hotel e tomei uma taça de vinho com Debbie, que se casara pouco antes e brilhava de tanta alegria. Desnecessário dizer que tive inveja do que ela sentia, tão feliz e apaixonada. Relutei em lançar qualquer tipo de nuvem sobre aquilo, em discutir a profundidade da minha solidão e como ainda estava desnorteado. Além disso, me envergonhava um pouco dessa tristeza permanente e do ar sombrio que isso transmitia.

"Você sabe, a gente esteve conversando. Todos o acham um cara maravilhoso", disse ela, indiferente ao meu embaraço. "Nós gostamos mesmo da sua companhia, todos nós. Estou sendo sincera. Na verdade, há coisa de uma hora..." – e ela citou nominalmente uma das esposas – "... Fulana dizia que se já não estivesse casada, você seria uma boa presa. Todas nós, as quatro mulheres, concordamos inteiramente. É de fato uma pena você estar nessa situação tão aflitiva. Aquela mulher foi uma falsa... Uma mulher que mereça você de verdade não trata um homem dessa forma, e nem manda uma carta tipo 'meu queridinho' por e-mail. Principalmente depois de você ter planejado levá-la numa viagem de quatro meses de férias. É cruel demais, e depois é muita falta de classe. De qualquer modo, você merece muito mais."

Deixei Debbie falar sem pronunciar uma palavra. Sabia que ela estava certa. Provavelmente soube disso o tempo todo. Ali, nas cozinhas da Itália, com aquele espírito livre do lugar, estava começando a chegar a um acordo comigo mesmo, deixando que a raiva e as frustrações dos últimos anos fossem embora. De qualquer modo, queria um tipo de encerramento. Queria retornar à minha vida real, renovado e pronto para viver sozinho ou, caso isso não fosse esperar demais, encontrar alguma coisa crucial, que fosse minha.

"Já é tempo de você colocar sua vida no devido lugar", prosseguiu Debbie. "Já é tempo de ser feliz, para variar. Ainda tem muita coisa para você escolher. Seria um desperdício horrível ficar preso a alguém que não o ama, nem que fosse por um minuto. Veja o meu caso: jamais me canso do meu marido, e aposto como ele pode dizer o mesmo de mim. Você conhece esse sentimento. Acho que com você e aquela mulher foi tudo muito unilateral..."

Debbie continuou falando, mas eu não a ouvia mais. De repente, com um sobressalto, exclamei: "Desculpa Debbie, mas tenho que ir para o quarto." Saí apressadamente em direção à escada, perto de onde Giuseppe atendia no bar.

"Ei! *Espere!...* Você não vai tomar nenhuma decisão drástica, não é?", chamou ela às minhas costas, preocupada de ter falado muito, de ter levado a coisa muito longe.

Dei um giro e devolvi a Debbie um sorriso radiante. "Pode apostar que vou!", exclamei, quase gritando. Em seguida, subi os degraus dois a dois.

Não havia muita coisa para resolver. No meu itinerário ainda constavam algumas escolas de culinária para visitar: duas na Sicília – em Catania e Taormina –, uma *enoteca* em Parma, e depois um estágio de um dia com Paola Budel, em Milão, antes de pegar o voo para os Estados Unidos no fim do mês seguinte. Consegui cancelar essas coisas sem desencadear por isso nenhuma *vendetta*. Algo me dizia que ainda teria de enfrentar mais *gnocchis* e tiramisus em cardápios futuros.

Tratei de todas essas coisas, e de muitas outras, e quando Carmen finalmente me pôs contra a parede, depois do jantar, fiquei sem poder falar durante um minuto.

Ela estava com uma expressão muito simpática quando disse: "Você tem que fazer alguma coisa fabulosa amanhã, para poder se lembrar da semana que passou aqui no Oasi Olimpia."

Eu havia optado por ficar fora da excursão a Capri, lugar mais apropriado para os namorados, imaginando que talvez Carmen e eu poderíamos passar juntos o dia, trabalhando em algo especial no fogão.

A vida perfeita

"Tenho algo melhor do que isso para propor", disse ela, com um sorriso enigmático. "Me encontre no saguão depois de tomar seu café."

Na manhã seguinte, depois que os outros partiram para Capri, fui me apresentar ao balcão da frente, onde Carmen já esperava à porta. "Vamos caminhar", disse, enfiando o braço no meu e me puxando para longe dali. Fomos caminhando cautelosamente, com cuidado para evitar as lambretas zumbindo como vespas enfurecidas quando davam a volta pela montanha e se dirigiam para a estrada costeira de Amalfi. Alguns quarteirões adiante, na Via Deserto, ela virou para o lado de Lo Stuzzichino, uma modesta *trattoria* bem diante da avenida principal. Atravessamos a cortina de contas de plástico que escurecia a entrada para um pequeno *caffè*, com uma modesta sala de jantar comunitária a um lado. O local estava deserto, a não ser por algumas panelas fervendo ruidosamente sobre o fogão.

"Alô, todo o mundo! Estou aqui!", gritou Carmen, passando por trás do balcão, abrindo portas de geladeiras, remexendo nos pratos de *antipasti* frios. "Onde foi que se esconderam todos?"

"Nossa, Carmen, desse jeito a gente vai levar um tiro", exclamei, puxando-a pela manga em direção à porta.

"Olhe só para todas essas coisas lindas", disse ela, torcendo comicamente o nariz. "Vamos pegar um garfo e nos servir."

"Acho melhor não fazer isso." Um homem grande como um urso entrou em passos pesadões, vindo de uma sala aos fundos.

"Mimmo!", gritou Carmen, lançando-se em seus braços. "Aqui está Bob, dos Estados Unidos, que não conhece absolutamente nada de comida italiana."

Ele apertou minha mão entre as suas imensas e nos deu as boas-vindas à *cucina* da família. "Meu pai deve chegar a qualquer momento. Este é o meu primo", disse ele, me apresentando a outro homem que entrou pela cozinha equilibrando uma bandeja metálica em cada mão. A mulher de Mimmo, Dora, estava arrumando a sala da frente para o almoço. "Vai querer cozinhar com a gente?", perguntou Mimmo.

Dei uma olhada em Carmen, que assentiu com vivacidade.

"Eu... eu *adoraria*", respondi, aceitando um avental dobrado.

A família inteira convergiu em minha direção, como num sacrifício, e durante duas horas cozinhamos à toda. Paolo De Gregorio, o *padronne*, era um homem baixo e esguio, com uma energia de adolescente, o que era mais estranho considerando-se que há 60 anos ele cozinhava todos os dias, o dia inteiro. A cozinha não lhe deixou tempo para coisas frívolas, como aprender inglês, e assim abordamos todos os fundamentos na sua língua nativa. Paolo falava devagar, enfatizando comicamente algumas coisas e apontando apropriadamente enquanto falava, me possibilitando compreender e seguir as instruções. Sorte minha, porque trabalhamos num ritmo eletrizante.

Paolo tinha uma tradição a zelar. Mesmo que fosse no almoço, ninguém saía do seu restaurante com um centímetro sequer de espaço vazio no estômago.

Fizemos uns croquetes de batata de dar água na boca, com mozarela derretida e um azeite de oliva verde muito forte, recobertos com farinha de rosca e ervas; uma *bruschetta* típica, bem salgada, com equilíbrio perfeito entre o tomate, o alho e o azeite; espetinhos de bolinhas de queijo *bocconcini* enroladas em folhas de manjericão e róseas fatias transparentes de *prosciutto*, grelhados até adquirirem uma bela coloração marrom e chamados por Paolo de *spiedino*; grandes pratos com fatias da macia mozarela local envoltas em pimentões assados e tomates secos, delicadamente passadas no azeite; uma massa feita à mão parecida com *tagliatelle*, chamada *scialatielli* – Paolo pronunciava cada sílaba separadamente –, com molho de *salsa di pomodoro* e fatias de berinjela refogada; uma forte emulsão, que segundo ele se chamava *zuppa di verdure del colle "Deserto"*, tão espessa que era servida, reaquecida, sobre fatias de *crostini* cobertos de parmesão; alguns desses suntuosos *tortino di melanzane* recheados de presunto picado, berinjela, mozarela, tomate e queijo parmesão; e uma especialidade local de camarão grelhado sobre aromáticas folhas de limão e coberto por uma grossa camada de alcaparras e pimentões picados com azeite.

A preparação de que mais gostei foi uma variação napolitana de *arancini*, os tradicionais bolinhos de risoto empanados com farinha de rosca, fritos em muito óleo até o recheio de mozarela derreter, fluindo para fora como a lava

A vida perfeita

do Vesúvio. Fiz isso uma vez em Vorno, com Valter Roman, mas era menos elaborado e não tão adornado com pedacinhos de presunto e cebola, ou tão cremoso. Esta versão foi inesquecível, e é extremamente fácil de preparar.

ARANCINI

½ cebola finamente picada
½ xícara mais 2 colheres de sopa de azeite de oliva
30g de presunto finamente picado
¼ de xícara de vinho branco seco
3 colheres de sopa de molho de tomate fresco
2½ xícaras de caldo de carne
sal e pimenta-do-reino recém-moída
500g de arroz arborio
¼ de xícara de queijo parmesão ralado
150g de mozarela em cubos pequenos
1 ovo ligeiramente batido, com um pouco de sal
farinha de rosca (fina)

Numa panela média refogue a cebola em 2 colheres de sopa de azeite de oliva. Quando amolecer, acrescente o presunto e cozinhe por alguns minutos, acrescentando depois o vinho e o molho de tomate, e reduza pela metade.

Junte o caldo e tempere a gosto com sal e pimenta. Quando ferver, junte o arroz todo de uma vez e leve a uma alta fervura até a água ser absorvida, por cerca de 10 a 12 minutos. Jogue o parmesão na mistura, mexendo. Transfira o arroz para uma tigela metálica e deixe esfriar completamente. Caso necessário, ajuste os temperos.

Umedeça as mãos com água, depois amasse o arroz em formato de bolas de golfe. Faça um buraco com o dedo em cada uma delas, enfie ali alguns cubos de mozarela, depois recubra o buraco com mais arroz. (Até este ponto, podem ser preparadas e postas na geladeira com um dia de antecedência.)

Molhe as mãos e passe um pouco em cada bola de arroz, mergulhando cada uma em seguida no ovo batido, depois passe-as sobre a farinha de rosca. Frite os *arancini* em muito azeite de oliva aquecido a 180°C, até o arroz adquirir uma viva coloração dourada (cerca de 4 minutos). Sirva quentíssimo.

Rende de 22 a 30 unidades, dependendo do tamanho.

Evidentemente, alguém tinha de ter me prevenido sobre a mozarela derretida, porque queimei o céu da boca na primeira mordida impetuosa. A dança frenética que realizei entre o fogão e a geladeira fez todos ali acharem muita graça. Suponho que era um sinal do humor napolitano. De qualquer modo, deixei passar bastante tempo antes da mordida seguinte, apressado por Paolo, que a todo instante me oferecia taças de *prosecco*.

Ele me fez rodopiar de receita a receita, quase sem poder tomar fôlego, me fazendo provar cada uma daquelas sobras maravilhosas, até eu achar que ia arrebentar. Cozinheiros como Paolo não sabem se controlar, concluí. Têm alguma compulsão de alimentar as pessoas, e a generosidade de dividirem suas cozinhas com qualquer um que deseje aprender a cozinhar, tal como fizeram seus antepassados italianos.

Percebi que não estava nem um pouco ansioso. Estava era me divertindo. Minha mão quebrada nem doía mais.

"Já fizemos o bastante pela manhã", declarou Mimmo, me conduzindo para um bar dirigido por outro primo. Era uma tarde quente de outubro, e aquela combinação de comida, álcool e luz do sol já lançava seu feitiço langoroso.

"Pela manhã?", repeti, rindo do absurdo daquela reflexão. "Meu amigo, já fiz o bastante pela vida inteira."

Em seguida, nos abraçamos e fizemos nossas despedidas. Com bastante esforço, fui me instalar numa das mesas do terraço, como uma criatura plena e satisfeita aprendendo a progredir sozinho. Depois, curvei a cabeça sobre os braços e caí num sono profundo e gratificante.

Epílogo

Definitivamente, Judy Garland e eu nada temos em comum. Tudo que ela teve de fazer foi acordar naquela cama com colchão de penas, em sua fazendola, e descobrir que a odisseia à Cidade das Esmeraldas não passara de um sonho. Simbolicamente, todo personagem muito esquisito acaba sempre do lado certo da bolha. Até a Feiticeira Má, apesar de todo o estrago que provocou, termina cheirando a perfume. Claro, quando Dorothy retornou de Oz, ainda era a mesma menina suave, diante das mesmas perspectivas açucaradas.

No meu caso, porém, tudo havia mudado.

Podem ficar certos de que Alain Llorca, Frédéric Rivière e Claudio Pantini não estavam rindo, debruçados sobre minha cama, como aqueles amiguinhos de Dorothy, em Kansas. O efeito deles em mim fora poderoso, além de poderosamente real. Tampouco aquela batida com um carro alugado fora uma fantasia da minha imaginação: uma conta dos prejuízos jazia sobre a minha mesa de cabeceira. Na verdade, ninguém estava me esperando, quando cheguei meio zonzo da Europa. Podem me achar patético, mas ainda abrigava certa esperança de que Carolyn fosse me esperar no aeroporto. Ela não apareceu, e nem me telefonou durante o longo percurso até em casa. Havia dois avisos postais enfiados sob a minha porta. Os papéis que concluíam o meu divórcio estavam por cima da grande pilha de correspondência.

A dura realidade me lançou de volta ao aqui e agora, mas isso não quer dizer que os prognósticos fossem sombrios. O mundo incerto em que habitara antes de partir havia desaparecido. Os telefonemas de amigos preocupados, que eu deixava de atender. As cortinas fechadas o tempo todo, para espantar visitas ocasionais. A grande tela da TV sintonizada no jogo dos Yankees, de modo que o barulho da multidão pudesse encher os quartos desertos. As caixas fechadas de discos de vinil, outrora fonte de um prazer imediato, acumulando poeira junto dos rodapés. Maços de páginas de um manuscrito, manchadas de café, páginas que pesquisei, que me trouxeram angústias, que me tiraram sangue, espalhadas por toda a superfície visível, e muito mais. Os volumes todos iguais dos álbuns de fotografias, relatando a crônica de um namoro, de um casamento, das férias em família, de uma outra vida... A mobília usada que eu tomara emprestada aos amigos, a camisola de uma amante pendurada no closet; os caixotes de champanhe, sobre o peitoril da janela, que abrira para comemorar até mesmo o acontecimento mais banal. Mesmo assim, tudo aquilo agora me parecia diferente. Eu tinha ido à Europa procurar alguma coisa. Cozinhar – as intermináveis combinações e contrastes entre os sabores, as cozinhas cheias de vida com o tumulto sinfônico das panelas – representava alguma coisa fixa e durável, que não poderia ser tirada de mim.

Em algum ponto daquele caminho, consegui aprender a cozinhar. Claro, não podia alegar muita coisa em matéria de experiência, e menos ainda, certamente, quando se tratava de criatividade e perfeição. Porém, ouvi grandes conselhos de professores maravilhosos, estudei cada detalhe das suas preparações, anotando tudo o que diziam; aprendi a respeitar as tradições, senti o cheiro e toquei em cada ingrediente, e provei, provei efetivamente cada prato, em todos os estágios da sua preparação, até se desenvolver em mim uma consciência, uma espécie de intimidade com a qual pude me sentir à vontade.

Aprendi como se deve cozinhar. Diversas maneiras, na França e na Itália, e todas, também, de um modo geral, boas lições de vida. Na França, onde fiquei recebendo ordens de gente muito autoritária, passei a compreender a importância da disciplina e da técnica. (Saí da França feito um cachorrinho que levou uma sova, embora, estranhamente, tivesse até gostado daquela experiência. Consequentemente, acabei me tornando um verdadeiro soldado raso da *cuisine*.) Na Itália, aprendi a importância da simplicidade, da autenticidade e, evidentemente, do *amor*. E tendo dominado, ou pelo menos organizado, todos esses fundamentos, aprendi a assimilar uma espécie de tranquilidade sem esforço – aquela qualidade serena que observei e invejei nos melhores chefs.

Epílogo

Aprendi a cozinhar, aprendi a *estar* numa cozinha, a pensar e agir como um cozinheiro, a antecipar as coisas e reagir a elas. Aprendi a confiar nas minhas intuições, qualquer que fosse a minha capacidade natural para a culinária. De certa forma, aprendi os segredos do universo, e estava ávido, ardendo para pôr tudo aquilo à prova.

E não podia esperar para começar a brincar com meus brinquedos novos. Poucas horas depois de aterrissar nos Estados Unidos, enchi o carro com toda a gama de utensílios dos chefs. Parecia alguém assaltando uma loja de utilidades domésticas. O assento de trás e o bagageiro ficaram entulhados de caixas: um processador de alimentos, um moedor de frutas e legumes, uma frigideira antiaderente, um liquidificador, um *mixer*, um mandoline assassino, uma *chinoise*, fôrmas de silicone, uma concha de arame para frituras em muito óleo, uma fôrma para tortas, um prato de porcelana para suflês, uma balança para comida, todos os tipos de fôrmas, um saco de confeiteiro, uma faca para ostras (*uma faca para ostras!*), um ralador de legumes, tigelas metálicas para fazer misturas, forminhas, um descaroçador de maçãs, um amolador de facas, espátulas, barbante de cozinha, moldes de biscoitos, tábuas de cortar, e muitos rolos de filme plástico capazes de deixar o escultor Christo excitado. Estava pronto para decolar.

Um luxuoso jantar, *la grande bouffée*, iria marcar em grande estilo o meu retorno ao lar. Mas... o cardápio teria de ser perfeito, algo semelhante a uma verdadeira campanha política, percorrendo todos os lugares por onde estive. Planejei tudo durante uma semana inteira, combinando e recombinando os pratos, colocando tudo no contexto regional mais próprio possível. Seria um festival gastronômico de grandes proporções. Depois de muita deliberação, o palco finalmente ficou pronto: uma seleção de aperitivos irresistíveis – o *tortino di melanzane* de Paolo Gregorio, o salmão marinado com lima e limão de Samira Hradsky e os *mille-feuilles* de camarões-pistola de Fred Rivière. Os pratos principais seriam: o *confit* de pato de Kate Hill e o filé de porco recheado com sálvia e presunto toscano, em molho cremoso de funcho, de Claudio Pantini, tudo acompanhado pela *dauphinoise* de alho-poró e batatas de Bob Ash e a *verdura alla griglia* de Valter Roman. A sobremesa foi mais difícil de escolher, mas havia três que não poderiam faltar: a *tarte Tatin* – a exótica torta de estragão do Arpège –, que ousei tentar fazer sem usar a peneira; o *pêche melba* de Jean-Michel Llorca e, é claro, o suflê de morangos de Madame (em homenagem a Doug, eu não tomaria vinho antes). Fiquei imaginando quais dos meus amigos iriam apreciar mais aquela fartura, e fiz todo o planejamento de acordo com isso.

Durante três longos dias, arrumei de novo a minha enfumaçada e mínima cozinha, revirando caldos e molhos feito um louco. Mesmo assim... havia um ritmo ao qual me ajustara, uma atitude mental que me permitia manter os demônios a distância. Em qualquer outra época, teria quebrado dois ou três pratos tentando apaziguar os deuses da tensão. Mas agora assobiava enquanto trabalhava, atendia ao telefone, fazia de conta que tocava guitarra, escutava rádio, como se nada pudesse abalar minha paz interior.

Lily achou que eu estava tendo alguma crise. "Você está esquisito, papai", comentou.

"Esquisito... como?", perguntei, alegre demais, na esperança de dissipar qualquer dúvida.

"Esquisito, assustador... Assustador como o Hannibal Lecter. Como a primeira página do *Post*."

A falta da histeria mesclada à irreverência a tomara de surpresa. Enquanto isso, o local de trabalho ia ficando ordenado e asseado, sem precisar de curativos nem extrato de aloé para evitar cicatrizes.

"Quem te ajudou a fazer tudo isso?", perguntou Lily.

Meu ânimo se elevou mais ainda quando eu liquidei meia dúzia de batatas com um movimento equilibrado e firme do mandoline, todo ele concentrado no punho. Por trás de mim, quatro bocas do fogão assobiavam e bufavam, mas não se ouvia queixa alguma. Nada com que me preocupar, os líquidos borbulhavam, as coisas adquiriam uma bela coloração marrom, vamos ouvir tudo com a maior paciência. Ali, o que reinava era a ordem.

Com tempo de sobra, ainda, um novo acréscimo ao cardápio foi tomando forma. Mandei Lily ir ao pátio cortar tudo o que ainda pudesse

Epílogo   351

encontrar da salada verde que eu plantara ali, e fui vasculhar os armários atrás de uma lata de anchovas do Mediterrâneo. Por sorte, tinha me lembrado de comprar ovos frescos. Numa grande tigela de metal coloquei uma pitada de sal e pimenta com dois dentes de alho, juntei algumas anchovas e mexi até obter uma pasta granulosa. Depois derramei dentro azeite de oliva da Provença e um pouco de suco de limão. Fritei grossas fatias de bacon até ficarem bem torradas e as coloquei de lado para secarem, enquanto arrumava livremente a salada nas bandejas. Depois, pouco antes de nos sentarmos à mesa, fritei os ovos e limpei a frigideira com vinagre, juntando aquilo ao molho. Era o molho favorito de Lily. Só para o caso de não haver comida o suficiente.

Por volta das seis da tarde, Lily arrumou a mesa. Era uma tarefa que ela detestava particularmente, e evitava tanto quanto um dever de matemática, mas desta vez prestou muita atenção aos detalhes. Acho que aquele sacrifício era só para me manter sob vigilância.

"Você não parece muito preocupado", disse ela, erguendo os olhos do seu trabalho. "Quero dizer: considerando que se trata de uma reunião…"

Ela tinha pleno conhecimento do estado doloroso da minha vida pessoal, tão sacudida, e sem dúvida participava dos seus tremores. Não havia como escapar disso, não importa quanto eu tentasse protegê-la.

"Estou calmo." O largo sorriso cheio de dentes não pareceu de todo convincente. "Você sabe muito bem como fico quando estou sob pressão: sereno, sólido feito uma rocha, absolutamente *zen*."

"Fala sério!"

Ficamos esgrimindo assim por mais de uma hora, que era a nossa forma de nos aprumar e enfrentar as questões mais difíceis. Ainda havia muita coisa para acompanhar. Eu tinha passado quase um terço do ano longe de Lily, o que era uma verdadeira eternidade, sobretudo à luz do meu divórcio. E ela crescera nesse meio-tempo, ficara ainda mais bonita, enveredando pelos domínios abstratos da jovem feminilidade. Precisava de uma atenção extra de minha parte, agora, e tinha sido por isso que eu a incluíra na minha festa. Nenhum de nós dois estava querendo perder o outro de vista.

Pelas sete, as preparações haviam chegado a um harmonioso *crescendo*. Abri um champanhe e uma garrafa de Monthélie, que seriam consumidos com o pato e a carne de porco. As velas foram acesas, as rosas, novamente arrumadas. A cozinha parecia um sonho, sempre um refúgio na sua familiaridade. Sobre o balcão, nas sombras envolventes, coloquei as bandejas cheias de comida sobre quatro descansos retangulares. Tudo, inclusive o suflê, ficara exatamente do jeito que planejara. Como fora possível? Recuei, me encostando à parede, e fiquei admirando aquela cena espetacular. O sucesso da minha busca era evidente por toda parte. Foi sublime. A combinação de cores, de texturas, de odores era tão intensa que mesmo num restaurante haveria de deixar zonzas as pessoas. Eu não tinha a menor dúvida de que tudo aquilo estaria tão saboroso quanto a sua aparência.

Vi o rosto de Lily aparecer na porta. Ela deixou escapar um gritinho. A variedade da comida exposta ali era chocante.

"O que é que você acha da gente começar?"

"E a turma?", retrucou ela. "A gente não devia esperar até eles chegarem?"

"Acho que não, meu doce de coco", respondi, retirando os talheres dos outros lugares. "Tudo isto aqui é só para nós dois."

Breves palavras finais

"To everything, turn, turn, turn..."

Eu escutava sem parar aquela velha canção dos Byrds desde que voltara para casa, enquanto a maré da minha vida ia seguindo nessa ou naquela direção. Alguma coisa naquela melodia, além da exuberância e da letra, tinha o poder de animar minha alma. A letra se metamorfoseava convenientemente para dar significado a qualquer mensagem ou ato.

Havia muito tempo para gastar, enquanto a viagem ia ficando para trás e eu peneirava os numerosos resíduos. O volume de receitas que eu trouxera era impressionante, e durante algum tempo, tenho de admitir, ele ficou relegado a uma prateleira da cozinha, estrategicamente longe da minha vista. Quase nem me aproximava do fogão, com medo de que algum tiro mal dado pudesse tornar a experiência um megafiasco. Em vez disso, retornei aos antigos padrões, encomendando pizzas, comida chinesa, qualquer coisa que pudesse esquentar no micro-ondas.

Aos poucos, entretanto, fui percebendo que já era tempo de criar. Devagar, ainda inseguro, comecei de novo a cozinhar. *Gnocchi*, para aquecer os músculos, e depois alguns pratos de massa, e aquelas danadinhas *tartes Tatin*, e, finalmente, o pato. Carolyn retornou brevemente à minha vida. Acho que estava curiosa para ver os efeitos que a viagem tivera sobre mim, e se realmente havia descoberto o que tinha ido buscar. Como qualquer outra pessoa, estava louca para saber o que eu aprendera. Uma amostra da minha culinária conseguiu pouca coisa de sua parte, a não ser a observação de que me tornara um escravo da maldita manteiga. Nada que eu fizesse podia competir com a tal fatia de queijo. De qualquer modo, Debbie é quem tinha razão, eu merecia algo melhor. Passado algum tempo, pude virar a página de toda aquela história.

Houve um tempo para chorar, e outro para curar. Lily tomou conta de mim durante dois anos de recuperação, enquanto eu ia apanhando e remendando os pedaços da minha vida. Tentei sair com algumas mulheres que conheci, aqui e ali, porém nenhuma me parecia a certa, e as deixava para lá. Até então, aprendera o suficiente para saber que algumas combinações simplesmente não dão certo. Não adianta tentar forçar as coisas. Paciência... pensei em Claudio, com seus molhos fervendo tão demoradamente. Decidi me contentar com o que tinha na vida – minha filha, minha atividade como escritor, minha cozinha. A biografia dos Beatles foi finalmente publicada. Mesmo assim, ainda estava faltando alguma coisa, que não era capaz de identificar.

No meio de toda essa correnteza, recebi um telefonema de Fred Plotkin, o talentoso escritor e um amigo com quem de vez em quando eu entrava em contato. Dois anos haviam se passado desde a nossa última conversa: sempre sobre o trabalho, os novos restaurantes onde tínhamos ido... Ele fora meu guru sobre comida italiana, e assim, era muito natural que esperasse ouvir as recordações da minha viagem. Fomos jantar juntos num desses restaurantezinhos de Manhattan que ultimamente todo mundo comentava. Mas, por mais incrível que pareça, Fred não estava muito interessado na comida. Havia uma pessoa que queria que eu conhecesse. Uma mulher.

Já cansei, era o que devia ter respondido. Na verdade, estou passando por um programa de recuperação de viciados.

"Ela é uma das minhas melhores amigas", disse ele. "Além disso, venho pensando nisso há muito tempo. De fato, há vários anos."

Que estranho... Eu tivera apenas uma relação profissional passageira com aquele homem. Ele nada podia saber das coisas que eu tinha vivido, em que ponto da vida me encontrava. Daí a achar que gostaria que ele me armasse um encontro ia uma grande distância.

"Não é sempre que costumo apresentar as pessoas", prosseguiu ele. "Mas quando faço, pode ficar certo, sempre funciona. Sempre."

Aquele homem era um obstinado. Eu devia ter fugido, ou pelo menos informado o meu novo endereço: um leprosário em Honduras. Em vez disso, falei: "Tá bem. Eis o meu coração. Agora pode pisotear."

O nome dela era Becky e, com ela, houve um tempo para rir e outro para suspirar. Por coincidência, era uma escritora, talentosa e delicada.

Breves palavras finais

Também era deslumbrante, deliciosamente elegante, e deixou bem claro, na mesma hora, que sua silhueta exigia três boas refeições por dia. E, ah!, no caso de Fred não ter ainda mencionado isso: adorava comer, e ainda mais a ideia de um homem cozinhar para ela.

Aquilo era uma armadilha.

Bem, todos sabem o que acontece: uma refeição leva a outra. Cozinhei até não poder mais para aquela mulher, fiz de novo tudo o que tinha aprendido. Até mesmo meus fracassos tiveram um apelo cômico e satisfatório. Becky estava estupefata, foi o que ela disse: tudo em meu repertório a agradava infinitamente. Tudo dava certo. A cozinha do Arpège nada tinha a ver conosco. Desde o começo, nosso relacionamento teve a mesma diversão vertiginosa de um *blanc-manger* de pêssego do Moulin des Mougins, e a compatibilidade fácil de um simples molho italiano. Como num passe de mágica, minha vida começou a girar novamente. Todo o meu aspecto assumiu um brilho saudável. Eu me mostrava calmo na cozinha, administrava as tarefas com confiança e equilíbrio. Ajudava muito saber que ela gostava de tudo o que eu fazia. Infelizmente, ela morava a uma hora de automóvel da minha casa mas, como acontecia com Claudio, não me custava nada fazer aquela viagem.

O que me traz ao seguinte ponto: qualquer relacionamento, nessa etapa mais avançada da vida, é como um suflê. Precisa dos ingredientes certos para se começar, de muito cuidado amoroso, e da consciência de que se tem de trabalhar muito nele para que o ar possa sair. Se não, como qualquer idiota sabe, tudo o que se consegue é uma sopa.

Agradecimentos

Desejo expressar meus agradecimentos e dívidas às muitas pessoas cuja amável assistência e estímulo foram inestimáveis para o sucesso deste projeto.

Agradeço profundamente a Karen Herbst, da International Kitchen, em Chicago, que organizou diversos dos meus estágios culinários e me ajudou no planejamento dos itinerários, coordenando-os e ainda enviando desculpas pelo meu comportamento na estrada. Para qualquer pessoa interessada numa escola culinária de férias, é indispensável o seu website (theinternationalkitchen.com), um verdadeiro portal para o paraíso da cozinha. Meus agradecimentos também a Julie Mautner, Alice Marshall (Alice Marshall Public Relations), Nina Lora e Kristen Vigras (da Brandman Agency), Clay Chapman (Mason Rose USA) e a Cullen International PR, todos os quais conseguiram que eu cozinhasse com alguns dos maiores chefs da Europa. Também desejo agradecer a Brenda Homick e à sua assistente Sarah Lechvalier, do Relais et Châteaux, por organizarem aprendizados em várias das suas fabulosas propriedades (Pierre Orsi, em Lyon; Moulin des Mougins, em Mougins; e Arpège, em Paris).

Por uma infinidade de préstimos, me sinto devedor a Maria Woodley, da Comissão de Comércio Italiana, e a Louise O'Brien, que trabalhava na Secretaria de Turismo do governo francês. Também a Mike e Terri Rhode, a Delphine Boutier, de Kobrand; a Jacques Lardière, da casa de vinhos Jadot, em Beaune; a Claudia Schall, do Le Meurice; a Sabrina Piantini, em Figline Valdarno; a Pierre Orsi, um dos mais criativos chefs de Lyon, dotado de uma personalidade brilhante; a Jean-Luc Rabanel; a Adriano Cavignini, diretor-geral do Hotel Eden, em Roma; a Attilio Fabrizio e Luca Drini, da Villa San Michele; e aos maravilhosos chefs, professores, assistentes e colegas estudantes, cujas presenças e contribuições ao longo deste livro enriqueceram sua história.

Agradecimentos 357

Lanie Goodman, antigo vizinho e amigo de longa data, me proporcionou abrigo e, como sempre, orientação cuidadosa ao longo dos meus tempos difíceis. Kathy Kukkula e Rosa Lowinger leram os primeiros rascunhos dos capítulos, quando eu tanto precisava de insights aguçados e de encorajamento. Sandy D'Amato, o melhor amigo que alguém poderia ter, mais uma vez me proporcionou conselhos inestimáveis, isso sem mencionar o seu ilimitado conhecimento, demonstrando fé em mim durante todo o percurso. Devo imensamente a Sandy por ter lido as provas e fazer certas correções nas receitas que aparecem no texto. Jim Falsey participou de tudo isso, muitas e muitas vezes! Fico especialmente agradecido a Mary Finnegan, que esteve ao meu lado durante a feitura deste livro e contribuiu com seu entusiasmo, me dando coragem para prosseguir nele. Desejo também agradecer ao meu agente, Sloan Harris, da ICM, que me deu apoio durante todo o projeto, me lembrando seguidas vezes: "Nós aqui somos uma equipe." Como se eu não soubesse! Ele me estimulou a apontar o lápis, cair de cabeça e ir a certos lugares que escrupulosamente estava evitando. Mais do que tudo, se mostrou dedicado à qualidade do livro e ao seu destino.

Na editora Norton, Star Lawrence provou ser um defensor do meu trabalho por um tempo tão longo que fica difícil estimar; e forneceu orientação editorial especializada e várias anotações ferinas às margens do texto, do tipo que de tempos em tempos obriga a Suprema Corte a reexaminar as leis sobre obscenidade. Minha gratidão também (e condolências) à sua assistente Molly May, por desempenhar tantas tarefas impossíveis de agradecer; a Maria Guarnaschelli, por examinar as receitas e esclarecer algumas instruções; e a toda a equipe de criação da Norton, cujo esforço incansável simplificou cada fase do processo.

Minha filha Lily é a minha estrela brilhante, meu raio de luz. Seu amor por comida e seu sofisticado paladar foram a inspiração para este livro. Jamais teria ido até o fim dele – dessa aventura que é escrever – se não soubesse que estava ali me apoiando, esperando por mim do outro lado. Algumas noites atrás, assistíamos ambos ao vídeo de Paul Simon em que ele canta "Father and daughter". Quando chegou naqueles versos que são uma joia – *"There could never be a father/ Who loved his daughter as much as I love you"* –, Lily se virou para mim e disse: "A não ser você, papai." Então, ela sabe, ela sabe muito bem. Sinto a mesma coisa vinda dos meus próprios pais, com quem compartilhei tantas refeições extraordinárias ao longo dos anos, que insistiram em que eu fosse atrás dos meus sonhos e me apoiaram sempre, em todos os meus esforços.

Dizer obrigado é muito pouco para expressar toda a infindável gratidão que devo a Becky Aikman, a quem este livro é afetuosamente dedicado. Ela foi prestativa e fundamental para o resultado, lendo duas, três... – tá bem, quatro! – vezes cada palavra, fazendo importantes cortes e sugestões, com sua sensível capacidade de julgamento e seu olhar crítico. A concepção da capa foi inteiramente dela. No seu tempo livre, ela me resgatava da beira do precipício, restaurava minha fé no amor e, de certo modo, imprimia um sorriso permanente em meu rosto. *Por que ela demorou tanto tempo a aparecer?* De toda forma, eu sabia que ela estava sempre me apoiando. E guardando meu coração.

Finalmente, a todas as pessoas adoráveis que encontrei ao longo do caminho, mesmo as que me consideraram um grandessíssimo chato, minhas desculpas e meus agradecimentos.

Bob Spitz

julho de 2007
Darien, Connecticut, e Joucas, França

Este livro foi composto por Letra e Imagem em Dante Pro 11,5/16
e impresso em papel pólen soft 70g/m² e cartão triplex 250g/m²
por Geográfica Editora em dezembro de 2010.